ISBN 978-0-282-32175-8
PIBN 10560467

1 MONTH OF
FREE
READING

at

www.ForgottenBooks.com

By purchasing this book you are eligible for one month membership to ForgottenBooks.com, giving you unlimited access to our entire collection of over 1,000,000 titles via our web site and mobile apps.

To claim your free month visit:

www.forgottenbooks.com/free560467

AU PAYS

DE LA

DÉMENCE ROUGE

LA .RÉVOLUTION RUSSE

(1917-1918)

Ce volume a été déposé au ministère de l'intérieur en 1919.

SERGE DE CHESSIN

AU PAYS

DE LA

DÉMENCE ROUG

LA RÉVOLUTION RUSSE

(1917-1918)

PARIS

LIBRAIRIE PLON

PLON-NOURRIT et Cⁱᵉ, IMPRIMEURS-ÉDITEURS

8, RUE GARANCIÈRE — 6ᵉ

A MA MÈRE

AVANT-PROPOS

Quelques semaines avant la révolution une conférence interalliée se réunissait à Petrograd, dernier en
date des hommages à la Russie impériale et suprême
manifestation de la Russie — Grande Puissance.

Sous sa façade d'apparat, le tsarisme rassurait les
vagues inquiétudes qui se faisaient jour. De robustes
gaillards présentaient les armes comme des poupées mé-
caniques ; le bicorne d'or sur l'oreille, des cochers en
macfarlanes rouges conduisaient les voitures de cour à
travers une ville disciplinée par une inexorable police ;
les aides de camp sonnaient de l'éperon et les fonctionnaires remuaient leurs paperasses ; la puissante machine bureaucratique et militaire, un des gages de la victoire commune, continuait à rouler avec cette majesté
pesante et cette imperturbable assurance des régimes
promis à la pérennité. Hommes d'État, diplomates, ministres quittèrent la Russie, hypnotisés, malgré eux,
par la vitalité d'un empire à la veille de disparaître.

De tout temps, qui a connu de la Russie autre
chose que la façade?

Pour rajeunir ses Versailles en briques et ses

Louvres en plâtre; il suffisait de peinturlurer les
colonnes et de revernir les aigles; Petrograd, grâce
à cet escamotage, conservait un aspect toujours flambant neuf; les lézardes, les morsures du climat et du
temps, les signes de décrépitude et les menaces d'affais-
sement dans un sol paludéen, toutes les déchéances
s'évanouissaient sous une fragile application de badi-
geonnage. Et, à l'exemple de son cadre, le régime se
fardait et se poudrait; il masquait ses tares, dissimulait les rides, les dévastations de la sclérose; il
parvenait à montrer aux étrangers un visage éternellement jeune, à fournir la preuve d'une santé robuste,
chef-d'œuvre de maquillages politiques. Qu'on se
rappelle un passé encore tout proche. La Russie
n'était qu'un prétexte à publicité, on la traitait à la
manière d'un produit pharmaceutique ou d'une pâte
dentifrice; le public apprenait à connaître son allié
et son débiteur par la quatrième page des journaux,
où, à la veille des souscriptions, l'*Office Impérial des
Finances* publiait pêle-mêle, autour d'un médaillon de
l'Empereur, des statistiques éloquentes et des budgets
en progression. C'était l'époque où des « chargés de mission » livraient un volume au bout d'un mois de séjour
à Petrograd, la Russie entière réduite aux rapports ministériels et aux chiffres des douanes; l'époque où les
délégations parlementaires étaient conviées à visiter les
caves de la Banque de l'État, et où M. Kokovtzef déclarait d'une manière péremptoire qu'à « cent verstes de
la capitale, personne ne s'occupait de politique »...

La façade, l'éternelle façade de la Russie! La
révolution, à cet égard, n'a rien modifié aux méthodes

de l'ancien régime. Le peuple apparut à travers sa minorité perdue de bourgeois intellectuels comme, jadis, il s'estompait derrière quelques centaines de chambellans, de généraux, de dignitaires bureaucratiques. La révolution, aux yeux de l'opinion française et anglaise, c'était le parti cadet : des professeurs, des juristes, des doctrinaires intègres. Et les services de propagande russe n'avaient rien négligé pour consolider cette illusion fatale. De là toutes les erreurs, toutes les déceptions. On négocia avec la Russie révolutionnaire, gantée de blanc ; on continua les périphrases et les salamalecs diplomatiques ; on s'interdit toute ingérence dans les affaires intérieures, on rivalisa-de politesse et de désintéressement, on accrédita des ambassadeurs spéciaux auprès de la démocratie russe. Or, le bourgeois intellectuel, c'était encore de la façade, et une façade plus trompeuse, plus traîtresse que les statistiques de l'ancien régime, ses fonctionnaires à chamarrures et les tournées du ballet impérial. Ce bourgeois, sans doute, était un charmeur ; il avait tout lu, tout vu, il était chez lui dans les musées de Paris et les basiliques de Rome, mais, s'il connaissait le Dante, Racine et Shakespeare, il ignorait l'alphabet — du moins l'alphabet de l'effort quotidien et de la vie courante ; il méprisait son métier ou sa profession et en général le travail méthodique, la spécialisation, les résultats de la patience ; il bâclait sa tâche par à-coups comme un manuel répugnant la veille d'un examen ; son ambition s'accommodait mal des réalités ; il étouffait partout, tendait vers l'idéal d'un homme universel et posait pour l'incompris.

*

Irrésistiblement, les romanciers russes étaient de préférence attirés par le type du raté magnifique, chez qui
l'incapacité de vouloir s'enveloppait d'un feu d'artifice
de stérile et douloureuse éloquence : toute la littérature russe n'est qu'une apothéose de l'impuissant et la
révolution, pendant sa période dite bourgeoise, a suivi
fidèlement l'ornière creusée par la littérature.

Les nations alliées à la Russie ont fait confiance
aux intellectuels frappés d'aboulie, ceux-ci avaient
mis leur foi entière dans le moujik barbare : toute la
tragédie des alliances, toute la tragédie de la révolution dérive de cette double erreur. C'est à travers les
généreuses illusions de l'intelligence russe que l'opinion française a salué le peuple « porteur de Dieu »,
celui dont Dostoïevsky disait qu' « il faut, pour apaiser
sa fièvre, le bonheur universel sans compromis », le
retour de l'âge d'or sur la terre. Cette idée messianique
avait déjà conduit le moujik à se sacrifier en l'honneur du droit divin pendant la première moitié du
dix-neuvième siècle et pour libérer les « frères slaves »
pendant la deuxième. La Russie intellectuelle ne voyait
sa raison d'être que dans la prestigieuse mission de
s'immoler sur l'autel de l'humanité future. Après avoir
déifié le tsar, elle déifiait le peuple : le moujik devenait
le Christ du socialisme, le Rédempteur de l'Internationale, crucifié sur le calvaire impérialiste. Ensanglanté par ce martyre, le drapeau rouge devait faire le
tour du monde. Le paysan russe apportait un nouvel
évangile : la paix, la liberté, la félicité mondiale... Et
l'opinion étrangère, par la voix de ses journalistes et
de ses diplomates, continuait, malgré les symptômes

les plus angoissants, à vivre sur le cliché du « bon peuple russe », élevé dans la « religion de la souffrance ».

Le réveil fut atroce.

La révolution russe a trahi ses alliés, elle a pactisé avec l'ennemi, abandonné les petites nations à l'esclavage, livré les Arméniens à la Turquie, la Pologne et la Roumanie à l'Allemagne ; elle n'a tenu aucune de ses promesses, elle a fait table rase des serments et des signatures, de sa dignité et de son honneur ; elle a introduit dans la vie internationale des mœurs d'escroc, des habitudes de malandrin ; elle n'est parvenue à entretenir des relations régulières qu'avec des nations de proie et des monarchies de reîtres. Lâche sous le feu, tremblante à l'apparition du casque à pointe, la révolution a usé toute son énergie à dissocier, à détruire, à spolier son héritage historique. Elle a gaspillé le patrimoine russe, essaimé des terres conquises au prix d'efforts séculaires, brisé l'unité du pays, ravalé la Russie moderne à l'état d'une tragique caricature : une misérable Moscovie, un « cadavre vivant » pourrissant faute d'air marin et de lumière dans son cercueil cloué par les signataires de Brest-Litovsk... Plus d'armée, de marine, d'industrie, de commerce : rien. La négation réalisée ; le nihilisme intégral ; le paradis maximaliste.

Pendant les troubles journées estivales de 1918, en pleine guerre civile et en plein choléra, une mélancolique exposition s'est ouverte à Petrograd : « la Russie d'hier et d'aujourd'hui. » D'énormes salles vides : sur les murs, des tableaux statistiques, des colonnes de chiffres, la splendeur défunte et la détresse actuelle, rendues tangibles par des surfaces passées au lavis et les zigzags des graphiques, le tout dans un silence de mort. C'est le bilan de la révolution, bilan d'un failli frauduleux, qui avait acculé au suicide politique une clientèle de 180 millions d'hommes. Ils ne sont plus, du reste, à cette heure, après toutes les ablations territoriales, que 70 millions de miséreux, faméliques et déguenillés, cobayes humains écartelés sur une table de laboratoire social, où des hallucinés démoniaques expérimentent les virus révolutionnaires. Sous l'action du poison, la mortalité s'est accrue trois fois et demie ; les naissances ont baissé d'un tiers. Et, chez ceux qui résistent, l'épuisement paralyse peu à peu les pulsations de la vie. Comme une incision sanglante, la nouvelle frontière, marquée d'une raie cramoisie sur la carte, arrache à la Russie ses mamelles fécondes, l'Ukraine, la Crimée, le Caucase ; et, à côté, une sinistre courbe dénonce les progrès des émissions stériles : à la place du pain un pullulement de roubles sur une terre nue. Tout autour, des lignes noires qui s'élancent d'un trait vers le ciel marxiste, et d'autres qui se précipitent vers la ruine : la hausse des salaires, la déchéance de la production. Un glacial frisson de nécropole émane de ces graphiques et de ces chiffres où, mathématiquement, s'enregistrent les étapes d'une agonie nationale...

Et, dans l'immense désert rouge qu'est devenue la Russie maximaliste, un vent de folie dernière accélère la sarabande des possédés de la révolution. Le sabbat continue ses contorsions et ses grimaces. Au lieu du doux moujik, un cannibale déchaîné ; au lieu du peuple rédempteur, une plèbe délirante ; au lieu de l'Arcadie démocratique, une nuit de Walpurgis communiste, la messe noire de la patrie prostituée ; au lieu du miracle attendu, la Russie à la tête de l'apacherie mondiale, oracle de la goujaterie universelle, du recul vers la commune primitive, la Russie en guerre ouverte avec le bon sens et la civilisation. Pourquoi?

Un prodigieux visionnaire, Tchadaef, que Nicolas Ier avait proclamé fou par oukase, avait répondu d'avance à cette question : « La Russie flotte dans le vide, hors de l'espace et du temps. Elle n'appartient à aucune famille ; elle est restée en dehors du mouvement de la civilisation européenne ; elle n'a pas fait ses humanités... Le peuple russe est encore dans la préhistoire. Ses souvenirs ne dépassent pas la journée d'hier : il vit dans les étroites limites du présent sans passé, sans avenir, en un coma mortel. Tout lui manque : les traditions populaires, les souvenirs charmeurs, les images gracieuses, les enseignements efficaces. L'enfant ne trouve pas, à son berceau, avec les caresses d'une mère, les idées de devoir, de justice et d'ordre. Les Russes sont étrangers à eux-mêmes, nomades dans leurs villes, passagers dans leurs maisons, inconnus dans leurs familles... Ils appartiennent au nombre de ces nations qui, on le dirait, existent seulement pour donner à l'humanité une terrible leçon. Cette leçon, sans doute, ne sera pas perdue, mais peut-on prévoir les épreuves réservées à la Russie avant qu'elle ne remplisse sa destinée pour se retrouver au sein de l'humanité? »

Les épreuves s'aggravent toujours davantage et la terrible leçon continue, mais l'intérêt de la Russie, celui de ses amis, celui de l'univers civilisé exigent impérieusement le retour du malheureux pays au bercail de la famille humaine. Le souci élémentaire de l'hygiène internationale ne peut tolérer à l'indéfini une crise de démence où se débat tout un peuple ; le souci de l'équilibre est incompatible avec une déliquescence où la baïonnette allemande se taillait des apanages et improvisait des vassaux.

Aux orientations de l'avenir, ce livre a l'ambition d'apporter des observations vécues (1) et des données précises. Il ne laissera pas, sans doute, d'effaroucher bien des préjugés et de bousculer des illusions paressensès, mais une contribution, si succincte et si modeste qu'elle soit, à l'histoire d'une maladie, doit aspirer du moins à ce seul mérite : le respect chirurgical de la vérité. L'heure est assez grave pour condamner comme également coupables la moindre indulgence envers les hommes et la plus légère déformation des faits. La Russie agonise, elle a 40 degrés de fièvre, elle délire et se consume de douleur : il importe de diagnostiquer sa maladie et de stigmatiser au fer rouge les charlatans, accourus à son chevet, qui ont versé du poison dans les potions et entretenu artificiellement un mal abominable.

Le mot « maladie » n'a nullement, ici, un sens métaphorique. Jusqu'à présent encore, beaucoup persistent à juger de la révolution russe en fonction de la révolution française : erreur funeste dont les conséquences ont pesé lourdement sur la politique suivie à

_____

(1) Correspondances à l'*Écho de Paris*, l'*Information* et l'*Illustration*.

l'égard de la Russie. La crise russe est bel et bien une
« crise », la révolution russe est une maladie. Elle a
marqué une dépression de toutes les énergies nationales, elle a dissocié l'organisme politique au point de
tuer la volonté de vivre, de prospérer, de grandir :
on eut le spectacle d'un peuple jeté à l'assaut de son
élite, en révolte contre son cerveau, un peuple ico-
noclaste, assassin de son Dieu et de sa patrie, un
peuple qui gaspillait ses richesses, crachait sur sa
gloire, tournait le dos à ses sanctuaires pour chercher
le « Royaume des cieux » dans l'inconscience d'une
végétation cellulaire... Le peuple s'émasculait lui-
même, il piétinait sa virilité héroïque, il se livrait à
l'ennemi, s'abîmait dans le *nirvahna* politique... Folie
de sectaires, religion de la souffrance poussée au
sadisme, convulsions d'une chair qui a perdu son âme
et qui divinise ses appétits, le moujik rouge devenu
une bête d'apocalypse : la révolution russe est la
maladie d'un peuple qui, comme l'expliquait déjà
Tchadaef, n'a pas communié aux sources du classi-
cisme, qui n'a pas eu de continuité historique dans
son développement, qui fut transformé en État moderne à coups de knout sans jamais abdiquer sa psychologie de serf anarchiste.

Ce livre contient la description du mal depuis ses
premières manifestations jusqu'à son point culminant :
il s'arrête à l'été 1918, période où commencent à
s'ébaucher les promesses des solutions, où l'organisme
national tente à lutter contre la mort... Et si vague
que soit encore la lueur d'une aube nouvelle à l'horizon
d'une terre pantelante, c'est sur un mot d'espérance,

quand même, qu'il est juste d'entreprendre le récit
d'une immense douleur. Épuré par la souffrance, le
peuple russe se repentira avec la frénésie mystique
qu'il mettait dans ses débordements, il portera le
cilice, se meurtrira la poitrine : tout son caractère est
là, dans les élans vers les sommets de sainteté et les
chutes dans les abîmes de déchéance. Comme les
Juifs sur les rives de Babylone, il pleurera la patrie
perdue. Dans le sang et dans les larmes il comprendra
l'épouvante de son crime, renouvelé de Julien l'Apostat.
Et alors, alors seulement, il pourra reconstruire le
Kremlin dont il n'a jamais été, jusqu'à présent, que
l'esclave ou le dévastateur.

AU PAYS
DE LA DÉMENCE ROUGE

LA RÉVOLUTION RUSSE
1917-1918

CHAPITRE PREMIER
LA SEMAINE RÉVOLUTIONNAIRE

Une émeute d'affamés. — L'attitude du gouvernement. — La
guerre de rues. — Les premières défaillances. — L'apothéose et
le débordement de la Douma. — Le « pogrom » de la police. —
La naissance du dualisme gouvernemental : le Comité exécutif et
le Sovet. — Le premier ministère révolutionnaire : triomphe et
faiblesse, ovations et méfiance. — Une terre vacante et une
nation sans maître.

Les premiers symptômes de l'agitation populaire se
manifestèrent dans l'après-midi du jeudi 8 mars.

Cependant la Russie, du moins en apparence, semblait encore loin d'un mouvement destiné à jeter bas
un régime millénaire. Des faubourgs ouvriers ne montait qu'un cri : « Du pain ! du pain ! ». Des foules
énormes stationnaient, transies de froid sous les
âpres morsures de la bise d'hiver, aux portes des boulangeries fermées. Devant les boucheries, les maga-

sins de légumes, les épiceries, on constatait la même affluence famélique. Les économistes avaient-beau expliquer gravement les menaces de disette par des raisons occasionnelles, — tempêtes de neige, absence de charbon, trafic intensif des voies ferrées pour les besoins militaires, — la faim était là, farouche, implacable, qui tenaillait les entrailles d'un demi-million d'ouvriers dans les quartiers pauvres de Petrograd, noircis par la fumée des usines.

Petit à petit, à demi-voix, commencèrent à circuler des rumeurs inquiétantes : l'usine Poutilof fermée, plus de six cents arrestations opérées parmi les ouvriers, d'innombrables perquisitions menées avec une brutalité sans précédent. Passive, comme toujours, la foule russe manifesta tout d'abord son indignation non par la révolte ouverte, mais par la cessation du travail, la grève générale de toutes les usines, de tous les ateliers. N'était-ce pas la grève qui avait déjà arraché au régime impérial, frappé de paralysie par les classes ouvrières, les premières et pâles concessions du mois d'octobre 1905 ?

« Du pain ! du pain !... » Le lendemain, 9 mars, cette clameur affolée débordait dans les grandes artères de Petrograd. A travers la perspective Nevsky, devant ses luxueuses devantures, ses magasins de primeurs, les façades cossues de ses banques, dévala, tumultueuse, hurlante, une foule de plusieurs milliers d'ouvriers, d'enfants et de femmes, la bouche tordue par un seul cri de famine, d'autant plus sinistre qu'il retentissait au milieu des décors d'une insolente richesse, dans la capitale d'un pays toujours considéré comme le grenier de l'Europe.

Ce n'était pourtant pas encore la révolution : ce n'était qu'une révolte. La foule ne brandissait aucun

étendard politique ; mais, par un de ces instincts qui
sont irrésistibles, elle déferlait vers la place classique
des grands mouvements populaires de Petrograd, la
place de la Cathédrale de Kazan, où, tant de fois
déjà, autour des statues emphatiques de Koutouzof
et de Barclay de Tolly, le sang des manifestants avait
rougi les vieilles pierres historiques.

Par places, des meetings s'improvisent ; on entend
s'élever en sourdine les timides grondements des
hymnes révolutionnaires ; mais c'est tout. Sauf l'in-
terruption des tramways, le calme est encore absolu.
La foule des promeneurs observe, curieuse, les manifestants. La police massée sur tous les carrefours,
piaffante sur des chevaux bien nourris, observe aussi,
mais avec cette ironique assurance des gens armés
jusqu'aux dents, conscients de leur force. Par-ci, par-là,
passent des cosaques, dans un cliquetis de lances et
de sabres.

Mais est-ce que ce sont les mêmes cosaques ?...
ceux dont l'intervention, si souvent comparée à celle
des janissaires, parvenait jadis à terroriser la foule
par leurs galopades effrénées ?... Officiers comme soldats, très ostensiblement, s'écartent des attroupe-
ments. On les sent de cœur avec la foule qui clame sa
famine. Et la foule en a comme une fugitive intuition.
Une patrouille, qui, assez mollement d'ailleurs, donne
l'ordre à un groupe de se disperser, est tout à coup
accueillie par de frénétiques applaudissements.

La nuit tombe, cependant, grosse d'inquiétudes. On
devine qu'au delà de la Néva, dans les populeux quartiers des usines, fermente une âpre agitation. Les forces
ouvrières s'organisent. L'inertie du pouvoir pousse
même les plus timorés à se grouper autour de comités
hâtivement formés d'après les modèles de 1905. Fié-

vreusement, on élit des délégués qui siégeront plus tard au conseil des députés ouvriers. Et, tandis que la masse des travailleurs serre ses rangs, choisit ses chefs, le vieux régime se prépare en silence à la plus formidable des répressions.

Au ministre des Affaires étrangères, M. Pokrovsky, soutenu par tous les éléments modérés du gouvernement, et qui préconise des concessions immédiates, M. Protopopof, ministre de l'Intérieur, répond par de hautaines affirmations. Au premier choc avec la garnison de Petrograd, secondée par une puissante artillerie et des automobiles blindées, les « quelques milliers » d'ouvriers indisciplinés rentreraient vite dans l'ordre. Dans ses rapports au palais de Tzarskoé-Sélo à l'Impératrice Alexandra, comme au président du Conseil des ministres, M. Protopopof garantissait la « sécurité de la capitale » et la « débandade des émeutiers ».

Depuis quelque temps déjà, en prévision des événements possibles, la police de la capitale s'était exercée au maniement des mitrailleuses. En toute hâte, à la faveur de la nuit complice, M. Protopopof en fit installer des batteries dans les greniers d'un grand nombre de maisons de rapport et d'hôtels, dans les clochers d'églises, sous les toits des gares et en pleine perspective Nevsky, au Gostiny Dvor, immense agglomération de magasins au cœur du quartier le plus commercial de la ville.

* *

Le 10 mars, le gouvernement éprouve ses forces. Il arrête en masse les membres du Comité industriel militaire, les représentants des coopératives et des mutuelles ouvrières. Malgré les avertissements de

M. Goutchkof, depuis ministre de la Guerre, et de
M. Terestchenko, depuis ministre des Finances, les
autorités maintiennent toutes ces arrestations. Les
ponts sont gardés militairement, surtout le pont
Liteyny, dont les arches relient les rues principales de
Petrograd avec le quartier de Wyborg, le traditionnel
quartier de toutes les émeutes. Trente mille hommes
s'engouffrent sur ce pont : le cordon de cosaques
parlemente, résiste faiblement, puis s'éloigne, les
yeux pétillants de malice d'avoir joué un tour aux
policiers. C'est alors que se produit la première collision sanglante entre les cohortes de M. Protopopof
et les foules ouvrières. Les policiers à cheval tentent
d'obstruer le passage. On voit les classiques *nagaïkis* (1)
et les sabres s'abattre sur la foule. Le premier sang des
victimes est bu par la neige. La foule s'énerve, fiévreuse, trépidante. Par l'élan seul des poitrines sans
défense, elle culbute la police ; puis des coups de
revolver éclatent. Un commissaire tombe mortellement blessé. La première victoire est remportée et,
des fenêtres des aristocratiques hôtels du quai Français, on peut voir, sur la glace de la Néva, un noir
fourmillement se répandre avec des cris de triomphe
pour escalader les parapets de granit.

Le lendemain, dimanche, la police tend à disparaître ;
la ville se transforme en un immense camp militaire ;
toute la garnison de Petrograd est sur pied ; des soldats sont dissimulés dans les cours de toutes les maisons
des rues principales ; des patrouilles veillent, baïon-

(1) Fouet cosaque.

nette au canon ; des *sotnias* (1) de cosaques et des escadrons de dragons trottinent à travers la ville. L'inévitable choc s'annonce imminent. Par petits paquets,
les ouvriers gagnent le centre de la capitale, s'as-
semblent en processions, entonnent des chants révolutionnaires, graves comme des cantiques, arrêtent les
dernières voitures des tramways, obligent les fiacres
à rentrer, se massent sur les places publiques pour
applaudir des orateurs juchés sur les socles des statues d'empereurs.

Malgré tous ces symptômes dramatiques, la foule
est flottante : les trottoirs sont toujours obstrués de
milliers de curieux, simples témoins de ce premier acte
de la grande tragédie nationale ; pour mieux voir,
des gamins chevauchent les Bucéphales cabrés du
pont Anitchkof ; sans le crépitement lointain d'une
fusillade intermittente, on aurait dit une ville en
liesse, sortie dans les rues pour assister à quelque
spectacle encore inédit. Cette foule est même à peine
frondeuse : l'immense étendue de la capitale ne lui
permet pas de prendre conscience, dans son ensemble
menaçant, des haines exaspérées qui s'agitent ; le
téléphone chôme, les journaux sont muets, et les nouvelles, à passer de bouche en bouche, s'émoussent
suivant les quartiers restés paisibles et s'aggravent
dans les faubourgs cinglés par les balles. La révolution
— qui demain sera une réalité — n'existe encore qu'à
l'état de sub-conscient, localisée dans les cerveaux de
quelques incorrigibles fanatiques. Et, lorsque des
pelotons de la Garde, après avoir tiré en l'air et fracassé quelques réverbères, épaulent les masses confuses dont fourmille la place Znamenskaïa, c'est la

_____

(1) Unité de cent cavaliers.

débandade et la panique ; la foule se jette hurlante
dans la neige, comme prosternée aux pieds du monument d'Alexandre III : symbolique coursier d'Apocalypse, retenu d'une main de fer au bord de l'abime
par le dernier des autocrates.

_ Raffermis par ces misérables succès, les ministres se
réunissent, afin d'éviter la perspective Nevsky, au
domicile privé du prince Galitzine, dans la Mokho-
vaia. Leurs préoccupations continuent à se limiter au
problème de ravitaillement, et des concessions à un
corps élu : le conseil municipal, leur paraissent assez
vastes pour trancher toutes les difficultés. Une déplo-
rable myopie de bureaucrates, enlisés dans les préjugés - professionnels, empêche la majorité ministérielle de comprendre que ni les visées révolutionnaires
des groupements socialistes, ni le mécontentement
de la bourgeoisie et de la noblesse libérales n'ont pas,
jusqu'à présent, déteint sur les masses, et qu'il importe
de profiter de cette trêve, du quart d'heure de grâce
accordé par l'histoire, quand il suffit encore, pour consolider le régime, d'un changement de cabinet et
d'une réforme constitutionnelle. Au lieu de chercher
dans la Douma, dont les aspirations s'arrêtaient au
modèle de la charte anglaise, l'appui le plus sûr contre
les prêches radicaux des sectaires et les débordements
de la rue, quelques médiocres fonctionnaires s'acharnaient à frapper le seul allié naturel de la monarchie : une Chambre bourgeoise. L'inexpiable crime,
commis le 11 mars 1917, a été d'avoir abandonné,
face à face avec les foules aveugles, conduites par des
prophètes de la table rase, une Douma modérée,
craintive et faible, et d'où partaient, sous la signature
de Rodzianko, des télégrammes de loyalisme désespéré, les avertissements suprêmes à la dynastie.

Le gouvernement ignorait la tempête qui fermentait sous les bonnets de fourrure grisonnante.

Une propagande intense contre la lutte fratricide est tentée par les ouvriers, au péril de leur vie, dans les casernes, et même auprès des détachements de service dans les rues. Dans la Basseïnaia, coup de théâtre : des cosaques massacrent à coups de sabre le commissaire du quartier qui venait de blesser un gréviste. Puis, le premier cas d'insubordination grave met en lumière la solidarité latente du peuple avec les bataillons de dépôt, encombrés de recrues épouvantées par la vision des tranchées, de réservistes dévorés par les nostalgies villageoises, éléments disparates, mal encadrés, sans cohésion, concentrés à Petrograd par les hasards des mobilisations. La 4e compagnie du régiment Pavlovsky — l'une des fiertés du tsarisme, régiment créé par Paul Ier sur le modèle de ceux de Frédéric le Grand — se mutine, passe du côté de la foule ouvrière et crible de balles les détachements de deux autres régiments de la Garde, menés par des policiers déguisés. Premier mouvement de révolte vite étouffé. Les soldats sont désarmés, cantonnés dans leur caserne, où la décision est prise de faire passer deux cents hommes par les armes.

Et tels étaient, jusque dans les moments les plus angoissants de son existence, les contrastes traditionnels dans la ville des Tsars, qu'à l'heure où l'on ramassait des cadavres dans la neige sanglante, où de mystérieux convois traînaient des rebelles vers la porte des prisons, où des hymnes de révolte retentissaient à travers les rues, autour de la Douma qui élisait un Comité exécutif de douze membres, les théâtres n'avaient pas fermé : au théâtre Michel, on applaudissait un vaudeville et, au théâtre Marie, des habitués

acclamaient les suprêmes sourires du ballet impérial ;
pour la dernière fois, suivant les prescriptions d'un
régime formaliste à l'excès, les officiers se tenaient
debout pendant les entr'actés, et les sentinelles,
figées et raides, veillaient devant les loges vides de la
cour.

*
* *

Le lundi 12 mars s'annonce, dès le matin, comme
la journée décisive. Des régiments entiers sont embusqués avec l'ordre d'écraser sans pitié le mouvement
dans le sang. La majorité des policiers et des gendarmes se déguisent en soldats. Le général Khabalof,
chef du district militaire de Petrograd, concentre
entre ses mains le commandement des forces armées.
Mais les autorités constatent rapidement l'impossibilité de compter sur toutes les troupes. L'exemple
donné la veille, par une poignée de soldats, est com-
menté par mille bouches, fiévreusement exploité contre
la traditionnelle résignation, la classique docilité du
fantassin russe.

Il y avait quelques heures à peine, une section du
régiment de Volhynie fusillait presque à bout portant
les ouvriers sur la place de Kazan : aujourd'hui des
hourras enthousiastes saluent la décision de « mourir
pour la liberté ». Le capitaine Lachkevitch, organisateur des répressions d'hier, est tué par ses soldats.
Sans exagération, il est permis de dire que ce coup
de fusil décida de la révolution. Dans un ordre parfait, comme s'il allait à la parade, le régiment de
Volhynie, où l'empereur était inscrit comme colonel,
et le grand-duc héritier comme sous-lieutenant, quitte
son quartier, se déploie sur la perspective Grecque et

clame farouchement sa résolution de s'allier au peuple. De tous côtés, dans un crépitement de fusillade, accourent les soldats des régiments voisins : le régiment de la Garde de Lithuanie, le régiment Préobrajensky, enfin les sapeurs. C'est bientôt une division entière de troupes révolutionnaires prête à soutenir l'offensive des ouvriers.

Mais on constate, dans les rangs, comme une défaillance, un fléchissement. Beaucoup, les yeux extatiques, hurlent leur enthousiasme irraisonné ; mais la majorité est désorientée, comme écrasée par l'énormité des événements. Tête baissée, les soldats réfléchissent. Ils avaient cédé à l'impulsion de leur cœur de paysans, aux soubresauts de profonde solidarité avec la masse anonyme des ouvriers qui souffrent, des femmes qui pleurent, des enfants qui ont faim ; mais ils n'ont, pour les encadrer, que des sous-officiers ou des adjudants, également bouleversés par la vision de l'effondrement de tout un monde.

— Mes frères, je suis avec vous.

C'est la voix du sous-lieutenant Georges **Astakhof**, habillé en soldat, le premier des officiers russes qui passa du côté de la révolution.

La présence d'un chef, si obscur qu'il soit, et si modeste que soit son grade, raffermit les courages et fouette les énergies. Des clameurs : « Vive la liberté ! » retentissent. Quelques minutes de panique : c'est une mitrailleuse maniée par des sapeurs, derrière une fenêtre. Puis, entre deux rangées compactes de peuple, tête nue, au milieu des femmes qui agitent leurs mouchoirs, les soldats se dirigent vers la Douma d'Empire. A chaque pas les rangs se grossissent de nouveaux adhérents... « Suivez-nous ! En avant ! Nous avons un officier pour nous conduire. » Ces appels décident les volontés hésitantes, entraînent les passants, les soldats égarés.

Pour essayer d'entraver le mouvement, les autorités ont recours au guet-apens. Les régiments mutinés sont appelés d'urgence sur le champ de Mars, sous prétexte d'aider le régiment Pavlovsky, dont les casernes sont armées de mitrailleuses. Mais cette tentative avorte. Les troupes refoulent sur leur passage tous les cordons de police, tous les barrages de soldats, restés fidèles et de gendarmes. Auprès du Palais de Justice s'échevèle une véritable scène de guerre civile. Les barricades s'improvisent. La fusillade fait rage. Sur ce point les troupes bifurquent : les unes s'élancent vers les *Kresty*, sinistre prison pour détenus politiques, la véritable Bastille russe ; les autres, dans un immense rugissement de triomphe, continuent leur chemin vers la Douma.

Une sorte d'obscur instinct de conservation pousse d'ailleurs le peuple tout entier, pendant ces journées historiques, vers le palais de Tauride. Les uns confusément, les autres avec une acuité intense, soldats, ouvriers, étudiants, petits bourgeois entraînés par la tourmente, tous pressentent le foyer régénérateur, le phare de salut, sous la coupole d'albâtre de la Douma d'Empire. Depuis plusieurs mois, les appréhensions et les angoisses de la nation s'étaient reconnues dans le patriotisme douloureux dont débordait la tribune de la Chambre. Jamais le prestige de la Douma n'avait grandi comme sous la dictature de Protopopof, un renégat parlementaire. Déjà, dimanche, malgré l'annonce de dissolution, considérée à l'unanimité comme lettre morte par les députés, les dragons, commis à la garde de la Douma, laissent libre passage aux élus du peuple et leur rendent les honneurs. Dès lundi,

c'est en foule que les soldats viennent se mettre à la
disposition des représentants de la nation. Groupes
informes tout d'abord, puis des compagnies entières,
enfin des régiments encadrés de leurs officiers, colonel
en tête, en un fracas de *Marseillaise*, l'armée envahit
le palais de Tauride. Dans l'effondrement du pouvoir, le mutisme de l'Empereur, la débandade des
ministres, l'écroulement des autorités, la Douma
apparut comme le seul îlot de terre consistante, battu
par les vagues de l'ouragan populaire.

Cette irruption de soldats, qui cherchaient un mot
d'ordre au palais de Tauride, infuse comme un sang
nouveau à la Chambre, peu préparée à prendre la
tête d'un mouvement révolutionnaire. Jusqu'à la fin,
la majorité de la Douma s'accroche à l'illusion d'une
monarchie purifiée, régénérée, avec un ministère responsable de cadets et d'octobristes. C'est à contre-
cœur que le comité exécutif, où siègent seulement
deux socialistes, se résigne, dans le silence du Grand
Quartier Général, à la nécessité d'assumer les charges
provisoires du gouvernement. Le saut dans l'inconnu
l'épouvante. Au moment où, transformée en camp
militaire, la Douma semblait prendre conscience de
son rôle et de son pouvoir, elle était déjà à la merci
des forces chaotiques d'un cataclysme social.

A grands flots écumants la rue pénètre dans le
sanctuaire des libertés nationales. C'en est fait de
l'ancien régime...

Ceux qui ont visité, surtout pendant la journée
du 12 mars, le palais de Tauride, en garderont, impé-
rissable, le souvenir d'histoire vécue. L'ancien palais
de Potemkine, le fastueux favori de la Grande Catherine, si souvent comparé pour l'élégance de son architecture, la grâce un peu maniérée de son agencement,

à une marquise à falbalas du dix-huitième siècle, est
devenu le quartier général d'une révolution d'ouvriers et de soldats. La marquise est descendue dans
la rue, passionnément acclamée par la foule et saluée
par ses drapeaux écarlates. Partout, aux alentours,
et jusque dans les salles, parmi les blanches colonnades,
ce ne sont que capotes de bure de soldats, mitrailleuses,
fusils, patrouilles, caisses de cartouches, ouvriers
armés, et beaucoup de jeunesse — cette jeunesse
enthousiaste, dévorée par la fièvre du dévouement
aux grandes causes, étudiants, étudiantes, toute la
Russie qui travaille, qui espère, qui lutte — tout
l'avenir.

Des meetings partout. A chaque instant on réclame
l'un des hommes dont le nom est tout un programme,
une étiquette politique : Rodzianko, Milioukof,
Kerensky, Goutchkof, Karaoulof, et tant d'autres.
Ils sont obligés de parler, de dire, ne fût-ce qu'un mot
d'espérance, de serrer des milliers de mains inconnues, de remercier les bonnes volontés qui s'offrent,
les initiatives qui brûlent de se manifester. Dans le
grand brouhaha dont s'emplit le palais de Tauride,
s'agitent, en gestation, théories sociales, projets d'avenir, revendications ouvrières, tout un monde nouveau, toute une Russie nouvelle On entend vaguement les mots d'amnistie, de ministère responsable,
de souveraineté populaire, d'abdication, de régence,
jeter leurs éclairs sur le fond du grand drame historique dont la solution dernière est encore pleine
de menaces.

Les informations les plus sensationnelles passent
de bouche en bouche et les événements les confirment :
le Palais de Justice brûle, les détenus politiques sont
libérés, l'Arsenal est pris d'assaut, la forteresse Pierre-

et-Paul est occupée, les locaux de la police politique sont incendiés, le ministère est démissionnaire... Et toujours de nouvelles troupes arrivent, presque toutes déjà fleuries de cocardes rouges. Elles amènent encore des armes, des sacs de farine réquisitionnés, des monceaux de paperasses administratives et enfin des prisonniers...

Les colères populaires ont cherché âprement les responsables de la calamité nationale. Sans recevoir aucun ordre, par une simple poussée instinctive, des petits groupes de soldats et d'ouvriers s'emparent des dignitaires somptueux de la cour, les hissent sur des camions automobiles, les transportent à la Douma. M. Stcheglovitof, président du Conseil de l'Empire, l'âme de la réaction absolutiste, est arrêté parmi les premiers. Le lendemain, le même sort était réservé aux ministres. Jusqu'à 4 heures du matin, la plupart des membres du gouvernement se terraient au palais Marie, où, trop tard, le prince Galitzine confessait que l'existence du cabinet était incompatible avec le maintien au pouvoir de M. Protopopof. Tandis que les soldats montaient perquisitionner, l'un après l'autre les ministres s'enfuyaient par les escaliers de service. Quelques-uns, avec le général Khabalof et son état-major, s'enfermaient au ministère de la Marine, où l'amiral Grigorovitch, menacé de voir l'amirauté prise d'assaut par les troupes révolutionnaires, dut prier les fugitifs de se livrer à la Douma.

En même temps une haine séculaire, amassée contre la police, de génération en génération, éclatait, farouche, indomptable. En pleine perspective Nevsky, on avait vu tomber des passants, fauchés par le feu ininterrompu des mitrailleuses que maniaient des policiers ; une jeune fille avait eu la moitié du crâne avec son chapeau emporté par les balles. Les représàilles furent terribles. Poursuivis, traqués, impitoyablement lynchés, officiers de police, sergents de ville, gendarmes, expièrent la réputation et les crimes de la 3ᵉ section et de l'*Okhrana* (1). Le peuple se vengeait avec frénésie de ses humiliations passées, de l'arbitraire, de la vénalité, des vexations brutales. Et, parallèlement à l'explosion de ces haines, une sourde méfiance, une hostilité croissante jetèrent les soldats contre leurs chefs. Dès le 12 mars, en pleine apothéose révolutionnaire, le revers d'une émeute de soldats se manifestait par un relâchement spontané de la discipline, des perquisitions chez les officiers, leur désarmement par des bandes qui s'autorisaient de la volonté du peuple et des « lois nouvelles ». Fidèle à son serment, l'écrasante majorité des officiers est restée étrangère aux convulsions de la rue ; et les régiments rebelles, abandonnés de leurs maîtres, troupeaux sans bergers, se trouvèrent, par la force même des circonstances, embrigadés dans les masses ouvrières et livrés aux influences des orateurs socialistes.

Le soir, des colonnes de feu montèrent vers le ciel d'une admirable pureté hivernale. Les commissariats flambaient comme des torches. C'étaient les dernières citadelles d'un régime qui n'avait su recruter des défenseurs que parmi les policiers salariés. Autour de ces bûchers, la foule — où déjà s'étaient glissés des malandrins professionnels — célébrait sa libération par des clameurs délirantes et la mise à sac du mobilier des commissaires, pendant que les patrouilles fouillaient caves, greniers, appartements, pour découvrir policiers et gendarmes — les *pharaons*, suivant

---

— (1) Police politique secrète.

l'expression populaire, — et que, pour **annoncer** à la ville la révolution victorieuse, des automobiles, ornées de drapeaux rouges et hérissées de baïonnettes, filaient, saluées par les hourras des passants, à travers les rues nocturnes.

**
* **

Le 13 mars la Russie se réveillait libre. La Douma n'était plus seulement un centre moral, le foyer naturel d'attraction politique : c'était le siège d'un embryon de ministère hâtivement formé et composé des hommes les plus représentatifs de toutes les fractions parlementaires. En même temps, le groupement socialiste de la Chambre ressuscitait, à côté du comité exécutif, le *Sovet* (1) prolétaire de 1905, et invitait les artisans de la révolution — soldats et ouvriers — à élire des délégués : un député par mille ouvriers, un soldat par compagnie. Dans le désarroi des lendemains d'un coup d'État, en pleine fermentation révolutionnaire, où se multipliaient les appels à la solidarité, la Douma, grisée par les ovations, pénétrée d'une foi de néophyte en l'omnipotence du droit, a laissé sans protester surgir un organe qu'elle envisageait comme une simple institution professionnelle. Assise, du reste, pratiquement, sur les baïonnettes du prolétariat, la Douma n'aurait pu éliminer la concurrence que par la résolution d'assumer le grand premier rôle révolutionnaire, l'exploitation de sa popularité d'une heure, l'action énergique en qualité de Constituante souveraine. Or, la Chambre ne séparait pas le prolétariat du peuple tout entier qu'elle représentait, elle ne voyait pas la guerre de classes dissocier déjà les

(1) Conseil.

forces d'un soulèvement national, elle redoutait toutes les exubérances et fuyait tous les gestes en dehors de la légalité constitutionnelle. Elle rêvait de révolution française, mais elle n'était pas révolutionnaire.

Les deux comités, néanmoins, tiennent le même langage. Leurs appels à la nation ont toute la grandiloquence du civisme naissant... « Nous jurons de mourir, se termine la proclamation des ouvriers et des soldats, nous ne rendrons pas notre liberté. » Et ce serment, à tour de rôle, les régiments viennent le prêter sous des formes diverses dans la salle des pas perdus de la Douma. C'est d'abord le bataillon de dépôt Préobrajensky — le premier régiment de la Garde, recruté à son origine par Pierre le Grand parmi ses camarades d'enfance, — qui vient s'installer à la Douma avec ses officiers, ses drapeaux, sa musique et ses archives. Puis ce sont les écoles militaires, les grenadiers de la Garde, des régiments de cavalerie, deux régiments de Sibérie arrivés à Petrograd et accourus immédiatement au palais de Tauride.

Les scènes qui se déroulent dans le cadre ionique de la salle Catherine rappellent les effusions fraternelles à l'aube de la Révolution française. Rodzianko, Milioukof, Choulguine, Goutchkof se haussent au niveau des grands tribuns populaires. Ils trouvent les mots qui portent, les phrases qui exaltent. Interprètes d'une révolution patriotique, porte-parole du vieux libéralisme russe, ils invitent le peuple au travail producteur, à la nécessité de créer après avoir détruit et de compléter, par la victoire sur l'Allemagne, la défaite du germanisme intérieur. A travers les périodes émues de ces idéalistes du nationalisme,

une émeute d'ouvriers faméliques et de soldats indisciplinés — émeute qu'hier encore deux régiments
décidés pouvaient réduire à néant — épouse les
formes nostalgiques de l'histoire de France et devient
une magnifique ruée contre l'invasion de l'étranger.

Et, tandis que la communion avec l'armée semble
consacrer cette noble utopie, le travail s'active à la
Douma. Peu à peu la plénitude apparente du pouvoir
se concentre entre les mains du Comité exécutif. Des
soldats apportent à Milioukof des valises diplomatiques saisies à la gare de Finlande. Le député Boublikof se charge des chemins de fer. Au crépitement
des balles du dehors — car la police continue à tirer
— répond le tic tac des machines à écrire. Le député
Engelhardt, colonel d'état-major, improvise de toutes
pièces une organisation militaire : il change son veston
contre la tenue khaki ; on lui obéit ; des estafettes s'es-
saiment sur ses ordres à travers la ville. La nuit,
pendant que les soldats s'étendent par terre pour
dormir parmi les piquets de fusils et les caisses de
cartouches, les comités délibèrent. Le palais de Tauride, du jour au lendemain, centralise toutes les fonctions de l'État : il est le cœur, le cerveau, la force et
même une prison.

L'un après l'autre, les troupes amènent, effondrés
sur les camions comme dans les charrettes de la Terreur, les grands complices de la réaction. Le pavillon
ministériel, où jadis s'assemblaient les membres du
gouvernement avant d'escalader, trop rarement, la
tribune de la Chambre, est bientôt bondé de prisonniers de marque. Stürmer, d'une cadavérique pâleur,
le métropolite Pitérime, inféodé aux influences de
Raspoutine, les piliers de l'*Okhrana*, les généraux
Kommissarof et Kourlof, puis, cassé par l'âge, aux

favoris de neige, le vieux Gorémykine, qui eut l'élégance d'accrocher, avant de suivre les soldats, la
plaque de Saint-André sur sa redingote, la comtesse
Kleinmichel, cette admiratrice trop passionnée de
l'empereur Guillaume, et le général Soukhomlinof,
traîné dans un délire de malédictions, obligé, pour
apaiser l'agitation des soldats, d'arracher lui-même
les épaulettes d'or de sa tunique, enfin Protopopof,
traqué à travers la ville entière, venu se livrer au
député Kerensky qu'il qualifia, dans son égarement,
d'Excellence, et, autour des chefs, leur entourage équivoque de « puissances occultes », les vers rongeurs
du trône et du pays, gendarmes déguisés en civil,
aventuriers aux gages des ministres, chefs subven-
tionnés des partis-monarchistes, tous sont là, affalés
sur les divans et les fauteuils, lamentables épaves d'un
régime à l'agonie. On entend quelques-uns, timidement, s'essayer au nouveau protocole et appeler
« camarades » les soldats préposés à leur garde, ou les
étudiants qui leur offrent du thé et des sandwichs.
C'est bien la fin. Deux cents ans de morgue bureaucratique et de tyrannie policière commencent leur
expiation...

* *

Le 14 mars se clôt la semaine révolutionnaire par la
constitution d'un gouvernement provisoire sous la
présidence d'un doux rêveur libéral, le prince Lwof,
cabinet qui aurait fait la fortune d'une monarchie
constitutionnelle avec sa prédominance de cadets —
Milioukof aux Affaires étrangères, Chingaref à l'Agriculture, Nekrassof aux Voies de communication,
Manouilof à l'Instruction publique, — la grande
industrie représentée par Terestchenko et par Kono-

valoff et l'octobrisme par Goutchkof, à la Défense
nationale. Le portefeuille de la Justice, attribué à
Kerensky, un des chefs du groupe travailliste de la
Douma, loin d'entacher l'unité de la combinaison
gouvernementale, paraissait, aux yeux de l'opinion
publique, le gage le plus sûr de la solidarité de toutes
les fractions parlementaires. Néanmoins, le programme
affiché par le gouvernement provisoire ne laissait pas
de porter l'empreinte beaucoup plus du Comité ouvrier
et soldat que du Comité exécutif de la Douma. Si
l'amnistie, les libertés de la parole, de la presse, des
réunions, l'abolition de toutes les restrictions sociales
et religieuses, même la convocation d'une Constituante, s'affirmaient dans les grandes traditions du
libéralisme bourgeois, le droit de grève, la substitu-
tion à la police d'une milice avec des chefs éligibles
et surtout la prodigieuse extension à l'armée des
libertés politiques, vaguement atténuée par des périphrases que l'on sentait arrachées au cours de marchandages entre les deux Comités, témoignaient déjà
très nettement de l'influence considérable exercée par
le *Sovet* des prolétaires. Un autre point du programme
révélait d'une manière encore plus tangible la faiblesse de la Douma en même temps que la méfiance
qu'inspirait l'avenir aux groupements démocratiques :
en pleine guerre, un gouvernement qui se réclamait de
l'égalité absolue débutait par une récompense immo-
rale, un pot-de-vin grossier, pour maintenir, sous prétexte de défense révolutionnaire, la garnison de Petrograd à l'abri des tranchées, dans les casernes de la
capitale. Les héros du coup d'État devenaient des
prétoriens embusqués.

Ni l'arrivée du général Ivanof avec un train de
chevaliers de Saint-Georges, ni la dictature du général

-Alexéef, ni les formidables envois de troupes pour emporter -Petrograd d'assaut, aucune rumeur pessimiste ne pouvait légitimer l'engagement solennel de soustraire au front quelque soixante mille hommes et d'en faire une gendarmerie jacobine. D'ailleurs, à la place des renforts fantômes dépêchés par la réaction, on vit arriver des cortèges de soldats, blancs de givre, avec des mitrailleuses caparaçonnées de glace. C'étaient les réserves de l'armée révolutionnaire qui, des environs de Petrograd, venaient faire acte de présence à la Douma d'empire. Des régiments entiers arrivaient malgré les tempêtes de neige, avec armes et bagages, de **Tzarskoé-Sélo**, de Strelna, de Péterhof et d'Oranienbaum, précédés par un déploiement d'immenses drapeaux rouges.

Mais, dans les vagues qui déferlaient vers la Douma, il n'y avait pas que les simples, les petits, les parias de la monarchie : grands-ducs, brillants officiers de la Garde, cosaques chez lesquels le régime tsariste espérait trouver son dernier appui, jusqu'à l'escorte privée de **l'Empereur** cantonnée au palais, tous venaient maintenant offrir leur concours à quelques hommes en redingote, tandis que des milliers de télégrammes apportaient l'adhésion de la province. Pendant une semaine ces hommes n'avaient pas dormi, avaient mangé à peine, travaillé sans relâche, dans la fièvre de créer l'histoire. Pendant plusieurs jours, quelques-uns n'avaient pas quitté le palais de Tauride. Et si, déjà, des résultats essentiels étaient obtenus, le gouvernement constitué, les bases du programme politique formulées, l'entente établie avec les délégués soldats et ouvriers, la tâche s'annonçait encore immense, et les lendemains chargés d'indéchiffrables énigmes. Quel serait en définitive le nouveau régime en Russie? Quelle était l'exacte attitude du souverain? Pendant que Milioukof pronostiquait aux soldats l'avènement au trône du grand-duc Alexis, des manifestants promenaient des pancartes écarlates avec l'inscription : « A bas la régence ! »

Petrograd faisait table rase du passé. Des drapeaux rouges sur tous les ministères, sur les palais, sur les monuments, même sur les églises. Par-ci par-là, à grands coups de marteaux, on déclouait les aigles, on badigeonnait les enseignes des fournisseurs de la cour. Et, devant les débris de chiffres et de couronnes, les lambeaux d'hermine, la poussière héraldique des blasons, tous les colifichets, mais en même temps tous les symboles de la monarchie, pas un regret, pas une larme : parfois des quolibets, et surtout l'indifférence, une indifférence terrifiante par ce qu'elle laissait deviner de vide national, d'absence de traditions. Malgré le soleil d'or sur la neige, la joie grave sur quelques visages, une silencieuse épouvante venait de la foule immense, enrubannée de rouge, qui dévalait dans un cadre saturé d'histoire impériale. Une rupture aussi rapide avec un passé millénaire ne révélait-elle pas une impuissance à résister aux courants du dehors et une invincible prédisposition à servir d'objet aux expériences sociales? De tout temps, pour s'emparer de la Russie, il avait suffi de le vouloir : aventuriers et génies ont brassé à leur gré la matière première politique, amorphe et vague, qui peuplait la sixième partie du monde, sans parvenir à la discipliner dans ses profondeurs ni à laisser une empreinte durable à sa surface. Une fois de plus, le moule impérial brisé, il n'y avait en Russie que de la matière première épandue et mouvante. Des évocations de sans-culottes avaient beau passer sous un travesti local, des cosaques surgir dans une clameur de chants révolutionnaires et des automobiles, mitrailleuses au vent, filer à toute vitesse, cette énergie prime-sautière et cette vitalité tumultueuse laissaient intacte l'angoissante impression d'une terre devenue vacante et d'une nation sans maître.

CHAPITRE II

LES DERNIERS JOURS D'UN RÈGNE

Les appels de l'Impératrice. — Un monarque errant et un train
fantôme. — Hésitations, illusions et suprêmes erreurs. — Le
Tsar et les ambassadeurs du peuple. — L'abdication et l'oubli. —
Les premières stations du calvaire : Pskov, Moguilef, Tzarskoé-
Sélo. — La monarchie russe : un effondrement sans romantisme.
— Trahison, lâcheté et indifférence.

Le 10 mars, l'Empereur recevait le télégramme suivant de l'Impératrice de Tzarskoé-Sélo :

« Il ne fait pas bon du tout dans la ville. Je
veux que le vieux (le comte Fréedericks, ministre
de la cour) publie une note pour annoncer que les
enfants ont tous la rougeole afin d'éviter les fausses
rumeurs. »

Le lendemain, le télégramme de l'Impératrice se ter-
minait par une note plus pessimiste : « Je suis très
inquiète au sujet de la ville. »

Le soir, un télégramme chiffré précisait les détails,
annonçait une situation aggravée, en même temps
qu'arrivait le cri d'angoisse poussé par Rodzianko, la
dépêche historique aux phrases brèves, aux mots
entre-choqués : « Une fusillade désordonnée se déchaîne
dans les rues. Les troupes tirent les unes contre les
autres. La nécessité s'impose de charger une personne,
en qui le pays aurait toute confiance, de constituer
un nouveau gouvernement. Impossible de tarder. Tout

retard équivaut à la mort (1). Je prie Dieu que la responsabilité de cette heure ne retombe pas sur le Souverain. »

Le 12 mars, les appels de l'Impératrice devenaient plus pressants. A 11 heures, Alexandra Feodorovna télégraphiait : « La révolte a pris hier des proportions effrayantes. Les nouvelles sont pires que jamais. » Et, deux heures plus tard, ce n'était plus qu'un cri de désespoir auquel s'abandonnait la morgue hautaine de celle que, depuis longtemps déjà, le peuple appelait l' « Allemande » — variante historique, à plus d'un siècle de distance, de l'épithète lancée à l' « Autrichienne » : « Des concessions sont indispensables. Les grèves continuent. Beaucoup de troupes ont passé du côté de la révolution. » Et, presque à la même heure, parvenait le suprême télégramme de Rodzianko où résonnait déjà le glas du tsarisme : « La situation empire. Il faut prendre des mesures d'urgence, car il sera trop tard de le faire demain. L'heure dernière a sonné quand se décide le sort de la patrie et de la dynastie. »

*　*　*

Le 13 mars, l'Empereur quittait le Quartier Général pour Tzarskoé-Sélo. Se rendait-il un compte exact du formidable mouvement où devait sombrer sa couronne? Il semble, d'après les témoignages du duc de Leuchtenberg, qui remplissait, pendant ces journées dramatiques, les fonctions d'aide de camp auprès de Nicolas II, que l'Empereur, jusqu'au moment du départ, partageait l'opinion de sa suite : « Une émeute, sans doute, et même une émeute grave, mais dénuée

(1) Formule empruntée à Pierre le Grand.

de portée politique, sans influence possible sur les destinées de la maison impériale. » La manière forte paraissait l'unique moyen de résoudre la crise. Le projet d'une dictature militaire, dont la rumeur pendant deux jours a rempli Petrograd d'épouvante, avait été sérieusement soulevé, débattu, puis laissé de côté. Tantôt le choix de l'Empereur s'arrêtait sur le général Alexéef, nanti de pleins pouvoirs et chargé, à l'heure critique, d'apaiser l'opinion par la formation d'un ministère responsable devant la Douma; tantôt sur l'un des chefs les plus populaires, le général Broussilof, le héros de Galicie; enfin le général Ivanof, l'ancien commandant en chef du front sud, fut dépêché à Petrograd avec des renforts, où figurait un échelon exclusivement composé de chevaliers de Saint-Georges. A la détresse du Parlement, aux grondements de la rue, aux frémissantes clameurs de l'armée, le Grand Quartier Impérial répondait par le plus rogue, par le plus glacial des silences. Était-ce la proverbiale obstination du souverain qui, même aux heures suprêmes de l'histoire, ne se départissait pas du mutisme, si bien connu des familiers de Nicolas II, et dont désespéraient parfois ses ministres? Était-ce un désir conscient de s'abandonner à la fatalité qui frappait à la porte, ou bien l'effet de cette irrésolution morbide, de cette lassitude infinie, où s'enfonçait parfois le souverain, et que l'opinion attribuait à une lente intoxication par des infusions criminelles de plantes du Thibet? Dès son départ de la « Stavka » (1), l'Empereur ne devait plus être qu'un monarque errant, dans ses luxueux wagons qui roulaient vers un horizon chargé d'énigmes et de menaces. Tous

(1) Grand Quartier.

pourparlers réguliers par fil avec Petrograd devenaient impraticables. De son propre gré, le souverain
s'isolait, alors que chaque minute, chaque seconde
d'isolement approchait la catastrophe.

Précédé, comme d'habitude, d'un train de service,
sous les ordres du général Tzabel, le train impérial
s'engouffrait dans la nuit. L'Empereur était accompagné seulement de quelques intimes : le vieux comte
Fréedericks, blanchi sous le harnais, desséché par
l'étiquette et des préjugés de caste, engoncé dans la
raideur de son germanisme atavique, séparé, par une
cloison étanche, des aspirations du pays; le général
Voeikof, commandant du palais, attaqué tout récemment encore avec virulence à la Douma, courtisan
myope de carrière; l'amiral Nilof, hébété par l'alcool,
même pendant le dernier acte du règne, figurant
inconscient de la tragédie impériale; enfin le duc de
Leuchtenberg et le général Narychkine. Personne pour
donner le moindre conseil, émettre un avis, tendre une
main amicale. Le vide.

A 2 heures du matin, — arrêt à la station Vychera,
— l'Empereur se lève, questionne son entourage qui
lui répond par des formules protocolaires, des phrases
toutes faites, l'optimisme de cour : « Quatre compagnies suffiront pour disperser les émeutiers, les
troupes ne sauront oublier le serment fait à Votre
Majesté, il suffira que vous apparaissiez, Sire... » Et
toutes ces platitudes étaient débitées à quelques
heures de Petrograd, — Petrograd où fumaient les
commissariats incendiés, où la fusillade résonnait à
travers les rues, où le drapeau rouge flamboyait à
la place de l'étendard impérial, où le peuple, l'armée, les ouvriers acclamaient le Comité exécutif de
la Douma d'Empire.

Le général Tzabel accourt, un télégramme à la main : l'ordre du commandant de la gare d'arrêter le train impérial à la station Vychera et de le faire convoyer à Petrograd. Hâtivement, le général communique les dernières nouvelles : le gouvernement provisoire appuyé par toute la garnison de la capitale, les chemins de fer soumis au député Boublikof.

« Pourquoi, se serait écrié l'Empereur, raconte un témoin, me fait-on savoir tout cela si tard, si tard, lorsque tout est fini? » Il est frémissant de colère, et puis, d'une voix presque blanche, il ajoute : « J'abdiquerai, si tel est le désir du peuple, je m'en irai à Livadia. » Et la soif de savoir, le dernier lambeau d'espérance, le poussent, au plus vite, vers Tzarskoé-Sélo.

Mais, la locomotive du train impérial est endommagée ; il faut abandonner le train de service, emprunter sa locomotive : les minutes s'écoulent, désespérément lentes. Enfin le train s'ébranle. A Dno, encore un arrêt, encore un télégramme : la garnison de Tzarskoé-Sélo — les troupes d'élite, choyées, adulées, — passées à la révolution ; l'Impératrice obligée de recourir à la protection de la Douma ; la fin, la fin. Une nouvelle idée est lancée : rebrousser chemin, partir pour Moscou — « Moscou, qui m'a toujours aimé, » dit l'Empereur, — Moscou, la ville du Kremlin, des premiers tsars, le sanctuaire de l'autocratie... Illusion vite refoulée. A Moscou aussi la révolution triomphe, les autorités sont arrêtées, les troupes en ébullition. Le général Ivanof, dont le train attend également à Dno, engage l'Empereur à rejoindre d'urgence l'armée, l'unique salut. Selon une version très débattue, le général Voeikof, affolé, aurait poussé le souverain à ouvrir une brèche dans le front de Minsk, pour faire appel aux forces allemandes, proposition écartée d'un geste par l'Empereur ; selon d'autres, Voeikof aurait conseillé de prélever sur la ligne du feu un certain nombre de troupes et de les diriger vers Petrograd. Comme une bête traquée, le train impérial tente de se frayer un passage. La décision est prise, enfin, de profiter de la voie libre qui conduit à Pskov, siège de l'état-major du général Rousski, où le Tsar espère trouver un appui suprême parmi ses soldats.

*
* *

Le 14 mars, à 8 heures du soir, le train impérial s'arrêtait à la gare de Pskov. Le plus grand secret avait été observé par l'état-major. Seul, sur le perron, dans l'ombre hostile et froide, le général Rousski attendait. Dès l'arrivée du train, le vainqueur de Lemberg se faisait annoncer chez l'Empereur. Il était, raconte le duc de Leuchtenberg, profondément ému, mais l'Empereur, d'ordinaire peu loquace, se montrait plus impassible et plus taciturne que jamais. Rien ne fut décidé au cours de ce premier entretien.

A 2 heures du matin, Nicolas II invitait de nouveau le général Rousski dans son wagon. Sur sa table, un manifeste déjà signé, concession qui, il y a deux jours encore, aurait écarté la crise et apaisé l'opinion : le ministère responsable devant les Chambres. « Je savais, raconte le général Rousski, que ce compromis arrivait en retard, mais je n'avais aucun droit d'émettre mon opinion sans avoir reçu d'instructions du Comité exécutif de la Douma. Je proposai donc à l'Empereur de m'entretenir personnellement avec M. Rodzianko. »

Vers 3 heures du matin, le général parvenait à faire établir la communication avec Petrograd. L'entretien

dura deux heures. A un bout du fil, le palais de Tauride, gardé par des milliers de soldats ralliés à la révolution, mitrailleuses braquées et baïonnettes au canon,
dans un décor de guerre civile et un crépitement lointain de fusillade ; à l'autre, 'le pacifique et simple
cabinet d'état-major au fond d'une vieille ville de
province. Sans omettre un détail, Rodzianko exposait
la situation. Une seule issue paraissait possible : l'abdication.

Le général télégraphie les termes de sa conversation au grand-duc Nicolas, aux généraux Alexéef,
Evert et Broussilof. Leurs réponses sont identiques :
l'abdication seule peut rétablir la paix intérieure indispensable à la victoire. Cette décision à Petrograd est
attendue d'heure en heure. Lorsque le Tsar tente de
télégraphier, par l'état-major, à Tzarskoé-Sélo et au
général Ivanof, la transmission est interrompue, dès
les premiers mots, par un ordre de la capitale : « N'ac-
ceptons pas, défendu d'accepter. » Dans le train impérial, s'appesantit de plus en plus l'impression du vide.

Le matin, à 10 heures, accompagné du général
Danilof, son chef d'état-major, et du général Savitch,
le général Rousski était de nouveau reçu par l'Empereur. Il plaida la cause de la patrie douloureuse,
secouée par les spasmes de l'émeute, guettée par
l'implacable ennemi. L'apaisement du pays comme la
victoire dépendaient de l'abdication. Très calme,
presque indifférent, l'Empereur écoutait en silence.
De temps en temps, du crayon qu'il tenait à la main
il soulevait sa moustache ou négligemment griffon-
nait un brouillon. Très poliment, il acquiesçait à tout
ce qu'on lui disait. Il admettait l'abdication. Et, de
temps en temps, à demi-voix, il répétait : « La situation est alors vraiment sans issue. »

A 3 heures, le Tsar remettait au général Rousski un texte de télégramme où il annonçait son abdication en faveur du Grand-duc héritier. Mais ce document n'était pas destiné à voir le jour. A 3 h. 35, avant que le général Rousski n'eût le temps de faire parvenir la dépêche à Petrograd, on lui annonçait l'arrivée, dans la soirée, de deux commissaires du gouvernement, les députés Goutchkof et Choulguine, chargés par le gouvernement provisoire de négocier avec le souverain. Le Tsar entrevit comme une lueur d'espoir en cette nouvelle, un symptôme de quelque modification profonde survenue dans la situation. La journée s'écoula dans une impatience frémissante. Seul, auprès du souverain, demeurait le vieux ministre de la cour.

A 10 heures du soir arrivaient les ambassadeurs du gouvernement provisoire. Le train à peine stoppé, un des aides de camp de l'Empereur se précipitait vers leur wagon : « Sa Majesté vous attend. » « J'étais, raconte le député Choulguine, parvenu à un tel point de fatigue et de tension nerveuse que rien, semble-t-il, n'aurait pu m'étonner ou me paraître impossible. Mais tout à coup je m'étais senti gêné à me voir en veston, avec une barbe vieille de quatre jours, la tête d'un forçat qui se serait évadé d'une des prisons incendiées par les révolutionnaires. »

Dans un wagon-salon impérial, tout étincelant de lumières, attendait le comte Fréedericks ; quelques minutes après, l'Empereur, en tenue de colonel de cosaques, suivi du général Narychkine, faisait son entrée, le visage absolument impassible, comme s'il s'agissait de la plus ordinaire, de la plus banale des entrevues. Il tendit la main aux commissaires sans froideur, plutôt aimablement, leur offrit des sièges : Choulguine s'assit en face de l'Empereur, Goutchkof

à côté de lui, devant une petite table. Bientôt après
arriva le général Rousski. Tout au fond du wagon,
fantôme d'une cour à la veille de disparaître, la pâle
et raide silhouette de Fréedericks.

On connaît le rôle joué dans l'histoire de ces dernières années par Alexandre Goutchkof, sa vie entière
d'abord comme député, puis comme président de la
commission de défense nationale, consacrée à la régé-
nération de l'armée, enfin, la guerre venue, la fou-
gueuse impulsion communiquée, sur son initiative, à
la mobilisation de l'industrie pour les besoins du front.
Mais cet octobriste modéré, ce représentant de la
haute bourgeoisie loyaliste, n'a jamais cessé d'être
poursuivi à la cour d'une haine inexplicablement
féroce : toutes les avanies à son égard étaient permises et même tacitement encouragées ; Protopopof le
faisait suivre par ses détectives... Et de là, chez Goutchkof, un passionné sous des dehors lymphatiques, une
rancune non moins véhémente contre l'Empereur, une
soif puérile de représailles qui devait l'écarter pour
toujours de cette mission écrasante : faire comprendre
au souverain que son règne était fini.

Les yeux baissés pour mieux se concentrer, peut-
être pour éloigner de sa vue le spectacle d'un immense
effondrement, peut-être aussi pour vivre plus inten-
sément l'âpre satisfaction d'une vengeance inespérée,
Goutchkof exposa la situation, évoqua les menaces
d'une guerre civile déchaînée en pleine guerre extérieure, conclut à la nécessité d'une abdication en
faveur du tsarevitch, avec la régence confiée au grand-
duc Michel Alexandrovitch. La portée de ces paroles,
de temps en temps, mettait comme un frisson dans la
voix de Goutchkof. Le Tsar, en apparence du moins,
semblait beaucoup plus calme. Sa sérénité ne s'al-

téra un instant qu'au moment où Goutchkof lui apprit que son escorte privée avait adhéré au mouvement révolutionnaire.

« Hier et aujourd'hui, déclara le Tsar, j'ai réfléchi à la situation et je me suis décidé à renoncer au trône. Jusqu'à 3 heures cet après-midi, j'étais prêt à signer l'abdication en faveur de mon fils. Mais j'ai fini par comprendre que je n'aurais pas la force de m'en séparer... »

Et, après un court silence, il ajouta, d'une voix toujours aussi posée et calme : « J'espère que vous me comprendrez... »

Encore un moment de silence... « Et c'est pourquoi, continua le souverain, j'ai pris la décision d'abdiquer en faveur de mon frère. »

Cette résolution prenait les commissaires au dépourvu. L'avènement au trône du tsarevitch et la régence du grand-duc Michel avaient été prévus et même annoncés à la foule. Le Tsar renversait tous les plans. Pendant un quart d'heure, les commissaires durent se concerter, puis, de nouveau, l'entretien reprit avec le monarque : Goutchkof et Choulguine souscrivaient à la décision.

Et soudainement, pour la première fois, au moment de renoncer à un empire, l'autocrate responsable devant Dieu seul de ses actes, successeur de toute une lignée qui a fait de la Russie demi-asiatique une grande puissance européenne, apparaissait à la place du petit colonel de cosaques. Le regard bleu fixé sur les commissaires comme s'il cherchait la réponse de la nation entière chez ces deux représentants du peuple, Nicolas II demanda aux députés s'ils pouvaient assumer la responsabilité légale, fournir la garantie formelle que l'abdication allait réellement apaiser le pays,

qu'elle ne provoquerait pas de complications nouvelles. La Russie a-t-elle répondu par la bouche de
Choulguine et de Goutchkof? Sans hésiter, le Tsar
quitte le wagon-salon pour rédiger l'acte d'abdication.
Les deux commissaires et le général Rousski attendaient, recueillis dans le lourd silence dont s'emplis-
sait la voiture capitonnée, le silence d'une veillée
macabre au chevet d'un règne à l'agonie.

A 11 heures et quart l'Empereur apportait quelques
feuillets de petit format. « Voici l'acte d'abdication,
dit-il, lisez. » Une seule rectification fut apportée à
un texte qui fit rougir Choulguine pour le projet élaboré à la Douma : la nécessité d'un serment du Grand-
Duc à la nouvelle constitution. Le Tsar consentit immédiatement, ajouta ces quelques mots, puis, d'une main
sûre, apposa son paraphe que contresigna, pour la
dernière fois dans sa longue carrière, le comte Fréedericks. Un autre exemplaire, dressé à la machine à
écrire, fut laissé chez le général Rousski. A minuit
moins 12 les commissaires prenaient congé de l'Empereur déchu. « Il me semble, a raconté depuis Choulguine, qu'en ce moment il n'y avait pas de mauvais
sentiment de part et d'autre. Je ressentais plutôt de
la pitié envers l'homme qui rachetait une partie de
ses fautes par la noble pensée de renoncer au pouvoir. »

Vers une heure du matin le train de l'ex-Empereur
de Russie quittait Pskov pour le Grand Quartier
Général.

Le séjour de Nicolas II à Pskov aura beau avoir
passé inaperçu, au milieu d'une placidité et d'une
indifférence plus impressionnantes que les violences
extrêmes. Ceux qui ont vu, sous la bruine de mars,
se promener lentement sur le perron de la gare un

Empereur condamné à la déchéance en conserveront toujours la poignante vision. D'un pas machinal, le regard vague, en capote de soldat, le souverain arpentait l'asphalte humide sur le fond banal des files de wagons ruisselants sous le dégel, de dépôts lépreux et de mornes salles d'attente. Par les fenêtres du buffet on pouvait voir quelques rares dîneurs, des garçons qui s'agitaient, la vendeuse de journaux et de cartes postales. Le public avait perdu jusqu'à la curiosité. Et toute la monarchie semblait s'enfoncer dans la grisaille, se diluer dans le vague avec ce Tsar oublié, isolé, figure de militaire anonyme dans le terne décor d'une gare de province...

*
* *

Attaché aux vieilles habitudes d'une armée où un chef ne quitte jamais la moindre des unités sans lui faire des adieux attendris, l'ex-Empereur partait pour serrer la main de son état-major, puis il espérait se rendre à Kief où se trouvait l'Impératrice douairière. Mais Marie Féodorovna, renseignée sur la situation, avait pris les devants : Nicolas II passa ses derniers huit jours de liberté à Moguilef, dans de longs entretiens avec sa mère. Que pouvaient être ces conversations au lendemain de la chute d'un trône? Depuis longtemps, déjà, après avoir essayé en vain d'avertir son fils, l'impératrice Marie s'était de son plein gré écartée de la cour et même de Petrograd : elle se résignait, tout au plus deux fois par an, les jours de très grande solennité, à rencontrer sa belle-fille ; elle avait hérité de la cour patriarcale de Danemark et du règne d'Alexandre III trop le respect de la couronne pour assister, impassible, au développement de la

chronique scandaleuse qui ternissait les ors et tachait
les hermines du blasón impérial... Mais, à l'heure de
la suprême détresse, son cœur de mère, tout simplement, avait parlé. Chaque soir Nicolas II dînait avec
la vieille impératrice et leurs entretiens se prolon-
geaient tard dans la nuit. Cependant, toujours rien
dans l'attitude et l'expression du monarque déchu ne
révélait l'intense émotion de ces heures mélancoliques
où, parmi les évocations d'un règne comme gâché à
plaisir, il n'y avait qu'une mère douloureuse qui
encourageait son fils au début d'un calvaire.

Le 21 mars, cinq jours après l'abdication du grand-
duc Michel, le gouvernement provisoire décidait, suivant la formule officielle, de priver Nicolas II de sa
liberté. Cette solution, d'ailleurs, semblait être attendue
non seulement à l'état-major, mais aussi par l'ex-sou-
verain lui-même. Nicolas II ne manifesta aucune surprise lorsque le général Alexéef, chargé de prévenir
son ancien maître, lui communiqua l'ordre du gouvernement. En ce moment Nicolas II déjeunait dans le
wagon de sa mère, à proximité de l'ancien train
impérial déjà sous pression. Nicolas II se déclara prêt
à obéir. Vers 5 heures de l'après-midi il prenait congé
de sa mère et, lentement, un peu pâle, traversait
l'étroit espace qui séparait les deux trains. Sa main
droite effleurait la visière ; la gauche, d'un geste habi-
tuel, frisait parfois la moustache. Un silence de cimetière planait sur la foule, l'état-major, les soldats, les
employés de la gare. Tout à coup l'amiral Nilof se précipitait vers l'empereur et lui baisait la main. Puis la
silhouette de l'ancien Tsar se profila derrière la glace
du wagon... Son regard rencontra celui de l'impératrice
Marie, qui, le visage ravagé par les larmes, assistait
au départ de son fils. Lentement le train s'ébranla...

Pas une seule fois ni l'empereur ni sa suite ne furent mis en contact avec les commissaires du gouvernement provisoire. Seuls les employés de la police de la Cour, au nombre de quinze, vinrent protester auprès des députés de leur dévouement spontané au nouveau régime. Après les grandes défaillances les petites trahisons. Et toujours le train continuait à rouler dans le même silence de mort à travers les paysages désolés, parmi les villages perdus, l'immense indifférence d'un pays assoupi dans son coma hivernal. Sur les perrons des gares, la foule passait, préoccupée seulement de ses valises et de ses billets, devant les stores baissés des mystérieux wagons frappés à l'aigle impériale...

Avant l'arrivée, le Tsar se départit un instant de sa réserve. Il prend congé, d'une voix où tremble la pointe d'une émotion, des employés du train : « Je vous remercie pour votre service, au revoir, adieu... »

C'est Tzarskoé-Sélo avec le décor connu de sa gare, le pavillon impérial, sa marquise drapée de pourpre, ses tapis écarlates. Amassée près du pavillon, une foule de soldats sans armes, quelques officiers et toujours un silence de sépulcre. On n'entend que la neige qui crisse sous les pas. En tenue de cosaque, au bonnet d'astrakan noir, le *baschlyk* (1) rouge rejeté sur les épaules, la croix blanche de Saint-Georges épinglée sur la poitrine, l'Empereur, légèrement courbé, mais la démarche ferme, traverse le perron. Silencieusement, les officiers rendent les honneurs au colonel Nicolas Romanof.

(1) Capuchon de laine,

*
* *

« En Russie, avait l'habitude de dire le comte Witte,
une seule révolution est possible : celle du mépris. »
Mais était-ce à proprement parler du mépris, cette
étrange indifférence qui succédait brusquement à la
dévotion populaire?

Sans doute, colporté de bouche en bouche, le nom
de Raspoutine avait pénétré jusque dans les profondeurs des steppes et les tranchées avancées ; la dynastie
avait perdu de son prestige, mais — chose incontes-
table — malgré la propagande révolutionnaire, malgré
les répugnances pour les romans-feuilletons du palais,
l'armée et le peuple avaient conservé leur atavique
attachement au monarque, les officiers se pâmaient
en présence du souverain, et le Parlement songeait
seulement à limiter les prérogatives du trône. Des
siècles de prières dans les basiliques où le nom du Tsar
se mêlait au vieux slavon des liturgies, une histoire
dominée par le droit divin, la tendance éminemment
paysanne à envisager la Russie sous l'angle d'une
famille dirigée par un chef unique, les antécédents les
plus lointains semblaient ériger la monarchie en une
sorte de catégorie nationale. Tout convergeait vers
elle. Elle était la source de la vie publique, de la justice, de la grâce. Malgré ses greffes étrangères, la
monarchie paraissait la fleur spontanée et le luxe
indispensable d'une humble terre paysanne. Et, pourtant, pas un geste ne s'est ébauché pour la défendre,
pas un regret n'a suivi son brusque étiolement. En
quelques heures, on a vu s'écrouler la cour la plus
pompeuse de l'Europe, avec ses couronnes et ses
chiffres, ses aiguillettes et ses chamarrures, ses dames

à portrait et à tabouret, son cérémonial rigide et son armée de chambellans. Effondrement sans romantisme, sans beauté, les favoris de Tzarskoé-Sélo incapables d'imiter jusqu'à l'exemple des Suisses mercenaires de Louis XVI (1).

C'est que la Russie n'a pas eu, comme la France, cette prestigieuse noblesse, issue naturellement de la souveraineté terrienne, pyramide de blasons et de titres dont le roi était le sommet et l'aboutissement logique. Le lis héraldique étayait sa blanche floraison sur des racines puissantes, profondément ramifiées dans les âmes et dans la terre : sa décapitation a ébranlé tout un édifice, élaboré par les lentes cristallisations de l'histoire ; elle a fait saigner un loyalisme de terroir et se rouvrir simplement la source de l'héroïsme féodal.

Rien de pareil en Russie où la monarchie s'est résolúment détournée des vieux boïars dont elle violenta les préjugés, coupa les barbes de fleuve et raccourcit les houppelandes damasquinées. Depuis Pierre le Grand l'autocratie russe s'est acharnée à créer elle-même une noblesse domestiquée, où les descendants de Rurik et de Gandamine se noyaient parmi les Excellences parvenues du *tchin* et les émigrés aventureux en quête de prébendes et de sinécures. Avec la même prodigalité qu'elle construisait, à l'imitation de Versailles, ses palais de plaisance agrémentés de bocages et de fontaines, la cour de Russie enrichissait son *Gotha*, fabriquait de toutes pièces un armorial sur place ou importait des petits-maîtres, pêle-mêle, avec des architectes, des jardiniers, des

(1) V. B. MIRSKI, Les lis blancs de la monarchie russe (*L'Entente*, juillet 1918).

porcelaines de Saxe et de Sèvres. Affolée de luxe et
d'ambition, la monarchie improvisait à la manière de
Potemkine, pendant le célèbre voyage de Catherine
en Crimée, à peine arrachée aux Turcs, mais déjà
peuplée de Trianons rococo.

Et de cette hâtive production politique par à-coups,
la cour entière se ressentit au point de rappeler une
mascarade, mimée dans un cadre d'opéra, en marge
d'une misérable nation d'esclaves agricoles. Toutes
les résidences impériales, toutes ces magnifiques bâ-
tisses où la manie des pompes grandiloquentes a
multiplié les colonnes, les quadriges et les aigles,
portent l'invariable cachet d'une création artificielle :
leurs réminiscences antiques comme leurs fioritures
jurent trop avec les planches des izbas et détonnent
parmi les byzantinismes de l'art national ; elles ne
sont qu'un grandiose décor échafaudé par des metteurs
en scène étrangers pour le plaisir des Rois-Soleils
polaires et des Sémiramis du Nord : l'escamotage du
bronze éclate dans le stuc qui s'écaille et la brique
badigeonnée simule mal l'éternelle splendeur du marbre.
Les figurants, parés, on le dirait, pour un ballet, sont
au diapason de ce décor, étrangers comme lui, chargés
de galons et de titres empruntés à la hiérarchie
tudesque, si bien qu'une délégation paysanne, reçue
pendant la guerre par l'Empereur, s'est demandé
avec angoisse pourquoi le Tsar était entouré de prisonniers allemands. La cour ne s'éployait pas seulement
en dehors de la nation, elle vivait de son existence
factice en dehors du souverain lui-même, institution
parasite limitée à poursuivre seulement ses intérêts
professionnels et vaguement teintés d'un loyalisme
d'apparat. Sans doute, parmi les fonctionnaires et
même parmi les étrangers à ses gages, la monarchie

a su trouver des énergies de grande envergure patriotique et des serviteurs consciencieux, attachés à la Russie par devoir de gentilhomme, mais, dans l'absence de ces fortes individualités, la cour n'était qu'un champ clos où s'agitaient des bureaucrates hallucinés par le souci de leur carrière, un milieu incapable de donner naissance aux chevaliers servants de la monarchie. A l'heure du danger, les convictions à fleur de peau se lézardèrent comme les plâtres des palais et l'artifice des enthousiasmes protocolaires s'effondra dans la piteuse débandade des lâchetés humaines.

Placées devant le fait accompli, les grandes masses paysannes sont envahies par leur préoccupation unique, celle qui ne les quitte jamais, le classique mirage de la terre, dont ils attendent la réalisation à chaque tournant de la politique russe. Cette obsession est si intense qu'elle émousse l'importance des événements eux-mêmes où les campagnes cherchent une indication ou trouvent un symptôme de la curée agraire. Le Tsar disparu, le souci de la terre absorbe les mentalités frustes au point de les vider des images les plus traditionnelles, du sentiment élémentaire des devoirs les plus simples. Et comme, de proche en proche, l'anarchie des centres gagne les villages, les perspectives d'un partage immédiat jettent les paysans, à l'exemple des ouvriers, vers les ivresses de l'action directe : pratiquement, la chute du régime se traduit par la possibilité de culbuter la police rurale et de dépecer les propriétés des riches, la fantasmagorique dualité de la liberté et de la terre, auprès de laquelle tout est pâle, tout est fade.

D'un jour à l'autre, le paysan qui accrochait pieusement à la place d'honneur, sous les icones, les portraits d'un empereur guindé et rose, d'une impératrice altière et parée de perles, qui tapait du front contre les dalles de l'église pendant que le diacre clamait · les-prières pour le Tsar, le paysan biffa de son passé et le respect et la crainte et l'amour. Le culte monarchique était impuissant en face de l'appétit agraire. Il se heurtait à un sentiment autrement profond, qui tenait à la racine même d'un être affamé de glèbe et de pain, à l'invincible nostalgie terrienne que les serfs déshérités avaient passée à leurs enfants. Les paysans russes, livrés à eux-mêmes, n'auraient jamais osé rompre avec la réalité familière d'un Tsar, couronné aux sons des cloches, au regard bleu infiniment doux sous la lourde couronne ocellée de pierreries, pas plus qu'ils n'auraient songé à contester l'autorité paternelle qui s'est conservée avec une rudesse romaine dans les campagnes de la Russie. Mais le père enterré, le fils, après avoir essuyé ses larmes, était amené, grâce au despotisme du pouvoir patriarcal, à mitiger sa douleur par la satisfaction d'avoir échappé à une tutelle souvent infiniment onéreuse. Après l'abdication du Tsar, les paysans n'ont même pas eu le temps de verser des larmes devant l'immensité de l'héritage : toute la terre russe, la Russie entière, à partager.

CHAPITRE III

LES ANTINOMIES RÉVOLUTIONNAIRES

I. — *Ouvriers et bourgeois.*

Pour comprendre, dans toute sa complexité, la situation politique, au lendemain du coup d'État, il est indispensable de rappeler le caractère essentiellement *spontané* de la révolution. Jamais mouvement populaire ne s'est déployé aussi librement, en dehors de toute conspiration, de tout complot. Ni la Douma, malgré son refus de se soumettre à l'oukase de prorogation ; ni les masses ouvrières, quand elles hurlaient leur famine ; ni les troupes, lorsque, pour la première fois, elles ont refusé de tirer, ne poursuivaient, en réalité, de buts à proprement parler révolutionnaires. La révolution a éclaté le 12 mars, entre 9 heures et 10 heures du matin, au moment de la jonction d'un régiment de la Garde avec la foule d'ouvriers. Elle a éclaté vraiment à la manière d'une étincelle électrique, produite par le rapprochement de deux pôles électrisés.

Personne n'a mieux senti la naissance chaotique et confuse, après une gestation invisible, du formidable événement que M. Milioukof, accusé par le régime impérial de préparer un coup d'État révolutionnaire : « De ma fenêtre, dit-il, j'ai soudainement aperçu une agitation informe dans la cour des casernes du régiment de Volhynie : les soldats sortaient dans la rue, gesticulaient, faisaient des signes aux passants. Et je me suis demandé : serait-ce la révolution russe? »

Ce n'était pas autre chose. Trois heures plus tard, on ne pouvait plus s'y tromper : la révolution grondait dans la capitale; elle avait beau être anonyme, sans chefs, presque un élément déchaîné, — elle réalisait néanmoins, comme d'instinct, un plan profondément symptomatique : prise de la forteresse Pierre-et-Paul, libération des détenus politiques, implacable dévastation des locaux de la police secrète, et, enfin, poussée unanime, enthousiaste, vers la Douma... Dès ce premier jour, le peuple jetait bas les institutions premières d'un régime policier et se précipitait vers la seule institution nationale et libérale : la Chambre.

A la Chambre, la révolution espérait trouver un mot d'ordre, un programme, une formule, des chefs, l'unité de direction; elle apportait, comme sur un plateau d'argent, la liberté conquise sous les balles aux hommes dont les noms étaient sur toutes les lèvres, et que, depuis longtemps, on saluait ministres de demain. Toute la clef de la situation, il faut la chercher dans ce geste : *le pouvoir offert à des bourgeois par des mains calleuses*, des mains d'ouvriers et de soldats, bref, par le prolétariat des usines et de l'armée.

Or, un sacrifice aussi intégral était-il possible? Un effacement aussi absolu, aussi désintéressé, était-il humain?

Toute secousse politique — ne l'oublions jamais — a toujours, en Russie, invariablement, une doublure sociale. Le peuple le plus pauvre de l'Europe ne peut se révolter contre son régime sans poser, au premier plan, des revendications d'ordre économique. Que l'on parcoure les chants révolutionnaires soupirés jadis, en catimini, par étudiants et ouvriers, et clamés, pendant les jours de crise, à travers les rues à l'instar d'un hymne national. Dans ces cantiques, où il y a du mysticisme et du sang, de la mélancolie désespérée et des accents délirants de triomphe, la haine frémit, inséparable, contre le « tsar-vampire » et les riches, — des « voleurs », des « chiens ». Lentement, cassés en deux, les muscles tendus à se rompre, les hâleurs traînent des barges chargées de lourdes cargaisons : leurs misérables silhouettes se découpent sur l'horizon ensoleillé de la Volga et des steppes ; la chaleur tombe, implacable ; les épaules saignent sous la corde ; la soif brûle la gorge, et c'est comme un douloureux symbole de tout un monde, ces moujiks suants et soufflants, bêtes de somme attelées à tirer une barque contre le courant. Des bouches amères s'élève une mélopée, menace et complainte à la fois, l'épopée du gourdin villageois, de la classique *doubinouchka* (1) russe, gourdin dont un peuple d'ignorants remue la terre dans l'absence de machines, et qu'un jour d'irrésistible désespoir il brandira contre l'empereur, les riches, les marchands, les nobles. Sifflante, féroce, la *doubinouchka* avait expérimenté sa puissance : après avoir abattu les aigles des palais, elle tournoyait, prête à saquer tous les obstacles auxquels se heurteraient la

---

(1) Diminutif du mot doubina = bâton. C'est aussi le titre d'une des plus anciennes chansons révolutionnaires.

faim agraire et les appétits de la main-d'œuvre industrielle. Et, dans ces conditions, les plus libéraux, les
plus éclairés des bourgeois, les plus passionnés pour
la cause du peuple, devaient être quand même enta-
chés d'un soupçon, enveloppés de méfiance, et seulement parce qu'ils étaient des universitaires, des avocats, des patrons, des propriétaires, en un mot des
bourgeois.

Incorrigibles idéologues, les orateurs de la Douma
n'ont pas eu conscience de cette mélancolique antinomie. Minorité infime, née d'hier à la surface paysanne, l'*Intelligence* russe —, ainsi qu'on appelle communément la classe intellectuelle en Russie, — avait
toute la foi, les naïvetés et les enthousiasmes de l'adolescence. En marge des vanités de l'armorial et des
hiérarchies du *tchin*, ne constituait-elle pas la plus
pure, la plus désintéressée et en même temps la plus
universellement reconnue des noblesses? Dans un pays
où la manie des décorations et des insignes jubilaires
faisait des uniformes une devanture de bijoutier, rien
n'était estimé au prix de la croix bleue universitaire
sur son rhombe en émail immaculé. Tout prédisposait
la Russie à professer un véritable culte pour son
Intelligence, la plus ouverte, la plus libre, la plus généreuse qui soit, mais, délibérément, l'*Intelligence* renon-
çait à cette place d'honneur : elle abdiquait en faveur
du peuple.

Les écrivains, les philosophes, doctrinaires du libéralisme et prophètes de la révolution, affectaient de
trouver des révélations nationales dans les izbas
rabougries ou les ateliers enfumés, au contact avec
une terre inculte et une population illettrée. La jeunesse sacrifiait ses plus belles années pour « aller dans
le peuple ». Volontiers l'*Intelligence*, si fière de ses con-

quêtes, s'effaçait devant le moujik ; elle en proclamait
la supériorité morale et reconnaissait comme infail-
libles ses bégaiements politiques ; elle avait l'air toujours de lui mendier son pardon de pouvoir acheter
des livres et de porter un faux col. Les intellectuels
capitulaient eux-mêmes en face des « puissances des
ténèbres ». Et lorsque, par hasard, un observateur
impartial comme Rodionof mettait à nu, dans un
livre sensationnel (1), les abjections et les purulences
des campagnes, c'étaient des concerts de récriminations scandalisées. L'*Intelligence* russe entretenait un
peu artificiellement une foi aveugle et, sans se rendre
compte de ses responsabilités, développait chez le
paysan et chez l'ouvrier l'idée, déjà si profondément
maximaliste, qu'il n'y avait pas d'autre finalité nationale que leur bonheur personnel. Avec un chauvinisme
de pure tradition slavophile, l'*Intelligence* érigeait en
dogme la perfection de l'homme naturel, idée reprise à
Rousseau par Bakounine et par Tolstoï, pour l'appliquer au paysan le plus arriéré de l'Europe. L'ido-
lâtrie du peuple remplaçait le patriotisme. On ne
parlait guère de devoirs envers la Russie que pour se
reconnaître un éternel débiteur envers le prolétaire.
Et ce peuple de saints et de martyrs, l'*Intelligence*
russe, frondeuse par essence, l'opposait à un État de
policiers et de gendarmes. Pas plus que le moujik,
l'*Intelligence* ne s'affirmait capable de dégager la
notion de l'État de ses formes coercitives particu-
lières à la Russie : entre cette conception et le fétichisme du peuple, l'idée de la patrie s'évanouissait.
L'*Intelligence* russe, qui dénigrait si agréablement « les
verres de troïka et les morceaux de samovar » des

(1) *Notre crime.*

spécialistes occidentaux en matière de Russie, n'a jamais cessé d'entrevoir des paysans d'opéra, calqués sur les modèles de la *Vie pour le Tsar*. Sur cette monstrueuse illusion elle a fondé sa littérature, sa philosophie sociale, sa politique, sa révolution. Et c'est pourquoi, après cent ans d'attente, de déportations et de fusillades, lorsque l'*Intelligence* russe a vu enfin se réaliser les rêves des décembristes, elle n'avait ni l'énergie ni l'autorité nécessaire pour dominer les événements.

L'*Intelligence* libérale, le vrai artisan de la révolution populaire, était condamnée à gouverner dans les strictes limites des concessions de la rue.

Sans doute, matériellement, la révolution était la force ; elle aurait pu, dès le premier jour, renoncer à la collaboration des éléments modérés. Le Sovet, émanation même des baïonnettes prolétaires, était de taille à risquer un nouveau coup d'État. On conçoit les angoisses d'un Rodzianko avant de se mettre à la tête du Comité de la Douma ; la dramatique veillée du 12 mars, au palais de Tauride, où ce parfait patriote était comme écrasé par le poids de sa responsabilité ; et puis le coup de téléphone historique, qui décidait de tout, qui balayait les derniers doutes et les derniers scrupules : la nouvelle que le régiment Préobrajensky se mettait à la disposition de la Chambre... Les élus des soldats et des usines ne pouvaient avoir ces hésitations. Ils bousculaient le passé dont ils ignoraient l'histoire, abordaient d'assaut l'avenir dont ils n'assumaient pas la responsabilité, s'installaient en maîtres sur les décombres de la monarchie. Et pourtant, parvenus au sommet, ils tendaient la main à l'éternel ennemi, au bourgeois abhorré, stigmatisé par les *Marseillaises* ouvrières. Pourquoi ?

Suivant la version révolutionnaire officielle, développée au Sovet, deux raisons ont motivé le compromis. L'une, d'ordre psychologique, était fournie par la vision d'une anarchie éventuelle, l'impossibilité, pendant les premiers jours de la révolution, de s'appuyer sur autre chose que des foules confuses et inorganisées. L'autre, d'ordre politique, visait les modifications profondes apportées par le mouvement révolutionnaire aux conceptions traditionnelles de la bourgeoisie. Débordée, acculée au mur, la bourgeoisie, à moins de déposer son bilan, devait accorder les plus vastes concessions sociales à la démocratie militante. Elle n'était plus dangereuse, elle n'était plus nocive. Le prolétariat ne courait donc aucun risque à confier le pouvoir aux techniciens de la politique.

Toute cette argumentation se réduit à la thèse d'un mandat implicite, thèse combattue désespérément par les journaux modérés comme une tentative déguisée d'assurer, sous une étiquette bourgeoise, la prédominance des intérêts étroits d'une seule classe sociale. Or, la notion de mandat est inséparable de la notion de contrôle. Et ici apparaît, dans toute sa crudité, l'atavique méfiance du prolétaire envers les *barines*, les messieurs, invités à prendre le pouvoir. Le Sovet — contrairement aux timides espérances de la Douma — n'a nullement envisagé la fin de sa tâche dans la liquidation du tsarisme après le renoncement au trône du grand-duc Michel, les correctifs apportés au programme du gouvernement provisoire et l'entrée au ministère, comme titulaire du portefeuille de la Justice, d'un leader travailliste à la place de M. Maklakof, un cadet. Une participation plus étendue au gouvernement avait été, d'ailleurs, refusée par le Sovet. A l'écart du pou-

voir, ne restait-il pas fidèle aux traditions socialistes
sans rien abdiquer de ses prérogatives de Parlement
prolétaire? Peuplé de bavards incompétents, n'allait-il
pas compromettre son prestige par une collaboration
plus effective avec des bourgeois brevetés en sciences
politiques? Créé sur un modèle de comité illicite, traqué
par la police, le Sovet préférait s'embusquer dans
l'ombre et recourir aux classiques procédés de la terreur, prêt à balayer le ministère sans merci en cas de
défaillance révolutionnaire. En dehors de quelques
leaders, — les députés Tchkeidze et Skobelef ou des
proscrits comme Tsérételli, — l'opinion ignorait jusqu'aux noms des membres du Sovet. On savait simplement qu'à la place de la Douma s'abritait une
assemblée toute-puissante et anonyme, conduite par
des tribuns véhéments et d'implacables théoriciens.
Mont Sinaï du prolétariat, le palais de Tauride bouil-
lonnait sous un rideau de brume et rappelait sa présence aux bourgeois par des flamboiements de foudre
et des grondements de tonnerre. Son appui accordé
au gouvernement n'a jamais cessé d'être purement
conditionnel, et ce thème est développé sans trêve par
l'organe officiel du Sovet, les *Izvestia*, et les virulences
déclamatoires de ses orateurs. Tchkeidze a prêché la
méfiance même aux enfants, venus, sur l'exemple des
aînés, manifester avec drapeaux et placards rouges
devant la Douma d'Empire.

Théoriquement, les malentendus paraissaient impos-
sibles, puisque le programme général du gouverne
ment avait reçu, avant sa publication, la sanction
de mille voix contre vingt au Sovet soldat et ouvrier ;
mais, pratiquement, la vie courante posait à chaque
instant des problèmes assez variés, assez inattendus,
pour dépasser les clauses de l'entente primitive. Tant

que le gouvernement rédigeait des appels d'une haute
tenue littéraire et politique à la Pologne et à la Finlande, amnistiait à tour de bras, abolissait la peine
de mort et confisquait les apanages de la cour, la
solidarité demeurait entière. Mais il suffisait, souvent,
de la moindre divergence d'opinion pour faire appa-
raitre, chez Kerensky, une délégation du Comité exécutif du Sovet avec un *veto* au nom de la révolution
menacée. Sous la pression du Sovet, le gouvernement
renonce aux services du grand-duc Nicolas, arrête en
masse des fonctionnaires de l'ancien régime, ouvre les
frontières à tous les émigrés, malgré les avertissements
secrets de l'état-major. Bientôt, pour mieux s'adapter
à ses fonctions de contrôle, le Sovet se subdivise en
sections, autant d'embryons de ministères *in partibus*,
attachés à espionner les ministères, les vrais. La section des Affaires étrangères s'arroge jusqu'au droit
d'user de l'agence télégraphique officielle pour démentir les discours des ministres. Et, de plus en plus,
se fait jour l'idée-mère de la révolution russe que
l'État bourgeois subsiste par pure tolérance de la
« démocratie révolutionnaire »...

Idée détestable qui d'avance assurait le succès gran-
dissant de la minorité du Sovet, conduite par Steklof,
et décidée à poursuivre la réalisation intégrale du
programme maximum des partis socialistes. Pourquoi s'arrêter à mi-chemin et négocier, en pleine victoire, des transactions avec l'ennemi? Du moment où
les fractions orthodoxes reconnaissaient comme seul
aboutissement logique de la révolution la supré-
-matie du prolétariat à l'intérieur et, à l'extérieur, la
création de l'Internationale, l'opinion paysanne et
ouvrière devait nécessairement, en fin de compte,
s'orienter vers le parti qui ne s'embarrassait pas de

compromis pour exiger d'urgence la conclusion de la paix et l'éclipse politique de la bourgeoisie.

Dès son début, la révolution russe a manqué non seulement d'unité, mais aussi de franchise. Pour légitimer l'étrange dualisme de pouvoirs qui succède à l'effondrement de l'autorité, la majorité du Sovet — socialistes révolutionnaires et social-démocrates — est amenée à échafauder de laborieuses explications et à prêcher la patience, tentatives auxquelles le peuple oppose sa psychologie de sectaire, mélange d'hystérie religieuse appliquée à la politique et de féroce utilitarisme.

« La révolution sera nationale, disait Milioukof, ou bien un désastre. » Or, à l'heure même où le prolétariat fraternisait encore avec la Douma bourgeoise, des fissures souterraines, tout un travail sismique s'opérait à la racine de l'éclosion révolutionnaire. Le pays était dissocié et l'état de guerre déclaré entre les classes : seul le commencement des hostilités était retardé pour des raisons d'opportunisme. Situation équivoque entre toutes, où, d'une main, on lançait des masses ténébreuses à l'assaut de l'édifice social, et puis, pris de panique devant l'inconnu, on les retenait de l'autre, situation dérivée en droite ligne du socialisme livresque en honneur parmi les théoriciens révolutionnaires, et qui leur imposait une politique bâtarde de compromis dans les questions mêmes les plus réfractaires aux demi-solutions et aux demi-mesures : les questions de guerre et de discipline dans l'armée.

Provisoirement la majorité triomphait. En réponse aux doutes et aux soupçons, Kerensky criait dans une extase d'oracle : « Je vous défends de n'avoir pas confiance en moi... » Les leaders affirmaient l'inviolable unité du « front démocratique ». On vivait sous l'empire des impressions laissées par les obsèques des victimes du coup d'État, d'une révolution qui passait tête haute, dans un fracas de cuivres et de voix, avec ses armes victorieuses et ses immenses drapeaux rouges, d'une révolution de grand style. Mais, tandis que des cortèges, fraternellement unis, se déployaient sur le fond le plus impérial qui soit, le champ de Mars encadré de palais et de casernes, et que les canons de la forteresse Pierre-et-Paul rendaient les honneurs suprêmes aux ouvriers mitraillés par la police, le petit groupe de ministres bourgeois, agenouillé pieusement devant des cercueils couleur de sang, ne laissait pas de paraître un anachronisme. N'étaient-ils pas eux aussi un débris du vieux monde dont un million d'hommes et de femmes, aux sons de l'*Internationale*, prédisait l'irrémédiable chute?...

II. — *Soldats et officiers.*

Dès les premiers jours de la crise révolutionnaire, au cri : « Le bourgeois, c'est l'ennemi! » s'en était ajouté un autre qui dénonçait l'ennemi dans l'officier. L'officier, d'ailleurs, n'était-il pas, pour les imaginations démontées, une variante de bourgeois et de patron, un bourgeois militaire, un patron à épaulettes? Dans un régime hiérarchisé à outrance, l'officier ne disposait-il pas de droits et de privilèges qui l'élevaient, à la manière d'un demi-dieu, au-dessus du prolétariat des casernes? On se rappelle le mot devenu classique du général Dragomirof, au sujet du soldat russe : « La sainte brute grise. »

Dans l'étau serré d'une discipline toute formaliste, le soldat étouffait, s'abêtissait, se transformait en un automate aux yeux vrillés sur son supérieur, automate mécaniquement copié sur les modèles guindés de Berlin. Le soldat russe, jusqu'à présent, rendait les honneurs de la main et de la botte ; ses chefs pouvaient le tutoyer et à la rigueur le rudoyer ; il tremblait devant le caporal et le sergent, et, au passage d'un général, il s'alignait, à la distance de trois pas, raidi par le respect et par la crainte. Le soldat était chassé à peu près de partout, des cafés, des restaurants, même des jardins publics, où, parfois, il était loisible de lire cet avis caractéristique : « Entrée interdite aux soldats et aux chiens. » Le soldat avait même son langage particulier, implacablement prescrit par les règlements, mélange de plate et vide obséquiosité. Il était interdit au soldat de dire « oui », comme tout le monde, mais : « Il en est ainsi. » « Je ne sais » était une formule coupable ; sous peine de salle de police, le soldat devait déclarer : « Je ne puis savoir. » Et tout à coup quelques milliers de ces hommes, assujettis à la discipline la plus méticuleuse, dont les lectures, à la caserne, étaient soigneusement filtrées, renversaient tout l'appareil du tsarisme et dotaient d'un régime nouveau un pays de 180 millions d'habitants.

Entre l'immensité de ces résultats et la férule du sous-officier, la différence était trop considérable. Le soldat révolutionnaire était acclamé comme le sauveur par la foule, harangué par les hommes politiques, nourri et choyé par les étudiantes. En un jour, par un prodige historique dont il était le héros, de « sainte brute grise », muette et asservie, il s'élevait au rang de créateur de toutes les libertés publiques. Était-il possible de demander au soldat de dispenser ces libertés sans s'affranchir, en même temps, de tout ce qu'il considérait, à la caserne, comme une entrave et une humiliation? Le mouvement s'est déclanché d'une manière trop spontanée pour que les officiers aient pu se mettre à sa tête ; et la conscience d'avoir réalisé, sans le concours de ses chefs, une tâche de cette envergure, abattait le dernier obstacle à la levée des boucliers contre les règlements d'antan. Le respect du supérieur disparut.

Dans la guerre de classes que déchaînait la révolution, les officiers faisaient partie de la classe vaincue et tolérée par pure et simple condescendance du prolétariat victorieux. Au même titre que la bourgeoisie, les officiers — un mal provisoirement nécessaire ! — devaient donc être dépouillés de leurs privilèges et domestiqués sous le contrôle des masses. Dès lors, à quoi bon les salamalecs d'un autre âge, les simagrées traditionnelles envers un ennemi, fût-il jugulé, réduit à l'impuissance? Au lendemain du coup d'État, les soldats refusaient de rendre les honneurs à leurs chefs : conséquence logique d'une révolution qui lançait les subalternes contre toutes les supériorités. Des bandes faisaient irruption chez les officiers, s'emparaient de leurs épées et de leurs revolvers : après les insolences passives, les brutalités d'une soldatesque affolée de rancune et de vengeance : rien de plus naturel encore que le désarmement de l' « ennemi ». Toutes les turpitudes, tous les débordements dont à mi-voix les rumeurs étaient colportées à Petrograd, les lynchages à bord des bâtiments, le martyre des officiers de marine dans les casemates de Cronstadt, autant de corollaires sanglants de la lutte de classes, introduite dans les rangs de l'armée.

Le mal déjà paraissait défier toutes les thérapeutiques sociales par sa nouveauté. Il tenait à la nature même de cette révolution de soldats, révolution accomplie par le prolétariat des casernes, mais conduite, en définitive, par celui des usines. De tout temps — l'histoire est là pour l'attester — les bouleversements intérieurs de la Russie ont été l'œuvre de l'armée, mais de l'armée qui ne cessait jamais de rester encadrée, soumise à ses chefs, fidèle à la discipline. C'étaient des révolutions d'officiers, suivis fanatiquement par leurs hommes, tandis que la grande secousse de mars est due exclusivement à la poussée des troupiers anonymes. Leur masse amorphe avait besoin d'un chef, d'une discipline, d'un programme. Dans l'immense désarroi où chavirait l'opinion, elle ne trouva une organisation toute prête qu'au sein de la social-démocratie militante. Cette organisation comprenait de rudes meneurs d'hommes, tout un réseau de comités, des formules qui devaient nécessairement sourire aux aspirations des subalternes et des humbles, grisés par la constatation inattendue de leur force insoupçonnée. A corps perdu, la garnison de Petrograd se jeta dans les bras du marxisme naïf et brutal où la foule ouvrière saluait sa religion de demain. Toutes les origines du mal sont dans cette vaste tentative de socialisation militaire.

Le principe des méthodes appliquées était d'une simplicité rudimentaire : négation absolue de toute différence entre l'organisation militaire et la vie civile, entre le soldat et l'ouvrier, l'usine et la caserne. De là — conséquence logique — l'introduction, dans l'armée, des franchises dont doit bénéficier le phalanstère de l'avenir. La caserne est une collectivité comme une autre où tous les membres sont égaux, pourvus de mêmes droits, de mêmes libertés ; elle est dotée d'une autonomie aussi étendue que possible, et règle sa conduite conformément à la majorité ; ses organes représentatifs sont élus et seuls possèdent l'autorité qui engage la responsabilité générale. A la base du fameux ordre du jour n° I, lancé le 19 mars par quelques membres du Sovet, et de toute la fermentation d'idées et d'utopies qui s'en est suivie, dans les tranchées et les casernes, on peut retrouver très nettement cette tendance, encore inédite, à bouleverser, en l'honneur d'un parallélisme fantaisiste, tous les fondements de l'organisation militaire. Réalisé point par point, le programme révolutionnaire exigeait l'élection des officiers, la libre discussion des ordres reçus, la création de comités tout-puissants pour chaque unité de combat, — depuis le groupe de corps d'armée jusqu'à la section, — bref l'autorité du nombre substituée à celle du chef.

Sans doute, un programme de cette nature se heurtait trop violemment aux réalités militaires, aux nécessités de la vie pratique pour trouver une application intégrale ; mais son contact avec les faits ne laissait pas de provoquer, à chaque pas, des incidents pénibles et des équivoques douloureuses : « lock-out » d'officiers, quelques milliers, au total, obligés de quitter leurs régiments, blackboulés par leurs subalternes ; remplacement de colonels par des sous-lieutenants ; obligation, pour les chefs, de négocier, de marchander l'exécution de leurs ordres. On avait beau insister sur la délimitation de la compétence des « comités », confinés aux soucis de l'administration intérieure ; on avait beau rétracter le document catastrophique, le démentir comme apocryphe ou le réduire à l'état de projet, revêtu, par pure et simple erreur, d'une forme exécutoire ; on avait beau essayer de circonscrire à la garnison de Petrograd ses libertés fantasmagoriques... Peine perdue : en moins de quinze jours, la contagion gagnait une partie du front.

« La patrie était en danger » : le 10 avril, pour la première fois, quelque quatre semaines après la grande apothéose révolutionnaire, ces mots apparaissaient dans une proclamation du gouvernement provisoire. La patrie ! Elle s'était comme estompée, avec l'ennemi aux portes de Riga et de Dvinsk, dans l'enthousiasme oratoire des discussions qui s'entre-croisaient, des polémiques qui s'échauffaient. La révolution, d'un bond, s'était élevée à ces sommets idéologiques où les réalités deviennent des contingences, où la force de l'utopie promet de l'emporter sur l'artillerie lourde et les gaz asphyxiants. La guerre de classes, promulguée à l'intérieur, déferlait par delà les frontières sous forme d'hystériques appels au prolétariat mondial. A l'identité, partout, du même ennemi, la révolution opposait la fraternité internationale de tous les opprimés, ouvriers et soldats, et, par la voix de son Sovet, annonçait aux peuples l'avènement du royaume des cieux socialiste. Au patriotisme de la terre natale elle substituait le patriotisme de classe, transformait la patrie en une catégorie sociale indépendante des différenciations nationales, imposait envers la guerre une attitude dictée exclusivement par les intérêts matériels du prolétariat universel. La vague parlote pacifiste, inaugurée à Zimmerwaldt par quelques démagogues de second ordre, des célébrités patronnées par les cafés d'émigrés, triompha de la Russie et de la révolution.

Depuis longtemps, Dostoïevsky avait prédit que la révolution russe ne serait pas patriotique. Si l'Intelligence libérale, sous l'ancien régime, a toujours confondu le patriotisme avec la réaction, il était naturel de voir les socialistes faire un pas de plus, en Russie, pour envisager la patrie comme une invention bour-

geoise et contre-révolutionnaire. De la classique divi-
nisation du peuple par les intellectuels, le socialisme a
surtout retenu le culte des besoins, des appétits, des
instincts du prolétaire : matérialisme atroce qui
explique une révolution sans âme, — une révolution
antinationale. Sur cette base le fatras doctrinaire du
marxisme s'est admirablement adapté à la mentalité
du moujik illettré. L'Internationale lui permettait de
quitter les tranchées et d'éviter les corvées à l'arrière ;
la lutte des classes légitimait le dépècement de la
terre d'autrui et la réclamation de la journée de huit
heures. Et c'est ainsi que le paysan qui, hier encore,
parlait chapeau bas devant le garde champêtre, l'être
hirsute et crotté des profondeurs de Viatka, de Saratof,
de Vologda, est devenu spontanément un zimmerwaldien, un socialiste minoritaire. La disparition de la
patrie lui promettait l'éclosion de l'âge d'or. Qu'importe ! Il achetait son bonheur au prix d'une trahison
d'autant plus facile qu'il était étranger à cette réalité
toute psychologique, à ce sentiment de continuité
historique dont la terre n'est qu'un symbole : la
patrie. La Russie était vendue, en bas, en échange de
la paix, de la curée agraire et de l'élévation des
salaires ; en haut, pour des raisons de philosophie
socialiste. Dès le mois-d'avril, des sectaires encore
indécis et des masses encore fléchissantes s'affirmaient
déjà complices pour l'assassinat de la Russie. Et,
lorsqu'il déclarait la patrie en danger, le gouvernement provisoire était bien loin de prévoir la catastrophe, unique dans l'histoire du monde, qui guettait
le pays.

Cependant, atteinte par le virus, la Russie, comme
tous les organismes, s'épuise en efforts tragiques
contre l'envahissement du poison. Au congrès des

soldats, pendant les discussions passionnées, se produit le plus impressionnant des coups de théâtre :
des officiers montent à la tribune, quelques-uns
blessés, tous chargés de croix, vivantes et douloureuses incarnations de la guerre. Ils rappellent, d'une
Voix que l'émotion étrangle, la fraternité entre soldats et officiers, cimentée par le sang sur les champs
de bataille ; ils rappellent que l'officier russe n'est
plus l'officier de carrière, mais, au même titre que le
soldat, issu du peuple, l'étudiant, l'ingénieur, l'avocat
d'hier ; que, pendant toute cette guerre, soldats et
officiers n'ont été qu'une seule famille ; que la victoire
le veut, l'exige, que la patrie ne peut attendre... Et
des soldats, eux aussi, montent à la tribune, proclament la nécessité de l'union la plus étroite avec
les chefs en face de l'ennemi. Les officiers serrent dans
leurs bras des orateurs qui sanglotent. A plus d'un
siècle de distance, une révolution militaire renouvelle
une scène de la grande Révolution : c'est le baiser
Lamourette.

Depuis, pour affirmer l'union, tous les régiments de
Petrograd, avec officiers en tête, défilèrent à travers
les rues, aux sons de la *Marseillaise*, sous un rouge
déploiement de drapeaux révolutionnaires. Ancienne
Garde Impériale, régiments de ligne, écoles militaires,
artillerie, cosaques et mitrailleurs, éclopés de la guerre,
chevaliers de Saint-Georges, des troupes passaient
chaque jour, fleuries de cocardes écarlates, avec
d'énormes placards sur lesquels, invariablement, s'étalaient les inscriptions qui résument le programme des
revendications populaires : « République démocratique ! » — « Vive la Constituante ! » — « De la terre
et de la liberté ! » Et en même temps, de plus en plus
nombreuses, on pouvait lire celles-ci : « Guerre jus-

qu'à la fin victorieuse. » — « Les soldats aux tranchées,
les ouvriers à l'usine. » — « Toujours plus de munitions. » Aux insinuations pacifistes, aux chimériques
espérances, à l'exagération de certaines prétentions
ouvrières, l'armée répondait par l'appel claironnant au
travail et aux armes. Elle prenait conscience des
réalités. Elle ressuscitait, dans une ville qui fêtait la
liberté conquise, le spectre de la guerre et le danger
de l'invasion.

Et bientôt la voix de l'armée s'enfle encore ; elle
retentit comme un tocsin après la sanglante expérience du Stokhod (1). Des délégués du front arrivent,
hâves, épuisés par les privations et les veilles, les
yeux brûlants de fièvre sacrée. Ils déclarent : « Les
ouvriers, nous a-t-on dit, réclament la journée de
huit heures et des salaires supplémentaires ; notre
division a décidé de leur envoyer toutes ses croix de
Saint-Georges ; qu'ils les monnayent et nous fabriquent
des munitions ! » Avec dédain, des mains encore noires
de poudre jettent des monceaux de croix d'honneur, —
suprême aumône de l'armée à l'arrière. « Ce n'est pas
huit heures, clame le front par la bouche de tous ses
délégués, c'est vingt-quatre heures par jour que nous
défendons, sans répit, la liberté dont vous profitez.
Nous mourons pour cette liberté chaque jour parce
que l'arrière, dans la joie de l'avoir arrachée, commence
à oublier ses frères. Que restera-t-il de cette liberté
et de Petrograd si nos baïonnettes fléchissent? Nous
ne partirons d'ici qu'avec l'assurance que nous aurons
du pain, des vêtements et surtout des munitions. Vos
combats de rues nous font sourire... L'essentiel reste

(1) Premier contact avec l'ennemi et première défaite des troupes
révolutionnaires.

encore à faire puisque le despotisme qui a ensanglanté l'Europe demeure debout, puisque l'Allemagne
n'est pas vaincue... »

Tous les délégués, soldats et officiers, que dépêche
le front, tiennent provisoirement aux ouvriers le même
langage. Ambassadeurs d'une immense inquiétude
nationale, ils régénèrent l'atmosphère des meetings
par les souffles venus des champs de bataille. Auprès
de cette inquiétude, les querelles de castes se **mesqui-
nisent** et se rapetissent. Les théoriciens se taisent et
les ouvriers retournent à l'usine. Mais les théoriciens
se taisent pour quelques heures et, à l'usine, le ferment
des haines sociales échauffe toujours les cerveaux et
paralyse les bras. La révolution manifeste les **symptômes** d'une maladie essentiellement russe : une maladie
de volonté. Dans la marée toujours montante de verbiage, l'énergie se dissout, l'action s'enlise. Les meilleures intentions ne subsistent que l'espace de temps
nécessaire à les revêtir de grandiloquence. Le front
câble des messages enflammés sur la joie de mourir
pour la liberté ; les congrès de soldats se prononcent
en faveur d'une rigoureuse observation de la discipline et de la guerre à outrance ; le général Broussilof
est porté en triomphe ; les fabriques de munitions
votent des heures de travail supplémentaire et la garnison de Petrograd décide de son propre gré d'envoyer des renforts dans les tranchées : des **mots**, des
mots, des mots. Pendant ces premiers mois de la révolution, le peuple se leurrait lui-même, comme tous les
malades, par une affectation de bonne santé. Il se
donnait du courage au moyen d'injections oratoires.
Les phrases étaient déjà son hachisch. Et, sans doute,
sous l'effet de stimulants, il était sincère dans ses attitudes héroïques et ses gestes d'épopée. Lorsque les

ambassadeurs étrangers télégraphiaient certains discours comme des signes d'amélioration et diagnosti-
quaient d'après les meetings la capacité combative de
l'armée russe, ils commettaient l'erreur du médecin
qui prendrait pour un état normal le sursaut d'énergie
artificielle après une piqûre vivifiante.

La Russie était mûre pour le régime Kerensky.

CHAPITRE IV

LES DÉMONS

Les wagons plombés d'Allemagne. — La tolérance révolutionnaire.
— Pourquoi Lénine devait réussir. — La logique des maniaques.
— Une doctrine brutale : guerre civile et réalisations immédiates.
-- L'invasion des « camarades ». — Le *podpolié* ,russe : masques, pseudonymes, illuminés et provocateurs. — Lénine et
l'*Okhrana*. — Les grands dignitaires : agents de l'étranger et
courtiers véreux. — Un olympisme intéressé. — Les sectaires
marxistes

Le 3/16 avril, une animation exceptionnelle régnait,
le soir, à la gare de Finlande, dans l'attente du train
qui devait amener à Petrograd des émigrants de
marque. M. Tchkeidze, le président du Sovet, des notabilités social-démocratiques, une foule tumultueuse de
soldats et d'ouvriers sous le déploiement classique des
bannières écarlates, toute une population impatiente de
célébrer le retour des proscrits, se pressait sur le quai,
dans le clair-obscur laiteux des nuits blanches.

Le train stoppe. Les hurrahs retentissent, la *Marseillaise* éploie ses sonorités de cuivre, les soldats présentent les armes. Toutes les mains se tendent vers
une trentaine de voyageurs que conduit un petit
homme bedonnant, aux yeux de furet sous la concavité d'un crâne chauve, à la barbe roussâtre qui
encadre une bouche mauvaise. C'est le chef. Il reçoit
des accolades fraternelles, écoute des discours enflammés, il goûte toutes les douceurs de la patrie libérée

après un douloureux exil. Le lendemain, les *Izvestia*, organe du Sovet, lui consacraient un éditorial de grand style et prenaient résolument sa défense contre les réquisitoires de la presse bourgeoise.

C'est que les émigrés, accueillis la veille avec toutes les pompes de la révolution officielle, inspiraient des inquiétudes légitimes à bien des consciences patriotiques : pourquoi ces « purs », ces souffre-douleurs de l'absolutisme, ces victimes d'une odieuse injustice, avaient-ils préféré, pour revenir en Russie, négocier et obtenir la stupéfiante autorisation de rentrer par l'Allemagne? Que s'était-il tramé à la base de ce compromis entre un état-major impérial et des révoltés professionnels? D'où venait l'aménité des autorités militaires allemandes envers des hommes dont la majorité avait l'âge de servir sous les drapeaux?

Autant d'énigmes angoissantes, autant de problèmes gros de mystère qui étreignaient l'opinion publique, tandis que la révolution inclinait ses étendards rouges au passage de Lénine et de sa suite.

C'était l'époque où les comités révolutionnaires, grisés par leur triomphe, avaient toute la foi ardente, les espérances et les illusions des néophytes. Les idées, pourvu qu'elles fussent de leur côté de la barricade, leur paraissaient sacrées. La révolution planait au-dessus des réalités ; elle se ramassait volontiers dans des programmes abstraits, des formules d'algèbre politique et sociale. A l'extérieur, elle rêvait de substituer aux lignes de feu de la guerre un front unique du prolétariat mondial, ligué pour imposer la paix à la bourgeoisie impérialiste ; à l'intérieur, elle tendait naturel-

lement à de vastes expériences de reconstruction économique. Dans ces conditions, il était naturel que le
Sovet révolutionnaire donnât place à son foyer à
toutes les exagérations, et même à toutes les déformations de la pensée politique. La bonne foi excusait
les doctrines les plus saugrenues et les négations les
plus audacieuses. Un anarchiste ne faisait-il pas
partie du conseil des délégués soldats et ouvriers? Les
drapeaux de nuit n'étaient-ils pas promenés, à travers
les rues, aussi impunément que les drapeaux de sang?
Dès lors, le Sovet aurait manqué à tous ses principes,
s'il avait refusé l'hospitalité au communisme d'un
Lénine et à l'internationalisme d'un Martof. Ces
« camarades » complétaient la grande famille socialiste qui remplaçait, sous la coupole du palais de Tauride, la Douma paralysée par le débordement de la
révolution. Le Sovet rappelait ces temples de Rome où
tous les dieux avaient droit de cité. On leur demandait
seulement d'être des dieux révolutionnaires.

Tout le succès du léninisme s'explique à la lumière
de cette aberration initiale. En dehors de leur auréole
d'émigrés et de martyrs, les extrémistes devaient
encore imposer le respect aux groupements orthodoxes
par la hardiesse de leurs programmes et surtout par
leur tendance aux réalisations immédiates. Tous les
socialistes, à l'heure des premières ivresses de la révolution, communiaient, d'une manière plus ou moins
latente, au maximalisme théorique. Qu'est-ce qui les
retenait à demander l'application du socialisme intégral sinon des obstacles jugés comme essentiellement
provisoires, des résidus encore stagnants de bourgeoisie, la nécessité de compter, avant la victoire complète, avec l'état d'esprit d'un peuple mal préparé aux
solutions définitives? Lénine, de plus, avait encore

d'autres droits à la popularité : tandis que le zimmerwaldisme, en Russie, se tempérait de toute une série
de modalités, imposées par les besoins de la défense
nationale, Lénine, dès le premier coup de fusil, était
resté invariablement attaché à sa position de « défaitiste ». Au mois d'octobre 1914, il écrivait dans son
Social-Démocrate, publié à Genève, que le « moins
grand mal serait la débâcle de la monarchie tsariste,
le plus barbare et le plus réactionnaire des gouvernements ». Une aussi superbe intransigeance élevait le
petit homme bedonnant, charrié par l'Allemagne, sur
un véritable piédestal dans l'Empyrée du maximalisme militant.

Telle était l' « atmosphère » politique de Petrograd
au moment où Lénine s'installait bruyamment dans
l'hôtel de Mlle Kchessinskaïa, ballerine des théâtres
impériaux, réquisitionné par le parti pour les besoins
de la cause. Cet hôtel, situé au commencement de la
perspective Kamenoostrovski, admirée à juste titre
comme les Champs-Élysées de Pétrograd, devenait le
grand quartier du maximalisme, le siège de sa chan-
cellerie, de ses bureaux de propagande et de la rédaction de ses journaux : la *Pravda* (1) avec ses multiples
éditions à l'usage des tranchées. Le coquet immeuble,
où, jadis, des grands-ducs jouaient au bridge, entrait
de plain-pied dans l'histoire de la révolution russe. Sa
cour retentissait du va-et-vient des automobiles blindées. Sous son toit, rehaussé du drapeau du « Comité
central », s'abritèrent une dizaine d'organisations de
combat ; un intense fourmillement de matelots, de
soldats, d'ouvriers et d'émigrés, vautrés dans le luxe
d'un mobilier de style, tout un phalanstère d'énergu-

(1) La Vérité.

mènes, occupés à fomenter un complot décisif contre un gouvernement bourgeois. D'ailleurs, envisagé sous cet angle, était-ce à proprement parler un complot? Habileté suprême, pour formuler ses doctrines, le léninisme dédaignait les masques. Sa propagande s'échevelait au grand jour, elle s'étalait dans la rue, sa fraction se targuait d'être une fraction officielle, dotée de tous les droits, de toutes les prérogatives, de toutes les libertés, et, pratiquement, rien n'était plus exact, puisque les maximalistes avaient pénétré jusqu'au Comité exécutif du Sovet, le seul véritable pouvoir en Russie.

Que faisait le Sovet, sous le ministère Lvof, Goutchkof, Milioukof, sinon une guerre latente, une guerre à coups d'épingles, contre le gouvernement? Ne frappait-il pas d'ostracisme tout ce qui, de près ou de loin, touchait à la bourgeoisie, ne dénonçait-il pas des contre-révolutionnaires dans les chefs fidèles à la discipline militaire?

Seulement, doctrinaires jusqu'au bout, interprètes sans défaillance des théories socialistes, élevées au niveau d'un catéchisme sans appel, les leaders des comités préféraient rester à l'écart aussi bien des responsabilités que des honneurs du pouvoir officiel; ils avaient beau stigmatiser le bourgeois et reconnaître la supériorité du zimmerwaldisme pur, ils n'en considéraient pas moins, pour des raisons historiques, le bourgeois comme provisoirement indispensable, et, pour des raisons de sécurité matérielle, la défense du pays comme une nécessité de fait.

Toutes ces nuances, le maximalisme les rejetait en bloc, à titre d'indigne compromis avec le patron, le capitaliste, l'impérialiste et le contre-révolutionnaire. Pour Lénine et son école, la guerre, sous le nouveau

comme sous l'ancien régime, demeurait une entreprise de pillards, menée par des gouvernements bourgeois. Il appartenait au prolétariat, de sa propre initiative et par ses propres moyens, de liquider la tuerie
fratricide : en d'autres termes, malgré la chute du
trône, Lénine enseignait la stricte application des principes, proclamés par son parti à Berne, en date du
20 mars 1915 : fraternisations sur le front et, à l'intérieur, le refus des crédits, la méfiance envers les
gouvernements, la transformation de la guerre impérialiste en guerre civile, d'après le modèle — le seul
qui comptât dans l'histoire — de la Commune de
Paris. Ainsi, pour les maximalistes, le Sovet devenait
la seule forme de gouvernement acceptable, destinée à
réaliser la suprême dictature du prolétariat : l'idéal
théorique dont rêvait la majorité, Lénine en exigeait
la mise en pratique immédiate : il flétrissait les hésitants, il s'insurgeait contre les transactions, il traitait
de « social-chauvinistes » les retardataires et repoussait, comme autant de concessions, le travail des sections, les organisations ouvrières, les projets de loi,
les règlements, les programmes. A quoi bon tout ce
fatras si, demain, le régime capitaliste était condamné
à disparaître? A quoi bon l'armée et même la milice
si la garde rouge du prolétariat en armes était appelée
à remplacer toute force coercitive?

Quelque deux semaines après son arrivée, Lénine
était officiellement invité au Sovet pour exposer sa
doctrine devant l'aréopage révolutionnaire : on l'in-
terrogea sur les méthodes d'application pratique de
son enseignement, on le prit au sérieux ; on discuta,
comme toujours, longuement, pesamment. Mais, à la
tribune du Sovet, Lénine s'obstina dans sa série d'affirmations violentes et son programme de mesures

draconiennes. La socialisation du pays, la liquidation
de la guerre, le passage du pouvoir entre les mains de
la Commune, tout devait s'opérer sur-le-champ. Les
difficultés de transition, la résistance des classes aisées,
Lénine tranchait tous les problèmes, les plus touffus,
les plus complexes, par des gestes de farouche énergie.
Les capitalistes, disait le petit homme d'apparence
aussi bourgeoise que possible, il faut en arrêter une
cinquantaine et les emprisonner, comme Nicolas II :
il n'y a pas d'autre solution économique ; des arrestations, de l'action. Le partage immédiat, la paix
immédiate, la commune immédiate ; bref, Lénine déposait, sur le bureau du Sovet, le projet d'une déclaration en règle de la guerre civile. Il ne sortait pas de
l'appel à l'action.

Les vétérans du socialisme — il faut leur rendre
cette justice, — au lendemain même de cet exposé,
sonnent le tocsin et jettent un cri d'alarme. Avait-on
affaire à un vulgaire « provocateur », à un sinistre
maniaque ou à un fou dangereux? L'organe de Plekhanof — le grand patriarche du marxisme russe, revenu
à Petrograd après trente-sept ans d'exil, — dénonçait
la menace d'une campagne contre le pouvoir révolutionnaire ; le *Vpered* parlait du vieil internationalisme
trahi ; le *Den* évoquait le spectre de la démagogie anarchiste ; le *Troud* suppliait les socialistes de dresser, en
toute hâte, une cloison étanche entre les minimalistes
et Lénine. Néanmoins, aux yeux du Sovet, les maximalistes continuaient à rester de doux théoriciens qui,
par amour du peuple, rêvaient d'échauffourées sans
jamais affronter les risques de descendre dans la rue.
Tsérételli, un des partisans les plus convaincus de la
coalition avec la bourgeoisie, prenait publiquement la
défense de Lénine. Et le gouvernement, maté, impuis-

sant, se voyait condamné à tolérer le développement
d'une bacchanale ténébreuse sans oser même procéder
à l'expulsion des communards d'un immeuble occupé
par la violence.

Rien n'était plus naturel que cette solidarité avec
le parti de la guerre civile.

Que faisait le maximalisme sinon pousser à l'extrême, à l'absurde, toutes les aspirations qui fermen-
taient dans l'atmosphère incandescente du premier
Sovet? Il avait beau être taxé de criminelle exagération et d'extravagance par les leaders des partis plus
modérés, il n'en continuait pas moins, par une filiation d'idées irrécusable, à se rattacher au marxisme
militant des comités révolutionnaires. C'était une
brebis galeuse, mais une brebis quand même qui caval-
cadait à l'aile gauche du troupeau. Et ici nous tou-
chons au côté le moins accessible à l'opinion étrangère :
l'effroyable promiscuité, dans les partis russes, entre les
convaincus, les hommes de foi, les martyrs et les
apôtres d'une part, et de l'autre des hallucinés qui
tiennent du mouchard et du derviche tourneur, obs-
tinés à compromettre une doctrine par une implacable logique de déments.

La propreté morale, a-t-on dit, est une loi formelle
pour les socialistes. En Russie, tout particulièrement,
l'opinion était en droit d'exiger des nouveaux venus
sur la scène politique un passé irréprochable, un
honneur intact. La plupart des émigrants, auxquels
la révolution a rouvert les portes de la Russie, étaient,
en effet, des inconnus pour le grand public. Un impénétrable mystère s'épaississait autour de ces êtres

chevelus, barbus, à l'aspect d'éternels étudiants, aux
gestes débordants et à la phrase facile, sortis tout
vivants d'un roman de Tourguenef ou de Dostoïevsky.
Tous se bousculaient, se frayaient des coudes autour
du trône renversé, s'attribuaient des années de Sibérie
et d'exil, posaient pour des martyrs et réclamaient
des portefeuilles ministériels. Pour passer la frontière,
les-proscrits d'hier bénéficiaient des immunités diplomatiques, leurs valises étaient respectées ; ils étaient
des socialistes, des émigrés, cela suffisait. A Petrograd
des soldats ornés de rubans cramoisis leur présen-
talent les armes ; on les conduisait en grande pompe
dans les salons impériaux pour entendre les discours
d'usage ; les portes des Sovets s'ouvraient toutes
larges pour les accueillir. Du jour au lendemain la
Russie devenait un *Hinterland* de Zimmerwaldt en
même temps que l'Eldorado de tous les aventuriers.

Traquée, poursuivie, harassée, pendant près d'un
siècle, la révolution russe s'est tapie dans l'ombre et
a vécu comme un oiseau de nuit. Pour mieux se
terrer des yeux de la police, les affiliés se cachaient
les uns des autres, se connaissaient mal, se cherchaient à tâtons, s'espionnaient mutuellement, se
défiaient à chaque instant devant des tribunaux
d'honneur, toujours mystérieux, toujours en voyage,
éternels vagabonds du socialisme, juifs errants de la
révolution. De là, sans doute, cette indéracinable
manie de pseudonymes, sous lesquels s'engonçaient
de troubles identités : Lénine, de son vrai nom Oulianof
et ses principaux acolytes Trotzky-Bronstein, Kame-
nef-Rosenfeld, Steklof-Nakhamkès, Larine-Lourié,
Zinovief-Apfelbaum. Les ambassadeurs maximalistes
à l'étranger, encore des pseudonymes : Parvus *alias*
Helfaldt, Ganetzky *alias* Fürstenberg, Radeck *alias*

Sagelson ; Martof, le leader des internationalistes, répondait au nom de Tzederbaum. Et, dans le camp minimaliste, aussi des pseudonymes, toujours des pseudonymes, Liber, Gotz, Dan, Soukhanof, partout des états civils maquillés comme une crainte du grand jour et du soleil, un faux air de conspiration en pleine victoire sur l'ancien régime.

Pour caractériser leur travail clandestin, les révolutionnaires russes ont un terme intraduisible, le *podpolié*, aux évocations de cave et de sous-sol, où s'élaborait la gestation occulte de la Russie nouvelle. Ces catacombes de la révolution, elles se ramifiaient à travers l'Europe entière, depuis les garnis du quartier Latin et les cafés de Carouge, à Genève, jusqu'aux clubs terroristes de Petrograd. Et rien n'était plus propre à fausser les mentalités, à déformer les idées, que l'étouffante atmosphère de cette Internationale souterraine, hermétiquement close aux souffles du dehors, sursaturée de haines et de vengeances, où le délire des utopistes s'objectivait de lui-même. Rien n'était plus propice aussi au grouillement, dans les rangs des purs, à la faveur de l'ombre, des pseudonymes et des masques, de toute une armée de policiers en bonnets phrygiens, le *podpolié* envahi, miné à sa base par des infiltrations policières. Dans un pays où la dénonciation a toujours été encouragée et récompensée, où une moitié de la population surveillait l'autre, la « provocation » est devenue le luxe, le raffinement de la trahison. Elle a créé, chez certains, un véritable dualisme de personnalités hostiles l'une à l'autre, et pourtant étroitement fondues, où le policier comme le révolutionnaire, tous les deux, s'affirmaient également fourbes en même temps qu'également sincères.

Déjà, sous l'ancien régime, une indéniable complicité s'était accusée entre la police impériale et le parti minoritaire ou maximaliste (1), une alliance offensive-contre la révolution grondante. Les moyens de lutte les plus efficaces, suivant les rapports policiers, consistaient à diviser les forces de la social-démocratie et à discréditer ses programmes par les hyperboles extrémistes. Toute l'ancienne manière du régime déchu se ramassait dans cette tactique : pour ébranler la révolution, des gendarmes cachaient leurs aiguillettes et leurs sabres sous une débauche de dominos couleur sang de bœuf.

Le choix du département de la police s'était fixé sur Lénine encore en 1911. Il s'agissait d'écarter les minimalistes, considérés comme seuls dangereux, du comité révolutionnaire central projeté par Lénine. Sur ce point, maximalistes et policiers étaient d'une parfaite solidarité. Aussi, les agents de Lénine reçoivent-ils toute latitude pour voyager impunément à travers la Russie : la police laisse faire, laisse passer, et n'intervient; pour entraver les excès de zèle, que dans les cas où la propagande pénètre dans les grandes masses ouvrières. A la conférence de Prague, convoquée par Lénine, sur treize délégués figurent trois agents de police politique : Malinovsky, Romanof et Brasinsky. Malinovsky, que Lénine ne désignait pas autrement que sous le nom de Bebel russe, fut porté par le groupe comme candidat à la Douma. La police, il est vrai, découvre par hasard à son actif un casier judiciaire assez chargé — quatre vols avec effraction, — mais son élection est soutenue par ordre supérieur du chef du département : un récidiviste de droit commun,

(1) *Bolchevik* en russe.

un agent salarié àu mois, devient ainsi — bouffonnerie suprême — le leader du parti social-démocratique au Parlement russe : ses discours, rédigés par Lénine et son camarade Zinovief, sont revus et corrigés par la police : les déclarations les plus importantes soumises au ministre de l'Intérieur, alors Makarof. De temps en temps, muni d'un passeport de l'*Okhrana*, Malinovsky se rend « secrètement » à l'étranger pour conférer avec Lénine et pour recevoir ses instructions.

Tel était l'homme employé depuis, dans un camp de concentration en Allemagne, à multiplier, parmi lés prisonniers de guerre, dés catéchumènes maximalistes, et dont Lénine, interrogé par la commission d'enquête du gouvernement provisoire, avait proclamé hautement l'innocence.

A chaque instant le groupe de la *Pravda* s'enfonçait lamentablement dans les connivences policières : son premier rédacteur en chef, Tchernomasof, n'était qu'un provocateur de catégorie inférieure, qui touchait dix roubles par ouvrier dénoncé ; Kamenef lui-même, un des grands dignitaires du parti, fut cloué au pilori par les journaux sous l'inculpation d'avoir servi à la police de Kief ; et Steklof-Nakhamkès adressait, dans le style le plus loyaliste, des requêtes à l'Empereur. A la certitude d'une louche accointance avec la police d'hier s'ajoutait le soupçon d'un contact avec l'ennemi d'aujourd'hui. En 1914, Lénine et Zinovief n'avaient-ils pas été arrêtés dans les environs de Cracovie, puis immédiatement relâchés, en pleine guerre, par ordre du ministre de l'Intérieur? Il avait suffi que Lénine déclinât son nom pour recevoir un passeport des mains du commissaire autrichien. Et dès lors, il n'était guère étonnant de voir un journal en Autriche — *Die Woche* du 19 avril — écrire, au lendemain du

débarquement de Lénine en Russie, qu'il était le
« vrai, le seul ami du peuple russe, un adversaire
honnête et convaincu des opportunistes ».

Les faits sont là, indéniables : Lénine — le prophète
du « chambardement » universel, le grand prêtre de
l'extrémisme, l'apôtre de la guerre civile mondiale, —
Lénine n'a jamais cessé d'être protégé par la police
des empires les plus autocratiques du monde. Avec la
même facilité qu'il avait bénéficié de la bienveillance
de l'*Okhrana*, Lénine n'a éprouvé aucune répugnance
à utiliser largement les fonds que l'Allemagne impériale mettait à sa disposition grâce aux énormes stocks
de marchandises allemandes, envoyées en Russie par
les soins de Parvus et de Ganetzky. Ni Lénine ni
Trotzky — les deux incontestables sommités de la
fraction extrémiste — n'ont jamais démenti leur intimité avec le formidable aventurier politique embusqué
sous les consonances latines de Parvus, l'homme-
orchestre du maximalisme russe et de l'espionnage
allemand. Théoricien de l'aile gauche de la social-
démocratie en Russie et président du premier Sovet
en 1905, Parvus, sans abdiquer le moins du monde
sa situation dans les rangs des socialistes allemands
et russes, s'est enrôlé tour à tour au service du sultan
de Turquie et de l'empereur d'Allemagne, agent de la
propagande germanique en Bulgarie et en Italie,
correspondant du *Vorwärts* et intermédiaire de l'intendance de Berlin à Constantinople, créateur de cette
machine de guerre autrichienne qu'était l'*Union de
libération de l'Ukraine*, directeur d'une revue impérialiste en Allemagne et fondateur d'un musée social et
militaire à Copenhague, admirable prétexte pour rassembler, sous un pavillon scientifique, des fiches ins-
tructives sur les pays de l'Entente. Espionnage et

internationalisme, police et social-démocratie : les contrastes en apparence les plus inconciliables, les oppositions les plus flagrantes se donnent la main. A l'emphase des meetings, aux emballements de l'action directe, se mêlent, à chaque pas, les intérêts de courtiers véreux qui spéculent sur la guerre. A Copenhague où Parvus a une villa, à Stockholm où Ganetzky possède la sienne, ces deux régisseurs des finances extrémistes se font les agents attitrés du commerce illicite entre la Russie et l'ennemi ; reçoivent d'Allemagne tous les produits dont l'exportation est interdite, obtiennent tous les passe-droits, les privilèges les plus effarants... A peine libéré par la police danoise après une arrestation pour contrebande, Ganetzky fut reçu à Petrograd non seulement au château féodal du maximalisme — l'hôtel de la Kchessinskaïa, — mais, sur la recommandation de Zinovieff, au Sovet lui-même, au saint des saints révolutionnaire. Plus tard, Ganetzky représenta officiellement le parti léniniste à la conférence zimmerwaldienne de Stockholm, côte à côte avec Angelica Balabanof, accusée de tentatives de corruption par les socialistes italiens, et Sagelson *alias* Radeck — ou *Kradeck,* comme l'appelait communément la presse russe du mot *krast :* voler, — renié pour espionnage par les socialistes allemands eux-mêmes.

Demi-dieu de ce monde d'énergumènes chauffés à blanc et d'hommes d'affaires doublés de phraseurs, Lénine serait-il un Azef hyperbolique, un Azef de cauchemar, traître envers sa patrie, ses idées, son parti, un virtuose de la trahison, un Judas d'Apocalypse ?

La vérité, selon les témoignages d'un émigré patriote, Tsvetkof, c'est que de tout temps Lénine a disposé

d'énormes moyens sans jamais en révéler les sources.
Pour Lénine, disait Dan, l'argent a toujours été sans
odeur. Bien des révolutionnaires le tenaient dans
l'exil pour un aventurier compromettant. A Genève
déjà, Plekhanof faisait observer la composition louche
de l'entourage immédiat de Lénine et s'en séparait
avec fracas. Chaque fois qu'un scandale éclatait à
l'occasion d'un de ses acolytes, le grand chef du parti
se bornait à répondre avec une indifférence olym-
pienne : « C'était pour les besoins de la cause. » La
cause excusait tout, depuis la collaboration avec
Malinovsky et le maintien, au sein de la fraction, du
camarade Victor, un maître chanteur dénoncé par
tous les révolutionnaires, — jusqu'aux tractations
avec l'ennemi, la traversée de l'Allemagne en wagons
plombés, la trahison érigée en *credo* politique, la
Russie crucifiée sous une loupe de laboratoire social.
Une sorte de sadisme pousse Lénine à se servir du
crime pour réaliser son programme. Ce maniaque
hypnotisé par une idée fixe, ce doctrinaire à œillères
vogue au-dessus des hommes et des choses, des notions
courantes, des principes d'honnêteté élémentaire. La
vérité absolue dont il est le dépositaire et l'oracle
dispense de tout discernement, permet tout. A plus
d'un maximaliste il est difficile de trouver un terrain
d'entente avec ce fanatique exacerbé. Lénine applique
sans un scrupule et sans une défaillance l'épouvan-
table catéchisme écrit par Tchadaef, après neuf ans
de fer sur les dalles d'une casemate, avec un bout
d'ongle trempé dans du sang : « Tout ce qui contribue
à la victoire de la révolution est moral. Tout ce qui
entrave la révolution est immoral et criminel. » Incapable de regret, Lénine vaut donc moins que Judas.
Après avoir présidé à la trahison, inscrite en toutes

lettres dans son programme comme un moyen d'assurer le triomphe de la révolution, il ne jettera pas ses trente deniers — qui sont des millions, — à la face de l'Allemagne et, à moins d'épilogue sur l'échafaud, se consolera aisément, prophète retraité, parmi les paysages de Kienthal et de Zimmerwaldt.

Pour remonter à la source de cette monstrueuse psychologie, il faudrait évoquer les sectes qui tournoient et grimacent, en Russie, autour des feux, dans les bois nocturnes, les *Khlystys* sordides et mystiques, dont la folie religieuse s'accommode de toutes les déchéances et de toutes les promiscuités, les *Bégouny* ou coureurs, affamés de péchés pour mieux se pâmer de repentir. Les *Démons* de Dostoïevsky, ancêtres des maximalistes d'aujourd'hui, sont-ils autre chose que des *Khlystys* qui ont lu Karl Marx, déformé son *Capital* comme l'Évangile et remplacé les célèbres *Radéniés*, demi-extases, demi-saturnales, après les rondes dionysiaques autour des bûchers, par d'interminables verbiages où le cerveau se vide, où les hallucinations revêtent des formes tangibles? Visionnaires mâtinés d'escrocs, iconoclastes universels, mystiques du positivisme et divinisateurs de la bête, les *Démons* ont anticipé sur toutes les contradictions et sur bien des démences. Surgis au lendemain d'un infini bouleversement, les maximalistes ont introduit, à la base d'une révolution sociale, l'intransigeance, le sadisme tortueux et le délire d'une hérésie antinationale. Ils ont traité la révolution comme jadis était traitée la monarchie, en sectaires hystériques : hier, l'apothéose d'un homme ; aujourd'hui l'apothéose d'une classe sociale. Les démons de la révolution ont continué à rebours, mais par l'application des mêmes méthodes, l'œuvre des démons du tsarisme. La politique russe (1) a toujours présenté deux faces, l'une rouge et l'autre noire : Lénine et Raspoutine, le thaumaturge du nihilisme et celui du droit divin, réalisations tous les deux du prototype primitif, le *Khlyst* grimaçant d'extase religieuse et de convoitises matérielles. En plein vingtième siècle, après la cour, c'est la rue qui se jette à corps perdu dans la bacchanale des *Radéniés*. Des invertis compromettent la révolution comme le trône. Ils dévastent les sanctuaires nationaux, piétinent les icones, vouent la Russie à la croix en l'honneur d'une abstraction et livrent la terre natale à l'ennemi, leur complice.

(1) V. sur la psychologie révolutionnaire russe les remarquables études publiées par Merechkovski et par Ryss dans la *Retch* (1918).

CHAPITRE V

L'OFFENSIVE ZIMMERWALDIENNE

Une fête de la paix en pleine guerre. — Le gouvernement provisoire et les Alliés. — L'internationalisme des casernes. — Les bourgeois descendent dans la rue. — La « démocratisation » de la politique extérieure. — Une formule fatale. — La guerre civile frappe à la porte.

Une fois de plus, le peuple de Petrograd est descendu dans la rue. Il y est descendu en masses énormes, par centaines de milliers d'hommes et de femmes, pour célébrer, en toute liberté, la grande fête révolutionnaire du 1er mai. Jusqu'à présent, cette date était commémorée par une petite minorité ouvrière, le 1er mai du calendrier russe, furtivement, sous la menace constante de la police aux aguets. On quittait l'atelier ou l'usine, on dissimulait un bout de ruban rouge sous le pardessus et l'on s'en allait, dans un coin perdu de la banlieue, murmurer en sourdine la *Marseillaise des travailleurs*. Aujourd'hui, pour mieux marquer le caractère international de la fête, c'est le 1er mai grégorien, en plein avril, pendant que la Néva charrie encore ses glaçons et que la bise siffle, glaciale, que la révolution russe a voulu souligner son triomphe et manifester sa puissance. Une idée qui se réalise ne peut guère se confiner aux frontières étroites d'un pays. A chaque instant la révolution russe, confiante en la force seule de ses principes, s'épuise à

battre de l'aile contre les barreaux du militarisme
prussien, dans l'espoir de soulever, par l'exemple, les
« camarades » de Vienne et de Berlin. Dans l'esprit
de certains leaders révolutionnaires, la date du 1er mai,
célébrée ensemble, par delà une forêt de baïonnettes,
devait consacrer, enfin, aux yeux de tous les gouvernements, la solidarité du prolétariat international et
sa communion dans l'idée de la paix.

Une fois de plus, l'ancienne capitale des Tsars avait
revêtu la rouge splendeur de sa robe révolutionnaire.
C'était une orgie de rouge, au point de provoquer, à
Petrograd, une crise d'étoffes et de rubans. Jamais,
depuis l'institution de la fête du printemps socialiste,
décors, programmes, discours, n'avaient mieux confondu leurs nuances. Sur d'immenses placards, dont
se drapaient le palais d'Hiver avec ses italianismes,
l'austère architecture romaine du palais de Marbre,
les colonnades Empire du théâtre Alexandre, s'étalaient des lettres de sang : « Vive l'Internationale ! »
D'énormes drapeaux, plantés au champ de Mars, portaient cette inscription : « A bas le militarisme ! Vive
une paix stable et solide ! » Dans la rue, au-dessus des
foules compactes, des milliers de drapeaux mettaient
comme un long frémissement d'écarlate. La foule elle-
même, avec ses nœuds et ses cocardes, était piquée
d'une voie lactée d'étoiles cramoisies. Des soldats ont
teinté de rouge les cocardes de leurs casquettes, enve-
loppé d'étoffe rouge jusqu'à leurs boutons frappés
encore à l'effigie de l'aigle, suspendu des dragonnes
rouges au pommeau des sabres.

Dans une clameur ininterrompue de chants révolutionnaires, dans le fracas des cuivres militaires, les
processions défilent, à travers les rues, du matin au
soir. Voici les ouvriers des usines aux bannières de soie

ponceau, enrichies de franges d'or ; des régiments
entiers avec des drapeaux ornés de peintures allégo-
riques ; des étudiants, des étudiantes ; tout un cortège d'enfants précédé d'un placard en l'honneur de
l'instruction obligatoire. Voici des prêtres à la soutane fleurie de cocardes vermillon, qui réclament l'élection des curés, des diacres, des évêques, des métro-
polîtes. Voici une note comique : des espérantistes,
sous les plis d'un éclatant drapeau vert Véronèse, et
des automobiles drapées comme pour un mardi gras ;
dans l'une d'elles, on remarque un ouvrier travesti en
Raspoutine. Plus loin, voici la note menaçante : un
groupe, assez peu important d'ailleurs, d'ouvriers et
de soldats, — la délégation anarchiste avec son drapeau noir et le résumé de sa doctrine : « A bas l'autorité ! » Et, enfin, la note pittoresque : des députés
du Turkestan, des Tartares, des Sarthes, en houppelandes bariolées et en bonnets de fourrure pointus,
avec le drapeau orné du croissant et un orchestre
appliqué à moduler de mélancoliques mélopées
d'Orient, — une vision d'exotisme dans la modernité
violente de cette fête révolutionnaire.

Sur les places, les cortèges s'arrêtent autour des
tribunes improvisées et des camions automobiles d'où
les orateurs pérorent, mêlent les programmes, les revendications, les vœux de la foule qui grossit toujours :
« Vive la paix ! » — « Vive la fraternisation des peuples ! »
— « A bas le militarisme ! » — « Prolétaires, unissez-
vous ! » — « Transformez vos épées en charrues ! » —
« Passage libre à tous les émigrés ! » — « Publication
des traités secrets de Nicolas ! »

La milice ouvrière — la garde rouge — arbore aussi
son drapeau : « L'armement général du peuple ! » Une
automobile, ornée aux couleurs de toutes les nations,

fleurie de corolles sanglantes et de branches de sapin,
passe en trombe : c'est le char de l'Internationale. On
applaudit, on chante ; la *Marseillaise* se marie aux
strophes des hymnes révolutionnaires ; les farouches
clameurs des haines sociales, l'orgueil enivrant de la
victoire passent en rafales sur la foule :

> Le Printemps a ressuscité
> La liberté rayonnante.
> Jurons : pas un pas en arrière !
> Ce n'est pas en vain, soldats,
> Que sur notre enclume
> Nous forgeâmes vos baïonnettes.
> Il n'y a plus de seigneurs, plus de bourreaux.

On entend encore :

> Les richards s'engraissent de notre sueur,
> Ces gloutons nous arrachent le dernier morceau de pain.
> Nous sommes affamés parce qu'ils banquettent.

> ... Bientôt les peuples s'uniront
> Dans le libre royaume du travail sacré.

Et les discours sont au diapason des musiques...
C'est l'apothéose de la paix, du prolétariat, de la fraternité internationale. Le drame mondial, avec ses
convulsions sanglantes, les nations pantelantes sous
la botte prussienne, le danger qui guette tout près,
l'ennemi sournois, hypocrite, implacable, bref, la guerre,
ses souvenirs, ses menaces et ses spectres, tout est
oublié. Le seul ennemi n'est plus que le bourgeois, le
capitaliste russe et celui de l'Entente, assoiffés d'annexions et d'indemnités ! L'ennemi, c'est « l'impérialisme des riches, de ceux qui veulent Constantinople,
les Détroits, la liquidation de l'héritage turc, la dissolution de l'Autriche-Hongrie... » Il appartient au prolétariat — clament des voix dans un bruit de fréné-

tiques applaudissements — de prendre, enfin, le gouvernail et de mettre fin à la curée. Saturée de haines, l'atmosphère est propice aux agitations perfides, aux manœuvres louches, aux propagandes ténébreuses. A la faveur de l'immense manifestation pacifiste qui déferle à travers Petrograd, Lénine mobilise ses acolytes. Ils poussent à l'extrême les tendances ambiantes, excitent la foule contre le gouvernement provisoire et les puissances alliées... Des officiers, des soldats répondent ; des polémiques s'engagent ; à la lumière des réverbères, partout, on voit des groupes qui gesticulent, on entend des éclats de voix, des applaudissements, des protestations confuses, les rumeurs d'une ville grisée par la fatigue, le grand air, la fermentation des idées...

...Et, pendant que, dans la nuit, les colères s'apaisent seulement pour reprendre de nouvelles forces, tous les ministres, sans en excepter Kerensky lui-même, approuvaient l'envoi d'une note qui proclamait l'unanime décision, plus forte que jamais, de la Russie libre de mener la guerre jusqu'à la victoire finale et de respecter ses obligations envers les Alliés

*
* *

Dès le matin, la journée s'annonce comme critique. Tout ce qu'il a été remué, l'avant-veille, de passions et de violences prend forme à l'occasion de la note aux Alliés, se précise en menaces, se formule en ultimatums. La presse extrémiste crie à la trahison de la démocratie par un gouvernement de capitalistes et de bourgeois. Elle le proclame déchu de la confiance révolutionnaire. Elle stigmatise la note comme le suprême hoquet d'un incurable impérialisme, comme une opi-

nion toute personnelle du gouvernement, que rejette
la Russie nouvelle, avide de paix et de fraternité mondiale. Les colères, tout particulièrement, écument
contre M. Milioukof, ministre des Affaires étrangères,
à qui on reproche de n'avoir pas imposé aux Alliés
le renoncement catégorique aux annexions et aux con-
· tributions. Tandis qu'en toute hâte, assemblé dans
la nuit du 2 au 3 mai, le Sovet délibère sur la situation,
des groupes de manifestants se forment dans les rues ;
des ouvriers armés de fusils, des matelots, des régiments entiers se dirigent, orchestre en tête, vers le
palais Marie où, d'ordinaire, se réunit le gouvernement provisoire.

Vers les 3 heures, la place n'est qu'un immense
fourmillement de capotes de bure. Parmi les baïonnettes, les éternels drapeaux et placards rouges
mettent leur tache sanglante. Les cris soulignent les
inscriptions : « A bas les conquêtes ! » .— « A bas
Milioukof ! » Sous le ciel bas et gris, chargé de neige,
trois régiments s'alignent ; la foule s'amasse ; des
groupes humains s'accrochent au monument équestre
de Nicolas Ier, dont un des bas-reliefs représente la
population à genoux devant le demi-dieu de l'absolutisme !

Implacablement, les soldats réclament la démission
du ministre des Affaires étrangères. Une scène de pro-
nunciamento n'aurait pas un autre aspect. Aux clameurs contre Milioukof s'ajoutent des cris contre tout
le gouvernement provisoire. Serait-ce la crise, si souvent
pronostiquée, l'inévitable conflit entre le gouvernement bourgeois et l'aile extrême de la jeune démocratie russe ?

Les grands leaders ouvriers accourent. Du haut
d'une petite tribune, dressée pour la fête du 1er mai,

Skobelef, adjoint au président du Sovet, fait entendre des paroles d'apaisement. Avec Tchkeidze, il venait de triompher de la formidable opposition des maximalistes qui, au lieu d'une demande d'explications au gouvernement, exigeait une rupture éclatante, la déposition de tous les ministres coupables d'un crime de lèse-démocratie internationale. Ce n'est pas que la présidence du Sovet doutât de sa force. Le *leitmotiv* de tous les discours, c'est qu'il suffirait de vouloir, pour balayer le gouvernement : mais cette brusquerie serait-elle opportune? La révolution a-t-elle déjà, en quelque huit semaines, dépassé sa « période bourgeoise », pour imposer aux éléments démocratiques le devoir de prendre en main l'autorité suprême? Les leaders, tous les partis modérés du Sovet, devant la dramatique perspective d'assumer le pouvoir, hésitent ; la responsabilité est trop lourde, la charge trop pesante. Et, d'ailleurs, investi de la confiance populaire, composé d'hommes capables de sacrifier avec joie leur vie pour une idée, le gouvernement céderait-il à une injonction brutale? Ne trouverait-il pas, dans l'admiration du pays tout entier et le serment de l'armée, un appui suffisant pour rendre définitive la victoire bourgeoise? Le problème est infiniment délicat : trop de risques d'une part, et, de l'autre, l'impérieuse nécessité — à moins d'avouer la faillite de toute une politique et l'inefficacité de tout un contrôle — de « démocratiser » les buts de guerre, de les purger de tout cet alliage impérialiste dont les « bourgeois » sont impuissants à se libérer.

A 9 heures du soir, les membres du gouvernement doivent se réunir avec le Comité exécutif du Sovet. Le Comité exécutif de la Douma, M. Rodzianko en tête, est invité à prendre part aux délibérations.

Aux sons de la *Marseillaise*, les troupes quittent la place Marie, rassurées par Skobelef sur les intentions pacifistes du Sovet. Mais l'inquiétude oppresse la ville. Le général Kornilof (1) est mis en demeure par le Sovet de retirer de la place du Palais-d'Hiver quelques détachements fidèles, et les bruits les plus fantastiques circulent : la crise serait ouverte ; le gouvernement serait démissionnaire et même arrêté... Des milliers de meetings entravent la circulation. On discute passionnément. Sur la perspective Nevsky surgit un cortège d'ouvriers armés. De nouveau des cris contre le gouvernement provisoire retentissent. Et, dans le soir livide qui tombe, on sent passer le souffle de l'anarchie toute proche...

**
* **

Quelqu'un a senti plus âprement ce souffle glacial à la racine des cheveux ; un modeste drapeau apparaît avec une inscription tracée à la craie : « Vive le gouvernement provisoire ! » Lacéré par des manifestants, il est remplacé par un autre. Les passants s'arrêtent ; ils voient le symbole de la sécurité et de l'ordre ; ils l'acclament, se joignent au petit groupe, et bientôt c'est une manifestation inouïe, formidable, toutes les classes de la population mêlées, bourgeois, officiers, étudiants, soldats, un flot ininterrompu, cent mille hommes, qui roulent vers le palais Marie.

La nuit historique commence. L'un après l'autre, les ministres arrivent. La foule transporte le prince Lvof, en triomphe, de son automobile à la porte du palais. Elle acclame M. Nekrassof, ministre des Voies et Communications, qui déclare que le gouvernement

---

(1) Commandant de la circonscription militaire de Petrograd.

remplira son devoir sacré et ne cédera sa place qu'à des représentants réels de la volonté nationale. Et puis des milliers d'hommes se figent dans l'attente, les yeux fixés sur une rangée de fenêtres éclairées. Tous sentent l'infinie gravité de l'heure. De ce que disent et décideront là-bas, derrière ces quelques vitres lumineuses, une cinquantaine d'hommes, dépendent la paix sociale, la guerre, l'avenir, tout, tout. De temps en temps, la foule délègue des étudiants, des officiers, des soldats, qui pénètrent dans le palais, rapportent des impressions... Et les heures s'écoulent, chargées de lourdes angoisses.

Énervée par l'attente, dévorée d'inquiétude, la foule demande à voir un des ministres. M. Goutchkof, qui avait quitté le lit pour venir au palais Marie, a terminé son exposé sur la situation militaire, mais épuisé par l'effort, la main crispée sur le cœur malade, il s'affaisse sur un canapé. M. Nekrassof promet à la foule que le ministre des Affaires étrangères, dès qu'il le pourra, lui adressera quelques paroles. Vers une heure du matin, M. Milioukof apparaît au balcon et, pendant quinze minutes, une ovation inoubliable, faite de l'enthousiasme de cent mille patriotes, se déchaîne sur la place. Les lueurs des réverbères éclairent confusément la foule en délire, les contours du cadre nocturne, la silhouette du ministre... Et, tout à coup, dans le silence absolu, on entend, du haut du balcon, des paroles sacrées, des paroles qui réconfortent, qui font battre les cœurs et mouiller les cils : « Nous n'admettrons jamais que l'on puisse accuser la Russie de trahison... »

Il faut avoir vécu la journée du 3 mai, avoir entendu des officiers sangloter, des inconnus s'interpeller dans les rues avec des tremblements dans la voix, avoir senti frémir la Russie entière dans l'angoisse d'un tournant historique, pour comprendre l'émotion de cette nuit d'attente, d'espérance, de douleur et de fièvre...

Quatre heures du matin. Des lueurs blanchâtres glissent sur la coupole de la cathédrale de Saint-Isaac ; une lumière blafarde annonce le commencement de la journée décisive ; la foule stationne toujours. Un violent remous : une délégation militaire de Tzarskoé-Sélo demande à être reçue sur-le-champ par le gouvernement provisoire. Toute la garnison est sur pied et attend une réponse : est-il vrai que l'on tente de renverser le gouvernement? M. Terestchenko, ministre des Finances, et M. Skobelef rassurent les soldats. L'accord est conclu en principe. Le Sovet n'a nullement l'intention d'exiger la démission du gouvernement ou d'un des ministres. Les explications du gouvernement ont mis fin au conflit, et une proposition dans ce sens sera soumise au Sovet. Les soldats s'empressent d'annoncer la bonne, l'heureuse nouvelle...

De fait, la crise était liquidée — au moins provisoirement — et la décision de principe, adoptée par le Comité exécutif du Sovet, prédéterminait le vote du Sovet lui-même. Dès la première discussion sérieuse entre le gouvernement provisoire et les leaders travaillistes, avait éclaté en pleine lumière l'impossibilité matérielle, morale, militaire, l'impossibilité historique de traiter la politique extérieure à la manière des problèmes intérieurs, de faire table rase du passé international avec la même facilité que d'un régime, fût-il absolutiste et séculaire, et d'introduire, enfin, dans le domaine de la diplomatie, une idéologie sociale réservée par sa nature à la consommation intérieure. La jeune révolution russe ne pouvait échapper à cet égarement, et, malheureusement, de ses sommets métaphysiques, l'idée d'une paix désintéressée est descendue dans la rue pour revêtir la forme la plus équivoque et la plus dangereuse qui soit : la formule d'une paix « sans annexions et sans contributions ». Maniée par la foule, traînée dans les meetings, cette formule est devenue bientôt une espèce de fétiche, d'article de foi démocratique et de *credo* socialiste. A dresser, comme but suprême de guerre, une négation, cette formule flattait tous les instincts pacifistes ; elle dispensait d'énergie les pusillanimes et de tout effort de pensée les ignorants ; dans le domaine de l'action par excellence, elle signifiait la philosophie paresseuse. On conçoit facilement le succès d'une formule semblable et présentée sous l'aspect d'une déduction diplomatique de la grande révolution. Qu'importent dès lors les alliances, et la détresse des petits pays dévastés, et les aspirations historiques des peuples ! Par le plus curieux des paradoxes, les feuilles extrémistes russes ont repris, sous une autre étiquette, le langage des germanophiles de l'ancien régime, qui dénonçaient l'ennemi dans l'Angleterre pour reprocher aux démocraties européennes de se sacrifier en l'honneur d'une poignée de capitalistes de la *City*.

Cependant, les leaders des masses ouvrières n'ont pas manqué d'être impressionnés par les explications très loyales, très franches, fournies sur la situation générale, militaire et politique, par les membres du gouvernement provisoire. Le ministre de la Guerre comme le ministre des Affaires étrangères ont placé sous les yeux des chefs de la démocratie révolutionnaire les télégrammes, les chiffres, les données de nature à leur faire toucher du doigt les réalités tangibles sur lesquelles s'étaye la politique d'un État. Responsables devant le pays tout entier, dépositaires du pouvoir souverain, gardiens des intérêts et de la dignité de la Russie, les membres bourgeois du gouvernement provisoire ont hautement revendiqué leur droit d'agir sans subir la pression de la rue. Leur fermeté, pendant ces heures où la moindre défaillance eût précipité la Russie dans l'anarchie, s'est haussée au niveau des vertus antiques. Dans une question qui mettait en jeu l'honneur du pays, ils ont formé un bloc cimenté, une volonté unique, dédaigneuse des intimidations du dehors.

Le Sovet a parfaitement adhéré à la protestation du gouvernement contre l'intrusion des éléments chaotiques et irresponsables dans le domaine de la politique de l'État, mais, comme toujours, l'attitude du Sovet, même dans ses affirmations les plus catégoriques, se ressentait de ses origines : au moment même où ils désavouaient les manifestations déchaînées par leur gauche extrémiste, les leaders de la majorité se flattaient de disposer à leur gré de la rue et de ses offensives ; dans les hurlements inarticulés de la plèbe, ils persistaient à reconnaître les échos naturels et les résultats logiques de leurs discours académiques. Néanmoins l'incident, virtuellement, était clos, et il devait l'être officiellement le soir, après le vote de confiance du Sovet, mais, en définitive, il dépassait sensiblement le conflit déchaîné par la publication de la note gouvernementale. Les éclaircissements du gouvernement, déclarés satisfaisants par le Sovet, n'entachaient en rien la pensée directrice de la note, strictement conforme à la première déclaration du

9 avril sur les buts généraux de guerre poursuivis par la Russie. Le malentendu se réduisait à des divergences d'interprétation du texte gouvernemental, surtout de la formule : « Guerre jusqu'à la victoire décisive », et des termes : « Sanctions et garanties », tirés, suivant le Sovet, de la phraséologie abhorrée de la vieille diplomatie. Mais cette question de mots a failli provoquer la crise la plus grave à cause de l'intervention de la rue. On ne mène pas une campagne systématique, au lendemain d'un revirement général, contre un cabinet, même un cabinet aussi universellement admiré et respecté que le gouvernement provisoire, sans l'envelopper, aux yeux des bas-fonds révolutionnaires, d'une atmosphère de méfiance. Seul, ce soupçon maladif à l'égard du bourgeois explique la psychologie des journées que venait de traverser la Russie, journées où le critérium du bien et du mal, de la vérité et de l'erreur, de la guerre et de la paix, s'est réduit à la distinction entre ce qui est bourgeois et ce qui ne l'est pas.

Ainsi, alors que l'accord entre le gouvernement provisoire et le Sovet s'annonçait comme imminent, les rumeurs les plus pessimistes continuaient-elles à circuler. On parlait d'une mobilisation générale des usines contre le gouvernement ; on disait que les ouvriers des faubourgs marchaient avec des mitrailleuses, que le conflit allait se résoudre dans le sang. Vers les 3 heures, la nouvelle se répandait dans toute la ville de coups de feu tirés sur la perspective Nevsky. La « garde rouge » avait usé de ses armes. Des soldats, des officiers se jettent sur les drapeaux aux inscriptions dirigées contre le gouvernement provisoire, les mettent en lambeaux, obligent les ouvriers de battre en retraite. On relève les blessés. A côté, en face de l'hôtel de l'Europe, nouvelle escarmouche : une femme et un soldat chancellent, baignés de sang. Les partisans de Lénine entrent en jeu. Debout, dans des automobiles militaires, ils parcourent les rues à toute vitesse, dans une traînée de pétrole et de vociférations, s'arrêtent pour cracher leur venin démagogique, sous un clapotement de bannières, où la folie criminelle a osé inscrire : « Vive l'Allemagne ! » On les voit se bousculer aux meetings, hurler des imprécations, se jeter sur des officiers, leur arracher les épaulettes et les épées. Encore des coups de feu, encore des victimes. L'indignation populaire déborde. C'est le signal d'une manifestation spontanée, d'une manifestation monstre en l'honneur du gouvernement provisoire. Des camions automobiles apparaissent, bondés de soldats. La foule est si dense qu'ils avancent à peine ; mais, du moins, les orateurs peuvent haranguer les passants ; on entend de magnifiques appels à l'ordre, à la confiance, au calme. Les cortèges se forment derrière les camions : bras dessus bras dessous, passent des officiers avec des élèves des écoles militaires, des jeunes filles, des étudiants, des soldats ; ils passent, les yeux brûlants de fièvre, au milieu des acclamations et des têtes nues ; ils invitent la foule à les suivre, et, à chaque instant, la procession grossit ; sous le clair soleil, le spectacle est d'une inoubliable beauté civique.

« A bas les provocateurs ! » — « A bas les espions ! » — « Lénine en Allemagne ! » — « A bas les traîtres ! » Ces cris se mêlent à l'enthousiasme, à la frénésie joyeuse de la foule. Sur l'escalier de l'Hôtel de Ville, un soldat flétrit en termes indignés les agissements de Lénine. Un officier, à la poitrine parée d'une croix de Saint-Georges, supplie, au nom de l'armée, de lui épargner un coup dans le dos. Des invalides sont écoutés avec des frémissements de colère redoublée contre les terroristes. La ville entière est soulevée par une immense et unanime aspiration à l'ordre, au triomphe des idées saines.

De toutes les clameurs, de tous les lambeaux de phrases que l'on entend, par hasard, ou des discours que l'on suit, se dégage cette impression du bon sens populaire et du patriotisme victorieux.

Suprême convulsion sanglante de l'extrémisme aux abois; trois soldats tués, cinq blessés, le soir, en plein centre de la ville, devant le Gostiny Dvor. Les terroristes avaient fait usage de balles explosives. Le professeur Youriévitch, préfet de la ville, échappa par miracle à la mort Ces coups de feu n'ont pas fait qu'abattre des innocents : ils écartaient en même temps toute opposition sérieuse au vote de confiance du Sovet en faveur du gouvernement. Ils imposaient la solidarité contre les assauts de l'anarchie. Le dernier mot appartiendrait-il à la nation organisée?

CHAPITRE VI

LA CRISE DU POUVOIR

Les girondins russes et la Commune. — L'idéologie bourgeoise. — Un gouvernement de suspects. — Le chant du cygne de la Douma. — La patrie en danger. — La démission de Goutchkof. — L'émiettement national et la désagrégation militaire. — L'anarchie contre la révolution. — Le premier ministère de coalition.

La crise provoquée par la note de Milioukof sur les buts de guerre a fait éclater en pleine lumière le mal profond dont souffrait le pays dès les premiers lendemains de la révolution.

L'effervescence avait beau être calmée et la rue vidée de ses manifestants : les forces politiques en présence couchaient sur leurs positions.

D'un côté de la barricade le gouvernement, fleur raffinée de la bourgeoisie libérale, suprême bouquet de l' « Intelligence » ; des aristocrates par la pensée, l'éducation et souvent par les origines, mais sans la moindre étroitesse d'idées, sans le moindre esprit de caste, démocrates par un infini amour du peuple, par l'élévation lumineuse des conceptions sociales ; bref, des girondins, que l'orage populaire a portés à la surface. De l'autre côté, les délégués soldats et ouvriers, immense assemblée élue, en pleine fermentation révolutionnaire, par les usines et les casernes, foule anonyme d'inconnus conduite par des doctrinaires farouches, interprètes de toutes les revendications, jaloux de leur autorité latente, de leur puissance occulte ; bref, une sorte de Commune, née dans les spasmes de la révolution et qui a survécu à la tourmente.

D'un côté l'autorité, la seule légale, la seule valable, entourée de toutes les garanties juridiques, chargée de toutes les responsabilités. De l'autre, un Parlement de prolétaires, dénué de base constitutionnelle, sans aucune fonction précise, mais qui a toutes les audaces et qui déborde d'activité.

Et, pour réglementer les rapports de ces deux organes, pour délimiter leur compétence, pour assurer leur développement parallèle, pas un texte, pas un accord, pas un compromis, sauf le ralliement du Sovet au programme du gouvernement provisoire, au moment de sa constitution, et ce trait d'union vivant entre le Sovet et le ministère : Kerensky.

Au moment d'assumer le pouvoir, il est certain que le gouvernement d'idéologues bourgeois se fiait à la généreuse illusion de répondre, devant la nation, de la lourde tâche entreprise. Mais la nation chaotique, confuse, tiraillée par des forces contradictoires, n'avait plus de porte-parole, plus d'organe, plus de tribune. La Douma, débordée par la rue, s'était éclipsée. Elle avait cédé jusqu'à ses locaux aux délégués des garnisons et des usines. Impuissante à canaliser le mouvement, trop timorée pour se mettre à la tête de la révolution qui s'offrait et du peuple en armes accouru au palais de Tauride, la Douma, parvenue à l'apogée de sa carrière, abdiquait. La révolution n'était pas seulement le krach de la monarchie : elle marquait la faillite de la Douma. Au lieu de la Chambre bourgeoise et libérale, s'est dressée, intransigeante et implacable, une assemblée frémissante de toutes les réclamations étouffées, de tous les droits pié-

tinés, de toutes les haines et de toutes les espérances.

Le Sovet considère le gouvernement comme responsable devant lui des destinées révolutionnaires
que la démocratie lui a confiées. Et son contrôle est
d'autant plus tracassier et souvent insultant que, par
un invincible préjugé de caste, il tient le gouvernement *a priori* pour suspect, pour capable de toutes
les trahisons. Lorsqu'il lui accorde son soutien, c'est
avec mille restrictions, une appréhension toujours
visible, des réticences qui laissent deviner son incurable méfiance. Le gouvernement ne cesse jamais
d'apparaître en posture d'accusé. On lui marchande
jusqu'à l'appui qu'il sollicite pour l'emprunt.

Les ministres, épuisés par le travail, par le souci de
tout un pays à recréer, ont eu beau réaliser, en deux
mois, une œuvre de géant, en stricte conformité avec
le programme révolutionnaire : leur tare est originelle, elle est inexpiable. Fils adoptifs d'une révolution
de prolétaires, ils restent quand même et malgré tout
des bourgeois ; ils ne peuvent échapper à leur nature,
et il est juste que chacun de leurs actes soit frappé
de suspicion. Ils sont donc gourmandés, dénoncés,
démentis, réduits, au lieu de gouverner, à exprimer
des « opinions personnelles », en marge de la démocratie,
en marge de la révolution, et cela, en pleine guerre,
et sur les sujets les plus graves, ceux qui engagent la parole, l'honneur, l'avenir de la Russie : la
politique étrangère et la conduite des opérations militaires.

Quel est le gouvernement, digne de ce nom et conscient de son rôle, qui aurait consenti à porter le poids
d'une responsabilité historique en échange d'une
ombre de pouvoir?

*
* *

Le contrôle, tel qu'aspiraient à le réaliser les délégués soldats et ouvriers, s'affirme, dès les premiers débuts, comme un *modus vivendi* impraticable. Ce contrôle s'exerce après coup, sous forme de critique et de désaveu. Pour s'y plier, le gouvernement a besoin de se rétracter. La seule issue est de consulter, dans les cas d'exceptionnelle gravité, le Comité exécutif du Sovet, de l'attirer, en d'autres termes, à la gestion des affaires politiques. Mais, alors, pourquoi s'attarder à ces compromissions de coulisses, à ces transactions bâtardes, qui érigent en maître absolu et invincible une collectivité irresponsable?

Avant même qu'ait éclaté la crise à l'occasion de la note de Milioukof, l'idée d'un cabinet de coalition prend consistance. Les journaux en parlent comme d'un ministère de Salut public. Les ministres ne ménagent pas leurs avertissements ; ils avouent, avec une douloureuse franchise, leur impuissance, leur fatigue et leur énervement. Quelques jours après l'accord momentané intervenu au sujet de la politique extérieure, on les voit, le 10 mai, à la séance solennelle du onzième anniversaire de la Douma, arriver épuisés, les traits tirés, martyrs d'une situation intolérable, forçats de la politique au lourd boulet qui brise les énergies et paralyse les courages.

Cette séance de la Douma, on en a parlé comme d'un chant du cygne de la Chambre russe, des obsèques du vieux libéralisme bourgeois, auquel le pays est redevable de l'opposition systématique et obstinée qui a rendu possible le grand revirement révolutionnaire. Et tout ce lyrisme n'était pas déplacé. Sous la

blanche coupole du palais de Tauride, devenu le
siège de vingt organisations nouvelles, transformé én
un immense caravansérail de la démocratie militante,
devant un auditoire de capotes de bure et de blouses
ouvrières, les leaders du libéralisme russe, les ministres
sortis du sein de la'Chambre, ont lancé-tous, d'une
voix altérée par la conscience du drame national, le
tragique appel de la patrie en danger: Chancelant à
la tribune, ravagé par des crises cardiaques, Goutchkof a fait entendre d'inoubliables' vérités. L'inquiétude frémissait dans le discours de Choulguine. Et le
grand ténor de la Douma, Roditchef, a su se hausser
à ces sommets d'angoisse patriotique qu'il n'est
donné qu'une fois aux orateurs d'atteindre dans leur
carrière. La patrie ravagée, divisée, atteinte au cœur
par le poison d'une infâme propagande, menacée
dans ses œuvres vives, dans ses forces, dans son
honneur, se levait, vision auguste et douloureuse...
Mais l'auditoire était comme anesthésié... On entendait, du haut des tribunes publiques, tomber des
remarques ironiques et, pour saluer la péroraison, ce
fut un silence glacial.

Silence éminemment symptomatique, profondément
révélateur. Les grandes masses populaires restaient
indifférentes à la crise nationale que traversait le
pays. Rassurées par l'accalmie sur le front, hallucinées
par les problèmes intérieurs, dédaigneuses des préoccupations internationales et confiantes dans l'approche d'une paix imminente, elles répétaient les
formules toutes faites des journaux extrémistes,
taxaient d'impérialisme les appels à l'offensive et de
provocation les nouvelles sur la détresse intérieure du
pays. Ensemble, avec Skobelef, elles disaient à la
bourgeoisie, à l'Intelligence, à la Douma, à toutes les

voix et à tous les enseignements du passé : « Le Maure a fait son devoir, il peut s'en aller. »

Un écran de magnifiques utopies politiques et d'illusions internationales voilait la réalité aux yeux des leaders minimalistes. Ils attendaient toutes les solutions d'une vigoureuse application de la doctrine. Ils voguaient en plein rêve, vers la terre promise, l'Eden socialiste. Tandis que le gouvernement multipliait les proclamations, dénonçait le péril d'une dualité de pouvoirs, la désagrégation de la discipline et le fléchissement de l'armée, la presse travailliste affichait le plus imperturbable des optimismes et raillait les diagnostics alarmants des ministres bourgeois. La leçon du 4 mai restait en définitive stérile. En même temps que le Sovet repoussait le remède suggéré d'une combinaison ministérielle mixte, ses ingérences dans l'action politique devenaient toujours plus nombreuses et plus significatives.

Le Sovet entretenait des commissaires jusque dans l'état-major du district de Petrograd. La garnison n'avait le droit de quitter ses cantonnements que sur les appels du Comité exécutif. Et si, tant que l'intervention du Sovet s'arrêtait aux frontières de l'armée, la crise, plus ou moins, pouvait être reculée par des compromis boiteux, des concessions réciproques, l'expérience a vite prouvé l'impossibilité de transactions dans le domaine militaire. On réussit, parfois, par des combinaisons de couloirs, à concilier deux thèses politiques ; mais deux ordres contradictoires restent toujours inconciliables. Il faut choisir entre l'un ou l'autre. Et c'est précisément à cette impasse que se heurta le général Kornilof, le fameux héros du 20e corps, évadé, au péril de sa vie, de la captivité autrichienne, et nommé gouverneur de Petrograd au lendemain de

la révolution. Cette démission déclanche une véritable crise du haut commandement : rapport détaillé
du général Alexéef sur le point de résigner ses fonctions ; démissions, retirées depuis, du général Broüs-
silof, du général Gourko, de tous les grands chefs ;
enfin le cri d'alarme, l'appel de Goutchkof, paralysé,
débordé, frappé d'impuissance, son tragique aveu,
devant les délégués du front, que le pouvoir est sans
force, l'armée désorganisée, la patrie au bord du
gouffre.

Les journaux du soir, qui annoncèrent la démission
de Goutchkof, étaient arrachés par la foule ; un vent
de désespoir passait sur la ville. « La patrie est au
bord du·gouffre... » Cette phrase était sur toutes les
lèvres et commentée le lendemain par toute la presse.

Mais la presse, la presse bourgeoise, n'était plus
seule à pressentir la débâcle. Kerensky, le grand
tribun populaire, le favori adoré des masses, — il y a
quelques jours encore tout fiévreux d'espérance et
d'enthousiasme, de confiance envers le peuple et de
foi dans l'avenir, — Kerensky lui-même n'a pu résister
à l'envahissement d'une indicible amertume :

— Je regrette, déclara le ministre devant des
milliers de soldats, je regrette de n'être pas mort
il y a deux mois. Je serais mort, heureux, avec l'im-
mense·espérance qu'une vie nouvelle s'est épanouie
pour toujours en Russie. Camarades, je suis à bout de
forces, je ne me sens plus la même audace. La certitude me manque que j'ai devant moi des citoyens, et
non pas des esclaves révoltés... »

L'octobriste pondéré et le chef des travaillistes ont
eu, devant l'abime où glissait la Russie, le même langage, la même poignante tristesse et le même désen-
chantement.

*
*1 *

D'où venait le mal?

D'une illusion idéologique, suggérée par l'ivresse première de la liberté arrachée presque sans lutte, par le spectacle vraiment grandiose du pays tout entier cimenté par une limpide conscience du devoir national. Un peuple de 180 millions d'habitants paraissait à la veille de réaliser du jour au lendemain l'âge d'or démocratique. Un ordre parfait, volontairement observé, régnait d'Arkhangel à Sébastopol, de Minsk à Vladivostok, sur un territoire d'où toute police était balayée et les mesures de contrainte impitoyablement bannies. Par un clair matin hivernal, la Russie s'est réveillée le plus libre pays de l'univers. Le soldat a passé sans transition d'une discipline tracassière et d'une férule humiliante à l'état de citoyen doté de tous les droits. Et, pour conduire la Russie rénovée, surgissait un gouvernement investi de toute la confiance populaire, avec un magnifique programme de réformes libérales. Dans la gloire d'une guerre victorieuse s'estompait le mirage d'une république modèle.

Des grincheux indiquaient-ils le caractère illusoire d'une autorité purement morale : on les accusait de soupirer après le sergent de ville. Les chefs militaires, qui se lamentaient sur l'absence de la vieille discipline, devenaient suspects de visées contre-révolutionnaires. Les directeurs d'entreprises, coupables de rejeter les demandes exagérées de la main-d'œuvre, étaient stigmatisés comme de dangereux trouble-fête. Le baiser Lamourette était à l'ordre du jour. La lune de miel de la liberté était trop douce.

Cette idylle révolutionnaire n'a pas duré complètement deux semaines. La révolution sociale qui cou-

vait sous l'écran de la révolution politique se réveillait, dès le premier frottement du pouvoir avec les
réalités, par mille petits faits significatifs, que les
Taines de l'avenir ne manqueront pas d'épingler, plus
tard, avec soin, dans l'histoire des origines de la Russie
nouvelle. Au spectacle des soldats et des ouvriers,
fleuris de rouge, qui affluaient vers le sanctuaire des
libertés nationales, et renversaient, en trois jours, un
régime de sombre oppression, on s'est laissé lamentablement égarer par le romantisme des impressions
premières. Le panache révolutionnaire cachait les
appétits frémissants, le profond réalisme, souvent
même le terre à terre des revendications populaires,
le particularisme incurable enraciné à la base des programmes économiques.

Chaque classe sociale, tout corps de métier, tout
groupe professionnel ou politique, se frayent violemment un chemin, se bousculent au risque de se piétiner pour poser au premier rang leurs réclamations
spéciales. « Unissez-vous ! Organisez-vous ! » Cet appel
retentit à travers la Russie entière où les intérêts
divers, les aspirations régionales, les partis et les
castes se rassemblent, se retranchent les uns des
autres, se séparent par les cloisons étanches des
haines sociales et des exigences matérielles. En pleine
guerre, les ouvriers n'hésitent pas à réclamer la
journée de huit et puis de six heures. Les paysans,
déroutés par l'entre-croisement des propagandes contradictoires, enferment leur blé. La famine commence
à frapper aux portes des villes ; la ruine aux portes
de l'usine. Les ouvriers refusent tout crédit au gouvernement provisoire et n'accordent leur confiance
qu'au Sovet. Les paysans se refusent à croire au Sovet
comme au gouvernement. Et, du reste, comment en

serait-il autrement? Réveillée de son silence séculaire, la Russie n'était qu'un réseau immense de meetings et de tribunes, où la liberté de la parole se déployait sans entraves, où toutes les doctrines s'entre-croisaient, où tout était remis en question... Le pays avait beau naître seulement à la liberté politique, il y avait déjà du byzantinisme dans l'immense brouhaha où s'effaçait la grande préoccupation nationale : la guerre.

C'est que la guerre aurait pu créer une unité morale, rassembler les égoïsmes professionnels, les particularismes locaux, mitiger l'âpreté de la lutte des classes. En même temps que l'on proclamait hautement au lendemain de la chute de l'ancien régime : « Tout pour la révolution », on avait été unanime à dire : « Tout pour la victoire. » Or, la guerre elle-même devenait l'objet de polémiques houleuses : les discussions théoriques sur ses buts se répercutaient, sur le front, par une stagnation de toutes les forces. Une immense lassitude, l'écœurement d'un régime sous lequel, à coups de bâton, des armées trahies se battaient contre les obus, trois ans d'efforts stériles, de sanglants échecs, de rumeurs toujours renouvelées de paix séparée, avaient préparé obscurément, depuis longtemps, le pays comme l'armée, à l'assimilation d'une formule de guerre paresseuse. Épargnées par les projectiles allemands, les tranchées russes étaient bombardées de proclamations par l'arrière.

Peu à peu un armistice tacite s'était établi sur le front.

C'était naturel. Journaux, pamphlets, feuilles volantes, tout ce que charriait l'arrière ne parlait que d'une paix prochaine, due au contact direct entre les démocraties. La conférence socialiste de Stockholm, soutenue officiellement par le Sovet, revêtait irrésis-

tiblement les proportions d'un congrès de plénipotentiaires. Était-il possible d'espérer un effort des
troupes convaincues d'être à la veille de la paix,
absorbées par la réorganisation intérieure de l'armée,
des élections, des comités et des congrès sans nombre
et hallucinées par le bruit d'un partage des terres, en
leur absence? De là les désertions en masse, la pitoyable
armée de soldats hagards, inquiets, affolés par la perspective de manquer à la grande fête agraire, depuis
longtemps si impatiemment attendue. De là l'odieuse
pratique des « fraternisations », les embrassades avec
l'ennemi, le front russe devenu un lieu de repos pour
les divisions allemandes fatiguées. Qui pouvait empêcher cette honte? Les officiers, dépouillés de leur
auréole, désorientés par le fléchissement de la discipline, voyaient leurs ordres discutés dans des meetings, et les proclamations du gouvernement, applau-
dies un jour, étaient réprouvées le lendemain.

Au front comme à l'arrière, à l'usine comme dans
les champs, le spectre de l'anarchie, aperçu au tournant des rues de Petrograd, pendant les journées
historiques des 3 et 4 mai, se levait maintenant de
partout. La Russie se morcelait, se dissociait, devenait
de la poussière politique. La Finlande, l'Ukraine, la
Lithuanie, la Géorgie réclamaient leur autonomie. Le
débordement de liberté ouvrait toutes les écluses au
communalisme qui est dans le sang d'un peuple
habitué, pendant des siècles, à confiner son horizon
aux frontières étroites des collectivités agraires au
delà desquelles, après lesquelles... le déluge. La vision
de la patrie se bornait aux cadres d'une région, d'un
village, d'un hameau. A une heure et demie de Petrograd, Cronstadt s'érigeait en république indépendante ;
le district de Schlusselbourg proclamait son auto-

nomie, libérait des forçats, abolissait la propriété privée. Et les notions politiques les plus élémentaires, les principes d'histoire et de droit les plus courants s'évanouissent. En Sibérie, Khabarovsk réclame la faculté de conclure des traités avec les puissances étrangères et de négocier des emprunts. La Petite-Russie revendique le droit d'envoyer des délégués au congrès de la paix. Les Bouriates exigent une Diète.

On pourrait prolonger la liste de ces symptômes de désagrégation intérieure, mais ceux-ci suffisent pour faire comprendre l'angoisse dramatique de l'heure. La Russie ne serait-elle qu'une vaste nébuleuse politique dont le choc révolutionnaire a dissocié les éléments composants, nébuleuse non seulement politique, mais sociale aussi, sans force de résistance à l'assaut des doctrines destructives, du nihilisme militant ?

Tous les journaux avaient institué une rubrique nouvelle : *l'anarchie en province*, rubrique généreusement alimentée chaque jour par des arrestations arbitraires, la bacchanale des soldats sur les voies ferrées, les confiscations d'imprimeries, les réquisitions des immeubles, les tentatives de *pogroms* juifs, une épidémie de vols, d'assassinats, d'incendies. Une effroyable jacquerie éclata dans les environs de Mtzensk : cinq mille soldats et paysans s'emparèrent des dépôts d'alcool ; beaucoup tombèrent ivres-morts ; le reste dévasta plusieurs grandes propriétés, brûla les châteaux, pilla tout ; sur les lieux de désastre on trouva d'épouvantables cadavres abattus par l'alcool absorbé, les membres tordus et l'écume aux lèvres.

Le pouvoir central s'effondrait en province : était-il plus fort à Petrograd ?

Au moment même où le gouvernement provisoire

s'usait en efforts pour se reconstituer avec le concours des représentants du Sovet, les anarchistes de Petrograd s'emparaient de deux hôtels particuliers, — celui du duc de Leuchtenberg et celui de Dournovo, — y arboraient leurs drapeaux noirs et instituaient des cours gratuits et publics d'anarchisme théorique et pratique. Le groupe de Lénine continuait à tenir ses assises dans l'hôtel de la Kchessinskaïa, dont le balcon servait de tribune à la propagande communiste la plus échevelée. De temps en temps, des bandes armées faisaient irruption dans les imprimeries des journaux, obligeaient les ouvriers à composer des pamphlets incendiaires et, mitrailleuses aux fenêtres, narguaient une milice de bacheliers. Simples cas de tératologie révolutionnaire, dira-t-on, mais, en fait, devant quelques forcenés, le pouvoir capitulait, recourait à la persuasion diplomatique pour faire respecter l'ordre public et la propriété privée.

Il y a quelques jours à peine, des leaders social-démocrates trouvaient une excuse à Lénine : la franchise de ses convictions ; ils n'admettaient qu'un moyen de lutte contre le poison du maximalisme militant : les idées. Et puis, tout à coup, le gouffre dont parlaient les bourgeois comme Goutchkof, et les intuitifs comme Kerensky, se creusa sous les pas du Sovet. L'anarchie infligeait d'irréparables échecs à l'idée révolutionnaire. Des malandrins refusaient d'évacuer les hôtels réquisitionnés et la garde rouge ouvrière répondait par un froid défi aux injonctions du Sovet de désarmer.

Le frein social était brisé.

De sombres éléments démagogiques où tous les deux jours la presse dénonçait des provocateurs, parvenus à pénétrer jusque dans les conseils soldats et ouvriers,

comme à Krementchoug, entraînaient la révolution
vers les expériences les plus osées du communisme.
Contre l'ennemi commun, et insoupçonné dans la
fièvre de la première victoire, le gouvernement bourgeois et le Sovet révolutionnaire se sont trouvés, tout
à coup, du même côté de la barricade.

Telle fut la raison véritable qui poussa le Sovet à
tendre la main aux « vampires, aux buveurs de sang ».

Sur ce point, il est tout aussi déplacé de parler de
la victoire du Sovet que de la défaite de la bourgeoisie.
Le pays était parvenu à ce point où la nécessité d'un
pouvoir fort s'imposait même aux adversaires les plus
acharnés d'une participation socialiste aux combinaisons ministérielles. La situation était assez grave
pour compromettre, par delà un gouvernement bourgeois, jusqu'à la cause de la révolution ; elle n'admettait plus, au bénéfice du Sovet, le privilège d'un pouvoir occulte, exonéré du poids des responsabilités. Il
fallait faire preuve de courage, prendre résolument la
barre du gouvernement, ou bien déposer les armes aux
pieds de la bourgeoisie par scrupule de s'associer aux
représentants d'une autre caste. Or, le socialisme
était-il assez puissant, avait-il dans le pays des racines
assez profondes pour répondre au vœu de l'extrême
gauche du Sovet : prendre la place des bourgeois et
proclamer la dictature du prolétariat?

Les chefs, comme Tchernof et Tsérételli, repoussent
vigoureusement la tentation des démons : la Russie
n'est pas encore mûre pour cet essai de grande envergure ; pays de petits propriétaires terriens, elle est en
même temps un pays de petits bourgeois ; il fallait
patienter et attendre. Que décider alors? Abdiquer,
faire le mort, renoncer au contrôle, donner toute
liberté d'action au gouvernement provisoire, assez fort

tout de même et assez populaire pour avoir fait descendre en son honneur, dans la rue, des bourgeois
craintifs? Le Sovet n'a pas manqué d'entrevoir dans
l'abstention une menace de suicide, comme le gouvernement, de son côté, eut la rapide conscience d'une
victoire extrémiste dans le cas d'un effondrement des
députés soldats et ouvriers. C'est pourquoi le gouvernement provisoire n'hésita pas à sacrifier Milioukof et
à émonder son programme, à consentir le maximum
de concessions pour faire disparaître le dualisme du
pouvoir ; c'est pourquoi le Sovet consentit à oublier la
pureté de ses doctrines socialistes pour boire, jusqu'à
la lie, la coupe amère des responsabilités historiques...
Deux social-démocrates, Skobelef et Tsérételli, un
social-révolutionnaire, Tchernof ; un populiste, Pechekhonof, entraient dans le cabinet. Le gouvernement
était unifié (17 mai).

. Théoriquement, la crise du pouvoir était résolue.
Restait la pratique...

Une combinaison hybride. — Kerensky.: dualisme gouvernemental
et duplicité politique. — Les concessions bourgeoises à Zimmerwaldt. — L'échec des ambassades socialistes. — Le défaitisme
article de Berlin. — La propagande maximaliste. — La démocratie en danger. — Dans l'attente de la guerre civile. — Un fief
maximaliste : Cronstadt. — Ce que sera la dictature de la
plèbe.

Il suffisait de jeter un coup d'œil sur la liste des
ministres pour comprendre qu'au lieu d'une synthèse
nationale, le nouveau cabinet du prince Lwof réalisait
une simple juxtaposition de courants inconciliables.

A travers l'écran d'un programme trop vague, per-
çait toute l'âpreté des divergences inapaisées, l'opposition incurable entre des patriotes et des légistes
d'une part, — les cadets, les octobristes, — et de l'autre
un doctrinaire borné comme Skobelef, interprète des
folies ouvrières, ou un sombre intrigant comme Tchernof, dont les sophismes agraires escamotaient la Constituante, et dont les louvoiements défaitistes escamotaient la guerre. Les généralités voulues du pacte,
contresigné par le gouvernement le plus hétérogène
du monde, permettaient pratiquement aux ministères
d'émietter le pouvoir sous la pompeuse étiquette d'un
cabinet de coalition, et de poursuivre, sans se préoc-
cuper des départements voisins, l'application de théories socialistes, populistes, internationalistes. Des êtres

évadés des mansardes d'émigrés et des meetings clan-
destins avaient beau emprunter des limousines aux
garages impériaux et promener en redingotes des
maroquins ministériels : ils restaient toujours des politiciens d'estrade, des théoriciens de brasserie, des
« déracinés », incapables de baisser leurs pavillons
démagogiques devant les nécessités de l'union nationale. De tous les délégués du Sovet, seul, peut-être,
Tsérételli, dévoré par la phtisie et le fanatisme révolutionnaire, mettait une note de douloureuse et uto-
pique sincérité parmi les incompétences fumeuses et
les bavardages hypocrites.

Nommé ministre de la Guerre, Kerensky était le
grand impresario de cette combinaison hybride. Mais
Kerensky, l'homme du Sovet, devenu le premier
ministre bourgeois, réalisait précisément en lui-même,
à l'état aigu, le dualisme politique qui dissociait la
révolution. Sa raison avait beau siéger à la droite du
prince Lwof, sa sensibilité demeurait rivée à Tchkeidze
et son autorité au gouvernement provisoire était en
fonction de son influence sur le Sovet. Émissaire du
prolétariat en armes, il terrorisait, au nom de la révolution, Lwof, Milioukof et Chingaref, insistait sur l'abdication du grand-duc Michel, et, pour s'excuser, aux
yeux des soldats, de pactiser avec le bourgeois, se
répandait en serments mélodramatiques qu'il resterait
à son poste jusqu'à la proclamation d'une république
démocratique. La foule applaudissait, juchait son
idole sur les épaules et le transportait de la tribune à
l'automobile, mais, le charme oratoire rompu, la
méfiance renaissait, mêlée de jalousie inavouée, parmi
les « camarades » moins brillants du Sovet ; pendant
des nuits entières il fallait se disculper devant les
arbitres de la révolution et, le lendemain, réfuter par

quelque violence l'inanité de leurs réquisitoires. Un
pareil régime achevait de détraquer un neurasthénique disputé par la tragique antinomie dont se
mourait la Russie. Pendant toute sa carrière, Kerensky
s'est épuisé à identifier les contraires. De là ce regard
oblique, l'éternelle inquiétude, l'éternelle agitation de
cet homme toujours tiraillé, toujours sur la brèche. La
révolution russe condamnait naturellement au mensonge son principal porte-voix. A une situation ambiguë,
s'adaptait une psychologie de caméléon. Le dualisme
aboutissait à la duplicité. Presque le même jour,
Kerensky signait la célèbre note de Milioukof, et
laissait entendre qu'il désapprouvait la politique de son
collègue. Une maladie, survenue à propos, l'empêcha
d'assister aux conférences mixtes du 3 et du 4 mai
au palais Marie. Et, pour écarter Milioukof, Kerensky
n'a pas hésité d'apparaître la nuit au Comité exécutif
du Sovet et de certifier que la coalition serait toujours
assurée, malgré les démissions les plus impressionnantes, par la présence au cabinet de son éminence
grise, Nekrassof, un cadet hérétique, et de Terestchenko, un bourgeois à tout faire entre les mains
des socialistes, porté au poste des Affaires étrangères.

Tombé sur une question de politique extérieure, le
cabinet Lwof-Kerensky se reconstituait sur la base
d'une grave concession à Zimmerwaldt. Sa déclaration empruntait aux meetings la misérable formule
d'une paix blanche, de la partie nulle, et promettait
d'agir auprès des Alliés pour obtenir la consécration
d'un recul au *statu quo*. Sous le nom de « politique extérieure active », le Sovet entendait une véritable pression exercée à Paris, à Londres, à Rome, à New-York,
en vue d'une liquidation aussi rapide que possible de
la guerre. Et, de cette expansion révolutionnaire dans

le domaine ésotérique de la diplomatie, le Sovet tirait un orgueil démesuré, un de ses principaux titres de gloire. La convulsion mondiale allait s'achever à Stockholm, dans l'apothéose de la troisième Internationale.

Si l'on relisait de sang-froid les articles dont la révolution russe a été saluée, il serait difficile de réprimer un amer sourire de pitié. Le monde entier, pour former son jugement sur ce formidable événement, n'a tenu compte que de l'idée, juste en elle-même, mais essentiellement livresque, qu'enfin le seul obstacle qui isolât la Russie de ses alliés démocratiques, le régime tsariste, hanté de paix séparée, était abattu, que la fraternité des armes se trouverait ainsi cimentée par une communion à un seul idéal politique, que la révolte du peuple visait l'Allemagne en bloc, l'Allemagne de l'Impératrice et de la bureaucratie, ainsi que l'Allemagne de Guillaume et de Hindenburg. Au point de vue de la logique pure, rien n'était plus exact ; mais, au lieu d'envisager les hommes et les faits, on spéculait sur des abstractions, on construisait l'histoire comme une figure géométrique. Pour ouvrir les yeux sur la réalité, il a fallu, à l'occasion d'une interview de Milioukof sur les Dardanelles, la manifestation de deux régiments contre l' « intention impérialiste de spolier la démocratie turque ».

Mais l'extrémisme diplomatique ne recrutait pas seulement des adeptes parmi les fatigués de la guerre : Tsérételli, Skobelef et Tchkeidze, ministres socialistes et socialistes « ministrables », déversaient des flots d'éloquence pour exiger la publication des traités secrets avec les Alliés. Et comme, en définitive, cette politique s'appuyait sur des baïonnettes, — ou plutôt sur leur grève tacite, — les premiers docteurs du socialisme, les Albert Thomas, les Vandervelde, les Henderson, ne dédaignèrent pas de discuter avec des primaires, de leur donner des leçons d'histoire, de géographie, de droit. Pendant quelque six semaines, Albert Thomas déploya une dévorante activité pour catéchiser le frénétique auditoire du Sovet. Peine perdue. La révolution pouvait se passer d'apprentissage diplomatique comme jadis elle n'a « pas eu besoin de chimistes ». En réponse aux plaidoyers des délégations étrangères, aux considérations juridiques, ethniques, historiques, morales, les leaders du Sovet se bornaient à marmonner, avec une obstination d'irréductibles sectaires, les termes rituels, la liturgie diplomatique du défaitisme.

Fallait-il s'en étonner? Le socialisme russe a fait ses classes en Allemagne : de maîtres, les social-démocrates ennemis sont devenus des « camarades »; l'Allemagne restait toujours le bercail de leur pensée, le Bayreuth du socialisme; casquée et bottée, l'Allemagne de Reims et de Louvain réalisait le tour de force, sous le maquillage de ses agents, de paraître disposée à signer une « paix démocratique ». Ainsi s'expliquait la tiédeur des réceptions faites aux chefs des délégations française, anglaise, belge, italienne. Pendant trop longtemps, la marchandise allemande s'était infiltrée en Russie sous le pavillon marxiste, la *sozial-demokratie* devenue, entre les mains de l'état-major de Berlin, une variante des gaz asphyxiants et des obus de gros calibre. Reçu comme un apôtre, choyé, adulé, promené dans les carrosses de la cour, Grimm, l'oracle de Zimmerwaldt, réussit à prêcher, durant près d'un mois, la résignation défaitiste, avant d'être reconnu comme un agent avéré de l'ennemi venu apporter une paix de contrebande. La vérité était si accablante qu'elle forçait beaucoup de journaux socialistes à l'aveu que cette épopée scandaleuse avait porté un coup terrible à la révolution. Pour les maximalistes seuls, Grimm restait une victime des forces réactionnaires... C'est que l'affaire Grimm, comme un phare, fouillait les profondeurs du maximalisme, en éclairait les dessous mystérieux et mettait en évidence l'écheveau de fils qui relient certaines marionnettes socialistes à l'état-major de Berlin.

Le gouvernement provisoire expulsait Robert Grimm, mais, en échange, les délégués du Sovet usaient du chiffre diplomatique pour préparer la conférence de Stockholm. Tout sursaut d'énergie bourgeoise avait sa doublure : une concession au Sovet — un Sovet enrichi de députés paysans et doté d'un Comité central exécutif, institution redoutable, où figuraient aussi les représentants de la province, — et, à travers le Sovet, une concession au maximalisme.

Cette trêve révolutionnaire ne pouvait durer que le temps consacré par les extrémistes à coucher sur leurs positions. Or, par l'orientation de toute sa doctrine, le maximalisme tendait en droite ligne à l'action directe. Comme toutes les minorités tapageuses, il préconisait le recours aux mesures extrêmes. Comme tous les faibles, il cherchait des démonstrations sanglantes. L'indigence de ses théories réclamait, pour en assurer le succès, l'intervention de la rue.

La Russie, il ne faut jamais l'oublier, est un terrain singulièrement propice à la culture du microbe démagogique. Le manque à peu près absolu de sens critique interdit aux masses populaires de juger de la portée d'un argument autrement que par expérience. Les phrases retentissantes, la rhétorique sentimentale mettent en déroute le bon sens et réduisent la raison au silence. Les orateurs qui dédaignent la logique pour mettre les émotions en branle sont toujours certains de recueillir des applaudissements. C'est pourquoi, communément, on peut entendre aux meetings deux discours contradictoires salués par des ovations également enthousiastes. L'extrémisme, quel qu'il soit, du seul fait qu'il s'adresse à la passion plutôt qu'à l'idée, a toujours trouvé, dans tous les domaines, des adeptes, des fanatiques et même des martyrs en Russie.

Ici, d'ailleurs, les maximalistes pouvaient d'autant mieux escompter leurs succès qu'ils flattaient tous les instincts de révolte, toute l'anarchie native qui fermentait obscurément à la base de la psychologie populaire. Aux soldats ils promettaient la cessation de la guerre, aux paysans le partage immédiat des terres, aux ouvriers les bénéfices des entrepreneurs. Dès la fin d'avril, la majorité modérée du Sovet pouvait constater la stérilité de ses appels au sacrifice et au devoir. A côté des programmes de Lénine, le Sovet finissait par devenir lui-même suspect de compromis avec la réaction. Aussi, le jour où il délègue ses membres dans un cabinet de coalition, est-il flétri ouvertement d'avoir trahi la révolution et la démocratie. Les maximalistes mobilisent toutes leurs forces pour l'épurer, pour l'accaparer à leur profit, pour ressusciter, en un mot, la commune.

Malgré la défense du Comité exécutif, ils déchaînent dans les usines un intense mouvement en faveur de nouvelles élections, destinées à mettre en échec les minimalistes. Des scènes sanglantes ont lieu dans les usines où les ouvriers léninistes malmènent les membres

du Sovet. C'est au sein de la classe ouvrière qu'éclatent
les premiers symptômes de la guerre civile. La lutte
des castes débute par une tuerie fratricide et des procédés terroristes au Sovet lui-même. Les violences des
extrémistes souvent ravalent le temple de la révolution à un meeting de place publique, où le président
est débordé, où les discours s'entremêlent dans des
clameurs féroces, où l'on perd de vue jusqu'à l'objet
même des votes. D'écœurants spectacles de démagogie en délire ont lieu à l'occasion d'une grève de
blanchisseuses pour lesquelles une extrémiste de
marque, Mme Kolontaï, exige un convoi de patrouilles
contre les ouvrières qui s'obstinent à travailler. Un
scandale inouï éclate à la suite des réclamations exi-
geant l'envoi de l'ex-tsar à Cronstadt ou au bagne.
Les minimalistes, en signe de protestation contre ces
turbulences criminelles, sont réduits à quitter la salle
de séance.

Au lendemain de toutes ces explosions, si profondément significatives, toute la presse socialiste n'avait
qu'une manchette pour ses doléances : « La démocratie
est en danger. »

Ce danger éclatait partout. Sur le front il accen-
tuait la forme des fraternisations entre tranchées et
de la souveraineté des meetings. Dans le domaine
économique, il se traduisait par une hausse de salaires
qui acculait les entreprises à la ruine, les exigences —
où, très nettement, se révélait l'influence maximaliste
— de remettre le contrôle sur la production à la classe
ouvrière et le contrôle des finances aux employés des
banques. Au point de vue intérieur, il venait de
l'irrésistible aspiration à morceler la Russie en une
infinité d'atomes politiques, des communes syndica-
listes dominées par les ouvriers et les soldats, et,

comme un coup d'État de cette envergure ne pouvait s'opérer que par la violence, on voyait le léninisme organiser impunément ses forces, armer les usines et convertir à ses doctrines un bon tiers de la garnison de Petrograd. La guerre civile se préparait méthodiquement. Les états-majors extrémistes fonctionnaient au vu et au su de tout le monde. Et l'une des préoccupations de la capitale avait consisté longtemps à dénombrer les troupes « gouvernementales » et les « forces ennemies » : certains régiments étaient définitivement contaminés, d'autres, hésitants ; les usines, surtout celles du quartier de Wyborg, étaient toutes intoxiquées par la propagande. Qui aurait le dessus dans la tragique convulsion dont tous entendaient déjà les grondements avertisseurs? Petrograd vivrait-il les journées de Juin ou celles de la Commune? L'ombre de Cavaignac hantait jusqu'à la *Pravda*.

Et, de plus en plus fréquemment, pendant ces mois d'angoisse et de fièvre où, de l'asphalte même de la ville, de ses façades de granit, émanaient des effluves incandescents, la mélancolique manchette, au risque de blaser le public, apparaissait en tête des articles : « La patrie, la démocratie, la révolution sont en danger. »

Mais, comme toujours, acculé à la nécessité d'agir, le pouvoir révolutionnaire capitulait, se répandait en appels, en remontrances, en phrases sonores. Pendant que, petit à petit, surgissait le profil des barricades, le gouvernement faisait de la littérature civique. Pour refroidir le zèle des maximalistes, au comité soldat et ouvrier, au congrès paysan, au congrès des Sovets, les ministres socialistes se voyaient obligés de faire, en guise de discours, de véritables cours de droit public élémentaire. A chaque instant il fallait rappeler aux énergumènes, impatients de brûler les étapes, que la révolution ne pouvait être promulguée par décret. Mais, à côté de ces appels au bon sens, se faisaient jour des tentatives officielles de démolition, des saillies soudaines d'extrémisme gouvernemental qui bouleversaient les réalités. La prédominance des syndicats ouvriers à la suite des réformes de M. Nekrassof, dans l'administration des voies ferrées, frôlait de près la dictature des petits employés. La milice assurait surtout un aliment aux journaux humoristiques. Le principe électif s'introduisait peu à peu dans les grandes administrations. Certains discours de M. Skobelet, ministre du Travail, étaient autant d'invitations à une offensive générale contre les capitalistes et les entrepreneurs. Après le départ de M. Konovalof, provoqué par cette exubérance socialiste, un ministre de Commerce et d'Industrie devenait introuvable. Et Goutchkof lui-même, incapable de résister à l'ambiance, paya son tribut au maximalisme : mise à la retraite de plus de cent généraux, parmi lesquels des héros comme Ioudenitch, maintien d'une discipline rigoureuse seulement en service commandé et cette puérilité lamentable : défense aux officiers de marine, pour des « raisons démocratiques », de porter l'épaulette et la cocarde aux couleurs de Saint-Georges.

Le résultat de ces concessions et de ces faiblesses, de ces compromis et de ces tractations, c'était, à vingt verstes de la capitale, déjà l'ébauche d'une commune léniniste, une ville qui ne reconnaissait pas d'autre loi que le bon plaisir du maximalisme, preuve quotidienne et navrante de l'impuissance de la coalition : c'était Cronstadt.

* *
*

Cronstadt se devait à ses traditions révolutionnaires. Déjà, en 1905, son nom était lié à de sombres légendes sur des exécutions en masse, et qui, chuchotées après boire, dans les cabarets de matelots, évoquaient les cadavres des victimes, ballottées par les vagues du large. Prison et caserne, Cronstadt était prédestiné à devenir le centre du maximalisme militant. Dès la première secousse de février, une soldatesque débraillée, des ouvriers de port et d'arsenal, s'emparaient de l'avant-poste maritime de Petrograd avec ses ports, ses cuirassés, ses ateliers, ses docks, ses batteries. Et, comme toujours, le premier soin de la populace fut de procéder à d'implacables vengeances.

Les révoltés donnèrent libre cours à leurs instincts de cruauté. Environ deux cents officiers de marine, dont 95 pour 100 sans l'ombre d'un motif, furent emprisonnés dans des casemates suintantes, toujours envahies par la nuit, hantées par les rats, où les malheureux, dévorés de parasites, tenaillés par la faim, n'avaient pour dormir qu'une planche sordide. A chaque instant des groupes de soldats et de matelots faisaient irruption dans les cellules, se vengeaient bassement de la supériorité des épaulettes d'or, commandaient « fixe » à leurs chefs, se faisaient une joie mauvaise à cracher les plus épouvantables injures à la face de leurs victimes. Plus d'une fois, pour agrémenter d'angoisse morale les douleurs physiques, on mena des officiers pour un simulacre d'exécution capitale. Beaucoup de ces martyrs sombrèrent dans la folie. Plusieurs finirent par le suicide, incapables de

supporter, les humiliations quotidiennes, l'obligation
de s'acquitter des corvées les plus répugnantes sous
les lazzi des patrouilles. Les anciens officiers de la
marine impériale, la fleur de la noblesse russe, se
voyaient obligés de laver les planchers et de nettoyer
les fosses d'aisances.

La rue, à Cronstadt, dominait tout. Elle cumulait
tous les pouvoirs. L'impression première, dès qu'on
débarquait dans le phalanstère maximaliste, était
l'énorme quantité d'ivrognes, affalés sur les quais
pêle-mêle avec des filles de joie. L'esprit-de-vin avait
beau coûter 35 roubles la bouteille et 50 roubles le
cognac, l'argent ne manquait jamais ; toutes les
caisses étaient éventrées. Au contenu des coffres-forts
s'ajoutait l'or de la propagande allemande qui affluait
sans discontinuer. Pendant la nuit de sordides baccha-
nales secouaient la ville entière. Le jour était consacré aux meetings. Une foule oisive, où les ouvriers
chômeurs coudoyaient des matelots avinés, discutait
de tout : elle discutait pour le seul plaisir de se sentir
démuselée, de pouvoir émettre des paradoxes ou
d'applaudir à des folies. Les meetings étaient devenus
une sorte d'occupation officielle ; les règlements en
honneur à Cronstadt obligeaient les maîtres à laisser
venir leurs domestiques à toutes les réunions publiques. Les clubs anarchistes se multipliaient comme
des champignons après la pluie. Plus les théories
exposées étaient subversives et les négations tranchantes, plus elles avaient chance de s'acclimater à
Cronstadt. Reçu avec orchestre et drapeaux, Grimm
remporta, devant l'auditoire de Cronstadt, le plus
beau succès de sa carrière. Au cours de ces réunions
fumeuses, la haine écumait surtout contre Kerensky,
traité, par une tourbe de prostituées et de déserteurs,

comme un pillard sanguinaire, vendu à la contre-révolution.

La contagion maximaliste était si irrésistible que toutes les autres fractions démocratiques se teintaient peu à peu de la même nuance violente. Pour la moindre objection, on était arrêté, jeté en prison, menacé de lynchage. Des soldats, qui osèrent critiquer la paix séparée et les fraternisations sur le front, furent punis du cachot. Les articles des journaux maximalistes étaient considérés comme des dogmes. Le Sovet de Cronstadt lui-même n'a jamais été qu'un souple instrument entre les mains de Lénine. La minorité de cette assemblée, qui siégeait parmi les bibelots, les souvenirs et les œuvres d'art du cercle militaire, suivait les indications du maître par conviction maximaliste ; la majorité, ignorante, se laissait entraîner par les « montagnards ». Cronstadt proclamé une république autonome, l'orgueil du Sovet ne connut plus de bornes. A grands cris il exigea la réunion de la Constituante et le transfert de la famille impériale à Cronstadt. Plus d'une fois, il menaça le prince Lwof des canons de sa flotte et de la descente d'un corps expéditionnaire.

Ni le gouvernement provisoire, ni le Comité exécutif du Sovet, n'ont su répondre par un langage énergique au défi systématique d'une garnison qui poussait l'autonomie jusqu'à fabriquer du papier-monnaie, dont même l'orthographe avait des prétentions révolutionnaires. Dans l'absence de mesures de coercition, les ministres entamaient avec le Sovet de Cronstadt des négociations diplomatiques pour faire retirer la proclamation de l'indépendance et imposer à la garnison une commission d'enquête sur la situation des officiers emprisonnés. L'arrivée des ministres ou des membres du Comité exécutif ne manquait jamais d'être accueillie avec une joie tapageuse, mais, à peine partis, tout gorgés de promesses, les délégués de Petrograd, alors même qu'ils s'appelaient Tchkeidze, Skobelef, Tsérétélli, étaient dénoncés à titre d'affiliés à la bourgeoisie par le grand favori de la foule, un certain Rochal, étudiant faussaire qui se faisait passer pour médecin et dont le rôle était prépondérant au Sovet de Cronstadt. Par décision de ce demi-fou, la commission d'enquête fut remplacée par quatre matelots illettrés. Les documents officiels disparurent et, sans doute, pour simplifier la procédure judiciaire bourgeoise, la foule assomma deux des officiers à coups de crosses.

Que l'on étende l'exemple de Cronstadt à Petrograd d'abord, à la Russie ensuite : on aura une idée exacte de l'avenir réservé au peuple par une folie démagogique. Mais un pays, qui couvrait la sixième partie du monde, pouvait-il, à l'exemple de Cronstadt, ériger la rue en maîtresse absolue de ses destinées? Pouvait-il mener la guerre avec des déserteurs, conclure une paix définitive au nom de quelques usines et de bataillons de dépôt, gouverner sans fonctionnaires, rendre la justice sans juges, enseigner sans professeurs? Pouvait-il sortir d'une impasse historique à coups de meetings? Sous les oripeaux de son verbiage d'avant-garde, le maximalisme, suivant un mot célèbre à l'occasion du *Contrat social*, obligeait l'humanité à « marcher à quatre pattes ».

Mais Cronstadt ne faisait pas peur à la Russie...

CHAPITRE VIII

LE « MIRACLE » DE KERENSKY

Le nouveau catéchisme militaire : appel à la discipline et les « droits
du soldat ». — Kerensky, missionnaire de l'offensive. — La
crainte de la victoire. — Les origines d'une révolution antipatriotique. — Les intellectuels défaitistes et les moujiks zimmerwaldiens. — Les fraternisations. —· La préparation oratoire
de l'offensive. — Le grand ténor de la révolution. — Le corps-à-
corps de l'idéal et de la brute. — Le baptême de feu de la révolution russe. — Un bluff sanglant.

Lorsque, le 2 juillet, des feuilles volantes distri-
buées à profusion annoncèrent l'offensive victorieuse
de l'armée révolutionnaire, il n'y eut qu'un seul **mot**,
à Petrograd, sur toutes les lèvres : « Le grand miracle
s'est accompli. »

Et Petrograd n'avait pas tort. La ville était encore
dominée par les impressions de la veille, la vision de
tout un prolétariat affamé de paix, d'une foule
immense qui hurlait sa fatigue de la guerre et son
mépris pour l'effort. A perte de vue, pendant de
longues heures, des cortèges noirs d'ouvriers et des
files kaki de soldats, mobilisés par le Sovet, parcou-
rurent, musique en tête, les rues vides de bourgeois,
pour réclamer la chute des « ministres capitalistes »,
le rétablissement de l'Internationale et la conclusion
d'un armistice. Et, pendant que les faubourgs ouvriers
promenaient, dans un brouhaha toujours renouvelé
de chants révolutionnaires, leurs écriteaux défaitistes,

les vagues rumeurs de combats, colportées de bouche
en bouche, paraissaient incroyables. Était-il possible
qu'au moment où la révolution déposait les armes à
Petrograd elle triomphât, sous l'auréole des mêmes
drapeaux rouges, sur le front? Le miracle, qui seul
— dernière parole de Goutchkof — pouvait sauver
la Russie et l'armée, était-il réalisé à l'heure où
la propagande maximaliste semblait atteindre son
apogée?

Le claironnant bulletin du lendemain balaya les
doutes. L'armée révolutionnaire avait remporté sa
première victoire. Le chiffre des prisonniers rappelait
les rafles classiques de Broussilof. Le miracle était
accompli... Le miracle... Pour donner à ce mot toute
sa valeur historique, il faut revenir aux journées dramatiques où Kerensky assumait la tâche de ministre
de la Guerre et le général Alexéef, avec une franchise
de vieux soldat, disait à un congrès d'officiers les
amères vérités suivantes : « L'esprit militaire s'est
évanoui... Hier, encore menaçante, l'armée s'est enlisée
dans une fatale impuissance. Un profond précipice
s'est creusé entre soldats et officiers. *On ne s'occupe
que de ses intérêts personnels...* »

Le grand chef touchait du doigt la tare originelle du
matérialisme marxiste, vulgarisé à l'usage des ouvriers
et des soldats. Le revirement politique avait ouvert
les écluses à tous les appétits de vivre, et l'égoïsme se
drapait mal de phrases ronflantes. A la bête humaine,
tapie sous un masque zimmerwaldien, il fallait livrer
un combat mortel et, pour ce corps à corps dont
dépendait le sort de la Russie, une révolution tremblante au souvenir de Napoléon a confié le grand premier rôle à un virtuose du socialisme.

*
* *

Dès son entrée en fonctions, Kerensky se jette à l'assaut de l'ennemi ; il bouscule les préjugés démagogiques et stigmatise au fer rouge de son éloquence passionnée les conceptions de guerre paresseuses.

Au moment où la moindre contrainte militaire était considérée comme une survivance de l'ancien régime, le ministre socialiste, le premier représentant, au pouvoir, des fractions révolutionnaires, annonce son intention de rétablir une implacable discipline : « Sans discipline il n'y a point d'unité d'action, sans discipline il n'y a point de salut. » Kerensky ne craint pas de prononcer un mot qui évoque, aux yeux des soldats, une odieuse et rigide mécanique humaine, l'asservissement de la jeune liberté au joug des contre-révolutionnaires. D'avance il repousse les objections, il fait passer un souffle des franchises politiques dans l'appel à l'austère devoir militaire. L'idée centrale de ses premiers discours est l'affirmation continuelle que nulle part la discipline n'est plus rigoureuse que dans les rangs de la révolution militante, celle dont il est sorti. Cette discipline est librement consentie, elle n'est pas un produit de la férule et de la trique : elle est un devoir, elle est un honneur... « Que l'armée la plus libre du monde prouve que la force réside dans la liberté, qu'elle forge une nouvelle discipline de fer. » Et, en même temps que paraissait cet ordre du jour, le ministre accomplissait un acte de foi où se cristallisait tout l'optimisme aventureux de l'*Intelligence* envers le peuple : il manifestait sa confiance illimitée en l'armée par la publication des fameux « droits du soldat » élaborés au sein de la commission du général

Polivanof. Les droits du soldat : ces termes témoignaient mieux que la plus détaillée des analyses d'un des caractères essentiels de la révolution russe : une révolution de soldats démoralisés. L'armée devenait un peuple de citoyens en armes, et puisqu'elle avait tous les droits, elle devait, clamait le ministre, souscrire à tous les devoirs.

Les sceptiques souriaient. Ils taxaient d'idéologie les efforts de rompre avec la routine, de braver les traditions qui veulent que l'armée demeure l'éternelle et la grande muette. Ils condamnaient d'avance à l'échec le projet insensé de galvaniser une armée par des meetings. Ils haussaient les épaules au spectacle d'un avocat malingre, sans croix, sans galons, sans épée, qui spéculait sur le seul effet de ses phrases. Au sein du haut commandement, il y eut des réserves, puis un sourd mécontentement, enfin une opposition flagrante. Malgré l'ordre formel qui défendait aux officiers supérieurs d'éluder leur devoir, le général Gourko, commandant en chef, donnait sa démission. L'armée démocratique de Kerensky lui paraissait non sans raison incapable de se battre. Pour un militaire de la vieille école, ce n'était qu'un troupeau de civils contaminés par la propagande. Premier manquement à la discipline révolutionnaire et première explosion d'énergie. Le général Gourko est démis de ses fonctions, réduit à l'emploi de commandant de division. Toute une série de retraites retentissantes succèdent à cette exécution. Les hommes, même les meilleurs, impuissants à se débarrasser des formules condamnées comme désuètes, se voient obligés de partir. Pour suivre Kerensky dans sa course vertigineuse, il était défendu d'être pessimiste. Et c'est pourquoi le grand chef des armées russes, le patriote intègre et le savant capitaine, le général Alexéef dut, lui aussi, céder sa place à ceux qui croyaient au miracle.

Le *credo* révolutionnaire russe n'était-il pas le *credo quia absurdum?* Et, pour ceux qui n'avaient pas la foi, la foi absolue, l'entreprise de Kerensky ne côtoyait-elle pas une utopie catastrophique?

Ainsi, le premier acte du nouveau ministre est un appel à la discipline et à l'offensive. Sans la plus légère des équivoques, il pose les deux principes de son catéchisme militaire et, tout brûlant de prosélytisme, il s'en fait le missionnaire. Aussi bien sur le front qu'à l'arrière, Kerensky s'attelle à un formidable problème de psychologie politique : envoyer à la mort des gens qui ne voulaient plus se battre. Tandis que la propagande extrémiste exploite toutes les bassesses de l'instinct, Kerensky exalte les splendeurs ascétiques du sacrifice. Il s'érige en Parsifal de l'idée contre la matière. Première difficulté. La seconde, c'est qu'il ne lutte pas seulement contre la lâcheté, la paresse, la fatigue, la dissolution de la volonté : il a, pour adversaires, également, les déformations caricaturales des conceptions révolutionnaires. L'offensive, beaucoup plus encore que la discipline, devient un épouvantail pour la majorité internationaliste du Sovet.

A une heure où de l'action seule dépend le salut, une interminable discussion s'engage sur les buts de la guerre : après trois ans d'effroyable effusion de sang, on se demande spontanément pourquoi l'on s'est battu ; les réalités s'éclipsent, les souvenirs s'effacent ; la vérité historique fait place au cliché stéréotypé d'un cataclysme déchaîné par la bourgeoisie européenne ; on oublie la ruée à l'hégémonie allemande, les féroces exactions de l'impérialisme allemand, les 500 000 kilomètres carrés accaparés par l'Allemagne, les 42 millions d'esclaves annexés sous sa botte ; on réduit les canons au silence pour s'adonner à de l'algèbre zimmerwaldienne qui admet tout au plus, comme suprême concession, la défensive. Dans toute la métaphysique fumeuse, brassée aux meetings, aux comités, dans la presse, éclate invinciblement la crainte d'aborder le problème de l'action. La reprise des hostilités demeure toujours en fonction d'inconnues ténébreuses, bourgeoises et capitalistes. En pleine campagne de Kerensky, sur le front, l'organe officiel du Sovet « conditionne » l'offensive au point d'en écarter pratiquement, dans un avenir lointain et nuageux, les victorieuses fanfares. Cette épouvante s'explique. L'offensive paraît naturellement destinée à compromettre les tentatives de socialisation militaire qui seule ralliait les baïonnettes à la cause de la révolution. Elle est incompatible avec la suprématie des meetings, le contrôle exercé sur les états-majors par la démocratie des tranchées, le régime du bon plaisir des comités élus. Pour le Sovet, l'offensive — et surtout une offensive réussie — revêt la forme césarienne du sabre acclamé. La classique menace d'un général triomphateur sur son cheval blanc commence à hanter les paniques des sectaires. Et l'une des idées directrices de la révolution se dégage de cette angoisse : *la victoire, c'est l'ennemi.*

Le mal datait de longtemps.

Déjà, pendant la guerre de Crimée, les classes avancées de la société russe s'accordaient à prévoir dans la défaite le moyen le plus efficace pour atténuer l'intransigeance de l'absolutisme. La révolution applaudit à l'échec en Mandchourie. Et si, au commencement de la guerre contre l'Allemagne, l'enthousiasme général gagna les libéraux, même les socialistes, il n'y eut

là qu'une solidarité de surface, de la mousse patriotique, sous laquelle, invisible et tenace, le cancer d'un
incurable défaitisme continuait à ronger le cerveau de
la nation. On n'oppose pas impunément, pendant des
générations entières, l'idée de patrie à celle d'une
amélioration politique et sociale sans sacrifier les intérêts de la patrie à ceux de la révolution. Trop veule,
trop disparate pour tenter une action d'ensemble,
capable tout au plus d'inspirer des exploits terroristes isolés, la société russe mettait son espérance
dernière dans l'influence des facteurs extérieurs pour
inaugurer une période de réformes décisives. En haut
comme en bas de l'échelle psychologique, la même
paresse, le même fatalisme : chez le peuple, la foi en
une constante intervention de saint Nicolas ; chez l'Intelligence, la confiance dans les résultats supérieurs de
la défaite. Les traditionnelles flambées de libéralisme
qui succédaient en Russie à chaque guerre malheureuse ont achevé de consacrer cet axiome monstrueux
que la révolution ne pourrait s'accomplir qu'aux
dépens de la patrie. Lorsque, enfin, la *patrie révolutionnaire* s'est trouvée elle-même face à face avec
l'ennemi, il était trop tard de revenir en arrière :
corrompue jusqu'à la moelle par un sophisme séculaire; dénationalisée avant de naître, la révolution s'affirmait impuissante, même devant le danger de mort,
à devenir patriotique. Elle prolongeait la guerre contre
la victoire. Les démagogues reprochaient à Kerensky
d'être le valet de la bourgeoisie, répandaient le bruit
que l'offensive s'opérait sous la menace d'une descente
japonaise, que les Alliés multipliaient leurs ultimatums. Des collègues, des amis, lui infligeaient un échec
mortifiant aux élections du comité socialiste-révolutionnaire ; au conseil des ministres, Tchernof con-

damnait ce civil fourvoyé dans la stratégie et prêchait l'abstention ; l'arrière n'était qu'un immense sabbat zimmerwaldien où des maniaques de bonne foi s'éche-velaient de concert avec les agents de l'Allemagne.

Et le front, — où les idées se traduisaient en actes, — le front était encore plus redoutable. Là aussi le mal datait de longtemps et tenait à des racines psycholo-giques dont la révolution n'a fait que hâter la poussée souterraine. La mobilisation — d'une ordonnance par-faite grâce à l'absence de l'alcool — s'est effectuée au milieu des lamentations déchirantes des paysannes et de la morne stupeur des paysans. L'énormité de l'évé-nement dépassait les mentalités rurales. Pour la pre-mière fois, la Russie recourait, dans toute son étendue, à la mobilisation générale de ses réserves où la presse saluait un irrésistible *rouleau compresseur :* des bords du Pacifique à ceux de la Baltique déferla, sans trêve, un flot inouï d'humanité en capotes grises, dix-huit millions charriés par les profondeurs fécondes d'un empire qui devait submerger l'ennemi sous le poids fabuleux de son nombre. Illusion fragile, espérance sans lendemain. La Russie fut la première victime de ses masses ignorantes, incapables de répondre aux exi-gences morales et intellectuelles d'une mobilisation générale.

Tant qu'il suffisait à la victoire d'une armée res-treinte de professionnels, l'histoire militaire de la Russie a été sans tache, et, comme toujours, ses régi-ments de première ligne étonnèrent le monde par leur endurance et par leur mordant ; mais il restait tou-jours interdit à la Russie d'entreprendre une guerre réellement nationale avant d'avoir élevé son peuple au rang d'une nation. Dès la fin de 1914, le soldat, noyé dans la marée de vieux réservistes, se laisse attendrir

par la nostalgie de la paix. Il comprend tout aussi peu
cette guerre que celle du Japon, pendant laquelle on
croyait expliquer certaines défaillances par le caractère « colonial » de la campagne mandchourienne.
Comme alors, il ne sent pas la patrie en danger. Il se
dit de Pensa, de Simbirsk, de Kalonga, souvent d'un
village, d'un hameau, et de préférence orthodoxe plutôt que Russe. Lorsqu'il défend Libau ou Varsovie, il
n'a nullement conscience de défendre sa patrie véritable, sa patrie locale, qui se réduit au profil d'une
église et à une dizaine d'izbas, perdues quelque part,
dans un nébuleux lointain de forêts et de steppes. S'il
meurt aussi loin de son cadre natal que rien ne menace,
ce n'est pas à coup sûr pour la Russie, c'est pour l'Empereur, c'est pour la foi, pour une formule très simple
dont une longue hérédité a tiré un impératif catégorique. Mais cette traditionnelle armature elle-même a
ployé sous le poids des épreuves de 1915. Pendant les
mois d'hiver qui avaient précédé la révolution, des
symptômes, soigneusement cachés, attestaient déjà un
commencement de lassitude, le front engourdi de somnolence, envahi par une pesante veulerie. Jamais
l'armée russe ne fut mieux pourvue d'artillerie, de
munitions, de mitrailleuses : l'âme seule lui manquait :
elle ne voulait plus se battre.

Avec la chute du tsarisme disparut le frisson atavique qui seul pouvait secouer l'indolence villageoise
et l'égoïsme régional. Au lendemain de l'abdication de
l'Empereur le soldat se réveilla la conscience vide. Bon
ou mauvais, le catéchisme tsariste constituait un principe d'action et de discipline, même une source
d'héroïsme. Il rendait possible l'existence d'une
armée ; il remplaçait les testaments de l'histoire et les
prescriptions de la morale ; il assurait le maintien de

l'État dans un pays anarchiste d'instinct. Base déli-
quescente, sans doute pareille aux marécages sur
lesquels Petrograd déployait ses lourdes façades impériales... Mais la paresse intellectuelle du peuple ne
demandait qu'à se soumettre aux formules exécu-
toires, tombées comme des aérolithes sur la terre
russe. Le tsarisme dispensait de tout effort mental : il
était une servitude spirituelle et politique après avoir
été un servage économique. Et si, de cet ancien esclavage, le peuple a gardé une véritable répugnance
pour les obligations patriotiques qu'il rapetissait à la
mesure d'une corvée, la splendeur mystique de l'auto-
cratic parvenait à déjouer les rancœurs et à faire du
moujik un magnifique ouvrier de la grandeur nationale.

La révolution a laissé subsister la corvée seule, dans
toute sa crudité. Le soldat haussait les épaules à
déchiffrer les belles proclamations sur les devoirs patriotiques où s'usait l'énergie du gouvernement provisoire.
Il comprenait de moins en moins. Le Tsar, patron de
toute la terre, avait disparu : de quel droit un régime,
qui promettait la liberté, reprenait-il les lourdes prérogatives du maître pour imposer les mêmes corvées
au moujik émancipé? Quelle était la nécessité pour
l'homme de Kalouga ou de Simbirsk d'abandonner sa
charrue et son lopin de glèbe pour combattre en l'honneur des Baltes ou des Lithuaniens? A toutes ces questions inquiètes l'extrémisme seul donne une réponse
qui satisfasse une psychologie de serfs. La guerre n'est
utile qu'aux *barines*, aux *messieurs*. En Allemagne
comme en Russie, le peuple n'a que faire des conquêtes,
des fastes militaires, des annexions et des contributions : autant d'inventions bourgeoises, autant de
roueries de capitalistes. L'Allemand est un frère, un

moujik exploité lui aussi, de la chair à canon entre les mains de la bourgeoisie. Ces réponses expliquent l'inexplicable, les raisons mystérieuses de trois ans de tuerie : le prolétaire, éternelle victime, victime du patron, du bourgeois, de l'officier, de l'État ; théorie si simple dans son absurdité, si conforme à l'esprit de défiance paysanne, si pratique pour légitimer toutes les défaillances, que, d'un jour à l'autre, on la voit maîtresse absolue des âmes vacantes et des cerveaux vierges.

A corps perdu, l'armée russe se jette vers la terre promise : Zimmerwaldt, un village suisse, hier encore connu seulement de quelques initiés. D'infâmes embrassades se multiplient de tranchée en tranchée. A échanger son pain noir contre un cigare, son morceau de sucre contre une gorgée d'eau-de-vie, le soldat russe caresse l'illusion de communier au marxisme des travailleurs. Il se croit au seuil de l'âge d'or. Des sous-officiers engagent des pourparlers de paix avec des feldwebels. A chaque instant surgissent des parlementaires ennemis ; des drapeaux blancs papillonnent au vent ; des proclamations invitent l'armée russe à liquider la guerre avec une telle insistance que, pour apaiser l'impatience des troupes, les états-majors estiment nécessaire de recevoir parfois des plénipotentiaires... Tandis que les Allemands repéraient les distances, usaient de leurs kodaks, inscrivaient soigneusement les numéros des régiments et réparaient leurs fils de fer barbelés, les moujiks donnaient à pleine bouche l'accolade aux espions, rêvaient de fraternité universelle et du partage de terres... Plus d'un million de déserteurs s'éparpilla à l'arrière, obstrua les voies ferrées, terrorisa les villes. Bondés à faire grincer les ressorts, les toitures débordantes de soldatesque, des trains maudits emmenaient vers la curée agraire des néophytes du socialisme...

* *
*

Que faire pour arrêter la fuite des déserteurs, imposer le respect de la discipline, éveiller l'armée de son coma?

Kerensky, au grand scandale des partis extrêmes, a senti très rapidement l'impérieuse nécessité de se cuirasser contre les faiblesses de l'idéologie. Pour disloquer quelques régiments mutinés, les chefs, sur l'ordre du ministre, n'hésitent pas à recourir aux armes. Les déserteurs sont privés de leurs droits électoraux et menacés de perdre jusqu'à leurs droits agraires. Toutes les proclamations de Kerensky sur la discipline rappellent la possibilité d'appliquer des sanctions. Mais, comme toujours, la révolution s'arrêtait à mi-chemin : Kerensky affichait des airs de matamore, un cliquetis de fer résonnait dans ses phrases pour affirmer la force du gouvernement révolutionnaire ; la peine de mort n'en restait pas moins bannie du front au même titre qu'à l'arrière, par un débordement du même lyrisme optimiste.

La force seule, d'ailleurs, devant un problème de psychologie, paraissait insuffisante à un homme qui avait la religion de la parole. Aux idées il fallait opposer d'autres idées. Et les ovations houleuses qui saluaient les discours de Kerensky, le délire que déchaînait son apparition à la tribune, semblaient donner raison à cette altière confiance dans la suprématie du style sur l'action. Kerensky ne s'arrogeait-il pas le droit de crier à son auditoire les vérités les plus dures, les plus âpres, de souffleter le public par des

phrases cinglantes comme des lanières? La foule ne
lui pardonnait-elle pas d'être traitée d'esclaves révoltés? De ces triomphes d'estrade la révolution déduit
la consolante possibilité de gouverner, de commander,
de faire la guerre avec les mots. Elle assimile l'armée à
un meeting. Elle croit à la métamorphose du verbe en
'héroïsme. Elle espère déclancher l'offensive avec la
même facilité que le vote d'une motion favorable. Dans
ces conditions, il était naturel de voir en Kerensky,
au moment où il entreprenait sa tournée oratoire sur
le front, le « dernier atout de la révolution »...

Les idées les plus belles, les plus vraies, ne valent
souvent que par la qualité de l'interprète. Et, chez
Kerensky, la personnalité était l'élément essentiel de
ses succès de tribune. On pouvait s'insurger contre
ses théories, mais l'on était, à cette époque d'hyperes-
thésie révolutionnaire, constamment d'accord avec sa
personne. Pas un homme d'État, pas un orateur en
Russie n'a possédé à un pareil degré le don de la contagion psychologique. Sans exception, la foule tombait sous l'hypnose de son charme. Le masque de
Kerensky, masque tourmenté et ambigu, produit,
pendant ses discours, une impression presque inquiétante. Kerensky parle à la manière d'un somnam-
bule, les paupières baissées, comme s'il ne faisait que
répéter le murmure indistinct d'une voix intérieure.
Plus d'une fois, n'a-t-on pas répété que la révolution
elle-même parlait par la bouche de Kerensky? Son
irrésistible action sur les masses tient de cette prestigieuse sorcellerie révolutionnaire. Les femmes, surtout, se pâmaient pendant les symphonies oratoires
où passaient toutes les rafales de la guerre, où s'exal-
taient toutes les splendeurs de la révolution. Elles
allaient entendre Kerensky comme un virtuose; ses

discours étaient des concerts ; son répertoire passait
de la sonate héroïque aux fatalités wagnériennes ; on
y trouvait du *nastroenié,* — terme particulier aux
modernistes russes, — suggestion, état d'âme, au fond
un état musical. Et la Russie entière, à cette heure,
n'était qu'une femme, trop faible pour aimer les
forts, neurasthénique et détraquée à souhait pour se
livrer à des ténors de province. A la lumière de la
rampe révolutionnaire, sur le fond tragique des lendemains d'un règne, Kerensky, « le pouvoir supérieur
en veston et sans armes », rivalisait avec Hamlet,
Danton, Gambetta et Napoléon. La Russie applaudissait tout, les criailleries mélodramatiques, les poses
de médiocre baladin, les effets de mauvais goût, les
phrases qui détonnaient, les notes de fausset. Elle
était conquise à l'exemple de cette petite ville russe
médusée par un hâbleur : le sujet symbolique du
célèbre *Révisor* de Gogol.

Mais qu'importe ! Les paroles de Kerensky aiguil-
lonnent les apathies et allument les enthousiasmes.
Dans les casernes comme à la tribune des congrès
militaires, Kerensky est accueilli par les mêmes ovations qu'au Sovet et à ces « concerts-meetings » qui
se multiplient à Petrograd : *Marseillaise,* discours
ministériels, partie artistique, musique et ballet. Les
soldats lui offrent des fleurs aux nuances révolutionnaires : ils ne l'appellent pas autrement que « notre
ministre » et le « Soleil de la Russie » ; des vétérans,
des invalides lui jettent des croix d'honneur par
brassées ; les femmes, les jeunes filles s'arrachent les
bijoux, le supplient de les monnayer « pour l'offensive ». Il trouve des mots qui vont droit au cœur, qui
s'imposent aux mémoires. Aux matelots les plus âprement révolutionnaires, ceux de Helsingfors, il déclare :

« J'ai assumé la charge de ministre de la Guerre, parce que là-bas, sur le front, nous menons une lutte révolutionnaire, rien de plus. » Au congrès du front, à Kamenetz-Podolsk, il jure, au nom des soldats, qu'ils suivront tous le général Broussilof. Dans les casernes de la Garde, à Petrograd, il remue les souvenirs historiques de chaque régiment, il évoque les décembristes, des fastes, des gloires. Et souvent son éloquence prend une ampleur, une robustesse, qui auraient réalisé le miracle si le miracle avait été possible : « ...Nous autres révolutionnaires, nous sommes toujours prêts à mourir sur un ordre des chefs. C'est la discipline que je vous apporte, soldats russes. A l'ombre du drapeau révolutionnaire, nous donnerons, pour défendre le peuple, notre vie, toutes nos forces, notre dernière goutte de sang... Nous apporterons la paix au monde parce que nous sommes forts... Côte à côte avec nos alliés, nous créerons un nouvel ordre de choses en Europe... Tout le passé, les ombres de ceux qui sont morts pour la liberté, nous suivent au combat. Sans hésitation, sans peur, allons mourir pour les idées sacrées. Mourons pour la patrie... »

Le voilà sur le front, salué toujours par des multitudes frémissantes sous des pancartes rouges aux inscriptions de plus en plus guerrières. Ce n'est pas en vain que, dans les dossiers de la police secrète, Kerensky était désigné sous l'appellation de *skory*, le rapide, l'insaisissable : il dépistait la police, il était partout. Ministre, il est partout aussi ; les échos de sa voix lui font un sillage d'enthousiasme. Des milliers de discours, des millions de mots sur cette thèse fondamentale : nécessité de l'offensive lorsque la Russie révolutionnaire exigera un sursaut d'énergie de son armée. Les annexions, les contributions, l'imbroglio zimmerwaldien, il l'écarte de cette phrase : « Les troupes françaises et belges se trouvent sur leur territoire. Elles n'ont rien accaparé. Fous que vous êtes, pourquoi parlez-vous des Alliés et gardez-vous le silence sur les accaparements des Allemands? ». Pour les fraternisations, il n'a que du mépris, il dédaigne même de prendre des mesures de coercition contre les aveugles qui s'adonnent aux odieuses réconciliations ; il se borne à répandre les radio-télégrammes du commandement allemand, d'où ressort le piège tendu à la Russie, il laisse aux réalités le soin d'infliger aux soldats de redoutables leçons. De toute la force de son tempérament, il s'acharne à vriller dans les cerveaux des troupiers que l'offensive doit être la conséquence logique de la révolution : « Par votre refus d'accomplir votre devoir, vous écartez la fin de la guerre, vous consolidez l'Allemagne absolutiste qui se flatte de la faiblesse du front russe, depuis la Révolution... La Révolution est une expiation pour le passé et ses péchés. Au nom de l'avenir, nous avons repris le drapeau de la Révolution française... Nous l'apportons à tout l'univers... Nous savons que les baïonnettes de l'armée russe préféreraient s'enfoncer dans le sol plutôt que de défendre une cause injuste... »

Et plus ces paroles retentissent sur le front, plus fréquente apparaît, sur les étendards rouges, l'inscription réconfortante, si impatiemment attendue : « L'offensive sauvera la Russie. » Des bataillons de la mort surgissent de partout, des compagnies de volontaires prêtes à marcher au premier rang, le jour de l'offensive ; des ligues militaires se forment pour entraîner les troupes par la propagande et par l'exemple ; des régiments de femmes s'acheminent, d'une belle prestance militaire, admirablement équipés, vers le

front. Aux meetings, aux congrès, des voix énergiques s'élèvent pour appuyer la parole de Kerensky ;
les délégués du front, à Petrograd, à Kamenetz-
Podolsk, émettent des résolutions qui exigent l'offensive ; les cosaques flétrissent les « monstres nés de la
révolution, comme Lénine », et demandent qu'on les
laisse se battre ; un comité de matelots de la mer
Noire parcourt la Russie, enflamme les dépôts, les
tranchées, les villes, les campagnes.

Que restait-il de l'idéologie maximaliste? Une bête
traquée qui tremblait à l'idée d'affronter les gaz
asphyxiants et les fils de fer, au moment où la Russie,
née à la vie libre, promettait de devenir un pays de
bombance révolutionnaire. Le maximalisme était réduit à exploiter des instincts de brute...

Un jour, pendant que Kerensky parlait aux troupes
et que les coups de canon scandaient sa parole, un
soldat lui fit cette réflexion, où se concentraient tous
les arguments de l'anarchie militaire :

— L'offensive signifie la mort. Qu'avons-nous besoin alors de la terre et de la liberté?...

Cette simple phrase résumait mieux qu'un volume
la crise traversée par l'armée russe. Il y avait cent
jours, ce même soldat, raidi, figé, aurait eu la res-
piration coupée par le respect et la peur devant le
ministre de la Guerre. Dans toutes les armées du
monde, prononcer cette phrase eût été un suicide..

Tragique-duel de l'idéal et de la brute... Kerensky
mis en échec par un moujik dévergondé : un soufflet
de goujat à la cause révolutionnaire.

— Camarades, reprit Kerensky...

Mais il n'avait devant lui que la soif bestiale de
vivre, la peur bestiale de mourir...

— Inutile d'ergoter, interrompit d'une voix grossière le soldat ; concluez la paix et au plus vite...

Et déjà, dans les rangs, un murmure de sympathie s'élevait, plus dangereux que les obus qui pleuvaient à proximité.

Minute décisive. Le moujik remporterait-il la victoire?

— Silence, quand le ministre de la Guerre prend la parole... Colonel, jeta Kerensky d'une voix étranglée, prenez cet homme, rayez-le des cadres de l'armée... Portez-le à l'ordre du jour comme lâche, un lâche. Il est indigne de défendre la terre russe. Il peut s'en aller. C'est un lâche, un lâche, un lâche...

Kerensky répétait ce mot avec une sorte d'ivresse frénétique. Il en cinglait, il en giflait le soldat... Et, tout à coup, la face du misérable blêmit, devint terreuse, la brute sentait sourdre sa conscience, et, lourdement, pesamment, le soldat tomba en syncope, masse inerte aux pieds du ministre...

La bête était vaincue par l'idée. La Révolution domptait l'Anarchie.

*
* *

Était-ce une victoire complète, un triomphe définitif?

Pour la minorité intellectuelle de l'armée, les paroles de Kerensky ont été la *Marseillaise* qui assainit les cœurs, qui fouette les énergies. Ses discours ont su remplacer un instant la musique flamboyante aux sons de laquelle mouraient les héros de la grande Révolution. Il a été, orateur, le Rouget de l'Isle raté de la Russie. Le baptême de feu de la révolution russe a tenu du prodige. Au premier rang marchaient les officiers, heureux de prouver qu'ils savaient mourir pour la liberté. Ils marchaient extatiques, hallucinés par l'idée fixe du sacrifice. La veille plusieurs s'étaient suicidés sous les yeux des soldats qui avaient émis des doutes sur le courage des « bourgeois ». Des divisionnaires, le fusil à la main, se précipitaient en tête des colonnes. Les délégués de la flotte de la mer Noire, les comités militaires, les membres de toutes les ligues, avec d'énormes drapeaux rouges, allaient à l'attaque. Les secrétaires, les scribes, les auxiliaires abandonnaient les paperasseries des bureaux pour suivre l'épique envolée. La révolution, enfin, dégainait son glaive et fonçait sur les impériaux.

Sous le feu, Kerensky continuait son œuvre. Plus d'une fois, lorsque le tir de l'ennemi devenait trop intense, des soldats lui disaient : « Camarade, vous risquez trop, vous avez déjà notre parole, nous la tiendrons... » Et, avant de courir à l'ennemi, comme des enfants, les soldats se précipitaient dans les bras du ministre. Aux heures du danger, ils l'attendaient : « Le voir, jeter un coup d'œil sur lui, et puis aller se battre... » Et Kerensky se répandait. On voyait son automobile passer en trombe vers les unités hésitantes pour remonter les défaillances. On le voyait panser les blessés, donner l'accolade aux héros, distribuer des drapeaux, des épaulettes, des croix d'honneur, aider pieusement à porter les cercueils des soldats. Le civil, le « pékin », découvrait, pour mettre les exploits en vedette, des récompenses qui touchaient profondément l'amour-propre des troupes. Sur les pattes d'épaule des soldats, il faisait éclore, d'un geste généreux, les étoiles d'officiers. Il créait les régiments du 18 juin, avant-gardes glorieuses de la révolution. Il remplaçait sur les képis d'un régiment de tirailleurs, qui s'est comporté en héros, la cocarde par la tête de mort. Un aumônier raconte avoir passé, pour creuser

une tombe, la pelle à un jeune homme inconnu, tout
pâle, aux yeux douloureux, en tenue civile, qui, le
front en sueur, travailla à la suprême demeure, puis
s'éloigna, suivi d'un état-major silencieux. C'était
Kerensky. Les soldats affirment l'avoir vu marcher,
impassible, le fusil à la main, droit- à L'ennemi ;
d'autres l'avaient aperçu dans une automobile blindée.
Kerensky entrait dans l'histoire, même dans la légende.

. Et puis, tout à coup, au moment où l'on évoquait
Valmy et Carnot, en pleine apothéose de la révolution victorieuse, en plein miracle, — le désastre. Des
régiments entiers avaient échappé à la contagion de
l'héroïsme et assisté, indifférents, souvent hostiles, à
la naissance de l'épopée. Des milliers de paysans, tête
baissée, avaient bravé les colères de la révolution que
Kerensky laissait frémir dans des phrases magnifiques
comme des vers : « On n'a pas de respect pour une
nation de lâches. Ceux qui tremblent pour leur vie,
forgent la contre-révolution. » Abandonné, isolé,
Kerensky gesticulait dans le vide. Son auditoire fuyait.
L'hypnose oratoire n'a duré qu'un instant, à la manière
de tous les excitants artificiels. Apprivoisée par l'idée,
la bête réapparut, farouche au premier relent de sang
et lâche au premier danger, le groin tordu par sa grimace maximaliste. Pendant que 80 000 morts payaient
le prix d'un succès éphémère, une tourbe de fauves se
gavait de pillage et de luxure à Kalousz, violait les
femmes à tour de rôle, massacrait des enfants ; une
panique affolée éperonnait le galop d'une armée en
déroute ; l'infanterie obligeait les artilleurs d'abandonner leurs pièces, s'emparait de leurs chevaux, et,
lorsque des régiments ébauchaient un mouvement
d'attaque, d'autres découvraient leurs flancs, les condamnaient à l'anéantissement certain, s'en allaient

avec des jurons pour ces trouble-fête. L'esclave révolté triomphait quand même de la révolution.

On raçonte (1) que, sous l'impression du désastre, Kerensky, effondré dans sa limousine, le regard égaré, répétait, comme un automate, un fragment de phrase d'une romance sentimentale. Cabotinage ou délire? L'âme d'autrui, dit un proverbe russe, n'est que ténèbres. Celle de Kerensky mariait une ardente capacité de sublime à des attitudes de vulgaire histrion qui posait pour la postérité. Une vanité frénétique entretenue par les succès oratoires lui montra, dans son talent, un levier capable de soulever le monde. Rien ne devait résister au fracas de sa rhétorique, à la jonglerie des périodes amoureusement cadencées. Le miracle ne pouvait venir que du verbe. Le verbe était le Dieu révolutionnaire et Kerensky était son prophète. Trop livresque, trop jeune, trop confiante dans les applaudissements des meetings, la révolution eut la naïve ambition de réaliser en deux mois le travail de plusieurs siècles. Elle ne douta pas un instant de pouvoir créer avec des conférences et quelques décrets des citoyens perfectionnés et des soldats capables de tous les sacrifices.

Éternelle illusion de l'*Intelligence*, myope et sentimentale, bafouée par le moujik! Sous ses épithètes grandiloquentes, le devoir continuait à rester une survivance de l'ancienne corvée que l'on accomplissait jadis par crainte du knout et par tradition mystique : le mot de patrie glissait à la surface des foules; sans éveiller les volontés léthargiques ; et les exhortations de mourir pour la révolution déroutaient comme un monstrueux non-sens les matérialismes plébéiens. Tout le talent de Kerensky, sa dépense d'énergie verbale, son hystérie vibrante, son immense popularité n'aboutissaient qu'à un bluff sanglant. Le jeune premier de la révolution se manifestait inférieur au plus humble des sous-officiers de l'ancien régime. Et cet échec atteignait la révolution dans son honneur, dans sa foi, dans toutes ses espérances. « L'offensive, déclara Tsérételli, au lendemain de la victoire de juillet, a prouvé au monde entier que les principes démocratiques n'ont pas affaibli, mais au contraire fortifié notre armée. Loin de la désorganiser, ces principes ont augmenté son courage. *C'est le tournant décisif de la révolution.* La cause de la révolution triomphera seulement dans le cas où les principes, proclamés par la libre Russie, rendront la révolution plus forte. » Or, les troupes qui évacuaient la Galicie ne voyaient pas dans leur défaite une faillite de la révolution, mais une victoire sur les contre-révolutionnaires. C'était tout au plus un échec pour la révolution semi-bourgeoise, la révolution théâtrale des aristocrates intellectuels, la révolution prêchée par des ministres guêtrés de fauve et sanglés de khaki, d'une élégance trop sportive et trop beaux parleurs, trop féminins, trop modérés aussi, et qui, au contact avec les moujiks, les vrais, déliraient sur les coussins capitonnés de leur limousine... La révolution moujike ne faisait que commencer.

CHAPITRE IX

L'ASSAUT DU POUVOIR

Une ténébreuse solidarité : les maximalistes et les « purs ». — L'offensive intérieure. — Les journées de juillet. — Une figure satanique : Trotzky. — La mobilisation des casernes et la descente
de Cronstadt. — Un coup de théâtre. — Les Allemands de l'arrière. — Une victoire stérile. — Le sauvetage des extrémistes. —
L'effritement ministériel. — Encore une nuit historique. — Le
ministère de l'union sacrée.

A peine débarqués des wagons allemands, les léninistes opèrent, à l'arrière, en étroite corrélation avec
les forces ennemies sur le front.

Avant tout, ils jettent leur dévolu sur les grands
centres stratégiques, Cronstadt, Helsingfors, Sébastopol : les premières places fortes de la Russie deviennent des fiefs maximalistes, en marge du reste
de l'État, où la plèbe légifère, juge et exécute. Des
ambassades chargées de plaider la cause du séparatisme révolutionnaire, parcourent Reval, Narva, Abbo,
recueillent, parmi les équipages de la flotte baltique,
des suffrages retentissants qui consacrent Cronstadt
comme le véritable avant-poste de la démocratie. Ces
avant-postes, d'ailleurs, surgissent de partout, se rami-
fient à travers les immenses étendues de la Russie.
Le maximalisme s'attaque aux centres industriels,
aux greniers, aux œuvres vives de l'État. Il compromet
la production du charbon dans le Donetz, les récoltes
sur les pâturages de la Volga, l'alimentation du front

par les réserves des dépôts. Aux côtés de Cronstadt toute une série de villes mériteraient le triste honneur d'une monographie maximaliste.

A Tzaritzine, l'Éden des prétoriens, la garnison pratique à sa façon les principes de la paix démocratique : contributions régulières sur les capitalistes et annexions systématiques des propriétés foncières. Les habitants de Stavropol sont à la merci d'une dictature assumée par les déserteurs. Pendant quelques jours Kief et Tomsk tombent sous la coupe des fuyards auxquels s'adjoignent des évadés de prisons : on est obligé de proclamer l'état de siège, de prendre les casernes d'assaut, de faire parler les mitrailleuses. A Saratof les léninistes prêchent la république de la plèbe : tous leurs candidats aux postes officiels sont des criminels de droit commun. A chaque instant on voit la lie sociale, portée à la surface démontée du pays, s'enrôler sous le drapeau écarlate du maximalisme. Un tourbillon de sordide écume humaine balaye les derniers vestiges d'autorité et emporte les organisations démocratiques. Les arrestations arbitraires, les cas de lynchage, les fermetures des journaux ne se comptent plus. Appliqué par les bas-fonds, le socialisme dégénère en paillasseries sanglantes. A Eletz, la foule houspille les étudiants et conspué l'*Intelligence*. Chez les paysans le communisme se traduit par des jacqueries impitoyables et d'étranges interdictions d'ensemencer les champs. A Kichinef, les voleurs syndiqués font à un de leurs collègues, tué en flagrant délit par la milice, des obsèques solennelles. A Vladimir, la foule s'acharne à détruire le monument de Pouchkine — sans doute un contre-révolutionnaire. D'un bout à l'autre du pays éclatent les symptômes d'une épidémie de démence politique.

Néanmoins, malgré ces turpitudes et ces scandales, c'est dans les saillies du maximalisme que le Sovet, halluciné de visions bonapartistes, voyait le plus sûr contrepoids au cauchemar du sabre. Les grands chefs des fractions minimalistes avaient beau ressasser le thème battu d'une révolution confinée aux limites de son étape bourgeoise : même à l'heure où Kerensky s'époumonait, sur le front, contre la propagande léniniste, ils n'osaient rompre encore avec les exubérances de la gauche socialiste ; l'Idée, comme par le passé, permettait tout, excusait tout, sanctifiait tout ; le Sovet demeurait rivé à Lénine comme à un boulet de forçat, par une indissoluble filiation de doctrines. En honneur d'un principe révolutionnaire, des comités, présidés par des traîtres, pouvaient ouvrir le front de Galicie, et des flibustiers, retranchés dans les hôtels particuliers, sous la protection de l'Idée anarchiste — avec un grand I — et de leurs mitrailleuses, se livrer au pillage méthodique de l'argenterie. A la plus vague intention de sévir, le Sovet, sans chercher à couvrir ces excès de son approbation, n'en manifestait pas moins une ombrageuse inquiétude de voir grandir l'autorité du gouvernement provisoire, et son silence, d'ailleurs, était bruyamment compensé par sa clientèle des banlieues ouvrières, prêtes à soutenir, les armes à la main, les « camarades anarchistes ». Et cette obscure solidarité des docteurs du socialisme avec les extrémistes de toute nuance était si profonde, que même après le projet éventé d'une démonstration armée, le 27 juin, après des discours où Lénine, Trotzky, Zinovief, étaient flétris comme traîtres à la cause démocratique, le Sovet ne trouva que ce palliatif : une manifestation zimmerwaldienne de toutes les fractions harmonieusement fondues sous des drapeaux rouges, et cela la veille du jour où la révolution s'éclairait, enfin, d'un reflet fugitif de gloire militaire. Jusqu'à la fin, des doctrinaires, enchaînés à la politique des compromis, cultiveront la folle espérance d'assimiler le maximaliste, de dissoudre le virus dans l'ample sein de la démocratie révolutionnaire.

Cependant, l'offensive ne marquait pas seulement une victoire extérieure : le lendemain, le gouvernement se décidait aussi à une offensive contre la villa Dournovo et faisait évacuer, par une poignée de cosaques, une bande bigarrée d'espions allemands et de repris de justice. Rien n'était plus aisé : il suffisait, enfin, de vouloir. La victoire régénérait l'atmosphère, purifiait l'air. Dans plusieurs quartiers ouvriers on acclamait avec enthousiasme le général Rousski et les officiers alliés. Des étudiants déployaient le drapeau national, proscrit depuis quatre mois. Déjà, par places, la foule rudoyait les orateurs maximalistes. Et, sans une nouvelle crise ministérielle provoquée par la démission des cadets à l'occasion des affaires ukrainiennes, et les bruits de retraite du prince Lwof lui-même, le gouvernement paraissait définitivement s'orienter vers la manière forte. L'heure avait sonné pour le maximalisme de descendre dans la rue...

De là, en ligne directe, les sinistres journées de juillet (16, 17 et 18), la levée en masse d'un parti aux abois, annoncée, vers la tombée du soir, par la fantomale apparition, dans le crépuscule livide, de camions-automobiles chargés de soldats et de mitrailleuses braquées sur les passants. La guerre civile, systématiquement prêchée, l'appel à l'action proposé comme un dogme politique, déchaînait, enfin, contre la coalition d'idéologues girondins et de théoriciens socialistes, avec la garde rouge des usines, une bonne moitié de la garnison de Petrograd. Ivres de haines artificiellement inoculées, des possédés parcouraient la ville, la bouche tordue par des imprécations, lancés à l'assaut du pouvoir sous des bannières sang-de-bœuf où s'étalaient les fatidiques paragraphes du programme extrémiste : « Le pouvoir au Sovet, du pain, la liberté, la paix ! »

Tout un état-major révolutionnaire, sous les ordres de Trotzky, préside à la mise en scène du premier abordage de la rue. Aux côtés de Lénine, de plus en plus, la physionomie incisive de ce sémite virulent prend du relief et de l'importance. Par les violences de son tempérament exacerbé, Trotzky, un passionné de l'action dévorante, complétait le nihiliste utilitaire, l'imperturbable manieur d'abstractions, l'âme polaire et monstrueuse de Lénine. Dès son adolescence, le jeune Bronstein fait l'épouvante de son père — un honnête et médiocre rabbin — et scandalise sa ville natale par les excentricités d'une nature toujours en ébullition. Plus tard, Trotzky parcourra l'Europe, incapable de se fixer dans un pays ni de s'inféoder à un parti politique, trop personnel, trop fantasque pour fonder un groupe ou créer une école, impuissant à former des disciples, mais toujours en quête d'admirateurs. Trotzky, c'est le prophète biblique qui aurait mal tourné, un Ézéchiel ou un Isaïe qui eût versé dans le maximalisme sans rien perdre de son âpre énergie et de son lyrisme corrosif. Tandis qu'en Lénine s'incarne, dans un néant sentimental, un surhomme de laboratoire, un spécialiste draconien de vivisection sociale, chez Trotzky une permanente fermentation de haines tenaces, de rancunes longuement refoulées, fait au sectaire politique une doublure de romantisme exaspéré. Tous les deux s'attaquent, en pleine chair

pantelante de la Russie, à l'opération la plus césarienne qui fût jamais rêvée par des professionnels de
la démolition nationale : l'un froidement, en sadique
intellectuel ; l'autre avec une frénésie où l'on sent
déborder le fiel de lointaines vengeances. Ce formidable juif et ce grand-russien desséché par l'idée fixe,
résument déjà la révolution entière : une révolution
cérébrale, amorale, antipatriotique dans ses principes
et bassement haineuse, odieusement terre à terre,
sous un panache d'émeutes hystériques, dans ses
applications. Dramatisés par Trotzky, les théorèmes
sociaux de Lénine se magnifient dans la rouge épopée
de la rue.

*   *
*

Passionnément, le maximalisme prépara la guerre
civile, la deuxième révolution, la seule vraie, avec le
concours de Cronstadt, des usines armées comme les
casernes et des casernes dévergondées comme les
usines.   •

L'enquête sur les événements de juillet a établi,
avec un grand luxe de détails, les procédés mis en
œuvre pour mobiliser le prolétariat révolutionnaire.
Une savante propagande porta à la tête du 1er régiment de mitrailleurs — le noyau de l'armée maximaliste — un partisan convaincu de Lénine, l'enseigne
Sémachko, les autres officiers réduits à l'impuissance,
les rares soldats récalcitrants forcés, à coups de baïonnette, de professer le maximalisme. Pour s'attirer
le régiment de Moscou, les comités élus, matés par
des agents extrémistes, provoquèrent l'expulsion de
soixante-cinq officiers sur soixante-quinze, d'où une
éclipse radicale de toute discipline, les soldats, livrés
à eux-mêmes, tombés à l'état de marchands de quatre-

saisons dans les carrefours de Petrograd. Depuis longtemps Zinovief, Kamenef et cette Egérie du maximalisme, la « camarade Kolontaï », une virago aux délirantes vociférations, avaient pénétré en familiers au
dépôt des grenadiers de la Garde qui, sous l'influence
des émissaires de Petrograd, se couvrirent d'opprobre
pendant la retraite de Tarnopol. De Krasnoé-Sélo,
un régiment de réserve, perdu de propagande, se
précipita vers la capitale avec des menaces de mort
contre Kerensky. Dès les premières nouvelles de l'offensive, pendant que la foule en liesse manifestait devant les ambassades alliées, le régiment de réserve
cantonné à l'Okhta s'insurgeait contre le coup « de
poignard asséné dans le dos du prolétariat fraternel
de l'Autriche-Hongrie ». Du matin au soir, dans les
cours des casernes, on pouvait entendre, devant un
moutonnement khaki d'apprentis socialistes, des orateurs remuants égrener, souvent avec des réminiscences d'accent tudesque, toute la gamme des exigences léninistes : dictature des Sovets, cessation de
l'offensive, suspension de la presse bourgeoise. Cependant, malgré ces efforts, les sapeurs n'ont quitté leurs
casernes que sous l'œil repéré des mitrailleuses maniées par des énergumènes, et, pour lancer à l'assaut
de la bourgeoisie le régiment Pavlovski, il a fallu de
laborieux marchandages et, enfin, l'injurieux reproche
d'avoir accepté de l'argent « pour ne rien faire ».

Aux troupes continentales, Cronstadt, « la fleur et
la fierté de la révolution russe », suivant une inon-
bliable expression de Trotzky, a fourni l'appoint de
ses contingents de marins et quatre-vingt mille cartouches. Le 17, au matin, devant la façade du Sénat,
débarqua tout un corps expéditionnaire, musique en
tête et des tricoteuses en cheveux accrochées aux

blouses blanches des matelots. Cronstadt opérait une descente en règle pour consacrer la dictature des bas-fonds, cambrioler les banques et saigner la bourgeoisie, offensive de grande envergure que devaient appuyer toute l'artillerie de la forteresse Pierre-et-Paul et les pièces des bâtiments-écoles de la mer Baltique. Bientôt un croiseur, l'*Aurore*, et quelques canonnières viennent mouiller près du pont Nicolas. A chaque instant, autour de l'hôtel de la Kchessinskaïa, la cohue augmente de nouvelles recrues patibulaires, d'automobiles blindées, de mitrailleuses, de pièces de campagne. Sur le balcon, à tour de rôle, tous les dignitaires de l'extrémisme : des discours, des ovations, des hymnes révolutionnaires et, déjà, dans le lointain des quartiers excentriques, le crépitement saccadé de la fusillade. Et, tandis que des détachements volants tentent de s'emparer des ministres et du bureau de renseignements à l'État-major, le gros des forces maximalistes, un cortège fumant de matelots, de soldats et d'ouvriers, les mains chargées d'armes et de loques rouges, se portait en tumulte vers le palais de Tauride pour investir, malgré lui, le Sovet d'une plénitude de pouvoir qu'il repoussait. Mais, note burlesque dans ce mélodrame politique, la foule malmena seulement le plus socialiste et le plus défaitiste des ministres, Tchernof, cousin germain de Lénine par ses affinités zimmerwaldiennes.

L'émeute ne fut pas seulement écrasée par les armes, mais aussi — et peut-être surtout, — par le mépris. Au moment où la victoire était incertaine, où les échelons appelés du front se trouvaient encore à mi-chemin de la capitale, où le gouvernement se voyait acculé à un véritable siège de la forteresse Pierre-et-Paul, M. Pereverzef, ministre de la Justice, se décidait à un coup de théâtre. La nuit, pendant que la ville entière résonne des échos de la bataille, il communique aux soldats du régiment Préobrajensky les pièces secrètes qui précisent toutes les appréhensions et confirment tous les soupçons. Le lendemain, la presse entière devait publier ce document accablant où Lénine, Zinovief, Skoropis-Ieltouchovski, président de l'Union pour la libération de l'Ukraine, étaient formellement dénoncés en qualité d'agents secrets de l'Allemagne. Mais des coups de téléphone précipités du prince Lwof, fidèle jusqu'au bout à la politique des bras croisés, empêchèrent les révélations sensationnelles de voir immédiatement le grand jour. Seul un petit journal, le *Jivoé Slovo*, eut le courage historique d'insérer ces quelque cinquante lignes qui sauvèrent, malgré lui, le gouvernement provisoire. Elles firent plus que vingt divisions prélevées sur le front contre les « Allemands de l'arrière ». Une ténébreuse machination, douloureusement pressentie par l'opinion, émergea, enfin, en pleine lumière : l'action léniniste alimentée grâce à la réalisation des marchandises allemandes, expédiées par les Ganetzky et les Parvus avec des certificats confectionnés de toutes pièces pour attester leur origine scandinave ; la propagande allemande subventionnée en nature et payée, en fin de compte, avec de l'argent russe ; tout un groupe de sommités extrémistes et de « camarades » de moindre importance impliqués dans ces manœuvres : l'avocat Kozlovsky, Mme Kolontaï, Mme Soumenson ; l'extraordinaire échange de télégrammes entre Petrograd et Stockholm, où la trahison s'enveloppait de formes commerciales. Une fois de plus, après l'affaire Grimm, la certitude s'imposait de Zimmerwaldt — colonie allemande.

L'un après l'autre, les châteaux forts maximalistes capitulent : la forteresse Pierre-et-Paul, l'hôtel de la Kchessinskaïa, le cirque Moderne où se terre la dernière poignée de communards. Partout les troupes gouvernementales reconnaissent les traces des infiltrations allemandes, une atmosphère de promiscuité avec l'ennemi : une correspondance en allemand et des adresses suspectes dans les bureaux de la *Pravda;* la présence, à l'état-major de Lénine, de traîtres avérés comme Khaoustof et d'espions professionnels comme Mueller, libérés par la foule au moment de la mise à sac des prisons, et venus se réfugier à l'hôtel de la Kchessinskaïa ; des sommes considérables, en billets flambants neufs, de 500 à 1000 roubles dans les poches des matelots à la forteresse Pierre-et-Paul. C'était la victoire : victoire morale et victoire militaire. Trente mille hommes de troupes, expédiés du front, campaient sur la place du Palais d'Hiver. Lénine était en fuite ; Trotzky, Zinovief, Kamenef, Kozlovsky, Mme Soumenson en cellule ; Mme Kolontaï arrêtée à la frontière suédoise. Le maximalisme était décimé, dépouillé de son auréole doctrinaire, de son prestige idéologique. Ses chefs étaient dispersés ou sous les verrous ; ses imprimeries confisquées, ses journaux interdits, ses fiefs démantelés, et les régiments qu'il avait embrigadés amenés, tête basse, à faire amende honorable. Dans les usines, dans les casernes, les maximalistes étaient traqués ; l'indignation populaire enflait sa voix pour exiger justice. La presse bourgeoise célébrait le triomphe de l'ordre, et les correspondants étrangers annonçaient au monde entier que le maximalisme était enterré...

Il n'en était rien...

Il n'en était rien parce qu'à peine l'émeute apaisée, le Sovet s'aperçoit que le discrédit, qui a frappé le parti léniniste, s'étend peu à peu à tous les délégués soldats et ouvriers. Trop longtemps, le groupe de la guerre civile a fait partie intégrante du Sovet, et même après les scènes de juillet et l'opprobre des révélations officielles, la fraction atrophiée, décapitée, est venue occuper sa place, à l'extrême gauche du bercail révolutionnaire. Dans la campagne qui éclate contre le maximalisme, le Sovet voit poindre le germe d'un mouvement dirigé, en bloc, contre les organisations démocratiques, coupables d'abriter des agents de l'étranger et de masquer la trahison. La débâcle d'une fraction révolutionnaire, la plus révolutionnaire, n'est-elle pas le prélude d'une offensive générale, entreprise par la réaction bourgeoise contre les organes exécutifs du prolétariat? Devant ce danger, le Sovet s'emploie sans détours à prévenir l'opinion ouvrière du danger « contre-révolutionnaire » que présentent les réquisitoires systématiques qui visent les « camarades maximalistes ». Toute la faiblesse du Sovet et toute la force du maximalisme résidaient dans cette impuissance radicale de la révolution à secouer la contagion du crime. Alors que le maximalisme pouvait impunément excommunier les modérés, le Sovet était obligé, pour vivre, de s'accrocher à Lénine et de tituber à sa suite. Au lendemain de sa défaite, le maximalisme a su admirablement exploiter cette faiblesse du Sovet, ses indécisions, les restrictions mentales dans son pacte avec la bourgeoisie, ses craintes des grands-ducs, des généraux, des victoires — de

son ombre : pour vicier à leur base les accusations de
haute trahison, une symptomatique campagne se dessine contre les services de renseignements de l'état-
major, dénoncés comme un héritage de l'*Okhrana*, un
guêpier de gendarmes et de policiers qui avait surnagé
à la révolution.

Et ces éternels louvoiements ne prédisposent pas le
Sovet seul à l'indulgence. Au moment où la situation
permet de développer le succès et invite à pousser la
victoire jusqu'à l'écrasement de l'adversaire, Kerensky
s'attendrit. L'ancien travailliste, l'homme du Sovet,
tend à voir dans ses collaborateurs spontanés de la
droite bourgeoise qui le couvrent de fleurs, un danger
beaucoup plus réel que ses ennemis vaincus de la
gauche. Comme un obscur remords lui vient de la
nécessité de combattre la révolution à travers un parti
révolutionnaire, même le plus taré, le plus odieux.
Malgré les leçons de juillet, Kerensky conserve encore
toute sa foi en l'étoile de la révolution. Il partage l'optimisme de Tsérételli concernant la possibilité d'uni-
fier l'église socialiste. Et s'il lui répugne de combattre
les schismes par des procédés empruntés à l'ancien
régime, la perspective d'une dictature maximaliste où,
déjà, la jeune révolution a failli sombrer sans retour,
lui impose le devoir de veiller à l'orthodoxie démocratique. Toujours le même dualisme, les mêmes tirail-
lements, la même neurasthénie politique. Kerensky
intervient pour couvrir de sa protection un des acolytes les plus tortueux de Lénine, Stecklof-Nakhamkès ;
il provoque la démission de Pereverzef ; il tolère la
réunion d'un congrès occulte de maximalistes, auquel
Lénine de sa cachette et Trotzky de sa prison adressent
des messages à la mélinite. Et, parallèlement à ces
concessions, le gouvernement accorde quelques sacri-

fices indispensables aux préjugés bourgeois, mitigés cependant chaque fois par un sourire dispensé à la gauche : ainsi, il signe l'accord de Londres et dégage sa politique des solutions éventuelles de la conférence de Stockholm, mais en même temps les délégations du Sovet, nanties de passeports diplomatiques, parcourent la France, l'Angleterre et l'Italie ; pour s'exeuser d'appeler le général Kornilof, il arrête le général Gourko ; il résiste au séparatisme finlandais et ukrainien après que l'inexpérience de Terestchenko et de Tsérételli eut légalisé, en dehors du cabinet, toutes les tendances mazzepistes ; et s'il cherche, dans la convocation d'une conférence parlementaire à Moscou, une base d'appui nationale qui puisse équilibrer l'influence du Sovet, il s'empresse de laisser entendre qu'il saurait anticiper sur la Constituante pour proclamer la République.

Une politique aussi bâtarde devait naturellement prolonger la crise ministérielle ouverte la veille de l'émeute maximaliste. Les cadets demeuraient inconciliables sur la question ukrainienne et le prince Lwof estimait inutile de masquer plus longtemps la pratique du socialisme sous le pavillon d'une coalition bourgeoise. Par delà le cabinet, l'effritement ministériel atteignait le principe même de l'Union sacrée. La boue est brassée à pleines mains, jetée par vastes pelletées. Des révélations accablantes forcent Tchernof d'abandonner son portefeuille pour s'expliquer au grand jour sur un défaitisme subventionné. Le cabinet est réduit à quatre ministres : Kerensky, suivi de ses deux ombres bourgeoises : Terestchenko et Nekrassof, puis Tsérételli, le théoricien, toujours optimiste, d'un pouvoir de coalition qui ligoterait la bourgeoisie sous le contrôle des socialistes. Est-il surprenant que la bourgeoisie ou, pratiquement, les cadets, refusent de se prêter à un rôle de dupe? Exténué par près d'un mois de démarches stériles, Kerensky se décide à un coup de théâtre : il démissionne lui-même et disparaît de Petrograd. Le gouvernement provisoire n'existe plus...

La presse, sans exception, a parlé de « nuit historique » à l'occasion d'une conférence, tenue le 4 août, par toutes les fractions politiques dans l'écrasant décor de la salle de malachite, au palais d'Hiver. Au fond, il n'y avait là qu'un nouvel abus d'une épithète prodiguée avec un luxe déclamatoire par la révolution. La conférence du 4 août a été une parlote comme toutes les autres, organisée seulement sur une échelle plus vaste, encore des effusions de rhétorique, encore un meeting, où des orateurs, à tour de rôle, développèrent des variations pathétiques sur le thème rebattu de la « patrie en danger ». Ces cris d'angoisse, ces pronostics tragiques qui, dans la bouche d'un homme d'action, auraient vivifié des lieux communs usés jusqu'à la corde, devenaient, aux lèvres de bavards incapables et d'idéologues peureux, un prétexte morbide pour magnifier le désastre et se griser de désespoir. Que le pays fût au bord du gouffre après la catastrophe de Galicie, personne n'osait contester cette vérité mélancolique, mais, au bord même du gouffre, on continuait à gesticuler, à se complaire dans le mélodrame. A 6 heures du matin, lorsque Terestchenko se lève pour résumer la situation, un jour brouillé et sale éclaire un auditoire affaissé dans une immense lassitude, tout blême d'une épuisante débauche verbale. Pendant des nuits entières, la révolution russe a gaspillé ainsi ses forces physiques et sa santé morale, incapable de travail méthodique, les

ministres transformés en moulins à paroles, obligés
d'entretenir des doublures qui dirigent effectivement
les affaires pour leur assurer les loisirs de piétiner sur
des tribunes. Après neuf heures de discours, toutes les
fractions et tous les comités, sans en excepter celui de
la Douma et celui du Sovet, reconnaissent, une fois
de plus, que le salut de la Russie réclamait un cabinet
de coalition et que Kerensky seul était en mesure d'en
assumer la présidence. Une fois de plus, les leaders
de la Russie révolutionnaire adoptaient la solution
paresseuse d'appliquer des clichés parlementaires à un
pays sans parlement et sans partis et, trop veules pour
tolérer les énergiques, installaient au pouvoir un
impuissant... A Kerensky, les comités démocratiques
pouvaient sans danger promettre de s'abstenir de
toute ingérence et de toute pression. Cet homme était
leur héros, leur proie, leur victime. Ils le tenaient
enchaîné malgré ses grandes phrases et ses gestes de
Don Quichotte.

Sur dix-huit portefeuilles, neuf sont distribués aux
représentants des partis socialistes. Et, après cette
première concession, une deuxième, encore plus grave :
la rentrée scandaleuse au cabinet de Tchernof, à la
suite d'un véritable ultimatum du parti socialiste-
révolutionnaire, Tchernof dont la présence forçait
Kerensky lui-même à conseiller au général Kornilof
une prudence extrême en matière de secrets militaires. Pour compenser cette concession à Zimmerwaldt, Kerensky appelle à ses côtés des amis de vieille
date, des populistes comme Pechekhanof et Zaroudny,
un coryphée de l'exil, Avskentief, et surtout des socialistes-révolutionnaires de la droite, Savinkof, un ancien
terroriste, commissaire à l'armée de Kornilof, nommé
à la guerre, et Lebedef, lieutenant à l'armée française,

nommé à la marine, restés tous les deux dans les pures
traditions orthodoxes du parti sous les auspices de
la célèbre « grand'mère de la révolution russe »,
Mme Brechko-Brechkovskaïa.

Condamné à mort sous l'ancien régime, Savinkof
n'a pas hésité, cependant, à contresigner le retentissant télégramme dans lequel le général Kornilof exigeait le rétablissement de la peine capitale sur le
front et flétrissait la folle prétention de « gouverner
avec des mots sur les champs où règnent la honte et
la trahison, la lâcheté et l'égoïsme ». Avec le concours
de Savinkof, le général avait arraché au gouvernement l'interdiction des meetings dans la zone de guerre
et l'autorisation de former des bataillons d'élite pour
mater les hordes de déserteurs. Et, lorsque au moment
de prendre le commandement suprême, le général
Kornilof pose comme conditions expresses son indépendance absolue dans ie domaine des opérations et
des nominations, la création des conseils de guerre et
l'application de la peine de mort à l'arrière, Savinkof
le soutient dans un long rapport dont il soumet au
préalable les idées directrices à Kerensky.

Le salut du pays était encore possible et, pour
apaiser les susceptibilités des organisations démocratiques, inquiètes de cette « orientation contre-révolutionnaire », le gouvernement accorde aux sovets
une dernière concession : l'exil de la famille impériale
à Tobolsk.

CHAPITRE X

LE SPECTRE DE BRUMAIRE

Un grand chef : le général Kornilof. — Le programme de la régé-
nération nationale. — L'alliance occulte de Kerensky et du
Sovet. — Un suprême concilium : la conférence de Moscou. —
L'avertissement inutile de Riga. — Le mystère du Grand Quartier :
la complicité de Kerensky. — La mission de Lvof. — Une monstrueuse « provocation ». — Le duel de la toge et de l'épée. —
Kerensky dictateur.

Le titre de ce chapitre n'a pas été choisi par un
vain souci des métaphores historiques. Les pages
intercalées par Kornilof dans les annales de la révolution russe n'ont fait qu'agiter, devant une démagogie
sujette à des hallucinations, les menaces de dictature
et des cauchemars césariens. Le 18 Brumaire s'est
estompé à l'horizon sans épouser les formes de la
réalité. Ce ne fut qu'un spectre, un pâle et nébuleux fantôme. Étranger aux ambitions consulaires, le
général Kornilof n'avait rien, du reste, d'un Bonaparte ; il n'avait pas davantage l'étoffe d'un aventurier
botté, d'un professionnel de pronunciamentos. Pour
comprendre ce qui s'est passé en Russie, il faut définitivement renoncer aussi bien aux analogies mexi-
caines qu'aux réminiscences de la Révolution française.

Homme d'action indomptable, capitaine qui s'est
couvert de gloire, dans les Carpathes, à commander

l'illustre 20e corps, le général Kornilof était en même temps un homme d'étude, un érudit, un fin connaisseur de l'Extrême-Orient, du Turkestan, de la Sibérie. Sa vie entière fut celle d'un bénédictin à épaulettes, consacrée à gravir seulement, à force d'opiniâtre travail en temps de paix et d'héroïsme en temps de guerre, les échelons de la carrière des armes. Il a été parmi les premiers à se rallier au nouveau régíme, soulevé, comme tant d'autres dans l'armée, par l'illusion que la révolution, victoire intérieure, serait synonyme de victoire sur l'ennemi extérieur ; et, lorsqu'il a fallu choisir un chef pour la garnison de Petrograd, personne n'a paru mieux mériter que le général Kornilof l'honneur d'être mis à la tête des cohortes qui avaient conquis la liberté à la patrie. Une des paroles préférées du général était qu'il n'y avait plus de retour possible au passé, que le tsarisme était mort à jamais. Même ses démêlés avec le Sovet laissèrent intacte sa réputation de révolutionnaire convaincu aux yeux d'un gouvernement de coalition socialiste. Pendant le baptême de feu de la révolution russe, Kerensky n'a guère eu de meilleur auxiliaire que le général Kornilof. Et quand, dans le désastre et la honte de la panique, le général réclama le droit de vie et de mort sur les lâches, le Sovet, sous le coup de l'atroce humiliation infligée à la Russie par les troupes jacobines, dut lui-même s'incliner et approuver.

Le miracle de Kerensky n'avait duré que l'espace d'un sanglant feu d'artifice, allumé, seulement parmi les meilleurs de l'armée, par l'ardeur d'une éloquence inaccessible à la majorité des troupes. C'est en vain que le général Broussilof prévenait le ministre que l'infanterie serait incapable d'un effort de longue haleine et qu'au risque d'une déception douloureuse, il était périlleux d'exagérer le succès éventuel du premier choc. Ignorant de la guerre et de l'armée, Kerensky s'abandonna néanmoins à l'exaltation de · pouvoir maintenir à l'indéfini l'héroïsme des soldats par sa propagande. Il laissa la nation payer au prix d'un désastre ses égarements de dilettante. L'heure était venue de renoncer, enfin, à créer l'épopée en amateur, et de peiner laborieusement, obscurément, pour restaurer les forces combatives du pays. Après la saturnale de Kalysz, l'évacuation de Czernowitz et devant les préparatifs allemands sur le secteur de Riga, la nomination du général Kornilof au poste suprême de l'armée finit par s'imposer, un instant, comme une nécessité en dehors des compétitions politiques. Toutes les espérances montèrent vers ce nouveau chef au nom si éminemment russe et au type mongol, aux yeux bridés sous le vaste front, comme bombé par l'intensité du rêve. Kerensky et Kornilof, le tribun et le capitaine, la toge et l'épée, harmonieusement mariés, — la révolution parut aboutir à ces deux hommes, expressions définitives des aspirations populaires.

. Mais l'un des traits caractéristiques des comités révolutionnaires a toujours été leur facilité à passer l'éponge sur les souvenirs gênants des désastres militaires. Une sanglante expérience avait pu, dans le premier moment d'indignation et de stupeur, faire accepter un général décidé à limiter la compétence des innombrables organisations écloses sur le front et à ressusciter, en toute leur rigueur, les anciennes pénalités disciplinaires. Défaillance sans lendemain. Au milieu du mois d'août, les *Izvestia* rappellent déjà que « les comités militaires sont les avant-postes et les gardiens de la démocratie : leur suppression équivaudrait à la ruine de la révolution et de l'armée. Mais

nos Cavaignacs (lisez Kornilof) ne reculeront pas
devant la ruine de l'armée pour arriver à écraser la
révolution ». Et ce premier avertissement formulé,
l'organe du Sovet s'attaque sans périphrases à Kornilof, à Savinkof, puis au grand conseil national convoqué par le gouvernement à Moscou pour diagnostiquer la fièvre de la Russie malade. Le général Kornilof, appelé au chevet de la patrie en qualité d'expert
militaire, n'allait-il pas insister sur l'urgence des inter-
ventions chirurgicales?

Comme toujours, les irritations du Sovet se traduisent chez Kerensky en réflexes symptomatiques.
L'autorité et l'ampleur que prend le commandant en
chef, sa popularité croissante, son cortège d'aides de
camp dans un bruit d'éperons et le miroitement de
croix de guerre, tout ce décorum militaire, agacent
visiblement l'impresario civil d'une offensive ratée.
A la brutale franchise du soldat s'opposent les ingué-
rissables faux-fuyants, les crises alternées de sincérité
et de mensonge, l'éternel double jeu d'une nature
double. Acceptée en principe, l'extension de la peine
de mort à l'arrière traîne en longueur. La nomination
du général Tcheremysof — un favori du Sovet — au
poste de commandant du front sud n'est retirée qu'à
la suite d'un ultimatum de Kornilof. Le 10 août,
appelé officiellement pour discuter en Conseil des
ministres le rapport de Savinkof sur les réformes
militaires, Kornilof apprend avec stupéfaction de
Kerensky lui-même qu'il ignore tout de ce rapport et,
bien plus, qu'il n'avait nullement autorisé Savinkof
à inviter le général à Petrograd. Écœuré, Savinkof
renonce au projet d'une démission retentissante seulement sur les instances de Kornilof. Entre la présidence
du Conseil et le Quartier Général s'épaissit toujours

davantage une atmosphère de malentendus, d'inquiétudes inavouées, de demi-silences. La veille de la conférence de Moscou, le général est prévenu en toute
hâte que son discours devra se confiner aux questions
purement stratégiques, et lorsque, indigné, il réclame la
liberté complète de la parole, il obtient une réponse
évasive, lourde d'équivoques soigneusement prémé-
ditées.

Kerensky redoute la concurrence. Il est gêné par
cette énergie trop rude, ce patriotisme trop austère
et trop intransigeant, cette psychologie de meneur
d'hommes dédaigneux des souplesses politiques. Il sent
d'instinct que, dans une assemblée où les délégués
des Sovets seront noyés parmi les députés de la Douma
et des Zemstvos, des coopératives et des organisations
industrielles, c'est à la force seule qu'iront les ovations
de l'auditoire. Et, pour monopoliser à son profit les
manifestations d'énergie, il se livre, comme tous les
faibles, à un frénétique étalage de sa capacité de vouloir, de châtier et de combattre. Tout son discours
d'inauguration n'est qu'un long accès de virulences et
de menaces. Au grand scandale de certains, Kerensky
traite une ébauche de Constituante en meeting, fait
sonner les notes aiguës de son registre, improvise des
roulades oratoires et n'aspire qu'à une chose : être
bissé.

Mais l'heure n'était plus aux virtuosités de solistes
et aux névroses de tribune. Simplement, sans chercher à dramatiser l'émotion que dégageait l'exposé des
réalités militaires, le général Kornilof formulait les
conditions de vie ou de mort de la Russie : rétablissement de la discipline, renforcement de l'autorité des
chefs, restrictions de la compétence des comités élus,
application à l'arrière des mesures prises sur le front.

Sèches comme de l'algèbre et tranchantes comme un scalpel, les paroles du général évoquèrent, avec une implacable précision, sur le fond des décors d'opéra qui encadraient la tribune, la chute prochaine de Riga, « d'autres hontes, d'autres défaites », et, dans la salle du théâtre, toute d'or et de pourpre, passait parfois, plus éloquent que tous les applaudissements, un frisson d'angoisse, un gémissement collectif des deux mille délégués d'une terre endolorie. Seuls, à l'exemple du Comité exécutif, les envoyés du front, les soldats, un mauvais sourire aux lèvres, gardaient le silence, restaient figés à leurs places pendant que l'auditoire, debout, saluait, dans la personne de Kornilof, l'ambassadeur d'une armée en détresse. Depuis, socialisme et bourgeoisie eurent beau tenter une vague accolade par la poignée de main de Tsérételli et de Boublikof, et Kerensky jurer qu'il sauverait la Russie, la liberté, la République : la conférence de Moscou n'a pas marqué de nouveau baiser Lamourette ; elle n'a pas abouti à cristalliser, en une règle de conduite pratique, la solidarité nationale à une étape décisive de la révolution : il n'y eut que des applaudissements comme si, vraiment, il ne s'agissait que d'un opéra. Les *Izvestia* flétrissaient du nom de cannibales une assemblée dont la majorité avait acclamé l'institution de la peine de mort, et publiaient les catégoriques affirmations du commissaire de la 12e armée qu'aucun danger ne menaçait le secteur de Riga. Et, de fait, comme pour narguer les pronostics du Grand Quartier, Riga se trouvait en pleine effervescence des élections municipales et les maximalistes, à coups de fusil dans les rues, s'adonnaient avec zèle à la propagande par le geste.

*
* *

La prise de Riga n'a guère eu pour effet de dessiller les yeux aux partis extrêmes. Sans doute, dans des phrases alambiquées, s'affirmait l'impossibilité de tout « développement révolutionnaire dans des conditions de panique et de débâcle militaires », mais en même temps, le Comité exécutif attirait l'attention du gouvernement sur les contradictions entre les communiqués de l'état-major et les rapports des commissaires. Dans les réquisitoires des chefs contre la faiblesse et la démoralisation des troupes, les lamentables désertions, les excès de la propagande, le Sovet ne voyait que de simples prétextes pour arracher au gouvernement la réalisation intégrale du programme de Kornilof. De là jusqu'à faire entendre que les « généraux organisent les défaites », il n'y avait qu'un pas. Les maximalistes redoublent de violence sur ce nouveau terrain démagogique, et leur nouveau journal, le *Social-Démocrate*, exige que les soldats coupent la tête aux généraux vaincus. Avant Riga on reprochait à la contre-révolution d'inventer des dangers ; après Riga on lui reproche d'en créer. La *Gazette ouvrière* — journal pourtant minimaliste — demande à grands cris la dissolution de l'Union des officiers qui siégeait au Grand Quartier. Ces prétentions sont soutenues par Linde, resté commissaire sur le front malgré sa complicité à l'émeute de juillet. Insouciants de la blessure béante au flanc de la capitale, les partis extrémistes, avec Maxime Gorki en tête, continuent à proclamer que les vrais avant-postes de la révolution demeurent seulement à Petrograd et ne seront pas abandonnés par la garnison.

Que devenait, dans cet immense remous de désespoir et de polémiques, le projet d'assainissement militaire du général Kornilof?

À mesure que se précisaient les détails de la retraite,
plus que jamais s'imposait la nécessité d'en finir avec
l'omnipotence des comités et de réhabiliter le prestige
des chefs. La sinistre vision des voies ferrées prises
d'assaut par les déserteurs, des dépôts d'intendance
pillés, des magasins de Riga saccagés sous les mar-
mites, était comme l'ultime avertissement, le dernier
coup de tocsin. Riga, pour tous les éléments sains de
l'opinion nationale, devait marquer ce tournant où,
devant l'abime soudainement entrevu, un pays se
ressaisit et se cabre dans une inflexible volonté de
vivre. Aux fluctuations premières, observées encore à
la conférence de Moscou, succède, dans les milieux du
gouvernement, la tendance à rendre responsables les
comités de leurs décisions, à leur interdire toute immix-
tion dans le domaine des opérations et les nominations
des chefs. La presse publie un projet de loi sur l'introduction de la peine capitale à l'arrière, un ordre du
jour élogieux en l'honneur des officiers, des règlements
rigoureux sur la défense des usines. Le ministère paraît
décidé à soumettre le district de Petrograd à la compétence du Grand Quartier, à proclamer l'état de
siège dans la capitale et, pour assurer l'exécution de
ces mesures, un corps de cavalerie doit être dirigé
vers Petrograd. Ainsi l'unité d'action semble à la
veille de se réaliser entre le Grand Quartier et le gouvernement, entre Kerensky et Kornilof.

Mais le jacobinisme militant des Sovets pouvait-il
se résigner à souscrire aux réformes qui sonnaient le
glas de l'immense socialisation militaire? Pouvait-il,
sans abdiquer toute l'influence sur l'armée, renoncer à

dresser, en face des chefs, tenus pour suspects du seul fait qu'ils sont des chefs, un pullulement de comités révolutionnaires, autant d'émanations et de tentacules du Comité exécutif central de Petrograd? Œuvre de soldats, la révolution, — il ne faut jamais l'oublier, — par ses origines et ses aspirations, tendait naturellement vers l'apothéose du troupier citoyen. La déclaration des droits du soldat avait remplacé celle des droits de l'homme ; il n'y eut de terreur que pour le galon ; le pays, en somme, était gouverné par la caserne, et le programme révolutionnaire se devait de répondre en première ligne aux appétits des tranchées. Et comme, à chaque instant, les dures expériences du front, les inéluctables nécessités de la défense nationale, culbutaient toutes les prétentions de battre l'ennemi sans un retour à l'ancienne discipline, c'est dans la guerre elle-même que les extrémistes ont fini par voir un danger pour les « conquêtes de la révolution ».

Cet état d'âme noté, la situation s'éclaire et les événements s'expliquent.

La leçon de Riga devait rester stérile pour une démagogie tremblante à l'idée de laisser échapper sa clientèle militaire. Au Sovet, Tsérételli ne recueille pas plus de quatre voix en faveur d'une motion concernant la peine de mort sur le front. Le gouvernement se voit infliger un vote de blâme et les maximalistes célèbrent leur triomphe par des menaces de faire redescendre la garnison de Petrograd dans les rues. Un vent de terreur commence à souffler à travers le pays. Au tournant de chaque carrefour, le Sovet croit discerner les manteaux couleur muraille d'une conspiration contre-révolutionnaire. Les arrestations des grands-ducs donnent corps à toutes ces craintes et à toutes ces hallucinations. Mais la presse socialiste vise surtout le Grand Quartier et le général Kornilof, si bien que le gouvernement est obligé d'intervenir et d'exprimer hautement son indignation de voir des intrigues fermenter autour du nom du commandant en chef. Aux attaques de la gauche, les cosaques répondent par une véhémente motion de confiance envers le général, motion qui donne libre champ aux comités d'évoquer une nuée de « nagaïkis », précurscurs de la dictature militaire. L'heure semblait arrivée où le gouvernement, abandonné par un Sovet que dominait son aile maximaliste, était acculé, au risque d'être débordé lui-même, à la nécessité d'adopter la manière forte préconisée par le Grand Quartier. Et c'est précisément à cette heure où la logique de l'histoire consacrait la solidarité de la *Stavka* (1) et du ministère, que les inquiétudes du Sovet, toutes les appréhensions du sabre, tous les spectres césariens se réalisèrent, à la manière d'une idée qui s'objective en un cerveau malade, dans la fantastique nouvelle que le général Kornilof, à la tête d'une armée, marchait sur Petrograd...

*
* *

Le plus profond, le plus impénétrable des mystères a longtemps baigné les événements qui avaient précédé et préparé cette sortie sensationnelle.

Déjà, il est vrai, il y avait quelque quinze jours, Kerensky était informé par Filonenko, commissaire au Grand Quartier, que les linéaments d'un complot se dessinaient à Moguilef — allégations que le président du Conseil repoussa avec mépris — puis, plus récemment, par Savinkof, que le général Kornilof, inquiet

(1) Grand Quartier.

à juste titre de l'indécision et de la faiblesse gouvernementales, manifestait une certaine méfiance enverse le
ministère, sans en excepter Kerensky lui-même. Mais
la loyauté du commandant en chef n'était pas un
instant mise en doute par le gérant du département
de la guerre : tout au plus, quelques personnalités —
d'ailleurs secondaires — du Grand Quartier inspiraient
de vagues soupçons et paraissaient disposées, le cas
échéant, à ébaucher une aventure à velléités dictatoriales.

Quatre jours avant la crise, le 4 septembre, le général
Kornilof, au cours d'un entretien confidentiel avec
Savinkof, ne soulève aucune objection ni contre le
transfert de l'Union des officiers à Moscou, ni contre la
surveillance de l'Union par un commissaire du gouvernement, concessions destinées, dans l'esprit de Kerensky,
à satisfaire les partis modérés du Sovet et à les détacher du bloc extrémiste. D'un commun accord, les
deux hommes précisent tous les détails relatifs à
l'envoi d'un corps de cavalerie à Petrograd, en prévision des désordres annoncés pour le 10 septembre, à
l'occasion de la proclamation de l'état de siège. Savinkof laisse entendre au général que Kerensky, acquis
à l'idée d'une intimité étroite avec le Grand Quartier,
décidé à créer un pouvoir fort, exige des répressions
impitoyables, les Sovets sacrifiés d'avance s'ils prennent
parti pour l'émeute. Bref, autant d'ouvertures à l'épée
par la toge aux abois. Kornilof répond, sans ambages,
qu'il tient Kerensky pour un ignorant et pour un faible,
trop versatile, trop ondoyant, trop facilement sub-
jugué par des influences étrangères, mais, indépendamment de cette opinion personnelle, le général sous-
crit à la nécessité politique de maintenir Kerensky à
la tête du gouvernement et se déclare prêt à le sou-

tenir. Avec .plus d'insistance que jamais, il demande seulement la, promulgation des réformes militaires dès l'arrivée des troupes fraîches à Petrograd. Le général Krymof reçoit pour mission d'occuper la ville en cas de rébellion maximaliste, de désarmer la population, de disperser les Sovets, d'envoyer de l'artillerie à Oranienbaum et d'opérer l'évacuation de la garnison de Cronstadt. Kerensky consent à tout. Le 7 septembre, le général Kornilof télégraphie que le 28e corps se concentre dans les environs de Petrograd et prie le . gouvernement de proclamer la capitale en état de siège.

Le lendemain, le pays apprenait avec stupéfaction qu'un émissaire du Grand Quartier, le député Lvof, ancien procureur du Saint-Synode au premier gouvernement. provisoire, avait intimé à Kerensky l'ultimatum de céder la plénitude du pouvoir à Kornilof : énigmatique rupture de continuité avec tous les événements antérieurs, les propositions de Savinkof, le caractère même du commandant en chef, sa droiture, ses scrupules, sa loyauté. Où était la vérité?

Ce même Lvof, Kornilof le reçut quelques heures après le départ de Savinkof, dans son cabinet du Grand Quartier général, en qualité de mandataire officieux et secret du président du Conseil. Toujours des ouvertures, mais cette fois-ci encore plus précises, encore plus insinuantes, encore plus flatteuses. Sur la base d'instructions qu'il déclare catégoriques, Lvof demande au général d'émettre un avis définitif sur la nature du pouvoir qu'imposent les circonstances ; il lui fait connaître les inébranlables volontés de Kerensky : démissionner si sa présence est estimée nuisible, rester à son poste si l'appui du Grand Quartier lui est assuré sans partage ; par la bouche de Lvof,

Kornilof est érigé en arbitre de la carrière de Kerensky et de la situation politique en Russie ! Surpris, le général demande à réfléchir, à consulter des amis, et c'est seulement au bout de vingt-quatre heures qu'il indique à Lvof, comme unique moyen de sauver le pays, l'organisation d'une dictature collective dont Kerensky devrait faire partie, et la Russie entière proclamée en état de siège. Le général ajoute que, personnellement, il ne cherche pas le pouvoir ; il spécifie qu'en tous les cas le consentement du gouvernement provisoire est indispensable aux modifications désirées et que la meilleure solution serait l'arrivée au Grand Quartier de Kerensky lui-même pour délibérer sur la situation. Une dernière question encore, la suprême tentation du pouvoir qui provoque et qui s'offre : que ferait le général s'il était proposé comme dictateur? « Je ne refuserais pas, répond Kornilof, pour le bien du pays. » Et Lvof disparaît, mystérieux et fatal, tandis qu'au Grand Quartier on ébauche le projet d'un Directoire où entreraient Kerensky, Savinkof, Filonenko, le général Alexéef, l'amiral Koltchak, on remue les noms de Milioukof, Roditchef, Plekhanof, du comte Ignatief, titulaires éventuels d'hypothétiques portefeuilles.

Rien dans l'attitude ni dans le langage du général Kornilof n'autorisait son intermédiaire à parler sur un ton d'ultimatum. Et, d'ailleurs, cet ultimatum a-t-il jamais été formulé? Devant la commission d'enquête, Lvof niera avec indignation d'avoir prêté au général Kornilof des « exigences » et d'avoir communiqué à Kerensky autre chose que de simples propositions. Bousculé, sommé par un homme soudainement affolé, de mettre par écrit les vœux du commandant en chef, Lvof perd la tête, griffonne sur un bout

de papier que Kerensky arrache de ses mains sans lui
donner le temps de se relire, les trois points suivants :
état de siège, remise du pouvoir à Kornilof, démission
de tous les ministres. Or, sur ces trois points, les deux
derniers — Lvof s'empresse de l'avouer lui-même —
ont été suggérés par l'officier d'ordonnance du général
Kornilof qui, de son côté, n'avait jamais soulevé la
question de la démission du cabinet. Désespérément,
Lvof insiste sur le voyage de Kerensky à la *Stavka*,
la correction et la conscience du général, son désir
de négocier le changement du régime avec le gouvernement légal, d'écarter à tout prix les aléas et les
soubresauts d'un coup d'État.

Mais Lvof n'a plus devant lui qu'un hystérique
secoué par une crise de phobie, la mâchoire tremblante, l'œil égaré, le visage décomposé d'un cadavre.
Au pas de course, Kerensky se jette hors du palais
d'Hiver, se précipite à l'état-major du district, inter-
pelle, tout vibrant encore de son entretien avec Lvof,
le général Kornilof à l'appareil Hughes. Sans rien
préciser, à brûle-pourpoint, il pose une question, une
seule : « Confirmez-vous les propositions que vient
de me transmettre Lvof? » Et, pour mieux circon-
venir un homme incapable de soupçonner l'épouvan-
table drame qui se joue au bout du fil, Kerensky,
malgré son exaltation, recourt à une ruse de policier :
il fait croire que Lvof lui-même est aussi à l'appareil.
Le ruban enregistre la réponse du général : c'est un
« oui » énergique et ferme, le « oui » fiévreusement
attendu pour annoncer au pays la contre-révolution
en marche, et, comme le général réitère son invitation de venir à Moguilef pour étudier la situation
ensemble, Kerensky télégraphie, sans hésiter, qu'il
partirait demain...

Toujours le même luxe de mensonges, de tortueuses combinaisons. Kerensky n'aurait-il été, dans un incident pénible entre tous, qu'un monstrueux provocateur? Organiquement, cette nature trop souple, trop fuyante, de parfait névropathe, était incapable d'une sincérité absolue, et, au moment des accès de franchise, elle jouait la comédie de la bonne foi, elle se leurrait elle-même. Sous des gestes de haute politique et de patriotisme généreux, la haine pour Kornilof subsistait, toujours aussi âpre, haine de faible pour le fort, du rhéteur pour le héros, du malade pour l'homme sain, haine qu'avivait chaque tentative de rapprochement, chaque nouvelle ouverture. Par ambition, Kerensky s'épuisait en efforts inutiles pour se cacher à lui-même l'atroce humiliation dont il saignait, humiliation de femme jalouse et de comédien sifflé, celle qui ne pardonne jamais et qui s'empare de tout prétexte de vengeance, si basse et si perfide qu'elle soit. Au besoin, ce prétexte est créé de toutes pièces, par une sorte de machiavélisme automatique qu'une conscience légèrement myope se hâte de reléguer dans l'ombre. Kerensky a été trop heureux d'un malentendu guetté comme une délivrance pour être tenté de lui apporter une solution honnête.

De nouveau, il redevient — mais à quel prix? — la vedette qui remplit la scène entière des éclats de sa voix et sur laquelle les réflecteurs convergent leurs lumières. Aux bourgeois domestiqués — Terestchenko et Nekrassof, — aux ministres socialistes, plus « camarades » que jamais, à tous ceux dont il négociait la perte par Savinkof et par Lvof, il raconte, d'un murmure de cinquième acte, les péripéties du complot, les moulinets du sabre ; il vient de sauver la révolution, la liberté et, surtout, des portefeuilles, et la sensation

du triomphe est si forte qu'elle nettoie le cerveau
des souvenirs contradictoires et communique à ce
menteur un accent de tragique sincérité. Quelques
centimètres de bande télégraphique et le délire
d'un convulsionnaire suffisent pour dicter l'irréparable...

Le 9 septembre, au lieu de voir le président du
Conseil à la gare de Moguilef, Kornilof reçoit un télégramme sans numéro, signé de Kerensky seul, avec
l'ordre de transmettre le commandement au général
Loukomski, chef de son état-major, et de venir d'urgence à Petrograd. La stupéfaction du Grand Quartier
n'a plus de bornes. Le gouvernement serait-il encore
une fois tombé sous l'action des comités ténébreux
et des influences irresponsables? Le télégramme de
Kerensky, en opposition flagrante avec les démarches
de Savinkof et de Lvof, dénué de caractère officiel,
est peut-être apocryphe, dans tous les cas sans force
obligatoire. Kornilof comme Loukomski refusent d'y
obtempérer et demandent confirmation à Petrograd.
Pour toute réponse, ils reçoivent la copie d'un télégramme qui investit le général Klembovski des fonctions de généralissime. Mais Klembovski repousse cet
honneur et câble une dépêche de sympathie à Kornilof.
Quelques heures après, Kornilof apprend qu'il est déclaré traître à la liberté et à la patrie, que le corps de
cavalerie dirigé vers Petrograd sur la demande expresse
de Kerensky lui-même est dénoncé comme une offensive de la dictature militaire contre le gouvernement
provisoire... Après cette fourberie, une seule issue est
ouverte à Kornilof : sauver, malgré elles, la révolution et la Russie. La mort dans l'âme, il se décide à
l'action...

* *
*

Le parti cadet n'a pas manqué d'avoir l'intuition immédiate de ce qu'il y avait, dans le recours à la force, de douloureusement contradictoire avec le but même poursuivi par le général Kornilof. Le patriotisme du général était hors de doute, son désintéressement au-dessus de tout soupçon : restait seulement, en un moment de désespoir légitime et de méconnaissance parfaite de la situation politique, un geste d'insubordination qu'il fallait liquider au plus vite, par une médiation adroite, celle du général Alexéef. Dans l'espoir des cadets, ce compromis était destiné à replâtrer l'union du gouvernement avec le Grand Quartier et à sauver Kerensky d'une menaçante solidarité avec les partis avancés.

Mais, déjà, un infranchissable fossé séparait le général du ministère : le député Lvof était arrêté au palais d'Hiver, la version de Kerensky sur l'affaire Kornilof communiquée à la presse par Nekrassof, sur le conseil de Terestchenko et sans prendre l'avis des autres ministres ; lorsque, devant l'immensité du scandale, le gouvernement se ressaisit et cherche à entraver la publication, il est trop tard : Kerensky n'a plus qu'à refuser, au nom de la légalité outragée, de traiter avec un « émeutier ». Le ministère, d'ailleurs, aurait-il été suivi dans la voie des transactions, après qu'un radio-télégramme du Sovet s'autorisait du communiqué gouvernemental pour annoncer au pays le complot des généraux, des cosaques, et des bourgeois? Dans des proclamations toutes vibrantes de loyal amour pour son pays, Kornilof avait beau expliquer sa conduite par un devoir de soldat et une abnégation de citoyen, il n'était pas compris des masses démocratiques de la Russie. La marche sur Petrograd n'aboutissait qu'à confirmer la campagne du Sovet, à rendre palpables les cauchemars bonapartistes et à grouper, autour du gouvernement provisoire, au risque de l'étouffer, les ennemis communs : les partis extrémistes.

Au palais d'Hiver ce sont des heures lourdes d'angoisse, des nuits d'insomnie, des conciliabules, des conférences, dans l'attente des nouvelles, la fièvre des veillées d'armes. Aux oreilles de tous retentissait le souvenir d'une phrase de Savinkof, prononcée lors de la séance, dite historique, quand, le complot maximaliste vidé, le gouvernement s'était trouvé une fois de plus décimé par la crise, devenue chronique, du pouvoir : « Un général populaire avec seulement deux batteries montées aurait vite raison de la garnison de Petrograd. » Or, Kornilof avait mieux que deux batteries : il disposait, d'après les premières et chaotiques informations, d'artillerie lourde, d'infanterie, d'un corps de cavalerie et de la fameuse « division sauvage », composée de campagnards caucasiens, magnifiques sabreurs dont chacun compte à son actif au moins quatre prisonniers ennemis. Dix-sept mille hommes, disaient les uns, cinquante mille, affirmaient les autres, s'avançaient contre Petrograd. Interrogés par les journalistes, les ministres répondaient que la situation ne pouvait se résoudre qu'à la pointe des baïonnettes. Kerensky dira plus tard que, pendant ces journées dramatiques, le palais d'Hiver se vidait pen à peu de sa cour de ministres, d'aides de camp, de secrétaires et de « camarades », qu'il avait été abandonné même de Nekrassof. Dans un bruit de phrases démentes il promena à travers les salles désertes, parmi les dorures et les portraits d'empereurs, une ombre de Hamlet épileptique ; et la nuit, gardé à vue dans une chambre voisine, Lvof était réveillé en sursaut par des romances tziganes que Kerensky chantait à tue-tête, en pleine préparation à la guerre civile...

Petrograd prend l'aspect d'une ville assiégée. Les rues qui donnent sur la place du palais sont interdites à la circulation. L'état-major est tout frémissant de cette vie fébrile et inquiétante que communiquent le va-et-vient des estafettes, l'expression préoccupée des officiers, le lourd roulement des camions militaires, chargés de renforts. Devant la rouge façade du palais d'Hiver, partout des mitrailleuses braquées, des troupes qui bivouaquent, un pullulement de silhouettes khaki. Les vitres, brisées par l'incendie, du premier étage donnent à l'énorme bâtisse sanglante un aspect d'infinie désolation. Autour de l'Institut Smolny où siège le Sovet réuni, étrange ironie, pour célébrer les premiers six mois du nouveau régime, des automobiles blindées trapues, couleur de poussière et de cendres, veillent prêtes à bondir. Au lieu d'un jubilé, d'une nouvelle fête de la Fédération, c'est l'état de siège dans la capitale et la guerre civile à ses portes, la résurrection des mesures draconiennes de l'ancien tsarisme : des journaux suspendus, des arrestations en masse, la censure, l'interdiction de toutes les réunions, de tous les meetings. Et, comme pour fournir un fond approprié à toute cette panique, un incendie des usines Poutilof a fait peser, sur Petrograd, la nuit, un ciel d'Apocalypse rouge.

Pendant la nuit du 10 au 11, l'angoisse, au palais d'Hiver, avait atteint son maximum. Un télégramme du général Loukomski reprochait à l'obstination du gouvernement d'amener l'explosion de la guerre civile et la rupture du front. Toute la garnison de Petro-

grad est sur pied, les environs militairement gardés.
On mobilise l'artillerie. Des détachements sont envoyés
pour enlever les rails à proximité de Louga et pour
détériorer les chaussées afin d'entraver le mouvement
de la cavalerie « ennemie ».

Le lendemain, dans un radiotélégramme empha-
tique, Kerensky fait un appel au pays. Il dénonce
comme en marge de la nation révolutionnaire la tentative d'une « poignée d'aventuriers » et défère à la
justice les généraux Kornilof, Loukomski, Denikine,
Markof, Kisliakof. La journée et la nuit s'écoulent
dans des alternatives d'espoir et d'abattement. Des
échelons du général Kornilof sont signalés à Tosno,
Semrino, Dno. Sa cavalerie campe en vue de Louga
où les premiers détachements ont occupé les bureaux
du télégraphe. Du front parviennent des nouvelles
contradictoires en réponse aux questions du gouvernement : le général Prjevalsky, au Caucase, le général
Tcherbachef, au front roumain, restent fidèles ; mais
le général Klembovsky, à Pskov, laisse passer les
troupes de Kornilof et refuse d'assumer la charge du
haut commandement ; le général Denikine ne cache
pas son adhésion au mouvement de Kornilof. La crise
se complique, sur place, par une désagrégation du
cabinet de coalition, si laborieusement échafaudé :
les ministres cadets démissionnent sans se mettre à
la disposition de Kerensky, suivis, le lendemain, par
les socialistes Pechekhonof et Tchernof. La situation
demeure singulièrement trouble. Après l'échec d'une
tentative de médiation des cadets, une proposition
nouvelle surgit : celle des cosaques. Elle est acceptée
d'abord, repoussée ensuite, d'où, au sein du conseil
des cosaques, un sourd mécontentement : le gouvernement refuserait-il sa confiance aux régiments les

plus passionnés de liberté et d'autonomie? Il est vrai que des nouvelles accablantes dépeignent le Don en ébullition, le général Kalédine, hetman élu, prêt à couper les voies ferrées de Petrograd, tandis que — coup de théâtre — trois cosaques débarquent dans la capitale pour protester, au nom des régiments embrigadés par Kornilof, de leur dévouement pour le gouvernement provisoire. Les trois cavaliers sont promus officiers sur-le-champ, et des délégués envoyés d'urgence pour opérer l'arrestation des meneurs. Et, pendant que ces premiers symptômes de fermentation au camp de Kornilof se précisent et ouvrent les portes à l'espoir, le Sovet, avec une rouerie consommée, accorde tout son appui au cabinet et toute sa confiance à Kerensky pour constituer un ministère de lutte contre la réaction. En trois jours, il avait regagné bien des positions perdues. Par ordre de sa section militaire, on arrêtait, on perquisitionnait, on emprisonnait.

Le 12 septembre la victoire de Kerensky, nommé généralissime, ne peut guère être contestée. Partout les commissaires et les comités déploient une activité fiévreuse. Les généraux Denikine et Markof sont arrêtés. A Moscou le colonel Verkhovsky — devenu depuis ministre de la Guerre — repousse avec indignation les ouvertures de Kornilof. Les télégrammes du commandant en chef sont interceptés. Les cheminots demeurent fidèles au gouvernement légal. Et, dans les rangs mêmes des troupes du général Kornilof, après le premier contact avec les émissaires de Petrograd, — les délégués de la garnison, les officiers musulmans, — s'observent un fléchissement, un désarroi complets qui témoignent éloquemment du fatal malentendu initial. Il n'est pas jusqu'à la « division sauvage », dont les

yatagans devaient assurer la dictature contre-révolutionnaire, qui ne se déclare pour le gouvernement
provisoire. Sur les routes de Gatchina et de Louga, les
éclaireurs de Petrograd et du Grand Quartier fra-
ternisent. Le cauchemar césarien se réduit à un geste
dans le vide.

Et, comme Kerensky, au palais d'Hiver, Kornilof
peut constater des conversions subites, des défaillances et des trahisons. Savinkof accepte le poste de
gouverneur militaire de Petrograd ; Filonenko, qui
demandait un portefeuille à Kornilof, abjure les
cosaques de refuser obéissance aux « contre-révolutionnaires » du Grand Quartier.

Le 13 la victoire de Kerensky se consolide ; les
cosaques d'Oussouri, du détachement de Kornilof, font
leur soumission, et le général Alexéef, après trois jours
de négociations, accepte le poste de chef du grand
état-major. Une dramatique conversation par télégraphe s'engage entre les deux généraux au bout de
laquelle, persuadé, vaincu, Kornilof consent à se
rendre. On n'a plus qu'à venir l'arrêter — le temps,
pour le général Alexéef, de se transporter au Quartier
Général. Jusque-là, Kornilof continue à remplir ses
fonctions. Son échec est complet, sa défaite irrémédiable. Désespéré, l'un de ses amis les plus convaincus,
le général Krymof, celui-là même qui devait occuper
Petrograd à la tête du corps de cavalerie, se tue d'un
coup de revolver, en plein palais d'Hiver.

Les hallucinations césariennes. — La tutelle extrémiste. — Le crime de Kerensky. — Le gauchissement des Sovets. — Dernières tentatives d'échapper à la réaction et à l'extrémisme : acrobatie oratoire ; conférence démocratique ; Pré-parlement. — Un pays aux abois : séparatisme, anarchie, déliquescence du front. — Rhétorique et sophismes. — Veillée d'armes.

Le coup de sabre, à peine esquissé par le général Kornilof à la surface de la Russie révolutionnaire, se répercute néanmoins à travers les profondeurs les plus reculées du pays. Aux yeux d'une démocratie anxieuse, jalouse de ses conquêtes, toujours tenue en haleine par les pronostics d'un retour offensif de l'ancien régime, il confirme les soupçons des embûches et des complots, la révolution en danger de mort, la ténébreuse campagne de l'officier et du bourgeois. De tous côtés, du front, des villes, des campagnes, les télégrammes affluent vers le palais d'Hiver, témoignages de sympathie, serments d'obéissance, protestations de fidélité. Jamais le gouvernement provisoire n'a bénéficié d'une aussi dangereuse popularité.

Mais en même temps les dépêches annoncent une mobilisation générale de toutes les forces démocratiques — sovets, conseils, sections, — la création d'états-majors révolutionnaires, de comités de salut public, investis d'un pouvoir discrétionnaire pour purger le pays de ses dernières réserves de réaction.

Dans un milieu chauffé à blanc par les passions politiques, la défense de la révolution justifie tous les
déchaînements de l'arbitraire : à travers la Russie
entière, ce ne sont que journaux interdits, imprimeries
confisquées suspects arrêtés ; les Sovets sont à la
tête du mouvement ; par leur lutte contre le même
adversaire, ils effacent, pour deux ou trois jours, les
profondes et parfois inconciliables divergences de vues
qui les séparent. Sur la pente facile d'une croisade
contre-révolutionnaire, les éléments les plus modérés
des comités démocratiques se trouvent entraînés, peu
à peu, à suivre les forcenés de la démagogie extrémiste. La célèbre garde rouge, désarmée au prix de
si pénibles efforts, après la révolte des maximalistes,
obtient de nouveau ses fusils et ses cartouches. Ne
s'est-elle pas mise au service du gouvernement pour
combattre la dictature des généraux? Les tentatives
de dictature sont écrasées, les généraux isolés, arrêtés
ou prêts à se rendre, mais le maximalisme dispose, en
plein Petrograd, de près de cinquante mille ouvriers
armés de pied en cap et dont il sera difficile, sinon
impossible, d'arracher les armes destinées au salut
de la république. De Cronstadt, de Vyborg, les renforts accourent, baïonnette au canon, Des torpilleurs
mouillent dans la Néva. Tous ceux qui, il y a deux
mois, réclamaient la chute du ministère et le pouvoir
au Sovet, tous les épileptiques de la révolution, riva-
lisent de zèle en l'honneur du gouvernement légal.
Mais ces partisans improvisés de l'orthodoxie démocratique ne laissent pas de rappeler d'une manière
trop inquiétante les foules hurlantes de juillet et,
devant la fuite à travers les rues de leurs camions,
chargés de mitrailleuses et de silhouettes hagardes,
il est malaisé de prédire si ce déploiement de forces a

pour mission de défendre les ministres ou de les arrêter. Politiquement, Kerensky, le vainqueur des généraux et des états-majors, le Saint-Georges socialiste qui venait de terrasser l' « hydre contre-révolutionnaire », n'était plus qu'un prisonnier parmi les fastes du palais d'Hiver, gardé de préférence par les matelots de l'*Aurore*, le croiseur tristement célèbre de toutes les journées d'émeute.

L'affaire Kornilof avait ouvert à nouveau les écluses à toutes les haines. Parallèlement à l'exaspération, dans les rangs des comités révolutionnaires, contre Milioukof et les cadets, Rodzianko et la Douma, une recrudescence de colères un instant apaisées, d'odieuses violences contre les officiers, s'observe dans les rangs des soldats. De brutales généralisations attribuent en bloc aux officiers des répugnances démocratiques et des affinités réactionnaires : il suffit de porter l'épaulette pour dissimuler une possibilité bonapartiste, une dictature à l'état virtuel. Aux exhortations des feuilles extrémistes de remplacer les états-majors et les grands chefs par des enseignes sortis du rang, répondent les atroces tueries d'officiers par la soldatesque de Vyborg. Le nom de Kornilof devient un symbole, une étiquette, un prétexte qui permet tout, excuse tout. Kerensky s'abandonne aux démons de la révolution qu'il avait mis tout son talent à exorciser.

Pour sauver l'armée, un seul moyen reste encore, la solution préconisée par le général Alexéef : extirper le mal à sa racine, dissiper le spectre de Brumaire, réhabiliter Kornilof. Mais Kerensky ne pouvait plus se rétracter sans compromettre son prestige révolutionnaire rehaussé par la lutte contre les offensives césariennes. Il sacrifiait les intérêts de la nation à sa vanité maladive, à ses rancœurs personnelles, à la

gloire momentanée et factice d'avoir sauvé la révolution d'un danger imaginaire, d'avoir combattu les
moulins à vent de la réaction. Avant de partir pour
le Grand Quartier, le général Alexéef garantit une
solution pacifique à la condition formelle qu'aucune
mesure coercitive ne soit prise contre le général Kornilof. Mais en même temps quatorze échelons sont
dirigés en hâte vers Moguilef par le colonel Verkhovsky
à qui l'affaire Kornilof entr'ouvre les portes d'une
carrière ministérielle. Kerensky repousse tous les conseils de modération, multiplie les mandats d'amener,
donne l'ordre d'éloigner les anciens officiers du Grand
Quartier, de suspendre le payement de sa solde à
Kornilof. Deux jours après son entrée en fonctions,
le général Alexéef avoue, dans une lettre à Maklakof,
nommé depuis ambassadeur à Paris, qu'on ne peut
avoir confiance en Kerensky : « La *Stavka* est infestée
d'espions, ajoute le général ; sur le désir de Kerensky
il a fallu renvoyer deux officiers sous prétexte qu'ils
s'étaient exprimés sévèrement sur le compte de
Tchernof, et Kerensky, inspiré par Verkhovsky, a osé
personnellement me soutenir que le Grand Quartier
est un nid de contre-révolutionnaires, prêts à ouvrir
le front à l'ennemi ; hier une sentinelle a levé la main
sur Kornilof... »

Rien n'est plus édifiant que ces lettres du général,
cris de désespoir et hoquets de dégoût... « Je confesse,
écrit Alexéef à un attaché militaire allié, mon impuissance d'introduire dans l'armée ne fût-ce que l'ombre
d'une organisation : les commissaires contrecarrent mes
ordres, mes plaintes ne parviennent pas jusqu'à Petrograd, Kerensky se répand en amabilités par télégraphe
et fait surveiller ma correspondance ; malgré toutes les
promesses, le sort de Kornilof demeure énigmatique. »

Écœuré, le général donne sa démission après une semaine de commandement et, les larmes aux yeux, avoue aux journalistes que tout est fini, que la Russie n'a plus d'armée.

« Trois fois, écrit Alexéef au général Kalédine, j'ai fait appel à la conscience de Kerensky, trois fois il m'a donné sa parole d'honneur que Kornilof sera amnistié : il y a une semaine il m'a montré même un projet de décret auquel les ministres auraient déjà donné leur adhésion... Des mensonges, toujours des mensonges. Kerensky n'a pas soulevé cette question... Par son ordre on a volé mes mémoires. C'est une canaille ou c'est un fou. Pour moi, c'est une canaille. »

Abandonné par Alexéef, par Savinkof, par Filonenko, Kerensky restait de plus en plus seul, chétif et faible sous le poids de son écrasant pouvoir nominal, en face de la levée des boucliers extrémistes que le général Krymof avait été chargé de prévenir. Du seul fait qu'il s'est trouvé, en vertu de circonstances exceptionnelles, du même côté de la barricade, il lui fallait un effort gigantesque pour se libérer de la tutelle de ses alliés compromettants.

Le premier effet politique de l'affaire Kornilof fut un gauchissement radical de toutes les organisations démocratiques. Il n'a guère été difficile, pour les prophètes du socialisme, de laisser entrevoir, dans la chevauchée lointaine de la « division sauvage », l'assaut suprême de la bourgeoisie contre le prolétariat. Dès le début de la crise, la presse maximaliste n'a-t-elle pas reproché au gouvernement d'épargner les bourgeois et de travestir, à cet effet, leur complot en un mal-

entendu médiocre-avec un général révolté? Le vrai
ennemi, caché dans l'ombre, derrière les généraux
avec leurs cosaques, qu'il s'agit de traquer et cette
fois-ci d'atteindre, c'est le parti bourgeois par excellence, les cadets ; et la guerre civile contre les généraux restéra stérile tant que la paix sociale avec là
bourgeoisie sera maintenue. Ce thème de haine est
développé avec une âpreté et une obstination inouïes,
au Sovet comme dans les journaux. Presque toutes
les nuances du socialisme y communient pour aboutir,
en définitive, à l'adoption du principe fondamental
des maximalistes : rupture avec la bourgeoisie, — d'où
élimination absolue de toute idée de coalition ministérielle, avec l'abandon du pouvoir aux députés soldats et ouvriers. Ainsi s'expliquent les difficultés de
créer un ministère sans se heurter à l'intransigeante
opposition du Sovet, et les retentissantes majorités
recueillies par les maximalistes, rien qu'une vingtaine de « montagnards », au début de la révolution.
Blessé à mort, disait-on, par les répressions de juillet,
définitivement compromis par la révélation des com-
plicités allemandes et policières, le maximalisme, à
la faveur du danger, bouscule les partis modérés,
les socialistes ministrables, les bureaux et les prési-
dences ; à Kharkof, à Odessa, dans les grands centres, on signale la même effervescence et les mêmes
victoires.

La faiblesse des minimalistes, leur coupable indulgence, leur éternelle politique de transactions et de
compromis n'avaient-elles pas sacrifié le Sovet d'avance
au maximalisme intégral, celui qui ne rougit pas de
ses appels à l'action directe et qui se refuse à toutes
les concessions? La « maximalisation » du Sovet était
dans la nature des choses, dans l'inéluctable logique

des événements. Avant même le fatal malentendu de l'incident Kornilof, les élections municipales prouvaient avec éclat qu'entre les extrémistes et les cadets, les prétendants au socialisme pur, les prestidigitateurs de la tribune, étaient balayés sans pitié. Toutes les finasseries parlementaires, le verbiage des colloques et des congrès, les efforts pour replâtrer l'union sacrée n'arrivaient qu'à retarder le duel définitif entre les éléments de l'ordre et les tentatives communistes, tentatives avortées en juin, enrayées en juillet et remises seulement à une date plus favorable. Le salut était Kornilof, mais Kerensky avait repoussé la suprême bouée de sauvetage : il avait brisé, de ses propres mains, l'ancre, la boussole et les rames ; il avait étranglé ses meilleurs alliés en honneur d'une gauche qui risquait de l'étouffer à son tour. Réduit à un Directoire, une sorte de conseil de famille que préside Kerensky et composé de Terestchenko, de Nikitine, de Verkhovsky promu général, et de l'amiral Verderevsky, celui-là même qui soumettait des ordres secrets aux votes des équipages, le gouvernement, fidèle à sa tactique, jetait du lest : il proclamait la Russie « en état de république » et ouvrait la porte des prisons aux « camarades » Trotzky, Kolontaï, Kamenef, Lounatcharsky, Kozlovsky, les protecteurs de Cronstadt et des comités baltiques, les vrais artisans de la défaite de Kornilof. Un à un, les héros de l'émeute de juillet quittent la cellule en échange de cautions dérisoires pour entrer au Sovet dans un bruit de triomphales ovations. Par un dernier scrupule, le gouvernement s'entête à signer des mandats d'amener contre Lénine, mais qu'importait Lénine, introuvable et invisible, si le Sovet, au grand jour, se prononçait déjà le 23 septembre en faveur de la dictature du prolétariat, forçait Tchkeidze de donner sa démission et le remplaçait par Trotzky?

Ce n'est plus à une fraction en marge de la légalité révolutionnaire, c'est à la révolution elle-même que se heurtera désormais un gouvernement à la dérive.

Échapper aux maximalistes sans tomber sous des influences bourgeoises : tel est le programme où s'usera, jusqu'au krach final, l'énergie de Kerensky et de Tsérételli, la corde tendue sur laquelle le socialisme russe exécutera ses tours de force et jonglera avec ses sophismes. Une fois de plus, le salut du pays apparaît en dépendance d'un cabinet de coalition que soutiendrait la « démocratie révolutionnaire ». Et, devant un Sovet envahi par les énergumènes, le gouvernement s'applique à dresser, sous le nom de « conférence démocratique », un Sovet plus docile : douze cents bavards sont élus au petit bonheur, rassemblés au théâtre Alexandre, appelés à trouver la panacée qui consolidera les conquêtes de la révolution, guérira l'armée, fortifiera l'ordre. Encore des discours, des torrents de mots, des extases verbales, des exercices d'acrobatie oratoire. Les votes se multiplient, s'enchevêtrent et se contredisent : un jour on adopte le principe de la coalition avec la bourgeoisie, la motion est retirée le lendemain, puis votée de nouveau, mais accompagnée d'un amendement contre les cadets ; pour arracher la solution, Kerensky est obligé de recourir à la classique menace, celle d'abandonner son poste et, comme toujours, le procédé lui réussit ; c'est son dernier succès : sur une terre toute secouée par des ébranlements souterrains, il s'attelle à échafauder un nouveau château de cartes d'après les modèles les plus parfaits des combinaisons de couloirs, un ministère d' « union sacrée » dans un pays

dissocié, où soufflent déjà les vents de la guerre civile.
Et, pour donner une base à cette abstraction poli
tique, Tsérételli fait voter la création d'un succédané
parlementaire, le Conseil provisoire de la République
russe ou Pré-parlement, véritable pastiche de Chambre
où les bourgeois prennent place à la droite, les socialistes encombrent la gauche, où les députés ont droit
d'interpeller le gouvernement et le gouvernement a
le devoir de fournir une réponse dans les cinq jours,
le tout destiné à diminuer l'importance d'un Sovet
que l'on n'a pas le courage de dissoudre.

La dualité du pouvoir qui désagrégeait la révolution trouve, enfin, son expression définitive : la Convention surgit en face de la Commune. Mais la manœuvre de Tsérételli est déjouée avec une hardiesse
inouïe par les maximalistes, et leur sortie collective
du Pré-parlement, traité par Trotzky de « valetaille
politique », signifie la plus explicite des déclarations
de guerre. A l'ébauche d'un parlement avec ses partis,
ses couloirs, son banc ministériel, sa loge de journalistes, le maximalisme répond par la convocation de
tous les Sovets régionaux : le projet d'une véritable
Constituante prolétaire. La ruée finale s'annonce irrésistible, tandis que, partout, la défense fléchit, les
forces nationales s'affaissent, le pays, travaillé par le
poison révolutionnaire, se fragmente et s'émiette : la
Finlande se proclame en république le 1er octobre,
l'Ukraine se détache toujours davantage du gouvernement central, le manque de matières premières
menace de paralyser l'industrie, les cheminots n'hésitent pas à terroriser le ministère par la proclamation
d'une grève générale à une heure où l'évacuation de
Petrograd est décidée, où le front réclame du pain et
des vêtements chauds, et l'armée — l'armée surtout

— pourrit sur place, cadavre collectif dont Kornilof a été la dernière convulsion avant la mort.

Pour éviter les premières lignes, des régiments, des divisions entières s'ingénient à prétexter tantôt l'absence de linge, tantôt celle de bottes neuves. Et, lorsque après des meetings tumultueux, les troupes consentent à descendre dans les tranchées, le nombre d'officiers dépasse généralement celui des soldats. Parfois, pour punir les régiments fidèles à la consigne, les comités maximalistes entravent le transport de vivres. Le soldat russe finit par inspirer la terreur à tous, sauf à l'ennemi. Des officiers, pour avoir affirmé que Kornilof était un honnête homme, sont massacrés. Des hordes de forcenés assiègent les gares, prennent les trains d'assaut, enfoncent les mécaniciens récalcitrants dans les chaudières. Le rapport du baron Pilar au gouvernement provisoire sur la retraite de Riga n'est qu'un cri inoubliable de folie et d'angoisse. Comme une trombe rouge passa sur Wenden et sur Wolmar. On tortura des pasteurs, on creusa une fosse d'aisance à l'église de Roop. Le soldat russe, celui qui, jadis, mettait une chemise propre avant le combat et se signait pour mourir en beauté, le paysan mystique ne respectait même plus ses propres sanctuaires. Il pillait l'hôtel de l'archevêque de Tchernigof et renouvelait, dans les églises de Potchaef, les profanations reprochées aux Autrichiens. Hébété par la propagande, il était le jouet docile entre les mains des espions. A chaque instant l'armée promet d'arracher de force ce que l'arrière lui marchande ou lui refuse : la paix. « N'importe quelle paix et avec n'importe qui, avec le diable, mais la paix » : tous les meetings aboutissent à cette formule. Aux discours sur les dangers d'une paix séparée, conclue en définitive aux

dépens de la Russie, on a entendu des soldats répondre : « Que Dieu nous la donne ! » Les troupes
bientôt se classent elles-mêmes en trois catégories :
octobristes, novembristes et décembristes, suivant
l'ultime délai qu'elles s'assignent pour rester sur le
front. Et, dans la flotte, la révolution accentue encore
davantage ses grimaces. Le comité de la Baltique,
froissé de se voir affecter un local trop étroit pour y
fumer à son aise, exige les salles de séances de l'Amirauté
et traite avec le gouvernement de puissance à puissance. Un fantastique ultimatum formule la menace
qu'à l'exemple de la Finlande et de l'Ukraine, la
flotte « disposera » de son sort et « s'organisera » en
unité autonome. Dans un appel désespéré à Kerensky,
des officiers prédisent l'imminence d'une catastrophe
nationale et sollicitent la grâce d'être dégradés au
rang de simples soldats.

Lénine et Trotzky pouvaient venir : la place était
libre. Les nouveaux chefs se faisaient un point d'honneur d'apaiser les moindres inquiétudes de la gauche
du pré-parlement, de se conformer même à la phraséologie socialiste. Le général Verkhovsky parlait de
« discipline librement consentie », ouvrait toutes larges
les portes des casernes à la politique, étendait la compétence des comités, les investissait du droit de trancher les « malentendus » entre officiers et soldats,
affirmait que seule la connaissance des buts poursuivis
par la guerre est en mesure de galvaniser les troupes.
L'amiral Verderevski tenait un langage analogue pour
soumettre le rétablissement de la discipline à l'introduction préalable des réformes démocratiques. Le
chef de la flotte préconisait du haut de la tribune une
« attitude calme » en présence des massacres d'officiers Cet opportunisme gagnait jusqu'aux états-majors

du front. Le général Tcheremyssof, commandant du secteur Nord-Ouest, subventionna un journal extrémiste : le *Tocsin des tranchées*. Environ dix mille officiers, sur le vœu des comités, furent rayés des cadres de l'armée active. Un adjudant de réserve, Krylenko, affilié au léninisme, dirigeait, dans les coulisses, sous le nom de « camarade Abram », tous les rouages militaires. Et le gouvernement collaborait ouvertement aux progrès de cette débâcle par la scandaleuse dissolution des Unions des Zemstvos, organisations sanitaires et techniques qui avaient rendu à l'armée d'inestimables services...

* *

De temps en temps, selon une habitude chère à la révolution russe, quelque sinistre prophétie résonnait du haut de la tribune du Pré-parlement, les orateurs effeuillaient des fleurs de rhétorique funéraire sur la tombe ouverte de la Russie... Et c'était tout. Le Conseil de la République, gravement, continuait à jouer aux échecs parlementaires, et les ministres gaspillaient leurs dernières forces à mater les obstructions des couloirs. Le pays n'était pas gouverné. Les journées s'écoulaient en polémiques au palais Marie ; les nuits en conciliabules et en audiences, parfois en exténuantes discussions avec les délégués d'un parti, des pontifes socialistes venus gourmander le « camarade » au portefeuille, lui remettre un ultimatum, l'empêcher de travailler ou de prendre une heure de repos. La révolution, elle, ne dormait jamais. Triomphante, victorieuse, logée dans les palais, installée dans les fauteuils curules, elle conservait les mœurs du *podpolié;* elle restait étrangère aux méthodes de travail et aux habitudes d'ordre ; elle semblait toujours en garni, comme à Genève, parmi les casiers et les paperasses des dignitaires bureaucratiques. Jamais les frais d'administration ne s'étaient élevés à des sommes aussi écrasantes. A l'exemple de Kerensky, chaque ministre dota son département d'un cabinet politique ; les avocats sans cause envahirent les ministères, les étudiants s'allouèrent des traitements de généraux pour troquer les pandectes contre le fusil et l'écharpe du milicien ; les comités agraires absorbèrent quatre millions de roubles par mois ; les caisses de propagande démocratique, les rédactions des feuilles officieuses, le pullulement des commissaires achevaient d'épuiser le budget, et tous, ministres, nouveaux fonctionnaires, députés, la révolution entière s'étranglait d'éloquence : les mots et les roubles se donnaient la main pour tournoyer sur un volcan, en une ronde de sabbat.

La portée et le but du Pré-parlement avaient complètement échappé aux partis socialistes. Les commissions sont désertées pour de fastidieux exercices de tribune : les compétences techniques sont dédaignées ; la commission des Affaires étrangères élimine Milioukof comme indésirable ; le bourgeois demeure toujours un suspect et Kerensky lui-même se laisse aller aux petitesses de liquider des comptes personnels avec la presse modérée. La « concurrence révolutionnaire » du maximalisme impose au gouvernement aussi bien qu'à la Chambre des sacrifices de plus en plus onéreux à Zimmerwaldt. A côté de Terestchenko, représentant de la Russie bourgeoise, la décision est prise d'envoyer à la conférence interalliée de Paris un ambassadeur des partis socialistes, Skobelef, l'ancien ministre du Travail dans le premier cabinet de coalition. Et,

lorsque le Pré-parlement aborde la discussion détaillée
des questions extérieures, l'ignorance, l'étroitesse de
vues, les concessions léninistes des meneurs de la
démocratie russe, s'étalent d'une manière si lamentable que d'ores et déjà il est possible d'en pronostiquer l'écrasement par la brutalité crue et la franchise
du maximalisme.

Jusqu'aux célèbres « instructions » à Skobelef, la
révolution russe a vécu sur une formule et, pour
mettre à nu son indigence de pensée et son irrémédiable inexpérience, il suffit du premier essai de remplir le vide de son programme par des dispositions
concrètes. La plus rapide des analyses démontrait que
la terminologie même de ce document scandaleux
révélait sa nature véritable : une mauvaise traduction
d'allemand. La révolution russe sacrifiait la Roumanie qu'elle avait assassinée dans le dos ; elle gardait
le silence sur la Posnanie, les Ukrainiens de Galicie,
les aspirations du Schleswig et de la Bohême ; elle
ignorait les Yougo-Slaves, mais Skobelef recevait pour
mission d'exiger à Paris la neutralisation du canal de
Panama et l'abolition de la Bourse, insuffisamment
interdite, sans doute, par le traité bourgeois de 1856.
La diplomatie révolutionnaire se révélait domestiquée
au service du pangermanisme : n'était-elle pas déjà
aux gages du socialisme ennemi? La guerre s'arrêtait
à l'étiquette de socialiste, à la qualité de prolétaire.
Otto Bauer, socialiste autrichien et prisonnier de
guerre, a pu assister aux séances du Sovet. Skobelef
s'est déclaré prêt à entrer en contact non seulement
avec Scheidemann, mais avec le « diable en personne ».
Fille bâtarde de la *sozialdemokratie* allemande, la révolution russe, où des naïfs saluaient une fille légitime
de la Révolution française, n'a jamais cessé de trouver

des impérialistes au camp des Alliés et de découvrir des
«camarades» sous les casques à pointe. Les comités régionaux de Finlande, envahis par les agents allemands,
exigeaient à grands cris communication du chiffre !

Qui allait l'emporter dans ce corps-à-corps tragique,
le gouvernement, réduit de fait à un seul homme,
vieilli avant l'âge, courbaturé, ravagé par la névrose,
ou la Commune, une immense force brutale aux
ordres de quelques doctrinaires véreux? Où trouver
un appui, des auxiliaires, une flambée de patriotisme,
la conscience de l'État? Pendant qu'avec fracas
Trotzky passe en revue ses forces disponibles, que les
délégués de six régiments de la Garde jurent fidélité
à des aventuriers, qu'une garnison de prétoriens se
manifeste capable de toutes les trahisons pour échapper
à la nécessité d'aller se battre, le Conseil de la République, de plus en plus, tourne à l'état d'un fastidieux
moulin à paroles : motions, résolutions, interpella-
tions s'entre-croisent, impuissantes à s'accorder sur
une formule concernant la défense nationale. Au sein
même du gouvernement, des défaillances se font jour,
les malentendus s'aggravent. Le général Verkhovsky
insiste sur la nécessité de conclure la paix d'urgence
et donne sa démission. N'y aurait-il vraiment qu'une
issue, conseillée par Bourtf, la Canossa de Bykhof,
la petite ville où le général Kornilof, au fond de sa
cellule, est à la merci d'un coup de main des Sovets
qui le gardent?

Précurseurs d'une secousse qui promet d'être autrement grave que celle de juillet, les événements se précipitent. Ce sont les mêmes indices d'une préparation
fiévreuse, d'une mobilisation de toutes les « puissances
des ténèbres » politiques de la Russie. Comme jadis,
mais, au lieu de se réfugier dans les alcôves d'une

ballerine, aujourd'hui ouvertement installé au Sovet, un état-major révolutionnaire qui exige le droit de *veto* sur tous les ordres des autorités militaires, le vieux conflit entre le Sovet et le général Kornilof se renouvelle au préjudice de la révolution elle-même. Comme jadis l'armement collectif du prolétariat : cinquante mille fusils livrés au Sovet par l'usine de Sestroretzk sur un avis de Trotzky ; la garde rouge en pleine activité de recrutement et de manœuvres ; les casernes travaillées par la propagande. « Qu'attendez-vous, écrit Lénine du fond de son abri, dans le *Rabotschi Pout*, un miracle ou peut-être la Consti-tuante? Attendez si bon vous semble, troupeau affamé! Mais tout retard apporté à l'action équivaut à la mort. » Aux meetings, les orateurs proposent d'envoyer le gouvernement rejoindre l'ex-tsar à Tobolsk : il suffit que le Sovet assume le pouvoir pour assurer la paix, la liberté, le pain, et le serment de mourir sur les barricades accompagne de clameurs farouches les virulences des philippiques. Dans les cours des casernes, les dernières résolutions fermentent autour de la satanique figure de Trotzky, et la journée du 4 novembre — la journée de la quête maximaliste pour le « fonds de fer » — apporte la preuve mélancolique qu'à part quelques rares exceptions, la garnison est acquise à la cause maximaliste. Au Sovet, c'est l'effervescence des heures décisives : les contradicteurs sont menacés de lynchage, leurs paroles se perdent parmi les sifflets, les jurons ; le nom de Kerensky provoque des cris de mort, et, dans les rues, comme toujours à la veille des manifestations extrémistes, la lie remonte au grand jour : groupes d'anonymes armés, ivrognes, déserteurs, silhouettes étranges et inquiétantes — peut-être les maîtres de demain.

On attendait l'explosion pour le dimanche 4 novembre : aura-t-elle lieu le lendemain ou mardi? La
population, les nerfs à nu par cette fièvre, se barricade
dans les maisons et s'arme comme elle peut. Les
rares passants glissent le long des murs anxieusement :
on dirait des bêtes traquées aux yeux élargis par la
terreur. Les nouvelles les plus stupéfiantes circulent.
Les matelots de Cronstadt, les maximalistes finissent
par revêtir des proportions apocalyptiques. Certains
ne croient-ils pas avoir aperçu une comète flamboyante
dans le ciel comme en 1812? Au moindre bruit, on
croit que « cela commence » : pour les uns ce commencement signifie le début de la grande révolution
internationale, pour d'autres la fin du monde. Et le
bégaiement de la terreur populaire touchait peut-
être à une vérité profonde puisque demain ou cette
nuit des théoriciens sans vergogne, des traîtres et des
fous devaient réaliser des négations que Dostoïevsky
lui-même n'aurait osé prévoir dans la saturnale nihiliste de ses *Démons...*

CHAPITRE XII

LA VICTOIRE DE LA COMMUNE

L'agonie d'un régime. — Des mots, des mots, des mots. — **La casuistique socialiste.** — Le coup d'État. — La chute des impuissants.
— Les représailles des barbares et l'expiation des modérés. — La
Russie café d'émigrés. — L'ultimatum des cheminots. — Le
chaos politique. — Toujours des compromis. — Un tardif appel
à la force. — L'éclipse de Kerensky.

Pour la dernière fois, le 6 novembre, Kerensky
montait à la tribune du Pré-parlement. Était-ce le
même homme dont la voix, il y a quelque trois mois,
lançait les troupes à l'assaut des tranchées autri-
chiennes? Le teint bilieux se plombait d'une pâleur
malsaine ; une courbature physique et morale voûtait
les épaules, faisait trembler les longues mains fines.
Devant cette frêle et maladive silhouette, — où s'in-
carnait le pouvoir suprême, civil et militaire, — toutes
les appréhensions, toutes les craintes prenaient corps :
le gouvernement était usé, anémié, paralysé par
l'aboulie ; saurait-il résister à l'offensive de la rue?

Décrépitude et neurasthénie, enveloppées de phrases
magnifiques : Kerensky était le vivant symbole de
toutes ces contradictions. Commander dix millions de
soldats, présider un gouvernement investi de droits
autocratiques, habiter le palais d'Hiver, et se laisser
condamner à la merci de quelques usines et bataillons de dépôts, conduits par des aventuriers politiques !
Toutes les anecdotes, échos de la mégalomanie repro-

chée, les derniers temps, à Kerensky par l'opinion,
s'évoquaient douloureusement devant la détresse
humaine, effondrée sur la tribune. C'était cela le dictateur, le César, le despote, qui ne pouvait plus,
disait-on, se nourrir que de pêches et qui dormait dans
l'immense lit d'Alexandre II, dans la chambre bleue
du palais? En réalité, le regard éteint, la poitrine
défoncée, ne prouvaient qu'une chose : que la révolution russe était une terrible consommatrice d'hommes,
d'énergies, de favoris ; que le grand ténor politique
aux pieds duquel les soldats jetaient leurs croix et
les femmes leurs bijoux, n'était qu'une épave, au
moment où le rideau se levait sur un nouvel acte du
drame, chargé, peut-être, des inconnues les plus indéchiffrables que l'histoire ait jamais posées depuis longtemps.

Accueilli froidement, l'orateur retrouve, cependant,
pour dénoncer le complot maximaliste, ses accents
primitifs, le sortilège d'une éloquence passionnée qui
domptait les foules, violentait les auditoires. Il scande
les phrases suivant son habitude, et martèle les mots
de sa voix gutturale. Dans la salle austère du Conseil
de l'Empire où des vieillards chamarrés échangeaient,
jadis, des paroles mesurées et des aphorismes administratifs, surgit le spectre de la Commune plébéienne,
avec ses *pogroms* en gestation, l'émeute d'une soldatesque effrénée, ses barricades sanglantes, ses tueries
absurdes. Pendant que l'auditoire, haletant d'émotion, acclame son ancienne idole, un des ministres,
Konovalof, s'approche de la tribune et passe une note
à l'orateur. Un silence, fait de mille impatiences frémissantes, succède aux ovations. Kerensky poursuit :
« On me communique la copie du document envoyé à
la garnison par le comité de guerre révolutionnaire :

« Le Sovet est menacé. Il est prescrit aux régiments d'être prêts à combattre et d'attendre les instructions. Toute inexécution comme tout retard à remplir les ordres seront tenus pour une trahison de la révolution. » Ainsi l'état d'émeute existe déjà, de fait, dans la capitale : criminelle tentative de soulever la populace contre le régime en vigueur à la veille de la Constituante, et d'ouvrir le front à l'invasion des régiments de Guillaume. La tragique horreur de la situation redresse le profil tourmenté du ministre, lui rend ses moyens d'action, son pouvoir d'hypnose oratoire. Et de la salle en délire il exige l'assurance formelle, la certitude immédiate que tout l'appui nécessaire sera consenti au gouvernement pour s'acquitter de son devoir...

Des mots, des mots, des mots... Même lorsque l'émeute gronde à la porte, prête à emporter les orateurs et les tribunes, les simulacres parlementaires et les illusions d'une vie politique organisée, les assemblées russes — sovets, conférences, conseils — s'unissent tout au plus pour applaudir, pendant un instant, au trémolo de quelques périodes sentimentales. Et puis de nouveau les haines de parti se font jour, la casuistique révolutionnaire prend le dessus. Ce n'est pas seulement Martof, au nom des internationalistes, — venu de Suisse comme Lénine par l'Allemagne, — c'est Dan aussi, un des leaders les plus en vue du minimalisme, qui marchande le soutien demandé par le gouvernement provisoire, le conditionne de restrictions et de modalités, accorde sa confiance pour la reprendre ensuite, obsédé par la crainte de devenir, dans la lutte de demain, un instrument de la contre-révolution. De là, véritable coup de théâtre après les ovations frénétiques, cet ordre du jour voté

par la majorité, chef-d'œuvre de compromis et de louvoiements, où il était beaucoup moins question de la
résistance aux tentatives maximalistes que de la
remise des terres aux comités agricoles et de la nécessité d'entamer les négociations de paix. La surprise
est si grande que, devant la preuve de cette trahison
nouvelle, le gouvernement, fatigué à mort, songe à la
démission en bloc, à l'abandon de la place aux incapables et aux bavards. Les minimalistes interviennent
alors, — encore des transactions ! — expliquent leur
vote par le désir de désarmer Lénine et Trotzky, de
leur enlever leurs suprêmes arguments : la terre et la
paix. Débordé, le gouvernement n'a même plus la
force d'entrevoir les dessous de ces manœuvres de
couloirs : la fatalité qui pousse les partis démocratiques russes à rivaliser avec les chimères extrémistes,
leur impuissance à s'affranchir de cette tare originelle.
A la veille de la catastrophe, tous les vices d'une politique, aveuglément suivie pendant huit mois, éclatent
en pleine lumière : les énergies ébranlées, les initiatives paralysées par la peur d'une réaction toujours
possible ; la pente vertigineuse des concessions à la
démagogie, et, à l'heure où l'action seule, décisive,
virile, avait une valeur pratique, l'illusion de vaincre
quand même par des discours et des phrases, une
mobilisation générale de formules révolutionnaires.

La garnison entière a beau être au pouvoir des maximalistes, et le Pré-parlement à la merci d'un pronun-
ciamiento, des maniaques se gargarisent de phrases
ronflantes et se chicanent sur des questions d'ordre
de jour et de votes. Intoxiqué de formalisme parlementaire, ivre de théories, le Conseil de la République,
suprême bouquet de la démocratie révolutionnaire, est
toujours resté en dehors de la vie, en marge des réalités :

assemblée confuse de scolastiques, il a cru, avec une naïveté et une gaucherie de parvenu, à la vertu secrète des formules, à la puissance occulte des idées générales ; il n'a jamais fait, en définitive, que du talmudisme en politique. Il eût fallu, pour dompter la Chambre et la guérir de son verbiage, une énergie de fer, une volonté capable de s'élever au-dessus des partis et de leurs querelles byzantines. Kerensky avait-il cette volonté ? Alors même que sa pensée parfois se libérait de l'étau des préjugés doctrinaires, il lui restait toujours comme une sensiblerie socialiste, une irrésistible indulgence envers les enfants terribles de la révolution. Tout l'incident Kornilof est né, en fin de compte, seulement de ce dualisme psychologique. L'homme d'État luttait contre le « camarade ». Et le « camarade », la plupart du temps, finissait par neutraliser l'œuvre de l'homme d'État. Ainsi s'expliquent, aux moments les plus graves, les demi-mesures, les hésitations, les tergiversations qui mécontentaient également les partis de l'ordre et ceux de l'anarchie. A chaque pas, devant Kerensky, la politique posait le problème de la quadrature du cercle. Dès le mois de septembre, l'application de la peine de mort était suspendue sur le front. Au moment de frapper les Sovets, l'ancien chef travailliste s'arrêtait, bourrelé de remords. Même vis-à-vis du Comité de guerre révolutionnaire, placé ouvertement en tête de l'émeute qui se préparait, il s'essayait aux méthodes de persuasion et de transaction. Ses forces s'épuisaient en quelque sorte à en donner l'illusion du haut de la tribune. Des mots, encore des mots, des mots toujours.

Dans l'autre camp, aux développements académiques on répond par un cliquetis d'armes et des appels incendiaires.

Les journaux annoncent qu'au cours d'une séance, tenue le 2 novembre, Lénine et Trotzky se prononcèrent pour l'action immédiate. Dès le 5, la garnison est informée que la rupture est complète entre le Comité révolutionnaire et l'état-major du district qui s'est refusé à laisser contrôler ses ordres. Le même jour, les autorités militaires peuvent vérifier que leurs instructions sont désormais lettre morte pour la plupart des régiments. Toute livraison de munitions et d'armes, sans l'avis du Comité, est suspendue. Les téléphones sont surveillés ; dans chaque caserne, veille un commissaire du Sovet. Le coup d'État se prépare méthodiquement, en plein jour ; un leader maximaliste, dans une interview, en fixe même la date : le 7 novembre. Et, de fait, la veille, parallèlement à la séance du Conseil de la République, les derniers préparatifs s'accélèrent à l'Institut Smolny, transformé en château fort, mitrailleuses aux fenêtres, sentinelles aux portes. Déjà le discours de Trotzky n'est qu'une suite de victorieuses fanfares. Des émissaires ont su dissuader les troupes des environs de se porter au secours du gouvernement provisoire. Les imprimeries fermées par ordre de Kerensky sont rouvertes. Les journaux suspendus vont réapparaître. La lutte s'affirme si inévitable que Lounatcharsky, pour assurer la sécurité des simples spectateurs, propose la création d'une sorte de croix-rouge policière et neutre. Mais de quelle valeur pouvait être cette intention charitable, si, au moment de bénir ses cohortes, Trotzky précisait qu'il n'était pas « un idolâtre de la propriété privée » et prêchait « la guerre implacable, la vengeance implacable, la tuerie implacable? »

.Dans l'attente du cataclysme, les rues se vident, balayées par un vent de panique ; la ville entière se

fige dans le silence des veillées macabres ; chaque
immeuble organise sa défense, quelques-uns s'entourent
de barricades. Le cauchemar si souvent prédit, décrit
tant de fois par anticipation, se réalise pas à pas, avec
une prodigieuse assurance.

Les maximalistes ont su profiter de toutes les leçons
stratégiques du coup d'État contre le régime tsariste.
L'un après l'autre, les centres vitaux de la capitale
tombent entre leurs mains : les gares, la forteresse
Pierre-et-Paul, la Banque de l'État, les imprimeries de
la presse bourgeoise, l'agence télégraphique officielle.
En quelques heures, la ville est privée de ses moyens
de communications et de ses réserves d'or : elle est
muselée, séparée du monde entier, réduite à la merci
du prolétariat en armes ; engourdie par la peur, elle
capitule presque sans résistance. De place en place,
les patrouilles de la garde rouge et des matelots de
Cronstadt échangent quelques coups de feu avec les
aspirants officiers, et c'est tout. Des énormes préparatifs annoncés par les ministres, de la fidélité de certains régiments de la Garde et des cosaques, il ne reste,
comme défenseurs de l'ordre, que des jeunes gens
imberbes, étudiants d'hier, officiers de demain. L'occupation des gares rend impossible l'arrivée des renforts promis. Une école militaire est déjà cernée. Une
fois de plus la réalité dément les assurances oratoires
du gouvernement. Des mots, toujours des mots...

Vers les trois heures de l'après-midi, seul le Pré-parlement, l'état-major, le palais d'Hiver sont encore
debout, symboles désolés du pouvoir législatif, militaire, exécutif, qui surnagent à la marée de l'anarchie
montante. Mais, d'ores et déjà, Trotzky proclame la
victoire complète, et Lénine — un Lénine méconnais-
sable, vieilli, blanchi et tout rasé, — fait son entrée

dans la ville conquise. Il suffit, d'ailleurs, d'une compagnie du régiment de Lithuanie pour s'emparer du
palais Marie et pour disperser le Conseil de la République. Dès le premier bruit des lourdes bottes dans
les escaliers, la majorité démocratique et socialiste du
Conseil, contrairement à l'avis des partis bourgeois,
se ralliait à la nécessité de plier devant la violence :
des révolutionnaires, qui jadis défièrent la Sibérie et
l'échafaud, s'effaçaient devant les baïonnettes ; au lieu
de braver l'émeute, de risquer un siège et un bombardement, destinés à compromettre à tout jamais le
léninisme, le Pré-parlement ouvrait le front du palais
d'Hiver ; la démocratie se décapitait elle-même. Un à
un, les députés quittent le palais, contrôlés par les
sentinelles, au milieu des lazzis et des quolibets, et
l'on entend un sous-officier vomir des flots d'injures
contre un piquet coupable d'avoir laissé sortir le
général Alexéef. Le Pré-parlement avait vécu : suicide beaucoup plus qu'exécution capitale.

Restait, avant la dernière citadelle, — l'ancien
palais des tsars, où le gouvernement se répandait en
proclamations oiseuses, — la lourde bâtisse de l'état-
major de district, le cerveau et le centre de la résistance légale. Mais là aussi c'est le même désarroi, la
même impuissance, la même maladie de la volonté.
La nuit Kerensky réunit le dernier conseil de guerre :
on tâche d'établir le chiffre des forces disponibles, mais
les renseignements manquent, il est impossible d'élaborer un plan quelconque. L'ordre est donné alors de
barrer les ponts : personne pour l'exécuter ; un officier se dévoue enfin, avec cinq soldats et, revolver au
poing, disperse une escouade de la garde rouge. Un
moment, on songe à fortifier la place du Palais :
l'idée paraît sourire ; on esquisse le graphique des

tranchées, des boyaux ; puis le projet est abandonné : qui défendrait ces tranchées? Pour agir, les cosaques exigent de l'infanterie, et, dans leur réponse, perce toute l'amertume de soldats, offusqués dans leurs privilèges traditionnels par la politique révolutionnaire, appelés à la rescousse seulement dans les cas extrêmes, comme une police compromettante. Parmi l'affolement et la fièvre, Kerensky règle lui-même la résistance de la ville : il éparpille les aspirants qui, réunis, auraient su peut-être infliger un échec aux maximalistes par leur cohésion et leur discipline, et, vers les six heures du matin, épuisé par l'insomnie, il ne cache plus son accablement à la jeunesse accourue pour faire honneur à la future épaulette : « Je ne sais rien, j'ignore ce que nous apportera le lendemain, restez à vos postes. » Et l'homme, en qui Trotzky dénonçait Bonaparte et César, disparaît, fantôme de lui-même, pour ne plus revenir.

Le lendemain, l'agonie continue. Le colonel Polkovnikof retourne au palais d'Hiver, investi de tous les pouvoirs, mais incapable de signer un ordre, hagard, blême, la mâchoire tremblante. Autour de ce chef, la prostration est à son comble : un état-major harassé, tenaillé par la faim et le manque de sommeil, démoralisé par les instructions contradictoires, l'imprévoyance et la faiblesse. Depuis quarante-huit heures, officiers comme soldats n'avaient pas dormi, avec du thé et une croûte de pain pour toute nourriture. Ils étaient vaincus avant de l'être, sans une automobile pour assurer le service de liaison, les fils téléphoniques rompus, assiégés en pleine ville, perdus au milieu d'une garnison de cent mille hommes. Lorsque, vers six heures du soir, deux motocyclistes intiment à l'état-major l'ordre de se rendre dans le délai de vingt minutes, le découragement est tel que la force fait même défaut pour donner une réponse précise. Sans un coup de fusil, la garde rouge et les matelots occupent les locaux, tandis que l'adjoint au commandant en chef, le prince Toumanof, est hissé en l'air à la pointe des baïonnettes et lancé dans la Moïka...

C'est le signal des hostilités décisives. La fusillade crépite sur la place Marie : on tire des fenêtres de l'hôtel militaire, on tire dans les rues ; des affiches, placardées en toute hâte, annoncent à la population le bombardement imminent du palais d'Hiver. Depuis le matin, les ministres siégeaient dans la salle de malachite, isolés, impuissants, sans force, condamnés à la creuse éloquence des appels, prisonniers du cadre impérial, parmi toutes les pompes du régime déchu. Pour résister au souffle glacial qui émanait des pièces mal chauffées, ils siégeaient enveloppés de leurs pelisses, et l'aspect de ces hommes vêtus déjà pour sortir, pour céder leur place, symbolisait avec une acuité douloureuse leur situation précaire. A travers les vastes corridors se démenait une silhouette tragique, le col du pardessus relevé, celle de Rutenberg, chargé de la défense du palais, Rutenberg, le fameux organisateur du meurtre de Gapone ; puis passaient des aspirants en tenue de campagne, et des femmes soldats, tombées par hasard en pleine tragédie politique au lieu d'une parade sur le champ de Mars, et prêtes maintenant à combattre, fidèles à la consigne. Des femmes et presque des enfants : c'était toute l'armée du gouvernement provisoire. Que pouvait-elle, sauf relever d'un peu de gloire cette page mélancolique de la révolution russe, contre le tir concentré de l'*Aurore*, des canons de la forteresse Pierre-et-Paul et

de l'artillerie sous l'arche de l'état-major, face au
palais?

Sur le pont Troïtzky, une foule énorme suivait le
spectacle angoissant : le palais sans une lumière aux
fenêtres mortes, plongé dans les ténèbres, et violemment éclairé, avant chaque détonation, par les projecteurs de l'ennemi; vis-à-vis, la forteresse, également dévorée par l'ombre, avec seulement une ampoule
rouge à la hampe de l'étendard révolutionnaire, le
profil de ses bastions, la pointe de sa flèche dessinés,
de temps en temps, par les fugitives lueurs de la canonnade. A onze heures du soir, le conseil municipal dépêche
en vain des parlementaires au camp des maximalistes,
la bataille continue : aux fenêtres du palais d'Hiver,
les mitrailleuses font rage, les feux de salve déchirent
l'atmosphère, les grenades à main pleuvent sur les
assiégeants. Enfin les grosses pièces de marine, vers
deux heures du matin, entrent en action et, lentement,
à la place du drapeau rouge, délavé et flétri par les
pluies, quelque chose de blanc vient clapoter au vent
pour annoncer l'irrémédiable. Soldats, matelots, garde
rouge s'engouffrent sous les grandes voûtes du palais.
Les vengeances commencent.

Les ministres sont arrêtés, jetés dans les cellules
qu'occupaient, il n'y a pas longtemps encore, les
leaders maximalistes, dans la forteresse Pierre-et-Paul,
où, coupable d'avoir trop crié la vérité, Bourtzef a
même les honneurs du bastion Troubetzkoy, cachot
réservé aux grands criminels de l'État. De l'aveu de
Gwozdef, ministre du Travail, les casemates de 1905
ont pâli à côté des pratiques du maximalisme. Une
meute d'énergumènes ne cesse pas de proférer aux
portes des cellules des menaces de mort et des jurons
immondes. Salaskine, ministre socialiste, fut battu à

coups de crosse, tandis que la garde rouge, avec de féroces ricanements, conseillait aux autres ministres de se jeter dans la Néva pour échapper au sort qui les attend.

Des violences sans nom s'exercent contre les aspirants et les femmes soldats : vingt-huit de ces malheureuses sont expédiées à Cronstadt où leurs traces se perdent ; plusieurs sont emmenées dans les casernes où se déchaîne la bestialité d'une soldatesque ivre de sang ; enfin, le gros du bataillon est dirigé vers Levachovo, où, quelques jours plus tard, trois femmes se pendent et une autre est sauvée, déjà la corde au cou. Des bandes de forcenés parcourent la ville, s'emparent des dernières imprimeries, opposent leur veto jusqu'aux articles composés pour des journaux révolutionnaires, comme les *Izvestia* du Conseil des Paysans. Toute la nuit ce n'est qu'un roulement ininterrompu de camions et d'automobiles blindées, et derrière les murs des maisons on sent frémir des inquiétudes, on devine des oreilles se coller aux portes, des mains tremblantes soulever un coin de store pour s'assurer si la Saint-Barthélemy de la bourgeoisie a effectivement commencé. Les rares maximalistes encore détenus — Khaoustof, le grand initiateur des fraternisations sur le front, Rochal, le roi de Cronstadt, Sakharof, l'émeutier de juillet, — quittent la prison, acclamés, applaudis, mêlés à quelques centaines de criminels de droit commun. En même temps que le bureau de contre-espionnage, d'où le dossier de Lénine est remporté en triomphe, les locaux de la milice pénale, les fiches anthropométriques, les photographies, tout est mis à sac. Avec les maximalistes, la trahison et les crimes avaient conquis leur liberté...

*
* *

En cortèges tumultueux les vainqueurs déferlent
vers l'Institut Smolny, — l'ancienne pension pour
demoiselles nobles, — où le Sovet a établi son quartier
général. Devant la magnifique façade rococo, chef-
d'œuvre de Rastrelli, les soldats campent autour de
grands feux de bois, les automobiles blindées attendent
les ordres ; sous la colonnade de l'entrée, on aperçoit
un canon et toute une rangée de mitrailleuses ; du
côté de la Néva, un torpilleur se tient en permanence ;
partout des sentinelles, des patrouilles ; pour passer,
il faut exhiber ses papiers vingt fois, essuyer des inter-
rogatoires méticuleux, fournir des explications détail-
lées. Dans les corridors s'épaissit une âcre atmosphère
où des gens armés vont, viennent, se bousculent devant
un réfectoire enfumé, amènent des prisonniers ou
passent chargés de feuilles sorties de presses. Au premier, la grande salle blanche à colonnes, — salle de distribution de prix et de bal, — envahie, elle aussi, de
gardes rouges et de matelots : c'est le concile prolétaire, la constituante de la rue. Sur l'estrade, devant
une table semi-circulaire, la lumière crue met en évidence la tête kalmoucke de Lénine à côté du profil violemment sémitique de Trotzky. Tandis que le congrès
des Sovets s'assemble pour résoudre le problème du
pouvoir, à chaque instant la canonnade vient scander
les discours et trancher toutes les questions pendantes.
Des théoriciens ont beau souligner l'irrégularité des
mandats et des convocations, l'absence des délégués
de dix armées de campagne, et prédire la faillite de la
révolution : toute une foule suante et hurlante, grisée
par sa victoire, leur répond par des menaces de fusil-

lade et n'écoute que la voix enrouée de Lénine promettre l'avènement d'une paix démocratique, la souveraineté des Sovets, la distribution des terres, la
liberté politique dans l'armée. Vaincus par ceux-là
mêmes qu'ils avaient accueillis à la descente des
trains venus d'Allemagne, avec musiques et drapeaux
rouges, les fractions minimalistes quittent le Sovet,
s'enfuient, les oreilles bourdonnantes du triomphe de
l'ancienne minorité...

***

Ici commence le calvaire des partis socialistes, l'expiation du crime d'avoir hébergé et défendu jusqu'à
la fin les porte-parole de la guerre civile. Neuf mois
d'efforts aboutissent à un ostracisme général, à l'exclusion des fractions si fières de leur orthodoxie, à la
création d'un comité exécutif dominé par les maximalistes, enfin d'un gouvernement présidé par Lénine, où,
sous le titre de commissaires du peuple, figurent des
noms qui sont autant de défis à l'opinion : Zinovief,
Trotzky, Lounatcharsky, Dybenko, Kamenef, Kozlovsky, Mme Kolontaï. Une implacable logique pousse
le parti victorieux à développer le succès obtenu à ses
extrêmes limites avec le plus superbe dédain pour les
demi-nuances et les demi-mesures : tout ce qui n'est
pas maximaliste est dénoncé comme bourgeois et
comme contre-révolutionnaire ; aucune distinction
n'est établie entre la politique de Terestchenko et
celle de Skobelef ; les minimalistes sont assimilés à
Kerensky, Kerensky à Kornilof, Kornilof à Nicolas II.
Les maximalistes simplifient les réalités, les ramènent
à l'angle d'optique de leurs théories brutales.

A peine arrivés au pouvoir, ils confirment, d'une
manière encore plus tangible, les expériences du passé,

l'impossibilité de tout compromis, de toute collaboration solidaire. L'immense orgueil d'anciens proscrits, aujourd'hui maîtres de la situation, la conscience
d'être soutenus par la force physique des masses, la
manie d'appliquer les programmes sans souci de la
résistance des faits, érigent un groupe de louches émigrants en satrapes féroces et fanatiques. Mais le virus
des transactions avait empoisonné à tout jamais les
partis démocratiques : immédiatement après le coup
d'État, alors qu'un Comité de Salut public réunit les
adversaires du maximalisme en un groupe qui impose
le respect même à l'ennemi, des négociations s'ébauchent, l'illusion d'un ministère de coalition recommence
à hanter tous les eunuques de la politique. En même
temps que les maximalistes imposent leur pouvoir à la
pointe des baïonnettes, suspendent par décret la
liberté de la presse, envoient des citoyens au cachot
pour une phrase et fusillent les vendeurs des journaux
non extrémistes, en pleine terreur où les soldats
bazardent impunément les Gobelins volés au palais
d'Hiver et s'apprêtent à forcer les caisses des banques,
d'interminables discussions s'engagent sur la répartition éventuelle des portefeuilles, les places vacantes à
prendre à côté des dictateurs.

Jamais la Russie ne donna davantage l'impression
d'un immense café d'émigrés où les coteries parle-
mentent, s'insultent, s'entre-dévorent. Au lendemain
de leur victoire, terrifiés eux-mêmes par un triomphe
facile, les maximalistes admettent, en principe, la
possibilité d'une coalition révolutionnaire, qui rati-
fierait les décrets sur la paix et sur la terre et répon-
drait de ses actes devant le Comité exécutif. Cette
concession est saisie au vol par tous les groupes dissi-
dents du minimalisme orthodoxe : Soukhanof, dans la

Novaïa Jisn, proclame solennellement que la puissance des maximalistes est un fait, qu'un refus de traiter avec Lénine ne fera que prolonger la guerre civile, qu'Avskentief, à la tête du Comité de Salut public, continue l'œuvre de Goutchkof et de Milioukof ; d'autre part, les socialistes révolutionnaires de l'aile gauche condescendent à des ouvertures précises : majorité des portefeuilles et présidence de Tchernof. Le sang a beau couler à Moscou, à Gatchina, dans les rues de Petrograd : les fractions convoquent leurs congrès, des orateurs s'hypnotisent sur leurs propres phrases et cherchent des panacées dans les combinaisons de programmes.

Vers le 15 novembre, la brusque intervention d'une force étrangère à la politique paraît imposer un instant la nécessité de transiger. Dans l'indicible chaos, où s'enchevêtrent les négociations, les discours, les intrigues, une association professionnelle, l'Union des cheminots, connue sous l'abréviatif télégraphique de *Vikjel*, se pose en arbitre des destinées nationales. L'Union exige la cessation de la terreur, la formation immédiate d'un ministère de coalition socialiste avec le concours de tous les partis, se proclame elle-même en dehors des ordres ministériels, un État dans un État, doté du pouvoir exorbitant de paralyser d'un jour à l'autre tout le mouvement sur les réseaux de la Russie. L'action directe succède à cet ultimatum : dans la guerre civile qui s'allume à travers le pays, l'Union se déclare neutre à la manière d'une puissance souveraine et lance un ordre formel à toutes ses sections en province d'arrêter les échelons sans importance stratégique.

. . Les pourparlers reprennent, stimulés par la crainte d'une grève générale des chemins de fer, mais le

moment propice à l'accord est irréparablement perdu.
Critiquée amèrement plus tard, par les maximalistes,
pour sa déclaration de neutralité, l'Union des cheminots a contribué la première à consolider le régime
de Lénine grâce à l'impossibilité d'alimenter les
troupes de Kerensky par de nouveaux renforts, alors
que les garnisons de Petrograd et de Moscou étaient
gagnées sans partage à l'extrémisme. A mesure que
les transports des échelons perdaient leur importance,
les exhortations de l'Union devenaient moins con-
vaincantes. Dans le néant politique où s'enfonçait la
Russie, le maximalisme voyait son pouvoir, peu à peu,
s'étayer sur une base solide : l'absence d'adversaires
sérieux. Et lorsque, toujours guidés par la jalousie
des portefeuilles, les délégués des autres fractions
s'acheminent quand même vers l'Institut Smolny,
pour reprendre le jeu des combinaisons de couloirs,
ils attendent, pendant des heures, devant la porte
défendue par la garde rouge armée jusqu'aux dents :
ils ne sont plus que de vagues quémandeurs de place,
des parents pauvres de l'extrémisme.

Quelle nécessité réelle, d'ailleurs, pouvait pousser
Lénine à traiter avec tous ces impuissants? Et que
pouvaient espérer les fractions orthodoxes d'une nouvelle tentative de convaincre les idéologues de la
baïonnette?

Il y avait quelque chose de profondément lamentable dans l'illusion qu'une accolade de Lénine avec
Tchernof, de Trotzky avec Dan, était en mesure de
refaire l'unité de la Russie et d'imposer confiance à
toute la nation. C'est d'une illusion analogue que
s'étaient inspirés les innombrables efforts de Kerensky
pour constituer un bloc ministériel savamment dosé
d'après les recettes parlementaires, en proportion

exacte avec l'importance des partis dominants dans le pays. Or, la Russie n'avait pas de partis : elle n'avait que plusieurs milliers d'agitateurs révolutionnaires — imposteurs ou illuminés — qui se flattaient de gesticuler au nom des masses ignorantes qu'ils avaient saturées de leurs promesses.

Esclave de ses impulsions, guidée par ses appétits matériels, la Russie échappe aux statistiques électorales. Dans la fièvre première de la révolution, on a vu la foule s'attacher spontanément aux fractions démocratiques par une foi aveugle en un avenir meilleur, mais cette adhésion, purement apparente, la laissait en dehors de toute couleur politique. Le pays continuait à rester étranger à Trotzky comme à Milioukof, à Terestchenko comme à Kerensky. De la propagande révolutionnaire, il avait tout simplement retenu les promesses les plus démagogiques, celles qui souriaient le mieux à sa paresse native et à l'éveil de ses besoins économiques, ainsi que les idées les plus simples, les plus primitives, celles qui s'adaptent le mieux à la fruste mentalité d'un peuple de communistes agraires. Le maximalisme a rempli toutes ces conditions requises pour devenir le *credo* de la Russie, et c'est pourquoi, provisoirement, il était victorieux. Il ne pouvait être vaincu que par la force ou la mort naturelle à laquelle, tôt ou tard, au contact avec les réalités, se trouvent condamnées toutes les chimères.

La vérité, cette fois-ci, mais trop tard, était avec Kerensky qui, à la tête d'un train blindé et de quelques *sotnias* de cosaques, esquissait une marche sur Petrograd : elle était avec les aspirants qui, pendant le sanglant dimanche du 11 novembre, essayèrent d'arracher le pouvoir des mains des maximalistes usurpateurs. Mais les deux tentatives, mal préparées, mal coordonnées, ne furent qu'un geste dans le vide, qu'un sacrifice inutile.

De la bataille de Gatchina, le Sovet maximaliste, par la bouche de Trotzky, a fait une victoire éclatante remportée sur la contre-révolution. En réalité, le train blindé occasionna des ravages terribles dans les rangs de la garde rouge : pour charger quatorze mille ouvriers armés, il suffit de deux cent cinquante cosaques ; plusieurs compagnies du régiment Pavlovski, obligées de se rendre, durent troquer leurs uniformes flambant neufs contre les tenues usées de campagne. Un peu d'énergie soutenue mettait Petrograd aux pieds du vainqueur. Mais, dans ses discours comme dans l'action, même dans les sursauts de désespoir, Kerensky était poursuivi par la fatale équivoque des pourparlers, des médiations, des compromis. Dès le moment où les cosaques devenaient son unique appui, sa défaite s'affirmait irrémédiable : la logique des événements lui arrachait le premier rôle dans la lutte contre l'anarchie maximaliste, à laquelle il restait toujours attaché par son atavisme révolutionnaire, pour le passer au général Kaledine, et surtout au général Kornilof, dont, en fin de compte, il imitait l'offensive au nom de l'ordre : « Soutenez, disait un télégramme intercepté de Novotcherkask, siège du mouvement cosaque, aux régiments frères de Petrograd, soutenez provisoirement Kerensky, et après nous saurons vite - nous défaire de cet aventurier... »

Dans le petit détachement victorieux de fait le flottement s'accentue, la psychologie du chef gagne la mentalité des soldats, et rend indécise une chevauchée qui s'annonçait épique. Les inconciliables contradictions, parmi lesquelles se débattait la politique de Kerensky, remontent irrésistiblement aux lèvres des simples : « On nous traite' de contre-révolutionnaires, et l'on nous fait tuer pour sauver la république. » Aussi l'idée d'un armistice trouve-t-elle un accueil favorable auprès des cosaques, rebutés par les fuyantes énigmes qu'ils n'arrivent pas à déchiffrer, et hantés par la nostalgie des calmes perspectives du Don. Le général Krassof, commandant des troupes, prévient Kerensky de cette fermentation dans les rangs et l'engage à déployer le drapeau blanc. C'est la chute dans le ridicule, l'écroulement auquel l'histoire interdit de survivre. D'un ton théâtral, Kerensky risque le suprême effet de tribune et promet le suicide. Des mots, encore des mots, même au moment de prendre congé de la phrase. Pendant que les cosaques signaient ce stupéfiant armistice qui livrait leur généralissime à la justice populaire et décidait les poursuites contre Lénine et Trotzky pour trahison, Kerensky s'enfuyait, déguisé en marin maximaliste.

Et, dans cette fin de carrière si implacablement symbolique, s'évanouissait la première période de la tourmente russe dont Kerensky fut le héros et l'interprète, période de lamentable impuissance politique où l'action était remplacée par les feux d'artifice d'une inextinguible rhétorique. Devenue un immense auditoire devant un gouvernement d'orateurs, la Russie, à peine éveillée de son silence et amoureuse de phrases comme tous les adolescents, se reconnut, pendant plusieurs mois, en ce poète de la tribune, à la sensibilité exaspérée de femme hystérique, vite essoufflé par les mots, esclave des partis et des transactions, menteur et lâche ainsi qu'il sied aux hystériques. Après une magnifique entrée en scène qui a tenu du miracle, et qui a fait vivre au pays les instants les plus romantiques de son histoire révolutionnaire, Kerensky, usé par la déclamation, s'éclipsa dans les coulisses, à la manière d'un médiocre histrion de province, sur une note fausse..

A la place des bavardages et des équivoques, le maximalisme triomphait, l'arme au poing. Pour là première fois au monde, un ministère purement socialiste devenait le maître d'un pays et réalisait ainsi le rêve d'or pronostiqué par Engels et par Marx : la révolution sociale par l'accaparement du pouvoir. Déjà, du Sovet montait une délirante acclamation qui saluait la ruée du prolétariat mondial à la conquête de l'univers. Et, dans le bruit de cette folie collective, comme seul le moyen âge en connut des exemples, on distinguait surtout le glas funèbre d'un pays sacrifié, devenu un objet de vivisection sociale à l'usage des aventuriers de Zimmerwaldt.

CHAPITRE XIII

SA MAJESTÉ LA PLÈBE

La mise à sac du palais d'Hiver. — Qui gouverne la Russie? — L'avènement des bas-fonds. — Le Gotha maximaliste. — Les « cent-
noirs » et les « cent-rouges ». — Espions, aventuriers et arrivistes.
— La lignée d'Azef. — Les galériens. — Les tentatives d'épura-
tion. — Un État envahi par le ruisseau.

L'ancien régime, à côté de tous les méfaits dont
on a l'habitude de le charger, avait un mérite qu'il
est difficile de lui refuser : la capitale était admirablement tenue. Avec ses colonnades ampoulées, la
pompeuse majesté de ses façades, l'harmonie architec-
turale de ses lignes sévères, l'unité de son style napo-
léonien, ses éternels motifs de victoires et d'aigles
éployés, Petrograd n'était pas seulement la ville
Empire, c'était, par excellence, une ville impériale :
ses avenues spacieuses, tracées pour encadrer des
revues de garde et des cortèges de gala, ses amples
perspectives d'eau et de granit, dominées par le monument équestre de Pierre le Grand, ses palais guindés,
poudrés à frimas par la neige, tout contribuait à faire
de cette ville, surgie des marais sur un geste des tsars,
un décor qui jure étrangement avec les tumultes de la
rue.

Dans le vandalisme brutal de la foule, au palais
d'Hiver, il est possible d'entrevoir comme des représailles contre l'insolence distante d'un décor aristo-.

cratique. Pendant trop longtemps, le peuple n'était venu sur la place aux couleurs de pourpre, telle une salle de trône, que pour s'agenouiller devant le balcon impérial. Professeurs de démagogie, les maximalistes abandonnèrent volontiers le sanctuaire tsariste à l'assouvissement des vengeances historiques : une populace rouge, les « esclaves révoltés » de Kerensky, souffleta les choses, viola les meubles, dégrada les œuvres d'art ; la même rage de négations qui poussait les « commissaires du peuple » à faire table rase du passé politique, social et militaire, jetait une tourbe échevelée vers l'âpre volupté de la destruction bestiale.

A coups de baïonnette on larda les toiles des grands maîtres, à coups de crosse on décapita les statues ; de lourdes bottes écrasèrent des porcelaines, piétinèrent des gravures, des photographies, des manuscrits aux signatures d'Alexandre II, de Loris-Melikof, d'Abaza, de Pobedonostzef — tout ce qu'un musée ou une bibliothèque auraient conservé sous verre, comme des reliques ; sur les planchers, les tapis maculés, un chaos de décombres, des débris de meubles dont on arracha les étoffes, cartouches, éclats de lustre, bouts de cigarettes ; partout, sur les soieries des divans, les traces poisseuses des gamelles, de la soldatesque vautrée ou des silhouettes armées qui s'acharnent à forcer les derniers tiroirs. Le palais mis à sac, on se rua dans les sous-sols, les caves où dormaient des bouteilles aux poussières séculaires, aux étiquettes de l'époque de Pierre et de Catherine. Depuis longtemps, faméliques et féroces, soldats, matelots, ouvriers de la garde rouge, rôdaient autour du trésor, muré par une sage précaution du gouvernement provisoire : la brèche percée à coups de grenades, des forcenés se gavèrent d'alcool. Dans leur hâte trépidante, ils brisaient les goulots, se barbouillaient de vin et de sang, tombaient ivres morts ou hurlaient en délire. Dépêchées pour mettre fin à l'orgie, les patrouilles se laissèrent entraîner par la hideuse saturnale et, lorsqu'enfin les pompiers reçurent l'ordre d'anéantir les bouteilles et les fûts, une multitude hagarde s'obstina à patauger jusqu'aux genoux dans la marée épaisse, à tituber contre les cadavres des camarades noyés et à boire, à boire toujours, dans le creux de la main, ou à remplir bottes, seaux, bouillottes, casquettes. Les grands leaders du Sovet accourent, s'essayent à des phrases, bégaient quelques timides exhortations. Peine perdue. Repris à Kerensky, le palais d'Hiver est entre les mains d'une plèbe triomphante, qui, à tous ses favoris, riposte par des gestes d'épileptique et par des menaces de lynchage. Les maîtres d'aujourd'hui comme les maitres d'hier se heurtent à la même force implacable et anonyme, au suprême despote collectif, dont ils avaient brisé les chaînes.

A l'Institut Smolny, il est difficile de préciser si Lénine est le chef ou le prisonnier des quinze mille ouvriers armés qui le gardent. Dans les corridors et dans les salles où glissaient jadis les essaims légers de jeunes filles, la dictature de la rue s'étale avec ses invariables attributs : mégots mâchonnés, crachats, relents de cuir et fumet de chien mouillé, cosses d'innombrables grains de tournesol que grignotent, du matin au soir, ouvriers, soldats, moujiks, d'infâmes obscénités charbonnées sur les murs, et puis la cohue des figures devenues familières : fantassins et matelots débraillés, fleuris de pompons écarlates, filles en cheveux affalées sur les bancs et sous les tables, garde rouge à profils patibulaires, le fusil en sautoir.

Les « bas-fonds », décrits avec tant de complaisance par les diamaturges et les romanciers russes,
sont enfin sortis de la littérature pour devenir une
réalité d'abord, le pouvoir ensuite. La légende veut
qu'une chiromancienne, consultée par Nicolas II sur
l'avenir de la dynastie, se serait écriée : « Après toi,
rien, rien, rien ; je ne vois que des chemises rouges. »
Ces chemises rouges ont pris, aujourd'hui, possession
de la couronne et du sceptre, envahi les palais, esca-
ladé le trône. Là où gesticulent les potentats de l'heure,
il n'y a que ces chemises trempées de sueur et de sang,
de l'ardente couleur des revendications extrémistes et
des appétits exaspérés. Et, si l'on prête l'oreille aux
conversations, dans les couloirs de Smolny et dans
les carrefours de Petrograd, c'est toujours la même
phrase, qui revient chargée de haine : « Personne ne
sera Tsar, pas plus Kerensky que Lénine. Le Tsar,
c'est nous, rien que nous... »

La Russie, de fait, est gouvernée par la lie des faubourgs, par l'écume des grandes villes. Les *Izvestia* ont
beau s'évertuer à brosser le portrait d'un Lénine frère
des prophètes socialistes, âme sœur des rénovateurs
scientifiques et des héros révolutionnaires, né dans le
ruisseau, le coup d'État maximaliste est impuissant à
se libérer de ses origines : un invincible penchant le
condamne à une révolte systématique contre toute
supériorité ; ce n'est pas l'égalité qu'il vise, mais la
suprématie de l'ignorance, la tyrannie du domestique,
l'autocratie de la plèbe. Le commandement suprême
est confié à un adjuoant ; le district militaire de Moscou à un simple soldat, Mouralof ; la rédaction d'un
journal officiel à un caporal, Eroméef ; le ministère de
la Marine est géré par un matelot, Dybenko ; le régiment des tirailleurs de la Garde est soumis aux ordres

d'un certain Chark, marmiton de la cuisine impériale. Au Sénat, où les serviteurs se prélassent dans les fauteuils curules, les maximalistes ressuscitent les traditions du cheval de Caligula nommé sénateur. Dans les universités, les garçons de laboratoire font la loi aux professeurs ; dans les usines, les ingénieurs sont à la merci des comités ouvriers. A Saratof, la plénitude du pouvoir appartient à quatre soldats et à trois apprentis, présidés par un barbier. Et, dans les campagnes, les baïonnettes des déserteurs président à l'administration et au pillage.

On pourrait prolonger à plaisir la liste de ces exemples. Ils s'expliquent. Les éternelles résolutions des meetings, le déluge de paroles, ont profondément lassé les grandes masses des casernes et des banlieues ouvrières. Avec le maximalisme, le prolétariat, le sang allumé par neuf mois de propagande, entrait, enfin, de plain-pied, dans l'action, celle du partage intégral, depuis le dépècement de la terre jusqu'aux palais impériaux vidés de leurs bronzes. Et, dans le choix des guides pour le conduire à cette curée, il était défendu de faire preuve d'un excès de délicatesse. Sous le gouvernement provisoire, disait-on à Petrograd, il suffisait, pour obtenir un poste, de justifier un séjour de quelques années en Sibérie pour crime politique ; sous le régime de Lénine, il suffit, tout simplement, d'avoir fait de la prison. La traditionnelle pitié pour le bagnard, considéré comme victime, l'instinctive orientation vers des énergumènes sans scrupules, l'absence, enfin, de répugnance morale, ont porté, vers les foyers du pouvoir, les détritus et les scories qui, en temps normal, dorment au plus profond de la vie politique d'un pays.

Il pèse, à cet égard, sur l'histoire de la Russie,

comme une malédiction, une fatalité, dont le courant
pousse le peuple, aux heures de crise, à devenir la
proie de louches aventuriers. Lénine, Trotzky, leurs
acolytes, ne font que continuer la lignée des faux
Dimitry et des Pougatchef. Ceux-ci spéculaient sur la
foi monarchique ; ceux-là sur la foi révolutionnaire. De
tout temps les Kremlins et les carrefours de Moscou
étaient hantés de faux prophètes, de thaumaturges,
de charlatans politiques. Au moindre remous intérieur,
toute cette écume refluait à la surface et, si seulement
la résistance sociale craquelait sous l'effort, elle faisait irruption, par toutes les fissures, dans les recoins
les plus secrets de l'État. Les maximalistes ont précisément mobilisé la lie stagnante dans les troubles
profondeurs du pays : ils ont renouvelé les sombres
expériences du passé, ressuscité les foules épileptiques
et les folies moyenâgeuses où icones et revenants sont
remplacés par la rouge bacchanale des drapeaux extrémistes.

*
* *

Après le grand avatar libéral de 1905, il a été possible d'observer, dans la population, des mouvements
de même nature, cultivés par les célèbres « cent-
noirs », organisation plus monarchique que le monarque, comme le parti léniniste est plus « gauche »
que toute la révolution. A la base de ces deux catégories de démence se retrouve une démagogie forcenée,
celle qui vit de terreur et cherche les coupables, les
dénonce, les crée au besoin et les livre à la vindicte
populaire.

Chez Lénine comme chez le docteur Doubrovine, le
leader des « cent-noirs », arrêté le premier jour de la
révolution, c'est la même rigidité des programmes, la

même myopie intellectuelle, la même intransigeance farouche, la même intolérance doctrinaire, la même impitoyable logique de maniaque, et enfin le même dédain pour la nature des sources qui alimentent la caisse du parti : chez l'un comme chez l'autre, un immense orgueil, l'ambition débordante de soumettre l'univers entier à ses théories, et cette étroitesse d'esprit, réfractaire aux nuances de la réalité, l'irréductible tendance à saboter les faits, à déformer la vie pour la plier à la dictature ici du Tsar, et là de la plèbe... Une pareille mentalité fait déchoir facilement un homme au rang d'un agent entre les mains d'une puissance étrangère : suivant les besoins de la cause, qu'il s'agit de raffermir un trône ou de désagréger un Empire, l'Allemagne a toujours découvert, dans les sectaires politiques russes, des instruments admirables pour assurer l'exécution de ses plans. Les maximalistes aussi bien que les ultra-réactionnaires n'ont jamais cessé de révéler les traces irrécusables des inspirations de Berlin.

L'identité psychologique des deux mouvements est soulignée par le fait, paradoxal en apparence, que le maximalisme recrute bien des auxiliaires dans les milieux de l'ancienne police impériale et, à l'exemple des « cent-noirs », parmi les aventuriers et les pêcheurs en eau trouble, tous les déchets de la rue, des arrivistes sans vergogne et des ratés. Dans un moment d'expansion, Lénine avoua lui-même que, pour un seul maximaliste de bonne foi, il faut compter soixante imbéciles et trente-neuf escrocs. Rien n'était plus exact. Comme tous les partis démagogiques, le maximalisme dédaignait la qualité des adeptes et s'attachait exclusivement à leur quantité : il ne s'embarrassait jamais du souci d'examiner à la loupe les

antécédents, le casier moral et même le casier judiciaire
de ses néophytes ; une profession de foi bruyante suffisait pour jouer un rôle de premier plan. C'est ce qui
explique, parmi les chefs, chez les « cent-rouges »
comme chez les « cent-noirs », le nombre prodigieux
de provocateurs professionnels, tout un pullulement
d'Azefs, grands et petits, connus et inconnus. De là
aussi, aux deux pôles opposés de la politique russe, la
place prépondérante attribuée à la plèbe, la foule des
pogroms juifs et des *pogroms* du palais d'Hiver, la
même foule qu'on avait vue promener le portrait de
Nicolas II aux sons de l'hymne impérial et brandir
des pancartes rouges dans le vent de l'*Internationale*.

***

Dans la gloire de la dictature, au Smolny, Lénine
continue les traditions de l'exil : il règne comme il
avait combattu, sans chercher à purifier ses cadres,
insensible à la malpropreté morale, le nez bouché à
tous les relents de la rue, les yeux fermés sur les plus
basses promiscuités. Les traîtres de marque sont
cajolés. Le capitaine Djevoltovsky, qui avait ouvert
le front sous Tarnopol, est chargé de « liquider » les
écoles d'officiers. Postnikof, condamné en 1914 pour
espionnage en faveur de l'Allemagne et de l'Autriche,
devient le chef du parti socialiste-universaliste, inféodé
au maximalisme. L'avocat Kozlovsky, le correspondant à Petrograd de Fürstenberg, inculpé de haute
trahison, est désigné pour diriger la commission d'enquête au Smolny. Fürstenberg lui-même, espion avéré,
est porté directeur de la Banque de l'État. A l'enseigne
Ribbe, en fuite avant le coup d'État d'octobre, accusé
d'avoir communiqué des renseignements à l'Alle-

magne, le gouvernement maximaliste confie les fonctions de commissaire près la 12ᵉ armée. Un journaliste,
Kolychko, arrêté pour espionnage sous le ministère
Goutchkof-Milioukof, reçoit ses passeports pour Stockholm, et l'ineffable Radeck est érigé en grand mani-
tou de la diplomatie extrémiste.

Si, d'ailleurs, chez Lénine, le néant moral a pour
circonstances atténuantes une folie de doctrinaire, —
la plupart de ses auxiliaires sont même incapables de
s'autoriser d'une conviction quelconque. L'adjudant
Krylenko, médiocre avocat sans cause, nommé commandant en chef des armées russes, obsédait, il n'y
a pas longtemps encore, un des leaders du parti cadet,
M. Nabokof, afin qu'il lui fournît quelques fonds pour
publier un ouvrage contre... les social-démocrates. Le
président du Comité de guerre révolutionnaire, — le
vainqueur de Kerensky, le Bonaparte du maximalisme,
— Podvoisky lui-même s'est résigné, avant la guerre,
à larmoyer auprès de la comtesse Kleinmichel pour
échapper à un arrêté d'expulsion de Petrograd. Le
lieutenant-colonel Mouravief, nommé au poste de commandant du district militaire de la capitale, avait longuement importuné Kerensky pour obtenir l'autorisation de disperser sur le front la « canaille extrémiste » ;
ancien commissaire de police, il débuta, sous le régime
de Lénine, par une circulaire qui légalisait le lynchage
par la garde rouge. Autour de ces figures, devenues
historiques, fourmillent les sous-ordres, les exécutants
et les manœuvres, aventuriers de moindre envergure,
poussés dans la carrière administrative par le népo-
tisme révolutionnaire, véritable ruée de chevaliers
d'industrie à l'assaut des places vacantes. Un auteur
de farces obscènes, Falaef, obtient un poste important
au ministère de l'Agriculture ; un gérant de tripots,

Lapitzky, est adjoint au commissaire du peuple pour les finances ; à un vague journaliste, collaborateur d'un organe théâtral dont il avait « annexé » la caisse, Avanessof, le gouvernement confie le monopole de la publicité dans la presse, et un ami de Raspoutine, le prêtre Galkine, a pour mission d'organiser des Sovets ecclésiastiques (1).

Dès la chute de Kerensky, tels des larves après la pluie, on voit apparaître et ramper vers le couvent rococo d'anciens mouchards, des agents de la police d'hier, des épaves du régime impérial. Irrésistiblement, les rouges lumières de l'Institut Smolny attirent le vol des papillons de nuit et des chauves-souris ténébreuses. Dans le voisinage immédiat de Trotzky s'agitent le président des « cent-noirs », de Koursk Desobri ; l'ex-secrétaire de Protopopof, Orlof, dont l'expérience est mise à profit pour diriger les arrestations et les perquisitions ; un employé de l'*Okhrana*, Krivoch, chargé jadis de surveiller Bourtzef et les députés de la Douma, devenu l'interprète officiel des plénipotentiaires maximalistes. La vermine qui avait déshonoré l'ancien régime, et que, par élégance politique, le gouvernement tsariste reléguait honteusement dans l'ombre, s'étale maintenant, en pleine lumière, dans chaque ministère, dans toutes les administrations.

Aux Affaires étrangères, avec la mission spéciale de publier les pièces secrètes des archives, le maximalisme installe Polivanof, organisateur de tripots et de cafés suspects, fondateur d'une société monarchique d'étudiants à Kief, l'Union académique, et à la Jus-

---

(1) Un courageux journaliste russe, M. Lvof, a publié quelques-unes de ces biographies dans le *Den*.

tice un autre dignitaire des « cent-noirs », Kostrof, vice-président de l' « Union du peuple russe ». Le département des chemins de fer est dirigé par Makar Wassilief, un ancien rédacteur de la *Zemstchina*, journal ultra-réactionnaire, subventionné par la police. Au conseil municipal, Koboch, le représentant maximaliste, augmentait jadis son modeste traitement de professeur au Gymnase Hermann à Riga par des dénonciations de collègues à la gendarmerie impériale. Et, pour porter le drapeau blanc dans les tranchées allemandes, le gouvernement de la trahison n'a découvert qu'un traître, Wladimir Schneehur, maitre-chanteur professionnel et, sous le nom de Schpets, agent de l'*Okhrana*, employé à espionner les milieux militaires à Petrograd et les cercles révolutionnaires à l'étranger : véritable cumul de bassesses.

A quelque deux cent cinquante ans de distance, la Russie renouvelait, mais sur une échelle de cauchemar, la scabreuse équipée du voleur de Touchino, comme le peuple appelait le moine imposteur qu'il avait reconnu pour un Tsar ressuscité. A Touchino, bourgade restée célèbre dans l'histoire, — le Smolny du dix-septième siècle, — afflua, attirée par l'odeur du pillage, des sinécures et des grasses prébendes, une foule de cosaques maraudeurs et d'écumeurs de grandes routes. Étrange fascination du repris de justice sur un peuple qui avait donné au monde des modèles de sainteté et d'élévation évangélique ! Le pays s'abandonne aux heures de défaillance entre les mains de criminels de droit commun dont les roueries lui imposent une sorte d'admiration instinctive. Non seulement les administrations maximalistes, mais même les Sovets élus abritent des évadés du bagne et des prédestinés à la potence. Dans les campagnes, les paysans surveillent

attentivement les mandataires qui les représentent. Il
suffit d'être élu pour paraître suspect de quelque
vague prouesse pénale antérieure. « Le représentant de
notre garnison, Gonor Goutcharenko, télégraphie le
Sovet de Vladivostok au Sovet de Blagovestchensk,
est un criminel dangereux et un ancien tenancier de
maison de tolérance. »

Le Gotha maximaliste produit l'impression d'une
collection de fiches de la Sûreté. Dewerck, un récidiviste célèbre, est nommé commissaire de Smolny.
Bolonof, gérant du département médical, fut prié en
1906 de quitter l'Université pour avoir triché au jeu.
Popof, chassé d'une banque de Toula, pour malver-
sations, est nommé commissaire à la Banque de l'État ;
Pokrovski, commissaire aux Beaux-Arts, manifeste ses
prédispositions esthétiques par des vols au palais
d'Hiver. La commission supérieure d'enquête compte
parmi ses membres Kartachef, signalé pour pillage
pendant l'émeute de juillet, et Liiv qui purgeait aux
Krestys une condamnation pour faux. A la tête de
l'agence télégraphique surgit un homme dénoncé
comme provocateur, coupable d'indélicatesse envers
les caisses ouvrières, Léonide Starck, et, à la tête de
l'Académie de médecine, un autre provocateur, Golo-
vinsky, poursuivi par le Sovet de Iambourg pour
pots-de-vin et calomnies. A la Constituante, les maximalistes envoient un de leurs dignitaires, Nakhimson,
chassé du congrès socialiste de Londres pour mandat
illégal, et qui, sous l'ancien régime, s'employait à
libérer les détenus politiques au prix de 1 000 roubles.
Feiermann, commissaire à la municipalité de Petrograd, se livre au pillage sous prétexte de perquisitions, et Kazantzef, son complice, nommé, sur la
recommandation de Krylenko, chef du district mili-

taire de la capitale, traite les restaurants et les clubs
en pays conquis. Le galérien, tout fumant encore des
stigmates du bagne, devient le maître de la Russie
socialiste. Et, pour exercer la justice populaire, il
se hâte de déléguer ses compagnons du crime comme
Moisseff, membre du Sovet, président du tribunal
révolutionnaire de Moscou, condamné en 1912 pour
détournement de 200 000 roubles à la Banque Fon-
cière de Poltava.

Devant des abus aussi criants, les maximalistes
finissent par s'émouvoir et par procéder, pour calmer
l'opinion, à quelques arrestations sensationnelles. Une
des personnalités les plus huppées du parti, Efremof,
président de la commission d'enquête à Cronstadt, est
déféré à la justice pour vol en même temps que trois
autres maximalistes notables, Plotnikof, Wassilief,
Stcherbinsky, tous membres d'une commission de contrôle, sous l'inculpation d'avoir bazardé d'énormes
stocks d'approvisionnement, réquisitionnés à Vologda
et destinés à la population pauvre de Petrograd. On
arrête Feiermann, on arrête Kasantzef, on arrête jusqu'au gérant des finances russes, le jongleur de millions en papier-monnaie, Lapitzky, à trois heures du
matin, ivre-mort dans un mauvais lieu de Moscou. Le
commissaire Ivanovitch est condamné à dix ans de
travaux publics pour chantage ; Boivochof, membre
d'un comité alimentaire, est poursuivi pour spéculation ; Boutyrsky-Kovalef, commissaire des prisons,
pour pots-de-vin, et le directeur de l'assistance aux
mineurs, Gorodetz, pour abus de confiance. Le scandale éclate, enfin, en plein Smolny, la commission
d'enquête, présidée par Koslovski, convaincue d'arbitraire, d'arrestations injustifiées, de levées d'écrou
intéressées, quatre cents affaires sur huit cents créées

de toutes pièces, comme au bon vieux temps des gendarmes et de l'*Okhrana*.

A contre-cœur, le gouvernement maximaliste ins-
titue une commission de revision pour refouler le flot
de boue qui gagne chaque jour du terrain. Mais ses
efforts tardifs sont vite débordés. Symbolisée par la
neige salie que personne ne déblaie sur la grande place
devant l'Institut Smolny, sans trêve, la marée fan-
geuse s'enfle et gronde, menace de submerger de sa
déliquescence et de sa pourriture aussi bien le siège
du maximalisme que Petrograd, la Russie entière, la
révolution, tout et tous...

CHAPITRE XIV

LA DICTATURE ROUGE

I. — *La Terreur.*

Devenu le messager officiel du gouvernement russe, la *Pravda* débute par une véritable théorie de la guerre civile : « Libre aux tolstoïens de prêcher l'indulgence envers les spéculateurs, les généraux, les bourgeois. Classe contre classe : telle est la situation réelle. Nous ne vivons pas dans une époque paisible et normale que regrette le capitaliste ventru. Abattre le bourgeois est un devoir sacré. On ne parle pas avec l'ennemi : on l'exécute. »

D'où venait cet orgueil? Le malheur de la révolution russe a été peut-être d'avoir triomphé trop facilement de l'ancien régime, victoire qui permit à une minorité de prétoriens et d'ouvriers de poser pour des héros dans des parlotes jacobines. Les Sovets, c'est-à-

dire les coteries, ont monopolisé la révolution. Ils l'ont
volée, non seulement à la bourgeoisie, mais même aux
artisans de la première heure, aux martyrs et aux
apôtres, à Plekhanof, à Kropotkine, jugés indignes de
siéger parmi les pseudonymes et les anonymes bouffis
de vanité. La moitié-de la Russie fut mise à l'index
et traitée en ennemi, les armes devenues les suprêmes
arguments du léninisme. « Désormais, clament les
énergumènes, nos seuls meetings sont des baïonnettes... » La plèbe ne peut exercer sa dictature que
par la terreur.

De là, au lendemain de la révolution maximaliste,
les tragiques soubresauts de la capitale, le martyre des
élèves officiers après une héroïque tentative d'arracher la ville au pouvoir des nouveaux maîtres,
cinq cents jeunes gens affamés dans la forteresse Pierre-
et-Paul, des corps odieusement mutilés retrouvés dans
la Moïka, les sœurs de charité empêchées à coups de
crosse de secourir les blessés, des linges secoués, entre
les barreaux des cellules, avec une croix rouge, tracée
d'un doigt trempé dans du sang, pour dénoncer aux
passants des agonies mortelles, et ces sinistres étalages,
à la morgue de Petrograd, de cadavres détroussés par
des mains sacrilèges, aux poitrines labourées par les
baïonnettes de Cronstadt, aux têtes séparées des
troncs, aux moignons déchiquetés.

De là, aussi, les tueries de Moscou qui, de l'aveu
d'un officier, chevalier de Saint-Georges, dépassèrent
en horreur toutes ses impressions des champs de
bataille. « Ce fut, écrivait Gorky, pourtant un des
théoriciens du maximalisme, un atroce massacre d'innocents. » Sur les monts des Moineaux, d'où Napoléon,
ennemi, s'était borné à contempler la voie lactée des
coupoles moscovites, des mains criminelles n'ont pas

hésité à traîner des pièces lourdes. Du 8 au 15 novembre, Moscou vécut dans les caves tandis que la fusillade crépitait à travers les rues et que les obus émiettaient des chefs-d'œuvre. Pour la première fois, devant la garde rouge, se lève la bourgeoisie en armes, la *garde blanche*, composée d'officiers, d'aspirants, d'ingénieurs, d'étudiants, même de lycéens, tous les âges mêlés, des vieillards et des enfants. Occupé par cette milice improvisée, le Kremlin résiste pendant de longues journées aux furieuses attaques de la plèbe. Toutes les tentatives des cheminots pour mettre fin à la lutte se brisent contre l'intransigeance des comités maximalistes. Le ventre creux, mais le cerveau enflammé par de copieuses distributions d'eau-de-vie, la garde rouge promet de baigner Moscou dans le sang. Chaque jour elle reçoit des renforts de Petrograd, des munitions, de nouvelles armes. Les écoles militaires, les corps de cadets, s'effritent sous les shrapnells. On tire sur le grand théâtre, à la façade de temple grec, sur la municipalité si byzantine dans sa modernité, le palais de Justice où le bombardement détruit les dossiers et les archives, le Kremlin et ses vieux sanctuaires, la sacristie patriarcale éventrée, des évangiles du quatorzième siècle essaimés sous l'éboulement des briques.

Jour et nuit les balles sifflent et les obus pleuvent ; les armistices ne sont pas respectés ; personne pour éteindre les incendies, personne pour ramasser les blessés ; et, malgré la mitraille, en plein enfer, le pillage des caves, des dépôts, des magasins, même des églises : quelques jours plus tard on peut acheter, dans les arrière-boutiques, des ciboires en or et des icones ocellées de pierreries. Rien n'est respecté : braquées parmi les blancheurs d'albâtre de l'église du Sauveur les mitrailleuses font rage. La prison **Boutyrsky** se vide de ses pensionnaires. Le crime politique s'allie au crime tout court. On vole jusqu'aux bottes des blessés, abandonnés les pieds nus, recroquevillés par le froid, dans la boue glaciale. On bat les prisonniers, on les giffle, on leur crache dans la bouche. Des aspirants assiégés au Kremlin, pas un seul n'échappe à la fusillade. D'autres sont enfermés dans des écuries en si grand nombre qu'ils se voient obligés de rester debout, pendant vingt-quatre heures. Un obus tombé par hasard dans cette masse humaine l'éclabousse tout entière d'éclaboussures sanglantes. Morts, vivants, blessés, s'entre-choquent en une diabolique étreinte.

En province, c'est la même bacchanale fratricide. Bataille rangée à Kazan, avec le concours des aéroplanes, capitulation de la ville sous menace de destruction complète. A Saratof, le conseil municipal et quelques centaines d'aspirants conduits, sous une grêle de soufflets, vers la prison où beaucoup se suicident ; d'autres deviennent fous. A Kief, un général et quinze officiers fusillés. A Perm, tous les magasins saccagés, pas une vitre restée intacte. Près de Petrograd, à Tzarskoé-Sélo, un prêtre est exécuté pour avoir prié pour le repos de l'âme des cosaques massacrés.

Sur la tombe des officiers, des aspirants, des étudiants, fauchés par l'artillerie maximaliste, les haines ne désarment ni devant le deuil éploré des parents, ni devant le tragique qui émane des liturgies funèbres de l'Église orthodoxe. C'est que la terreur n'est nullement un incident : elle est un système politique, elle est une méthode de gouvernement, l'application de la guerre des classes par la classe victorieuse. Désarçonnée, jugulée, la bourgeoisie reste toujours l'en-

nemie ; vaincue, elle reste toujours dangereuse, réfractaire à toute assimilation par le prolétariat. Suivant
une formule empruntée par les maximalistes à la Révolution française, la bourgeoisie est « hors la loi », c'est-
à-dire, d'après l'interprétation russe, privée de défense
humaine, condamnée en bloc et sans appel aux lynchages, aux viols, aux pillages : sous Ivan IV, les
boïars rebelles étaient livrés dans ce style à la merci
de la milice du palais. C'est contre la bourgeoisie que
se forment les cohortes de la garde rouge, les maximalistes projettent l'armement collectif du peuple et permettent aux soldats démobilisés de rentrer à leurs
foyers, baïonnette au canon. Trotzky, qui avait si
violemment critiqué la restauration de la peine de
mort sur le front, évoque la « délicieuse machine
inventée par un médecin, et dont l'effet est de rac-
courcir les corps seulement de la tête ». Une incurable
mégalomanie pousse les cabotins du maximalisme à
éclipser la Terreur française. Un ingénieur, Brum,
soumet à l'Institut Smolny le projet d'une guillotine actionnée par l'électricité qui décapiterait cinq
cents bourgeois à la fois. Ce rendement formidable ne
laisse pas de sourire aux commissaires du peuple :
poètes de la terreur, ils rêvent d'un immense échafaud
que graviraient sans fin les cortèges des hérétiques
marxistes.

D'ici là, on emprisonne et l'on fusille. Pour un
mot, pour un geste, les citoyens de la libre Russie sont
arrêtés par des spadassins en melons cabossés, des
condottieri en capotes de bure. Consacrées comme une
vertu civique, les dénonciations foisonnent. A peine
constituée, la commission de lutte avec la contre-
révolution, le sabotage et la spéculation, invite les
« camarades » soldats, ouvriers et paysans, à la ren-

seigner sans délai. Jamais les prisons n'ont été plus
remplies. Pendant des semaines, des mois, les incarcérés languissent sans savoir pourquoi ; aux interro-
gatoires les menaces du revolver soulignent l'importance des questions posées ; à Viatka, l'instruction se
pratique avec la collaboration des mitrailleuses ; pour
être libéré, il faut l'avis unanime de la commission
d'enquête. A tous les drames, dont les spectres han-
taient jusqu'à présent les casemates de la forteresse
Pierre-et-Paul, s'ajoute l'épouvante des cellules où
l'eau gèle dans les baquets, où une effroyable promiscuité morale impose aux détenus politiques le contact avec des récidivistes de droit commun et une
écœurante promiscuité physique met en présence bien
portants et malades avec un seul verre par chambrée.
Le commandant de la forteresse légalise les pires
excès par l'affirmation qu'il n'y a pas de règlements
dont puissent s'autoriser les adversaires du maximalisme : cinquante-neuf personnes reçoivent dix livres
de pain par jour ; les punitions corporelles ressuscitent,
les coups de crosse et de baïonnette ne se comptent
plus. Bientôt la forteresse et les *Krestys*, — toutes les
Bastilles de l'ancien régime adaptées aux besoins de la
révolution, — s'affirment insuffisantes : en province
l'écrou est levé en faveur de bagnards pour pouvoir
enfermer des bourgeois ; les sombres réduits de
Schlusselbourg, murés sous la monarchie, se rouvrent
devant les prisonniers de marque ; Cronstadt regorge
de malheureux ; au Smolny même, on entasse les gens
dans les caves ; et, comme la place finit par manquer,
le meurtre devient presque une nécessité.

« Que Dieu nous préserve, écrivait Pouchkine au
début du siècle dernier dans l'histoire de Pougatchef,
de revoir l'émeute russe, impitoyable et absurde. » **La**

révolution n'était plus que cette émeute, l'émeute d'un peuple éduqué dans la pratique des violences et la légitimation de l'arbitraire. L'habitude invétérée des pots-de-vin, une des plaies de l'ancien régime, la fameuse *Vsiatka*, inspire à la plèbe triomphante de véritables contributions sur les « classes possédantes ». La bourgeoisie devient corvéable et taillable à merci. Jadis, pour augmenter ses revenus, un commissaire de police extorquait régulièrement des dîmes mensuelles à la population juive de son quartier. Sur une échelle infiniment plus vaste, le maximalisme a fait du bourgeois le juif de la révolution. Dès que leurs caisses se vident, les Sovets locaux rassemblent les notabilités de la ville et leur intiment l'ordre de verser dans les vingt-quatre heures une « contribution révolutionnaire ». A la moindre résistance, les bourgeois sont emprisonnés comme otages et leurs biens « municipalisés » au profit de la commune : le vol organisé sous l'étiquette politique. La contribution varie suivant l'importance de la ville et l'opulence des fortunes privées : 12 millions à Rostof, 10 à Saratof et à Odessa, 5 à Iaroslavl et à Tver, 3 à Elizavetgrad ; pas une localité n'échappe à cet impôt de la terreur ; à Tcherboksar, toutes les maisons de commerce sont contraintes à verser 300 000 roubles ; à Kachine, on choisit les otages parmi les vieillards malades ; à Rjef, des marchands, un fusil appliqué sur le crâne, signent l'abandon de la moitié de leur fortune au Sovet. A Ostrof, le comité révolutionnaire, pour simplifier les choses, ordonne la séquestration de toutes les fortunes et la municipalité de Wladimir interdit le commerce privé.

Après l'or, le sang.

Popularisé par les journaux révolutionnaires, le

projet d'une Saint-Barthélemy des bourgeois obsède les Marats de province. Chez le commandant de Toro-povetz, on a trouvé le message suivant au Comité exécutif : « La bourgeoisie dort. La garde rouge est prête. Attendez l'ordre de *commencer*. » Et si, à Toro-povetz, un hasard miraculeux a sauvé du couteau et de la balle quelques marchands blanchis avant l'âge, ailleurs, en Crimée, l'histoire enregistrera des exécu-tions collectives, les bourgeois condamnés ·à dispa-raitre, sans distinction d'âge, d'opinion et de-sexe, seulement parce qu'ils sont des bourgeois, un élément contre-révolutionnaire par nature, par essence.

Tenue à bord du *Potemkine*, dans la rade de Sébas-topol, une conférence de matelots décrète le massacre. Les rues Nakhimovski et Ekaterininsky sont isolées par des patrouilles, le Sovet lui-même, où les modérés bégaient de timides protestations, menacé d'un coup de force. Les matelots n'interprètent-ils pas au pied de la lettre les décrets qui stigmatisent les bourgeois comme ennemis du peuple? Sous prétexte de perquisi-sitions, des bandes armées vont de maison en maison, fusillent, étranglent, jouent de la baïonnette et du poignard. Le lendemain, on relève dans les rues cin-quante-deux corps estropiés, tombés des autos-camions qui charriaient les cadavres vers la mer. A Simféropol, c'est le même cauchemar. Les matelots se proclament l'avant-garde révolutionnaire dont la collaboration s'impose à tous les Sovets. A peine arrivés, ils retroussent leurs manches et entreprennent leur besogne de boucher. « On a tué, écrit le correspondant d'un journal russe, les bourgeois qui ont refusé de payer une « contribution » et ceux qui l'ont payée, on a tué des otages et de vulgaires escrocs, des pro-cureurs et des journalistes, des hommes politiques de toutes nuances ; on a tué des officiers et des étudiants, on a tué jusqu'aux élèves des écoles par paquets humains, soixante-dix personnes à là fois, pour aller plus vite. » Une sanglante rafale déferle sur la côte crîméenne. A Eupatoria, les habitants des hôtels et des villas sont conduits la nuit, hors de la ville, obligés de creuser leurs tombes, puis, l'un après l'autre, anéantis sans merci. Pendant une semaine entière, la population bourgeoise, à Théodosie, claque des dents dans l'attente du massacre ; on dort tout habillé ; les cas de folie dégénèrent en épidémie. Dans la région de Kouban, à Novotcherkask, la terreur ne s'arrête même pas au seuil des hôpitaux : les malades, les blessés sont arrachés à leurs lits, traînés dans les steppes ; six cents cadavres s'inscrivent au tableau. Et les assassins se glorifient de leurs crimes à l'égal du de-voir accompli : n'ont-ils pas consolidé la révolution ? A Kolomna, les exécutions capitales ont lieu tous les jours ; les procès-verbaux des instructions portent les traces irrécusables des procédés moyenâgeux de la « question ». Des affiches, placardées sur les murs de Novoarchangelsk, invitent la « démocratie révolution-naire » à se rendre en foule aux massacres des capita-listes... La lutte contre la bourgeoisie n'est pas une « guerre en dentelles ».

Et, dans toute cette folie sanglante, rien qui rap-pelle le panache dramatique, l'âpre romantisme de la Terreur française. Accaparée par des nihilistes utili-taires, matérialiste et positive, la révolution, de parti pris, se complaît dans la laideur. Elle ne distingue pas la noblesse morale de la noblesse de naissance et tient les deux pour contre-révolutionnaires. Elle est inca-pable de générosité. Elle est terre à terre jusque dans son tragique. Et cette impuissance à se dégager des bas-fonds, cette mesquinerie plébéienne de la révolution ont vite imprimé à ses procédés de terreur un caractère de vulgaire criminalité. L'apache remplace Robespierre. La terreur politique permet de tourner le code pénal. Aussi, les forçats s'inscrivent-ils parmi les plus convaincus du parti maximaliste. La révolution devient un immense *pogrom* qui jette la Russie en pâture aux convoitises d'une pègre démontée. On se proclame révolutionnaire pour acquérir un droit à la curée. On vole au nom de la révolution, et, pour mieux voler, on assassine et l'on torture. Tout l'appareil coercitif de l'État ne sert qu'à soutenir une entreprise de pillage.

Plus tard, la révolution dressera des statues à Stenka Razine, le célèbre bandit russe du seizième siècle, anathémisé par l'Église...

II. — *Les méthodes de gouvernement.*

Toute la politique maximaliste porte l'empreinte de ce terrorisme méthodique.

Pour payer les effets tirés sans compter sur la bourgeoisie, Lénine et Trotzky multiplient les décrets, qui, par leurs mesures draconiennes, donnent au peuple l'illusion des réalisations immédiates. Toutes ces improvisations législatives révèlent comme une hâte de malfaiteurs pendant un coup fructueux. Souvent, l'indigence de leur érudition, le manque de leurs connaissances techniques poussent les leaders à plagier sans vergogne des brouillons trouvés dans les dossiers cambriolés. Ainsi, Larine, nommé au commissariat du travail, appose sa signature au bas d'un projet sur la journée de huit heures sans remarquer que son

décret se réfère à des organes ouvriers encore en instance de création. Le décret sur les comités agricoles
et le partage des terres pèche par des contradictions
analogues. Mais la plupart du temps, les maximalistes
se bornent simplement à découper en articles de loi
la prose de la *Pravda* ou à corser de pénalités barbares
la phraséologie des meetings. D'une fraction destinée,
par sa nature, à rester toujours dans l'opposition, le
hasard a fait un gouvernement ; dès lors, rien d'étonnant si, à chaque pas, les décrets s'attaquent à des
impossibilités matérielles, s'ils se brisent contre l'invincible résistance des choses. Et lorsque, soit par
écœurement, soit par impuissance à réaliser des utopies
administratives, les fonctionnaires refusent de travailler, on a recours, pour mater les « saboteurs »
bourgeois, à des sanctions ignorées du régime capitaliste : expulsion de Petrograd, envoi immédiat au
front, privation de cartes alimentaires, cachots de
Cronstadt, c'est-à-dire la torture, ou tribunal martial
de la révolution, c'est-à-dire le poteau d'exécution.

Pour se défendre, la bourgeoisie ne trouvait que
cette arme russe par excellence : la grève, l'offensive
des bras croisés, le mirage de la force au service des
apathies qui se leurrent. Les chevaux des vainqueurs
avaient beau faire sonner leurs fers sur les dalles des
sanctuaires, les ministères et les banques ; les bourgeois persévéraient dans leur lymphatique somnolence
de châtrés politiques. Ils cédaient la place et s'en
allaient : les derniers restes d'énergie aboutissaient à
cette solution paresseuse. Nératof, adjoint au ministère des Affaires étrangères, remettait même, avant de
partir, la clef des archives secrètes à son successeur :
le « camarade » Trotzky. Geste profondément symbolique : la bourgeoisie capitulait, livrait ses citadelles,

s'éclipsait pour vaquer à ses affaires personnelles, sauver ses coffres-forts ou ses titres, dans l'attente qu'un miracle surgît des steppes du Don ou des montagnes de l'Oural. L'histoire de la Russie a toujours été celle d'un peuplé qui appelait des maîtres et d'une élite qui se décapitait elle-même.

La bourgeoisie est spoliée de ses biens et de ses droits civiques, frappée de toutes les déchéances, dégradée et muselée. Plus de garanties judiciaires — le Sénat aussi bien que la justice de paix abolis, — plus de code, plus de procureurs, plus de juges, plus de barreau. Jusqu'à concurrence de 3 000 roubles, les conflits sont tranchés par un ouvrier, un soldat et un paysan ; cet aréopage doit suffire à la Russie révolutionnaire. Des procès plus importants n'intéressent, en effet, que la bourgeoisie, et la bourgeoisie est en marge de la nation socialiste et à l'index de la loi nouvelle. Ou peut confisquer ses terres, les comités des locataires sont libres de s'emparer de ses maisons, le contrôle de la production passe à la main-d'œuvre, le traitement des fonctionnaires est réduit à celui des huissiers et des portiers, le traitement des généraux à celui des soldats. Contre les exactions et l'arbitraire, la bourgeoisie est sans recours. Elle est condamnée d'avance à la barre du tribunal révolutionnaire. Pour Stoutchko, commissaire à la justice, même le jury est une invention bourgeoise. Lounatcharsky, le théoricien, l'esthète et le métaphysicien de l'extrémisme, fait un pas de plus : la suppression de la propriété privée ne frappe-t-elle pas de caducité les législations modernes, issues toutes du droit romain, cette apothéose du bourgeois ?

Victorieux, le prolétariat ne peut tolérer à l'avenir des verdicts rendus dans un esprit capitaliste, sur la base d'un code élaboré contre les intérêts du travail-

leur. « A bas les tribunaux momifiés, s'écrie Lounatcharsky, les autels renversés des traditions défuntes,
les juges vampires qui sucent le sang des vivants sur
la tombe du capitalisme ! » La guerre de classes — la
loi suprême — est inconciliable avec l'égalité de tous
devant la loi, les droits de la défense, les rigoureuses
exigences des textes. La justice, entre les mains des
maximalistes, devient un simple moyen de légaliser la
terreur. Et cette vague et inutile apparence juridique,
le peuple n'est que trop souvent tenté à la rejeter pour
exercer sa justice à lui, sans grimaces de clercs et sans
gribouillages de robins : lynchages rapides ou lentes
tortures.

*
* *

Pour protéger les bourgeois, les lois écrites sont
muettes : restent les lois morales, l'appel à l'opinion, à
la vérité humaine, au bon sens du peuple, mais un
implacable *véto* barre cette porte comme toutes les
autres.

Parmi les premières mesures apparaît le décret sur
la presse, la faculté de suspendre, par simple acte
administratif, les journaux bourgeois et même les
journaux socialistes qui s'aviseraient de « prêcher la
désobéissance au gouvernement paysan et ouvrier » ;
libre champ à une orgie de confiscations, d'amendes,
de pénalités les plus vexatoires. La force publique ne
suffit pas aux maximalistes : la parole libre les gêne,
les blesse et les brûle, comme le plein jour inquiète les
criminels ; leur besogne exige des bouches bâillonnées
et les ténèbres ; la nuit, des bandes armées occupent
les imprimeries, arrêtent les rotatives, brisent les sté-
réotypes et, au besoin, s'emparent des rédacteurs. Le
lendemain, des théories sensationnelles viennent léga-

liser tous ces attentats. « Retourner les imprimeries et
les réserves de ·papier aux bourgeois, déclare Trotzky,
serait une impardonnable capitulation. A quoi sert la
liberté des réunions si les salles les plus spacieuses sont
monopolisées par la bourgeoisie? A quoi sert la liberté
de la presse si les meilleures imprimeries et les stocks
de papier demeurent l'apanàge des classes possédantes? » Sans hésiter, Trotzky place la confiscation à
la base de la liberté de la presse. Plus un groupe de
lecteurs est considérable, plus il a de droits à la curée.
Et, comme l'écrasante majorité de la Russie se com-
pose d' « ouvriers et de paysans pauvres », il est aisé
de prévoir que le développement du maximalisme con-
duira inévitablement à réaliser le vœu de Pokrovski :
« Suppression de tous les journaux, sauf des *Izvestia*,
porte-parole officiel du Sovet. » D'ici là, le gouvernement se borne à supprimer les ressources des rares
journaux bourgeois qui ont survécu à la révolution
d'octobre : seuls, dorénavant, les organes à la solde de
l'Institut Smólny sont autorisés à insérer des annonces
payantes. L'État-Providence devient courtier de publicité, et la presse, alors même qu'elle échappe à l'étranglement, se voit condamnée à la ruine.

Aux objections, aux plaintes, aux critiques, les
maximalistes n'ont qu'une réponse : « Nous sommes en
état de guerre civile, et la guerre civile a ses lois de
fer, qui passent outre aux jérémiades constitutionnelles et aux larmoiements bourgeois. » Bref, partout
et sans trêve, la terreur.

Le département tsariste de la presse ressuscite sous
forme d'un commissàriat spécial, confié à un brail-
lard hystérique, Volodarski, investi du droit de vie et
de mort sur la parole imprimée. La guerre civile se
plie à toutes les habitudes et reproduit toùtes les atro-

cités d'une invasion brutale. Des réquisitions d'abord :
les ateliers du *Novoié Vremia* utilisés pour la *Pravda,*
ceux de la *Gazette de la Bourse* par les *Izvestia.* Une
réglementation tracassière, des poursuites, un déluge
de circulaires prohibitives où s'exaspèrent toutes les
traditions policières de l'absolutisme impérial, mais
aggravées par une rancune écumante d'anciens proscrits politiques : les maximalistes rétablissent la censure préalable ; dans les informations qu'ils estiment
tendancieuses, ils dénoncent une « atteinte aux intérêts du peuple révolutionnaire » ; tout délit de presse
revêt le caractère d'un crime de lèse-majesté démocratique et dont la plèbe souveraine se venge, avec
l'âpreté d'un tyran souffleté. Et de là les sanctions : les
journaux traqués, suspendus, acculés, pour réappa-
raitre, à la nécessité de changer leur manchette
toutes les semaines ; les journalistes, sans en excepter
les collaborateurs des organes socialistes comme le
Delo Naroda et le *Den,* harcelés et arrêtés ; les
amendes poussées à des chiffres fantasmagoriques,
100 000 roubles pour compromettre le prestige du
Sovet, 15 000 pour une caricature qui blesse l'honneur
des « camarades » matelots, 10 000 roubles pour avoir
présenté avec trois minutes de retard les numéros
spécimens obligatoires à l'Institut Smolny.

Plus de justice bourgeoise, plus de presse bourgeoise :
cette émancipation de la terreur ne semble pas pourtant complète tant que le bourgeois peut se replier
sur ses dernières lignes, se retrancher dans ses suprêmes
abris : les banques.

Son offensive contre les banques, Lénine l'a empruntée, en bloc, aux théories de Saint-Simon, mais, comme d'habitude, brutalement, sommairement, avec le mépris pour l'analyse et les nuances qui communiquent à toutes ses réformes l'allure saccadée d'une descente de police ou d'une aventure d'apaches : aux yeux de Lénine, une banque n'est pas un instrument de crédit, elle n'est qu'une caisse et dès lors, imposée par cette aberration inconsciente ou voulue de démagogue, la solution apparaît d'une parfaite netteté : arrêter les banquiers, occuper les banques et « socialiser » la caisse.

Un matin neigeux de décembre, des patrouilles de garde rouge se présentaient dans les salles d'opération, exigeaient les clefs des directeurs, et promettaient leurs places aux portiers. Sous cette forme caricaturale, tout le décret de Lénine était là : un acte de guerre contre les capitalistes. Les baïonnettes faisaient sauter les rouages complexes des banques avec la même ardeur qu'elles éventraient les paillasses pendant les perquisitions. Caisses ennemies tombées aux mains du prolétariat triomphant, les banques sont soumises à un contrôle rigoureux : expertise des coffres-forts, défense de retirer plus de 150 roubles par semaine sur les dépôts, obligation de motiver les chèques plus importants, le but essentiel poursuivi par toutes ces mesures est de porter au bourgeois politiquement déchu, jeté en pâture aux colères de la plèbe, l'irréparable coup de massue économique. La surveillance des dépôts, la suspension du service des coupons, l'annulation de la dette publique, le séquestre des métaux précieux réduisent théoriquement le millionnaire d'hier à l'état d'un paria social. Et, pour veiller à l'exécution de ce programme, les maximalistes improvisent des Marats de la finance et des Robespierre de la Bourse dans la personne d'étudiants ignares ou de scribes de second ordre, tandis que, de plus en plus, certaines cellules de la forteresse Pierre-et-Paul rappellent les coulisses de l'ancien marché.

L'exemple des banques est particulièrement typique pour caractériser les méthodes du gouvernement maximaliste : leur conquête était célébrée comme une victoire définitive du prolétariat ; sous le nom pompeux de « nationalisation », un organe unique, la Banque populaire, devait englober tous les établissements de crédit ; les intérêts de la petite épargne allaient primer ceux des « requins capitalistes » ; en réalité, tout un outillage économique sombrait dans le plus inextricable des chaos. La signature d'un utopiste au bas de quelques lignes ronflantes reportait la Russie en pleine préhistoire financière : l'afflux des dépôts arrêté, l'argent en fuite vers les bas de laine, la circulation fiduciaire multipliée par l'abolition pratique des chèques, les opérations d'escompte oubliées, la fiction des banques remplies d'or bourgeois réduite à néant. Et qu'il s'agisse du commerce, d'industrie, des voies ferrées, c'est la même barbarie sous un maquillage socialiste. A une remarque lancée par l'opposition au Soviet, qu'il est défendu de trancher les questions les plus complexes avec une hache, Lénine a répondu que depuis « trop longtemps le livre est devenu un frein à la révolution... »

Dans sa fièvre de négations, le maximalisme ne pouvait se confiner aux limites d'une guerre de classes,

d'une exploitation de haines sociales. Entre les mains
des bas-fonds, la lutte contre la bourgeoisie a vite
dégénéré en une révolte contre tout ce que représente
la bourgeoisie, de progrès, de civilisation, dans un
pays de moujiks illettrés. La rue est incapable de
pratiquer le nihilisme autrement que par la destruction brutale. Lorsque la nouvelle parvint à Petrograd
que le Kremlin s'émiettait sous la canonnade, Lounatcharsky, terrassé par la vision soudaine de l'irréparable désastre, s'enfuit de l'Institut Smolny, avec
des gestes de dément, fouetté par le remords et par la
panique. Ce coup de folie n'était qu'une intuition
exacte — et d'ailleurs passagère — de la catastrophe
où s'abîmait le pays.

Le gouvernement maximaliste n'a pas seulement
supprimé la propriété privée, la justice, les distinctions
sociales, la discipline militaire, les obligations de l'État,
les alliances et les amitiés internationales, tous ces
héritages de la bourgeoisie. Il n'a pas seulement
socialisé la terre, les capitaux, les maisons, les instruments de travail, les usines. Il a également tué le
crédit et l'industrie, paralysé les transports, livré le
pays à la famine. Chaque jour de nouvelles entreprises
se ferment faute de combustible, de numéraire, d'organisation et d'ordre. Les voies ferrées sont bloquées,
des hordes faméliques assiègent les magasins. Dans les
villes, le régime du progrès social est incapable de
répondre aux besoins les plus élémentaires de la vie
organisée : plus de police, d'éclairage, de bois, de
charbon ; plus de nouvelles de l'étranger, la Russie
séparée comme par une muraille de Chine du reste de
l'Europe, devenue le champ clos où circulent des
rumeurs stupéfiantes. A pas de géant, le maximalisme
recule la Russie de nouveau vers l'âge des cavernes.

La *Pravda*, il est vrai, dans la griserie première de la victoire, déclarait avec fierté que, réunis en meetings, les voleurs professionnels de Petrograd décidèrent de se choisir un autre métier. De fait, la vie, l'honneur, les biens des habitants sont à la merci d'une populace démontée. La nuit, dans chaque maison, des gens veillent armés jusqu'aux dents, des cloches d'alarme, des plaques de métal sont installées dans les cours ; des chiens de garde dorment dans la cage des escaliers ; au moindre bruit, tous se précipitent aux armes.

De négation en négation, jusqu'où peut aller cette folie sacrilège, ce vandalisme historique? Après avoir supprimé la patrie, la révolution se supprimait elle-même dans un accès de folie dernière, la folie des sectaires, connus en Russie, qui s'enterrent vivants en une clameur de prières frénétiques. Lénine, Trotzky avaient déchaîné une puissance irrésistible : elle dominait Smolny comme elle avait emporté le palais d'Hiver, la Douma et Tzarskoé-Sélo. La garde rouge perquisitionna quinze fois chez Plékhanof malade ; elle aurait perquisitionné chez Karl Marx lui-même. Et lorsque Gotz, — un autre leader minimaliste, — épaulé par un matelot, évoqua son passé, ses années d'exil dans les toundras, le sans-culotte lui répondit avec un sinistre ricanement : « Tous sont égaux et mon père, d'ailleurs, a fait pour vol vingt ans de prison... »

Une vision prophétique de Gorki, le poète classique des bas-fonds, avait anticipé, il y a déjà longtemps, sur l'avènement de la populace maximaliste sous ce titre féroce : *le Règne du goujat s'approche*. C'est à lui que la révolution a cédé la place. Un aide pharmacien, Rogaevski, dirige un département de l'Instruction publique. Les écrits du plus célèbre des écrivains russes, Korolenko, sont soumis à la censure d'un

apprenti cordonnier. Un faux col propre peut valoir
un lynchage. On entend crier dans les rues : « A bas
l'intelligence ! » Et les camions armés de mitrailleuses
qui avaient abattu un régime despotique servent aux
soldats avinés pour emporter de force, en plein jour,
des femmes dans les casernes. Le goujat prévu par
Gorki s'est installé en maître à Petrograd, sur les
ruines de la monarchie, de la république, de la Russie.

III. — *Le calvaire des officiers.*

Dans l'armée comme ailleurs, dans toutes les rami-
fications de la vie politique, les maximalistes, pour
parachever le développement de la révolution, n'ont
eu qu'à légaliser le passage du contrôle — dictature
déguisée — à la dictature ouverte du prolétariat
soldat et ouvrier.

Déjà, comme l'avouait un général dans une lettre
rendue publique, le régime de Kerensky — le régime
du contrôle et de l'égalité — condamnait les officiers
à mourir d'une balle ennemie, d'une balle de traître
ou tout simplement de la faim. Le maximalisme a
fait un pas de plus : il a tué l'idée même d'officier,
biffé ce mot du dictionnaire de la langue russe. Mais,
comme tous les assassinats pratiqués dans la rue et
par la plèbe, celui-ci a été précédé d'atroces humiliations, accompagné de ricanements démoniaques et de
sanglantes arlequinades. Les matelots et les soldats
s'emparent des états-majors et des ministères ; le
pavillon du Sovet baltique remplace sur la flotte de
Cronstadt celui de l'amiral Razvozof ; l'armée de Souvorof, de Koutousof, de Broussilof passe des mains
d'un avocat sous les ordres d'un adjudant embusqué.

D'un trait de plume, les commissaires du peuple arrachent aux officiers leurs épaulettes, ces petits quadrilatères de galon d'or et d'argent, gagnés au prix de tant d'années et de sacrifices, le symbole même de la qualité d'officier et dont la perte, en Russie, a toujours été identifiée avec celle de l'honneur. Aucune distinction n'est désormais tolérable dans l'armée maximaliste : tous sont égaux, lâches et héros, déserteurs et invalides de guerre ; la discipline, les grades, les règlements, l'autorité : autant d'anachronismes contrerévolutionnaires. On supprime jusqu'aux décorations militaires, jusqu'aux chevrons qui indiquent le nombre de blessures ; on interdit la fête de Saint-Georges, on ferme les écoles d'aspirants, dont on confie la liquidation à un traître ; on confisque les épées d'or, acquises au péril de la vie, pour les accrocher aux flancs de la garde rouge. Haineusement, avec des mesquineries qui soulèvent le cœur, on raffine sur la torture. A Moscou, un ordre du jour défend l'accès des restaurants aux officiers s'ils portent l'épaulette. On cambriole les mess, on bazarde les souvenirs historiques, on séquestre les caisses de secours au profit des buvettes de soldats. D'un jour à l'autre, l'armée russe perd ses officiers, sacrifiés aux rancunes de Zimmerwaldt. Jamais calvaire plus tragique ne fut gravi dans l'histoire.

Seuls, pourtant, les officiers russes, jusqu'au bout, ont rempli leur devoir patriotique ; décimés par des pertes infiniment plus lourdes que les soldats, ils n'ont pas eu une défaillance morale, pas un fléchissement physique. Seuls, comme le constatait le général Kornilof, seuls de toute la Russie, dans l'effervescence des appétits matériels, les officiers se sont abstenus de formuler des exigences d'ordre économique. Étudiants

d'hier, en majorité, ils ont salué le revirement politique avec enthousiasme et travaillé avec désespoir à
s'adapter aux réformes absurdes élaborées par les
hystériques du socialisme. Lors de l'offensive de juillet,
ils payèrent de leur sang l'utopie de remporter des
victoires à coups de meetings. Et depuis, dans l'enfer
qu'est devenue l'armée enfin « démocratisée », abandonnés par les théoriciens, ils en expient les fautes et
les crimes par un martyre sans précédent.

*
* *

Après les meurtrissures morales, les humiliations
matérielles. Les traitements, dans l'armée russe, n'ont
jamais été considérables : « misère en gants blancs »
pendant la paix et misère tout court en temps de
guerre. Au moment d'une effarante augmentation de
prix, les maximalistes rognent encore sur les soldes
écornées par le gouvernement provisoire, décrètent des
allocations de famine : 150 roubles par mois aux officiers subalternes élus ; 250 aux commandants de régiment, le quart du salaire des manœuvres d'usines.
Les indemnités de cherté des vivres sont supprimées :
ceux qui en avaient bénéficié sont tenus à les rendre
sous peine de saisie. Aux familles des officiers, sans distinction de grade, on ne distribue plus que 15 roubles
par mois, somme allouée aux femmes de soldats, et,
par une triste journée d'hiver, les passants ont pu
voir, sous la neige, un dolent cortège de malheureuses,
la plupart en deuil, beaucoup chargées d'enfants, se
diriger vers l'Institut Smolny, où Lénine refusa de les
recevoir. Il paraît même que, devant cette manifestation imprévue, les autorités maximalistes ont eu le

cœur de risquer d'infâmes plaisanteries, de conseiller aux mères, aux épouses, aux filles de ceux qui sont morts pour le pays ou qui demeuraient toujours face à l'ennemi de s'adresser à Kornilof, à Kaledine et même à la délégation allemande, au comte de Mirbach, à l'amiral de Kayserling, attendus à Petrograd. Ni les services rendus, ni la maladie, ni la vieillesse, rien n'est respecté : les retraites sont réduites, et, lorsqu'elles dépassent 4 000 roubles par an, complètement annulées. Plus d'une fois les journaux publièrent des lettres tragiques où des généraux, blanchis sous le harnais, des héros, des chefs, suppliaient de leur procurer une occupation quelconque, la place d'un portier, n'importe quoi, pour ne pas mourir de faim et bientôt pour ne pas mourir dans la rue.

On expulse les officiers et leurs familles des locaux qu'ils occupent dans les casernes, même des hôtels militaires ; on leur permet d'y dîner seulement s'ils représentent des « organisations démocratiques ».

Fantôme khaki, traqué et bafoué, le « bourgeois à épaulettes » est obligé souvent, pour vivre, d'exercer des métiers de prolétaire. L'état-major organisa lui-même des équipes d'officiers pour déblayer la neige, pour charger les wagons. Mais jusqu'à cette suprême humiliation la police maximaliste trouva à redire : un commissaire fit irruption à la gare de Varsovie, menaça d'arrêter les « intellectuels », coupables de s'adonner à des occupations permises au prolétariat seul. La révolution qui, à Cronstadt, obligeait les officiers, sous peine de mort, à nettoyer les fosses d'aisance, leur défendait l' « honneur » de devenir portefaix.

Que restait-il à ces Lazares de la démocratie?

Quelques-uns, très peu nombreux, affolés par les perspectives de la famine, réussirent à vaincre leur répugnance, à refouler la fierté : ils allèrent au Smolny, tâchèrent de parlementer, d'améliorer une situation sans issue ; on leur fit dire qu'il y avait des sociétés de bienfaisance...

Chaque jour, une vingtaine de suicides mettaient fin à des existences que les balles allemandes avaient épargnées...

* *
*

L'honneur des officiers, leur avenir, leur solde modeste, tout est abandonné à la merci d'une soldatesque ivre de révolution. Le principe électif, combattu avec toute l'énergie du désespoir par le gouvernement de Kerensky, remplace nominations, promotions, avancement, états de service, années de campagne. Les régiments ne sont plus que des Sovets qui réalisent les caprices des braillards armés. La politique prime tout. Suivant leurs opinions, les officiers sont élus ou classés comme neutres, susceptibles, en cette qualité, de devenir simples instructeurs avec grade de soldat, ou bien dénoncés comme contre-révolutionnaires et parqués dans les casernes, sous la surveillance d'un commissaire du régiment, mouchard aux gages du Sovet local. Le jour des élections, les officiers doivent s'exhiber sur une estrade, *ecce homo;* pour être élu, d'ailleurs, la qualité d'officier n'est pas indispensable. Dans un discours à la 5e armée, Krylenko précise qu'il est absurde de compter désormais avec la nécessité de l'expérience militaire. Et, lorsque le commandant suprême des troupes russes s'exprime avec cette désinvolture, il est naturel de voir toute une série de régiments se choisir pour chefs des soldats illettrés. Souvent, la procédure électorale se réduit à l'incarcération pure et simple de tous les officiers. Et, partout, ceux qui ne sont pas élus, dégradés, devenus le jouet, la risée des chambrées en goguette ; on les astreint aux plus répugnantes corvées, à des exercices inventés spécialement pour aggraver leur martyre. Dans ces êtres hagards, dont les vêtements gardent encore les traces des galons arrachés et des étoiles éteintes, que les soldats tutoient et bousculent, qu'ils menacent de forcer à piller ensemble les caves, était-il encore possible de reconnaître les chefs qui conduisaient l'armée russe à la victoire ?

Invité à rendre compte de l'application des réformes, l'adjudant Krylenko exprima sa profonde satisfaction des résultats obtenus, « sauf, dit-il, que des rapports lui signalaient de trop nombreux suicides d'officiers, désignés comme « cuistots » dans certains régiments... »

La vérité, c'est que beaucoup se tuaient afin d'échapper au lynchage. Déjà, il avait suffi du simple « contrôle », exercé par les casernes, pour provoquer les tueries de Cronstadt et de Helsingfors, l'amiral Wiren torturé avec un dilettantisme d'inquisiteurs, amputé, vivant, de ses oreilles, œ ses bras, de ses jambes ; des officiers enfoncés lentement dans la glace avec des cris que « les gens de mer doivent périr dans l'eau », et puis la fusillade du *Petropavlovsk*, plusieurs lieutenants de vaisseau traînés au poteau d'exécution pour le refus de signer une résolution politique, et, enfin, cette tragédie crapuleuse, la noyade de Wyborg, les rires diaboliques lorsqu'une balle bien visée faisait disparaître une tête sous les flots et l'écriteau placardé plus tard sur le lieu du crime : *Ecole de natation pour officiers.*

Que pouvait promettre de plus la « dictature du prolétariat » complètement victorieux ?

Peu de temps avant l'émeute de juillet, Lénine osa

montrer à un collègue révolutionnaire, Trojanovsky, un projet de décret qui tranchait la question des cadres par une Saint-Barthélemy des officiers. Devant l'indignation de Trojanovsky, ancien officier lui-même, Lénine finit par céder, mais continua toujours à caresser l'idée d'une suppression en bloc au moins de tout le haut commandement. Dès son avènement, les arrestations se précipitent. Les généraux Boldyref, Valouef, Lyssenko, Baratof, Marouchevski, Manikovski sont incarcérés, déclarés ennemis du peuple, accusés de saboter l'œuvre de la paix. Dans la rouge sarabande qui emporte le pays, même les favoris d'hier paraissent réactionnaires. Le grand protégé des maximalistes, le général Tcheremyssof, toujours tenu à l'écart par le général Kornilof, n'échappe pas à la destinée commune. Les feuilles du Sovet fomentent les colères et les haines contre les officiers supérieurs et prêchent l'annexion des états-majors. Les *Izvestia*, la *Pravda* se répandent en manchettes énormes : « Les généraux ne veulent pas la paix. » Le Grand Quartier, pendant les derniers jours de Kerensky, avait beau être livré aux ingérences des commissaires, réduit à des fonctions administratives, ravalé à l'état d'un instrument domestiqué au service de la « démocratie révolutionnaire », placé, enfin, sous les ordres d'un chef débonnaire comme le général Doukhonine, dont le nom n'éveillait aucun soupçon, même chez les maximalistes, et qui consentait à remplir modestement un rôle sans gloire, d'accord avec les comités, les congrès et les Sovets. Il fallait, coûte que coûte, pour raffermir la situation de Smolny, une victoire sur les généraux et le démantèlement du Grand Quartier.

Krylenko, de l'avis des témoins oculaires, aurait pu se dispenser de tout appareil offensif et se rendre,

sans armes, au Grand Quartier où le général Doukhonine l'attendait, confiant, malgré tout, dans les destinées de la révolution. Mais la rue exigeait une preuve
tangible de force ; elle flairait le sang, réclamait des
victimes. Tandis que des convois d'artillerie roulaient
venant de Petrograd, l'ordre était donné de ne laisser
sortir personne de Moguilef et d'arrêter les bataillons
de choc, toujours suspects aux yeux des démagogues.
La nuit qui précéda l'arrivée de Krylenko, une avant-
garde de matelots perquisitionna chez les officiers,
séquestra les armes. Tout fut mis en œuvre, jusqu'à
l'odieuse dégradation du général, ses épaulettes exhi-
bées à la foule, pour déchaîner l'atroce lynchage avec
cette bouffonnerie : la lecture d'un verdict tracé d'une
main grossière sur un lambeau de papier maculé :
« la condamnation à mort par le peuple ». Aux cris de
hurrah, — les cris qui déclanchaient les attaques dans
l'armée russe, mais où passaient cette fois-là des
hurlements de cannibales, — les marins de l'*Aurore*,
les gardes rouges, s'acharnèrent sur un cadavre. On
aurait dit des loups, raconte un témoin, aux yeux
révulsés, aux dents claquantes. Krylenko ne sut défendre son prisonnier qu'avec des phrases : une fois
de plus, la révolution dévoilait son impuissance à
endiguer les instincts dont elle avait brisé le frein.
La victoire convoitée n'était-elle pas, d'ailleurs, remportée avec éclat?... Et, pendant que Krylenko s'appliquait à rédiger un bulletin triomphal, on jetait les
dépouilles du général dans un wagon de marchandises.
Deux coups de revolver avaient troué la gorge ; onze
blessures à la baïonnette saignaient sur la tunique où
blanchissait encore l'émail d'une croix de Saint-
Georges ; le visage tuméfié, dépecé, n'était qu'une
seule plaie, bleüie et rouge. Entre les lèvres crispées

par l'agonie, quelqu'un enfonça une cigarette...

Des échos tragiques répondent à ce meurtre absurde qui déshonorait la révolution. A coups de crosses et de crocs, les soldats du Turkestan mettent en pièces le général Korovitchenko, et invitent les passants à cracher, pour le prix de 30 copecks, au visage du mourant. Depuis longtemps, ce chef remarquable, écrivain militaire et savant juriste, se trouvait détenu sous la menace quotidienne de l'exécution capitale. En vain sa femme implorait les ministres maximalistes d'intervenir en faveur de l'innocent. On lui répondait que, sur place, au Turkestan, il serait plus facile de prendre une décision équitable. Les peuples n'ont-ils pas le droit de disposer d'eux-mêmes et de leurs prisonniers?

De plus en plus les assassinats d'officiers deviennent un événement presque normal, une manifestation banale de la vie révolutionnaire, que le Sovet s'ingénie à légitimer par la « nervosité » des casernes, et que la presse bourgeoise, ses réserves d'indignation épuisées, enregistre souvent sans commentaires. Des prêtres ont avoué que bien des fois, la nuit, ils étaient réveillés en sursaut par des soldats hagards qui réclamaient sur-le-champ des prières pour les morts ; leur bouche tremblante égrenait toute une liste de noms : c'étaient ceux des officiers égorgés par leurs hommes... Karaoulof, député à la Douma, ataman de cosaques, est criblé de balles au sortir d'un wagon. Quatre mille officiers, enfermés dans les casemates de Tachkent, attendent chaque jour le supplice. A Sébastopol, les matelots fusillent leurs victimes sous prétexte que les prisons sont trop pleines, enterrent les blessés pêle-mêle avec les morts dans les fosses communes, jettent un officier vivant dans une chaudière et promènent à travers les rues des têtes sanglantes au bout de leurs baïonnettes. Trois cents officiers manquent à l'appel après ces hécatombes, dont la rouge vision glissait déjà entre les lignes du célèbre ordre du jour n° 1, cette préface à la débâcle de la Russie militaire.

C'est sur les cadavres des officiers russes que les uns construisaient la troisième Internationale et d'autres tramaient l'odieuse trahison d'une paix séparée.

CHAPITRE XV

LE SABOTAGE
DE LA SOUVERAINETÉ NATIONALE

Les élections tragiques. — La propagande par la baïonnette. — La Constituante « fétiche bourgeois ». — La suprématie parlementaire des Sovets. — La Constituante domestiquée par la plèbe. — L'écrasement des socialistes. — Les cadets hors la loi. — Dragonnades et « pogroms » électoraux. — Une faillite historique. — Les demi-léninistes.

Une des raisons principales dont Lénine s'est autorisé pour motiver le coup d'État maximaliste était la nécessité de défendre l'Assemblée constituante contre les attentats de la réaction. En pleine guerre civile, un décret de Smolny appelait les électeurs aux urnes dans les délais prévus par le gouvernement provisoire et promettait la convocation de la Constituante à la date fixée sous le régime de Kerensky.

Ainsi, une assemblée dont allaient dépendre et la guerre et la paix, tout l'avenir de la Russie, toutes les destinées de la révolution, était conviée à se réunir au son du tocsin et du canon, au milieu des incendies agraires et des barricades, de la danse de Saint-Guy extrémiste, dans la débandade du front, parmi les menaces de la famine et de la débâcle économique. En dehors des violences électorales qui s'annonçaient, de la pression des baïonnettes et des Sovets, les conditions mêmes où s'exerçait la suprême consultation de la Russie devaient inévitablement fausser la signification des suffrages populaires. Cependant, on allait aux élections avec une farouche résignation, un sombre désespoir, comme à un combat inégal. Et, dans ce combat à mort, on cherchait tout au moins à sauver l'honneur, à faire preuve d'un maximum de résistance. La seule excuse de la Russie n'était-elle pas la folie d'une minorité en marge de l'approbation du pays?

« Dans l'ouverture étroite des urnes, écrivait le *Rousskoé Slovo*, chacun laisse tomber un gémissement, une plainte, une prière. Beaucoup, sans doute, ne croient plus au miracle. Mais même ceux-là doivent aller aux urnes pour rendre le dernier devoir à la Russie agonisante. Cette Russie en voie de disparaître, elle nous a nourris, elle nous a enseigné à penser, à parler la magnifique langue russe, que des dizaines de millions d'égarés veulent aujourd'hui répudier... Au moment de déposer son bulletin, que l'on oise : Non, non, je ne veux pas que la Russie soit enterrée vivante, je ne veux pas que l'on m'arrache du cœur la conscience de l'histoire et le sentiment de la dignité... Ainsi, peut-être, l'avenir rendra justice aux citoyens qui imploraient pitié pour le pays au milieu des sauvages clameurs poussées par des énergumènes : « Crucifiez la Russie... »

Le grand journal de Moscou, dans ces lignes frémissantes, se faisait l'interprète exact de l'angoisse patriotique à la veille de la période électorale.

Dès le premier jour, l'arbitraire de l'Institut Smolny justifie toutes les appréhensions. Dans l'armée, seuls ont droit de cité les bulletins maximalistes ; les soldats ne connaissent pas d'autres candidats : en grandes masses confuses, ils donnent leurs voix aux protégés des Sovets, ou, par crainte, s'abstiennent complètement de voter. Sur le front, les journaux hostiles aux programmes extrémistes sont supprimés ; les audacieux, délégués des autres partis, arrêtés ; leurs brochures et leurs affiches anéanties. Cette agitation électorale se traduit, dans les régiments, par un boycottage des officiers et une insubordination systématique : en l'honneur de la Constituante, les soldats pillent, incendient, outragent les femmes, tuent.

A Witebsk, les membres du Congrès paysan, convoqué pour formuler les revendications des campagnes, siègent, encadrés de fantassins : des commandements règlent les votes comme des exercices de troupes, des coups de poing mettent fin aux hésitations politiques ; les récalcitrants sont houspillés, bâtonnés, jetés à la porte et, pour éviter les tentatives contre-révolutionnaires, les paysans sont gardés à vue dans des wagons à bestiaux. Au village, c'est la même orgie de violences. Les agents maximalistes cambriolent les urnes, empêchent les commissions électorales de vérifier les bulletins, excitent la populace à lyncher leurs adversaires. A Kolomna, des candidats à la Constituante sont incarcérés ; à Klin, des socialistes-révolutionnaires sont appréhendés pour avoir placardé des affiches ; à Moscou, on brûle, sans compter, des stocks de proclamations, et partout un pullulement de comités distribue des certificats électoraux à quiconque consent à voter pour les maximalistes. La presse est muselée ; les mouchards du Soviet surveillent jusqu'aux conversations téléphoniques ; il suffit, souvent, d'une parole imprudente, prononcée dans la rue, dans un tramway, pour être saisi au collet par des sbires inconnus et traîné vers les casemates de Smolny.

Faut-il s'étonner que, dans ces conditions, malgré

les exhortations des journaux épargnés par la censure, à Petrograd, suivant les quartiers, 55 à 75 pour 100
des habitants seulement aient rempli leur devoir
civique? Sur les abstentions, en province, des chiffres
significatifs ont été communiqués : 55 pour 100 à
Koursk, 37 à Nijni-Novgorod, 36 à Kalouga, 28 à
Simbirsk. La pratique de la terreur, dans les plans
des maximalistes, devait donner pour la Constituante,
les résultats déjà obtenus pendant les élections du
conseil municipal : sur 1 350 000 électeurs, seuls
350 000 orthodoxes ont voté pour les candidats gou-
vernementaux ; l'idéal révolutionnaire était atteint,
les oppositions vaincues, l'opinion générale subor-
donnée à celle d'une minorité militante, sortie des
usines et des casernes.

L'idée prend racine, de plus en plus, chez les maximalistes, de présenter au peuple la Constituante, en
quelque sorte, à la pointe des baïonnettes. « Fondez-
vous, déclare Lénine aux émissaires des provinces,
sur les dispositions d'esprit des électeurs, mais n'ou-
bliez jamais vos fusils. » Mouravief, commandant militaire de Petrograd, annonce aux soldats que seule une
Constituante qui reconnaîtrait la suprématie des
Sovets pourrait être tolérée par le prolétariat en
armes. Pour légaliser l'injustice et codifier la violence,
Lénine éblouit facilement les ignorants de Smolny
par de faux exemples empruntés à des constitutions
exotiques. Au même titre que l'ancien conseil municipal de Petrograd, « guêpier contre-révolutionnaire »,
a été dissous parce qu'il ne représentait plus l'opinion
de la capitale maximaliste, les sovets locaux auront
la faculté d'annuler les résultats des élections à la
Constituante s'ils ne sont pas jugés conformes aux
aspirations des collèges électoraux. Les députés, selon

la théorie de Smolny, à moins d'être maximalistes, sont impuissants à interpréter les revendications des masses : le caractère proportionnel des élections s'y oppose d'une part et, de l'autre, le profond revirement survenu dans le pays après la deuxième révolution — « la seule vraie » — accomplie en octobre. Ce point de vue éclaire d'un jour particulièrement suggestif la doctrine professée par le « camarade » Stoutchko, ministre de la Justice : si, par hasard, le nombre de bulletins de vote s'affirme supérieur à celui des électeurs, l'excédent, tout simplement, en est jeté aux orties, mais, comme le veut le salut de la République, sans jamais compromettre les suffrages maximalistes...

Les exactions deviennent matière à décrets, le bon plaisir révolutionnaire l'unique critérium législatif. Trotzky précise que les députés élus à la Constituante ne peuvent bénéficier de l'inviolabilité qu'après la vérification de leurs pouvoirs. Savamment, les « commissaires du peuple » graduent leurs menaces ; le prestige qui entoure encore, aux yeux de la majorité du pays, une assemblée, émanation de la Russie, fruit des entrailles de la terre paysanne, les oblige à tenir compte des révoltes possibles, des indignations éventuelles : leur tactique consiste à déprécier ce « suprême fétiche » au regard de leur clientèle. Bientôt, aux délégués d'un corps d'armée, Lénine et Glébof expliquent qu'une Constituante avec une majorité bourgeoise est condamnée d'avance à la dissolution.

Est-il possible, en effet, qu'après avoir conquis le pouvoir par de sanglants sacrifices, les soldats, les ouvriers, les paysans l'abandonnent de nouveau aux maîtres d'hier sous « prétexte » qu'ils ont été élus par des masses aveugles ou des agents véreux? Dans son discours au conseil paysan, Lénine finit par cristalliser cette théorie, où la dictature du prolétariat revêt les formes de l'ancienne puissance autocratique.

« Les Sovets, déclara cet impitoyable idéologue, sont supérieurs à tous les parlements, à toutes les Constituantes : ils priment tout. A la Constituante il importe d'appliquer le vieux proverbe russe : « Dimanche est créé pour l'homme, et non l'homme pour dimanche. » Conclusion ; la Constitution ne peut se réunir qu'au profit des Sovets, son existence est en fonction des Sovets, elle n'a d'autre objet que les Sovets, elle sera un Sovet magnifié, l'apothéose des Sovets, ou ne sera pas. Bientôt les *Izvestia* laissent tomber le dernier masque pour traiter d'absurde la pensée que la Constituante est la vraie maîtresse de la terre russe. « Seuls, ajoute avec aménité cette feuille officielle, les indécrottables crétins du parlementarisme peuvent définir ainsi l'assemblée constituante. »

Il appartient tout au plus à la Constituante de ratifier les conquêtes du prolétariat. La *Pravda* développe la même thèse et rejette comme réactionnaire la formule : « Tout le pouvoir à la Constituante. » « Le peuple, ajoute la *Pravda*, ne connaît qu'une loi : que l'on serve ses intérêts. » Mais, comme toujours, dans le jargon des Sovets, le peuple était réduit à l'état d'une raison sociale, dont s'affublait une minorité maximaliste. A cette plèbe insatiable, il fallait chaque jour un nouveau spectacle, de nouvelles victimes, de nouveaux sacrifices pour tromper ses inquiétudes pacifistes et pour faire oublier l'absence du pain : hier les bourgeois, aujourd'hui le partage des terres, demain celui des banques, après-demain la suppression de la justice, et enfin, à titre de dessert, de bouquet, l'exécution capitale de la Constituante.

* *
*

La lutte à mort, entreprise pour « **sovétiser** » la Constituante, a tout d'abord lancé les forces révolutionnaires contre le parti des cadets.

C'est que la campagne électorale, au début, s'était nettement dessinée en faveur des ailes extrêmes de la politique russe, surtout dans les villes, à Moscou, à Petrograd, où, tandis que les maximalistes gagnaient 132 pour 100 des suffrages, les cadets s'avançaient de 112 pour 100. Entre ces deux courants, les nuances intermédiaires, les minimalistes, même au premier moment les socialistes-révolutionnaires, — les vrais triomphateurs du lendemain, — étaient balayés. Le plus vieux des partis russes, le plus nombreux aussi, malgré les noms retentissants de Brechko-Brechkov-skaïa, au flanc droit, et de Tchernof, au flanc gauche, subissait une défaite écrasante. Les autres fractions, en bloc, ne parvenaient même pas à recueillir assez de votes pour conquérir un seul siège à la Constituante. Les internationalistes, soutenus de toute l'autorité de la *Novaïa Jizn*, réussissaient à grouper, dans la capitale, le chiffre ridicule de 10 000 électeurs. Aussi, les journaux socialistes se lamentaient-ils d'avance sur l'étranglement de la démocratie entre les cadets et les maximalistes et signalaient le danger d'un centre numériquement **trop faible** et politiquement **trop fort**, puisque de son attitude devait **dépendre** la victoire de la droite bourgeoise ou de la gauche anarchiste. Les *Izvestia*, de leur côté, trouvaient dans la situation électorale des raisons nouvelles pour préconiser la guerre civile : « Classe contre classe : les partis des compromis sont irréparablement vaincus. »

Commencée avec la chute de Kerensky, l'expiation continuait. Toutes les fractions qui s'accrochaient à la coalition ·bourgeoise, sans cesser de se traîner à' la queue du léninisme, étaient sacrifiées en faveur des programmes mieux définis et des solutions tranchantes.

La campagne contre les cadets ne dépassa pas tout d'abord les limites habituelles ·de virulences oratoires au Sovet et des articles orduriers publiés par la *Pravda.* Mais, au fur et à mesure que les succès des cadets s'étendaient en province, le désir de passer de la parole à l'action prenait 'consistance dans les milieux officiels · de Smolny.' Larine, commissaire du travail, déposa un projet radical et simple : interdiction sans phrase d'élire les cadets à la Constituante. Pratiquement, on aboutit à cette mesure par la mise « hors la loi » de tout un parti, celui des techniciens politiques, des spécialistes érudits, la fine fleur ·de l'intelligence russe, l'unique parti libéral, dans le sens exact de ce terme, que compte la Russie révolutionnaire. En même temps Smolny décrétait l'arrestation, comme « ennemis du peuple· », des leaders principaux d'une fraction bourgeoise par excellence, ordre contresigné de tous les commissaires, sauf par Kolegaef — protestation purement platonique — et par Lounatcharsky, rendu plus sentimental à la suite du bombardement de Moscou.

Déjà, bien avant cette déclaration de la guerre sainte à la bourgeoisie, — les maximalistes avaient anticipé sur la pratique du terrorisme par la mise à sac de la commission électorale, qui siégeait au palais Marie, avec, en tête, Nabokof, Hessen, Vichniak, traînés devant l'avocat Kozlovski, le juge d'instruction suprême. Le nouveau décret ne faisait que délier les mains davantage aux vengeances politiques et

qu'indiquer un but précis aux colères de la rue. Wina-
ver, Kokochkine, Koutler, Chingaref, Dolgoroukof —
anciens ministres, membres de la Douma, députés à
la Constituante — sont saisis comme de vulgaires criminels et jetés dans les cachots de Smolny. La frénésie des gardes-chiourmes maximalistes reporte la
Russie au régne ténébreux d'Anna Ianovna, lorsque,
dans les rues, il suffisait de mal impressionner un spa-
dassin de la cour pour se voir muré, avec sa famille,
dans les bastions de la forteresse Pierre-et-Paul. La
garde rouge enferme dans les casemates jusqu'aux
enfants de M. Koutler et le Sovet, égaré par ses rancunes, n'a même pas l'élégance politique de respecter
la comtesse Panine, comtesse qui vécut toujours
comme une étudiante pauvre et consacra toute son
immense fortune à la classe ouvrière. Conséquence
directe de cette mobilisation de haines, un mois plus
tard, en février, la garde rouge assassinait dans un
lazaret, cloués à leur lit de douleur, deux ministres
cadets du gouvernement provisoire, Chingaref et Kokochkine.

L'explosion des passions maximalistes contre les
cadets — les violences et les barbaries en moins, —
rappelle la systématique campagne du gouvernement
de Stolypine pour barrer les portes de la Douma au
seul parti réellement ministrable, et surtout les calomnies, les réquisitoires puérils, la délirante épilepsie des
ultra-monarchistes, leur épouvante de voir la Russie
libérale s'organiser et gagner du terrain. Une fois de
plus on se heurte aux procédés servilement copiés
sur les modèles absolutistes, au bouillonnement des
mêmes haines, au frissonnement des mêmes craintes.
A lire les pièces, ramassées au petit bonheur pour légitimer la croisade contre les cadets, la présence dans la

presse des Sovets, des transfuges du camp des « cent-noirs » éclate avec une indéniable évidence. Télé-gramme du ministre de Roumanie sur la prise de Riga; le projet cadet sur la responsabilité du pouvoir exécutif devant les Chambres, la lettre du général Alexéef à Milioukof sur la détresse des familles des officiers : quel était le lien logique entre ces documents brassés par les *Izvestia* et par la *Pravda* et la néces-sité de refuser quartier à une fraction bourgeoise?

Devant l'inanité de ces manœuvres, le vide de ces accusations, même les journaux hostiles aux cadets n'ont pu dissimiler leur profonde stupéfaction. Mais l'effet sur les masses ignorantes n'en était pas moins efficace : les lecteurs maximalistes se bornaient à épeler les manchettes sensationnelles ; ils faisaient confiance, sans les lire, aux textes qui dévoilaient le complot des intellectuels, des généraux, des banquiers et des cosaques. A la plèbe avinée occupée à se fu-siller autour des dépôts d'alcool, on finit même par inculquer la certitude que les vrais auteurs de ces saturnales étaient toujours les bourgeois, les cadets.

La vérité c'est que, par la défaite des cadets — ces théoriciens de la constitution, — le maximalisme ne cessait de viser la débâcle de l'Assemblée constituante. Au moment où Lénine déclenchait son attaque géné-rale contre le groupe de Milioukof, aucun doute n'était déjà plus possible que la majorité à la Constituante appartiendrait quand même aux socialistes-révolu-tionnaires. Mais, pour compromettre la Constituante, le maximalisme n'avait pas le choix des moyens : il devait, comme toujours, brandir l'épouvantail de la bourgeoisie militante, dénoncer l'envahissement du palais de Tauride par les cadets pour s'arroger le droit d'en chasser, pêle-mêle, sous une étiquette particu-

lièrement suspecte, tous ses adversaires politiques.
Or, après les dernières élections, le parti cadet lui-
même débordait singulièrement les cadres de la bourgeoisie libérale dont il était l'interprète attitré. Souvent, par déception révolutionnaire, par haine du
maximalisme, des classes démocratiques votèrent pour
les candidats du parti de la liberté populaire. Trotzky
faisait la fortune électorale de Milioukof. Sinon comment expliquer qu'à Petrograd — agglomération militaire et ouvrière — les cadets aient pu recueillir
les suffrages de 250 000 électeurs? Comme tous les
gouvernements faibles, à l'exemple de Kerensky
lui-même, les maximalistes voyaient s'objectiver,
partout, le cauchemar de complots, d'intrigues réactionnaires, les spectres des cosaques ; partout ils per-
cevaient le menaçant cliquetis du sabre. Autant de
prétextes pour concentrer à Petrograd des janissaires
d'un type inédit, les troupes lettones, les plus empoi-
sonnées de propagande léniniste, et pour préparer
savamment le coup de main du 9 janvier contre le
palais de Tauride : la dispersion des premiers élus du
peuple réunis le jour primitivement fixé pour la
Constituante, la salle de séances entourée de mitrailleuses, les procédés des anciens gendarmes poussés
au paroxysme par des soldats révolutionnaires, scène
odieuse qui inspira à Roditchef des paroles où s'étranglait comme un sanglot de l'histoire russe : « Le
27 avril, — jour de l'ouverture de la première Douma,
— nous sommes entrés dans cette salle en triomphateurs, nous y entrons aujourd'hui étouffés par la
honte... »

Douloureuse évocation d'un printemps politique :
au passage des bateaux mouches, chargés de députés,
les détenus des *Krestys* secouaient leurs mouchoirs

entre les barreaux de leurs cellules ; la garde d'honneur présentait les armes à un monsieur en redingote, M. Mouromtzef, premièr président du premier parlement russe ; et le peuple, autour du palais de Tauride, comme pour un dimanche des Rameaux, était tout fleuri de vert : la couleur des cadets, la couleur d'espérance.

La journée du 9 janvier rappela une autre journée, presque un anniversaire, lorsqu'il y a treize ans, le 5 janvier, des régiments mitraillèrent une foule qui s'avançait conduite par un pope, la croix à la main, dans la clameur auguste de l'hymne national. Le même ordre comme il y a treize ans : « N'économisez pas les cartouches », et presque la même foule, ressuscitée, on le dirait, pour un nouveau martyre : les mêmes visages d'extatiques et d'hallucinés, les mêmes regards butés et les mêmes taches écarlates sur la neige piétinée par les mêmes paniques.

Lentement, des cortèges d'ouvriers, d'étudiants, de soldats se dirigent vers la Douma, ils suivent le chemin de la croix de toute la Russie libérale, et leurs drapeaux, brandis en l'honneur de la Constituante, sont aussi paisibles que les icones de 1905. En tête se profile la robuste silhouette d'un député sibérien, Longuinof. Mais voici les barrages de la garde rouge, les mitrailleuses, des milliers de fusils qui se braquent et de baïonnettes qui menacent. « Frères, que faites-vous, sur qui tirez-vous? » La gendarmerie de Smolny répond à Longuinof par des crépitements désordonnés ; pendant un quart d'heure, on tire à bout portant contre les manifestants, on tire contre les spectateurs, sous les yeux indifférents de la garnison de Petrograd qui avait proclamé sa « neutralité ». Le crâne fracassé par une balle explosive, le député Lon-

guinof tombe parmi les premiers. Son bonnet de fourrure ensanglanté est hissé à la pointe d'une baïonnette aux hurlements de la garde rouge : « Voici une
tête de saboteur. » Les sœurs de charité, à coups de
crosse, sont empêchées de ramasser les blessés. Les
passants qui protestent sont lardés par les baïonnettes.
Et, devant cette démence sanguinaire, un garde rouge,
pris de folie subite, jeta ses cartouches et son fusil,
hurla comme un chien à la mort : « Qu'avons-nous
fait? Qu'avons-nous fait? »

Instruments inconscients des émigrés, étrangers à
la Russie, à ses traditions, à son histoire, les bas-
fonds de la capitale brisaient le rêve caressé par la
Russie d'avant-garde depuis les officiers décembristes
sur l'échafaud...

* *
*

Pas un journal ne s'est mépris ni sur le sens de ces
répressions, ni sur la portée exacte des mesures maximalistes contre les cadets. Le *Dèn* reprocha à Lénine
un péché mortel révolutionnaire, un crime inexpiable
de lèse-démocratie. Pour la *Gazette ouvrière*, fermée
par la censure et obligée de paraître sous un autre
titre, le *Bouclier*, pour le *Delo Naroda*, ce n'était que
le premier pas, le début d'une époque de terreur, dont
peu à peu tous les partis politiques devaient tomber
les victimes. « Après les cadets, écrivait jusqu'à la
Novaïa Jizn, ce sera le tour de l'aile droite des socialistes-révolutionnaires, puis celui des social-démocrates, et ainsi de suite jusqu'à l'anéantissement intégral de toute l'opposition. » La bourgeoisie n'a été
qu'une amorce, qu'un vulgaire appât, pour ameuter
l'intolérance de la foule contre toutes les fractions
indépendantes du Sovet.

Plus on approche de la date — du reste toujours reculée — de l'ouverture de la Constituante, plus les mœurs policières sont affichées sans vergogne par les milieux de Smolny, la garde rouge, les matelots de Cronstadt, tous les prétoriens employés sur le front « russo-russe » ; la démocratie révolutionnaire ne s'exprime qu'en un jargon de mouchard ; à l'ombre de ses grands drapeaux rouges, elle perquisitionne, elle arrête, elle passe à tabac les « ennemis intérieurs » ; elle fait « circuler », à coups de poing et de crosse, les représentants de la nation ; elle impose silence par des cours martiales ; elle menace d'incarcérer Kerensky s'il risque de se présenter à Petrograd, cambriole les meubles chez Tcheinof, s'empare de Tsérételli, de Skobelef, de Tchkheidze, s'apprête à lancer un décret d'expulsion de tous ces trouble-fête, à faire, enfin, place nette de l'invention bourgeoise qu'est une Constituante élue — hérésie suprême — non seulement par des soldats, des ouvriers et des paysans sans terre, mais par le peuple tout entier...

Du moment qu'une classe, à l'exclusion de toutes les autres, a ramassé la couronne déchue des Romanof, qu'elle s'est affublée d'hermine et de pourpre, n'était-il pas naturel qu'elle pratiquât, envers le suffrage populaire, la politique de l'ancien régime vis-à-vis de la Douma ?

Par un dernier scrupule, la Constituante est convoquée, mais d'avance on délimite sa compétence, on restreint ses attributions : à la grande, à la seule souveraine de la terre russe, on assigne, à l'ombre du Sovet, le rôle humiliant de ratifier les décrets extrémistes. Le panache démagogique en moins, rien n'a mieux rappelé les articles de l'officieuse *Rossia*, l'organe de Stolypine, que la phraséologie de la *Pravda*, la veille de l'ouverture de la Constituante. Le ministère Impérial des Affaires intérieures déployait le même zèle pour écarter les débats sur la politique générale, pour soustraire aux préoccupations parlementaires la discussion de problèmes constitutionnels. Sturmer et Gorémykine avaient beau être morts et des ouvriers installés parmi les soieries et les ors du palais d'Hiver : on n'échappe pas comme on veut et quand on veut à tout un atavisme policier, à l'obsession d'un esclavage séculaire, qui faisait de la nation un simple appareil enregistreur des fantaisies du pouvoir central.

Depuis Pierre le Grand, l'idéal politique, en Russie, consistait à pousser la manie de l'uniforme au point d'estampiller les âmes d'un cachet officiel, bref, à bureaucratiser la psychologie populaire. Seules les Doumas octobristes, pliées sous la férule ministérielle, trouvaient grâce aux yeux de l'ancien régime. Sous le règne de Lénine, l'intolérance s'étale simplement avec plus de franchise : le maximalisme élevé au rang d'une religion d'État, la période électorale dégénère en guerre de religion ; au massacre des cadets, l'Institut Smolny rêve de faire succéder celui de l'aile droite des socialistes révolutionnaires ; Avskentief après Milioukof, et Tchernof après Avskentief. Les caves du Sovet, les casemates de la forteresse Pierre-et-Paul, toutes les prisons impériales sont bondées d'adversaires politiques du maximalisme. La Constituante est tronquée à coups de baïonnettes ; l'unanimité de ses votes préparée par la terreur. Le jour de l'ouverture, les bancs de l'extrême droite — sièges des cadets — sont à peu près vides. Après les immunités diplomatiques les maximalistes n'out-ils pas supprimé l'inviolabilité parlementaire? Seuls, un groupe de députés ukrainiens, surpris en route par la déclaration de guerre de la « Grande Russie » à la Rada, s'aventura, transi de peur, jusqu'à Petrograd : le reste préféra éviter le risque de devenir des otages entre les mains de Smolny. « On dirait, écrivait un journal, que la Russie est revenue à l'époque lointaine de ses fiefs, lorsque les princes allaient conférer ensemble, avec armes et bagages, accompagnés de serviteurs fidèles, prêts à tirer l'épée pour motiver les solutions... »

*
* *

Presque la veille de la Constituante, un coup de feu effleura la limousine de Lénine. La garde rouge a-t-elle pris la luxueuse automobile du pharaon maximaliste pour celle d'un bourgeois et jugé utile de canarder un capitaliste? Ou bien, réellement, un patriote écœuré s'est-il laissé aller à l'amère volupté d'une vengeance nationale? Un profond mystère enveloppe les origines de l'attentat avorté, et sans doute, à l'exemple de tant de bombes, maniées par les Azef, l'ombre continuera à peser longtemps, opaque et troublante, sur la menace de mort qui avait frôlé Lénine. L'essentiel qu'il faut retenir de cette histoire de vitre fracassée, c'est qu'elle a permis de justifier une pratique de terreur plus intense contre l'Assemblée constituante.

La garde rouge se précipite à la forteresse Pierre-et-Paul où les ministres détenus se trouvent désormais à la merci d'un coup de main. Des rédactions socialistes sont cambriolées : la *Volia Naroda*, le *Den* suspendus ; leurs rédacteurs jetés en prison. Sous l'inculpation d'avoir participé à l'attentat contre Lénine, on arrête trois membres de la Constituante, Argonof, Goukovski, Sorokine, et dès lors la portée du mystérieux coup de feu prend tout son relief. A travers l'automobile dictatoriale, la balle inconnue visa la Constituante, — et la Constituante seule. Si, malgré tout, on lui permet de se réunir comme on autorise les inculpés à prononcer leur dernière parole avant le verdict, c'est surtout pour mieux l'exécuter.

« Nos ennemis, hurle la *Pravda*, payeront par cent têtes chaque tête de prolétaire. » Et Zinovief-Apfelbaum d'insinuer, en plein Sovet, que les socialistes-révolutionnaires, suspects pour avoir été nourris dans les méthodes terroristes, préparent un attentat contre le « Mont Blanc de l'Internationalisme » — Lénine, que le coup d'État est en marche, la révolution en danger... Fouettée par ce phraseur ronflant, l'hystérie est à son comble. Les maximalistes exécutent la danse du scalp et clament leur cri de guerre : « Vive la terreur rouge ! » intermède nécessaire pour justifier le siège du palais de Tauride par 2 000 matelots de Cronstadt armés de mitrailleuses.

Montre en main, la Constituante a vécu douze heures, prisonnière des patrouilles qui encombraient les passages et les couloirs. Jamais concert plus formidable — fait du bruit des pupitres et d'égosillements humains — n'avait ébranlé la coupole parlementaire russe. A chaque instant des échauffourées semblaient sur le point d'éclater. Pour empêcher le doyen d'âge d'ouvrir l'Assemblée, un maximaliste s'empara de la clochette. Un peu d'union sacrée ne s'est fait jour que pour entonner, en chœur, l'*Internationale*, mais à peine les dernières strophes finies, les passions se déchaînèrent dans la diversité des enthousiasmes. Aux cris du centre et de la droite : « Tout le pouvoir à la Constituante ! Vive la Constituante ! » répondirent les rugissements de la gauche : « Vivent les Sovets ! Tout le pouvoir aux Sovets ! » A l'heure infiniment dramatique où devaient se régler les destinées de la patrie, personne n'avait songé à invoquer le nom de la Russie — la grande absente et la grande muette de toutes les parlotes révolutionnaires.

Était-ce là la Constituante si impatiemment attendue, si fiévreusement espérée, promise au peuple, par une claire matinée d'hiver, après la chute de l'ancien régime?

A la place d'un parlement, un meeting, et des sectaires intransigeants au lien d'hommes d'État, encore un Sovet, une variante de l'Institut Smolny, rien de plus. A la tribune, élu président, Tchernof pérore de sa voix grasse, jongle pesamment, comme d'habitude, avec des sophismes doctrinaires, se gargarise de périodes fumeuses, égrène le chapelet classique des utopies. Le décor auguste, l'heure tragique, la conscience des responsabilités historiques disparaissent. Tchernof pérore au nom de la Constituante comme il aurait déclamé dans un Sovet ou un café d'émigrés. Son exorde n'est qu'un hommage à Zimmerwaldt ; son premier vœu, c'est Stockholm. Le demi-léniniste s'oubliait souvent à faire du léninisme intégral et, des bancs de l'extrême gauche, plus d'une fois s'élevèrent des clameurs de victoire : « Tchernof capitule ! » Mais il suffit qu'un vague sentiment de convenance dictât à Tchernof des paroles timorées sur les sacrifices des soldats pour déclencher l'orage. « Bourreau de l'offensive de juillet ! » hurle Krylenko. Tchernof, l'homme des comités de propagande défaitiste parmi les prisonniers de guerre russes, l'homme à qui Kerensky craignait de confier des secrets militaires, l'homme qui n'a jamais répondu aux accusations d'avoir entretenu des relations avec Pelk von Nordenstral, l'attaché militaire allemand à Berne, Tchernof était conspué comme l'ami des cosaques et comme contre-révolutionnaire !...

Tchernof au fauteuil présidentiel et l'*Internationale* chantée ainsi qu'une prière par l'Assemblée où le pays avait placé ses dernières espérances, n'était-ce pas assez pour condamner la Constituante non seulement aux yeux de Lénine et de Trotzky? Depuis quelque temps déjà, comme s'il en pressentait la décevante inanité, avec cette inguérissable manie de diminutifs qui sévit en Russie, le peuple avait pris l'habitude d'appeler la Constituante *Outchredilka* (1), abréviation intraduisible où la familiarité populacière côtoie l'irrévérence. La Constituante, obligée de lever sa première séance sur les injonctions des matelots fatigués de monter la garde, puis dissoute par un écriteau laconique, placardé sur les murs du palais de Tauride, n'a précisément été que cette Constituante rapetissée, dégénérée, déchue avant de naître, qu'évoquait un sobriquet de moujiks déjà blasés sur la politique. Et la vraie tragédie de la Constituante était peut-être beaucoup plus dans l'absence de regrets laissés par sa disparition que dans son étranglement par les maximalistes.

(1) A la place de *Outchreditelnoé Sobranié.*

*
* *

Autorisée à vivre, la Constituante aurait remis le sort du pays entre les mains du parti socialiste révolutionnaire, le plus grand et sans conteste le plus ancien des partis socialistes russes, le parti de Kerensky, de Savinkof et de la grand'mère de la révolution, la célèbre Brechko-Brechkovskaïa. Le succès retentissant obtenu par le parti d'abord aux élections municipales de l'été 1917, puis aux élections de la Constituante, est naturellement venu consacrer la claironnante réputation de tous ces noms populaires, les fanfares des programmes agraires, enfin le martyrologe du parti avec ses évocations de potences tsaristes et de neiges sibériennes. C'est au cri de guerre des socialistes-révolutionnaires — *Zemlia i volia*, la terre et la liberté — que s'étaient manifestées toutes les tentatives de secouer le joug du régime impérial : ces termes magiques furent les premiers à flamboyer sur les drapeaux rouges, déployés devant la Douma, lors du coup d'État de mars ; les paysans surtout n'en connaissent pas d'autres pour exprimer leur soif d'indépendance et leur faim de la glèbe nourricière. Mais en même temps qu'il traduisait, en une formule de frappe heureuse, les nostalgies politiques de la classe agricole, le parti socialiste-révolutionnaire n'a jamais su aborder le domaine des réalisations pratiques, ni donner une interprétation législative à ses doctrines. Traqués et harcelés avant la révolution, forcés au travail clandestin, les socialistes-révolutionnaires ont toujours été, par excellence, le parti des complots et de la terreur, le parti de la lutte à outrance, comme l'indique, du reste, le principe fondamental de son

programme : « Tu acquerras ton droit dans la lutte. »
Depuis ses origines, le parti s'est confiné à la destruction brutale et à la propagande occulte. Il n'était pas
habitué au grand jour. Au seuil du pouvoir, il fut
comme ébloui par la lumière qu'il n'espérait plus ;
devant la nécessité de créer, de produire, l'indigence
de son bagage politique s'accusa avec une implacable
évidence dès le premier frottement de la vie contre
les corans révolutionnaires.

Mais l'immense orgueil, dont débordent, d'ailleurs,
toutes les fractions militantes russes, triompha rapidement des premières hésitations, au lendemain des
élections municipales. A un pays déjà décimé par
l'anarchie, en pleine ébullition sociale, les socialistes-
révolutionnaires appliquèrent leurs procédés de politique souterraine et leurs méthodes de doctrinaires
entêtés.   On continua, seulement en toute liberté,
sans crainte du gendarme, la débauche de discussions,
de réunions, de congrès, de résolutions, où, jadis, sous
le masque du conspitateur, se retrempaient les forces
révolutionnaires, mais qui, à l'heure des réalisations,
menaçait d'anémier les dernières énergies. Les dissen-
timents intérieurs du parti, les intérêts mesquins, les
rivalités des chefs, finirent bientôt par primer les
déchirements de la nation. Trop vaste, à l'exemple de
la Russie elle-même, le parti perdait sa belle prestance
et son unité rigide, s'effritait et s'émiettait : entre sa
gauche, qui côtoyait les maximalistes, et la droite de
Kerensky et de Savinkof, s'intercala toute une gamme
de nuances intermédiaires, où Tchernof continuait
toujours à briguer le rôle de chef. Tandis que Lénine
et Trotzky préparaient leur grande offensive, les cha-
pelles socialistes-révolutionnaires gâchaient le temps
à s'excommunier les unes les autres : on se dévorait

entre comités, on se lançait à la face la boue des calomnies et des révélations et surtout comme d'habitude, dans les milieux spécifiques des révolutionnaires russes, à gratter l'apôtre, on finissait par découvrir le mouchard. C'est ainsi qu'à la stupéfaction générale il fut établi que Dekonsky, chef de la fraction gauche des socialistes révolutionnaires, était un appointé de l'*Okhrana* tsariste.

Était-il possible, dans ces conditions, de préciser la couleur de la majorité du parti — majorité dont dépendait, en définitive, celle de la Constituante?

Pour sauver l'unité et le prestige de la fraction, un grand nombre de socialistes-révolutionnaires de la droite, — de ceux que l'on désignait sous le nom ironique de « social-patriotes », — firent entendre au congrès du parti convoqué après le coup de force maximaliste, que la guerre était finie, que les divergences en matière de défense nationale devaient disparaître, qu'il était permis désormais de serrer les rangs et de se tendre la main. Bassesse inutile. La gauche traita la droite en vaincue, menaça d'exclure Brechko-Brechkovskaïa du Congrès ; la grand'mère de la révolution, plusieurs autres dignitaires du parti, furent honteusement battus aux élections du Comité exécutif. La droite ne se lassa pas cependant dans la voie des concessions : elle proclama hautement que la révolution russe n'était pas une « révolution bourgeoise », en d'autres termes elle renonça solennellement au principe de la coalition avec la bourgeoisie ; puis, pour sauver les apparences, elle ajouta, au milieu d'un effroyable tintamarre de la gauche, que la révolution russe n'était nullement une révolution sociale, mais une révolution « populaire et travailliste ». Jusqu'à la fin, les byzantins de la révolution restaient fidèles·à leur nature : pendant que les vainqueurs maniaient des fusils, ils maniaient des formules creuses et pataugeaient dans la casuistique socialiste ; ils s'assassinaient de rhétorique, se provoquaient devant des tribunaux d'honneur, piteuses marionnettes, ·Guignol révolutionnaire, en marge de la vie, au ban des réalités.

La Constituante, sous l'influence de ces mœurs politiques, n'aurait pas manqué de vite dégénérer en un meeting permanent. Décapité de ses meilleurs éléments, le plus grand parti révolutionnaire aurait continué à étaler son impuissance désespérante à s'élever au-dessus des intrigues de couloirs et à se défaire de son détestable dilettantisme. C'est en vain que l'on chercherait dans ses programmes — même son programme électoral définitif du 17 novembre — des formules concrètes sur les questions les plus brûlantes de la politique russe. Ainsi, sans vouloir désavouer les Sovets et rester trop en arrière sur les maximalistes, les socialistes-révolutionnaires se tirent des difficultés, que soulève l'existence de ces organes bâtards à côté de la Constituante, par des pirouettes oratoires, des à-peu-près de tribune. « Il faut, dit le programme, laisser aux Sovets la faculté de diriger la *vie politique idéale des masses* », et un peu plus loin, par un vague souci d'écarter trop de concessions au maximalisme : « Il y a lieu de rectifier la ligne politique des Sovets. » Des mots, toujours des mots, et, comme seule application pratique, l'éternel demi-léninisme, un léninisme émasculé.

Pour guérir le pays du virus maximaliste, le sérum socialiste-révolutionnaire était inefficace, et une Constituante présidée par Tchernof n'était pas l'antidote d'un Sovet inféodé à Lénine.

CHAPITRE XVI

LA RÉPUBLIQUE FÉDÉRATIVE DES SOVETS

La constitution maximaliste. — Le Sovet « modèle de structure sociale ». — Les congrès des Sovets. — Un État féodal. — Les maximalistes et l'Église. — Démagogie diplomatique. — Le séparatisme russe. — Le cas de l'Ukraine. — Les méthodes d'expansion. — La déception cosaque. — La guerre civile.

Sur le champ rouge du nouveau drapeau russe, cinq majuscules en or résument toute la constitution maximaliste : R. F. S. R. S., République fédérative socialiste russe des Sovets : un type d'État encore inédit — une fédération de communes prolétaires.

« La Russie, disait Tourguénef, avec son invincible pessimisme d'*Occidentaliste*, la Russie est une grande nation : elle a inventé le *knout*, le *samovar* et le *caviar*. » Il aurait ajouté aujourd'hui : elle a inventé aussi le Sovet — le Sovet, la seule misérable création originale des révolutionnaires russes. Mais Lénine n'a rien d'un *Occidentaliste :* il continue, sous une forme nouvelle, toutes les traditions présomptueuses des vieux Slavophiles, la foi messianique en la puissance rédemptrice du moujik converti au socialisme. Avec une âpre ironie il stigmatise les emprunts aux libertés bourgeoises de l'Occident : les constitutions parlementaires, la représentation nationale, le mécanisme législatif des Chambres, l'égalité des votes. Le Sovet, déclare textuellement Lénine, réalise un idéal autre-

19

ment supérieur de gouvernement démocratique : un gouvernement sans bourgeois et contre les bourgeois. Le dualisme du pouvoir, sous le régime de Lénine, aboutit enfin à l'unité, par le fer et par le feu de la guerre civile.

Le nouveau gouvernement n'est pas un gouvernement national : il ne représente ni un peuple, ni même un État : émanation d'une classe sociale à l'exclusion de toutes les autres, il se limite à défendre des intérêts professionnels en marge des préoccupations patriotiques. Pour faire partie d'un Sovet, la qualité de prolétaire suffit : les prisonniers austro-hongrois ont encombré les conseils de Sibérie, et Rakovsky, Bulgare mal naturalisé Roumain, est parvenu à se hisser au sommet de la hiérarchie maximaliste.

. La population se subdivise ainsi en deux catégories bien distinctes : les anciens « exploités » devenus dictateurs, et les anciens « exploiteurs » dégradés au rang d'ilotes, privés de droits électoraux, frappés de déchéance civique. Mais où commence le titre d'exploité, à quel signe reconnaître le parasite social? Pour établir leur cens électoral, les maximalistes dénoncent le bourgeois en toute personne qui ne vit pas de son salaire ou qui utilise le travail d'autrui ; ils songent même un instant à sérier les communistes, à créer des prolétaires privilégiés dotés de tous les droits : les ouvriers, et, à côté de cette aristocratie professionnelle, un Tiers-État moins favorisé : artisans et employés.

La vérité, c'est que rien n'est plus vague ni plus arbitraire que les classifications sociales du nouveau régime russe. Lénine, Trotzky, Stoutchko, Zinovief, Kamenef ne sont pas des ouvriers, ils ne sont pas des paysans ; ils n'ont jamais été soldats : de quel droit,

au fond, siégeaient-ils sur les bancs du Sovet? Ici,
chez les extrémistes du socialisme, réapparaît toute
l'intransigeance, toute l'intolérance de l'absolutisme
impérial : l'orthodoxie socialiste comme jadis l'orthodoxie religieuse devient le principal critérium des
catégories humaines ; même un prolétaire ne peut se
hausser au niveau de citoyen éligible s'il ne professe,
en sa pureté sans mélange, la doctrine intégrale du
communisme russe ; le baptême maximaliste ouvre
toutes grandes aux pires aventuriers les portes de la
noblesse ouvrière. Ainsi se précise la nature véritable
de la république léniniste : une théocratie rigoureusement fermée aux hérétiques du communisme et gouvernée par les conciles de prêtres jacobins. Toutes
les variantes de l'opposition sont vouées au bûcher.

Une seule exception est faite en faveur des socialistes-révolutionnaires de l'aile gauche — concession
provisoire, du reste, inévitable opportunisme imposé
par la nécessité de rallier aux Sovets les sympathies
paysannes, orientées vers les programmes du parti
agricole par excellence. Mais, comme Tchernof, même
Tchernof, est jugé « social-patriote » et réactionnaire,
les maximalistes n'ont pas eu beaucoup de peine à
trouver, dans la masse informe de son parti, des
extrémistes singulièrement flattés par l'invitation de
collaborer au pouvoir. Pour opérer cette jonction, le
Sovet mit très habilement à profit un « Congrès paysan »
réuni au mois de décembre à Petrograd : musique en
tête et drapeaux rouges déployés, une notable fraction du Congrès se dirigea vers l'Institut Smolny où
de bruyantes manifestations célébrèrent l'accolade des
usines et des campagnes. Des paysans, enfin, venaient
prendre place sur les bancs de l'avant-garde révolutionnaire : le village adhérait à la religion nouvelle ;

le Comité exécutif,- enrichi de deux cent cinquante
délégués ruraux, revêtait l'allure d'un parlement de
prolétaires. Mais sous l'étiquette campagnarde, il
n'était guère malaisé de reconnaître des cousins ger-
mains du léninisme, affublés de fausses barbes, amenés
par les « camarades » Natanson, Spiro et Katz. Plus
tard, lorsque les événements jetteront ces néophytes
dans l'opposition, il sera trop tard : les vrais moujiks
auront suivi les moujiks maquillés, et le maximalisme
pourra réaliser son idéal ésotérique de parti exclusif
de tous les autres. Par principe, les Sovets tendent à
une homogénéité absolue de composition, une tonalité
rouge réfractaire aux nuances.

Constitués ainsi, les Sovets sont des organes universels. Ils répondent à tous les besoins et exercent toutes
les fonctions : politiques, administratives, économiques,
financières. Ils remplacent d'emblée les institutions
locales antérieures pour ramifier dans les moindres
centres, depuis la capitale jusqu'aux plus humbles
villages, un réseau unique de communes ouvrières.
Plus de contentieux administratif, de contrôle politique, aucun droit de recours : les Sovets concentrent
entre leurs mains toute la plénitude du pouvoir : non
seulement ils ont la faculté d'émettre des règlements
et de voter des lois, mais aussi celle de réquisitionner,
de confisquer, de nationaliser et de socialiser, de suspendre les journaux, d'imposer des amendes, d'incarcérer — et bientôt de fusiller — les spéculateurs et les
contre-révolutionnaires. Et, dans cette négation chaotique du droit public, dans ce recul à l'Asie, Lénine se
flatte de prédire une étape définitive du progrès
démocratique : la guerre civile — objet même de la
révolution — ne peut s'adapter aux cadres surannés
d'une démocratie parlementaire : de là la fusion du

pouvoir exécutif et du pouvoir législatif, les libertés constitutionnelles monopolisées au bénéfice du prolétariat et assurées par la dictature des Sovets. Les Sovets, en fin de compte, ne sont que des états-majors de la guerre civile.

Un célèbre voyageur anglais, Fletcher, décrivait ainsi la Vieille Moscovie : « Un pays barbare et grossier, privé de moyens de communication et d'issues libres sur la mer, pays d'esclaves et de monstrueux despotisme... Les habitants de ce pays sont seulement dépositaires provisoires de leurs biens ; ils cachent ce qu'ils ont dans les forêts, mais la plupart du temps ils ont peur de faire de l'épargne, ils craignent que les autorités n'apprennent qu'ils ont des marchandises à vendre, puisque l'État s'arroge un monopole sur les fourrures, le grain et le bois. Parmi les principaux revenus de l'État figurent les confiscations des biens des personnes disgraciées. Les tribunaux ne rendent pas la justice d'après des lois écrites : il suffit, pour être traité comme ennemi de l'État, d'une calomnie ou d'une dénonciation. La population est divisée en deux parties : les *opritchniki* (1), classe privilégiée, qui peut piller et tuer à volonté, puis les *zemskie lioudi* (2), objet de toutes les exactions. Parfois, se réunissent des assemblées nationales, des *Sobors*, mais elles se bornent à sanctionner les mesures élaborées d'avance et à prodiguer des éloges au gouvernement... »

En pleine terreur maximaliste, un journal publiait cette citation d'un auteur du seizième siècle : les commentaires étaient inutiles : la république fédérative

(1) Garde spéciale du palais sous le règne d'Ivan IV.
(2) Hommes des campagnes.

socialiste russe des Sovets se reconnaissait dans l'Empire moscovite d'avant Pierre le Grand !

Il y a trois siècles et demi comme aujourd'hui, le peuple russe subissait le joug de l'État sans manifester la moindre puissance créatrice politique, victime apathique d'une histoire où seules les formes extérieures de la tyrannie ont réellement varié. Ce peuple avait plié l'échine sous toutes les férules, l'invasion des Tatares, le sanglant mysticisme d'Ivan IV, le dur modelage de Pierre Ier, les tragiques extravagances des favoris d'alcôve, l'apothéose policière de Nicolas Ier et d'Alexandre III. Il s'adapte aujourd'hui avec une égale indifférence à l'absolutisme démagogique.

Tenu toujours à l'écart des grands courants de la civilisation, il s'abandonne, comme en plein seizième siècle, aux instincts de sa barbarie native ; il s'enfonce dans le coma de son invincible paresse et la stagnation de sa crasse séculaire ; il assiste, placide, à la dévastation de son outillage national. Des monopoles comme alors : la chasse aux métaux précieux, au sucre, au blé, la population obligée d'enfouir ses trésors, les capitaux et les terres des ennemis politiques impitoyablement confisqués, des contributions de guerre intérieure prélevées sous la pression des baïonnettes. Une fois de plus, s'il était donné à Fletcher de traverser la Russie socialiste en wagon délabré, à raison de 15 kilomètres l'heure, il aurait reproduit, mot à mot, ses impressions vieilles de trois cent cinquante ans. Il aurait vu fonctionner la même justice sans lois écrites, et, à la place des *Sobors* les Congrès périodiques des Sovets qui ratifient de confiance tous les décrets maximalistes (1).

---

(1) La loi agraire a été votée en douze minutes, sans que le Congrès ait eu le temps de prendre connaissance du texte.

Le caractère spécifique du léninisme est là, dans la greffe des doctrines marxistes à' une nation corrompue jusqu'à la moelle par l'atavisme du servage. Un serf a beau devenir socialiste, internationaliste, révolutionnaire : alors même que l'absence de toute tradition conservatrice en fait un témoin indifférent des innovations les plus hardies, il demeure incapable, organiquement, de s'élever au respect de la liberté qu'il ignore et de l'égalité qu'il méprise. C'est pourquoi le socialisme russe rappelle si étrangement les heures les plus sombres du despotisme tsariste qu'il avait abattu. Rien ne ressemble mieux à l'esclavage que la doctrine rigide et pseudo-scientifique à laquelle des théoriciens en dehors de la vie ont soumis une foule, d'ailleurs amoureuse de formules rapides et de credo qui dispensent de réfléchir. Jamais tyrannie moscovite ne s'est mieux déployée que dans les déerets où la simplification de l'orthographe est introduite sous peine de travaux forcés. A l'exemple des Tsars réformateurs, c'est à coups de knout que les maximalistes font du socialisme. Ils ont leurs opritchnikis et leurs zemskia lioudi; ils ont leur tchin révolutionnaire, où le mot « camarade » est de rigueur comme jadis le titre d'Excellence ; ils ont leurs streltzy (1), la garde rouge ; ils ont même leur 3ᵉ section, un corps de gendarmes : la commission de lutte avec la spéculation et la contre-révolution, présidée par un sadique de la terreur : Moïse Ouritzky. La Russie maximaliste devient un État féodal où, partout, le principe national est remplacé par le principe aristocratique, où l'attachement à certains privilèges de caste se substitue au patriotisme. « Jadis, écrit un des

(1) Janissaires du Kremlin avant Pierre le Grand.

théoriciens de l'extrémisme russe, Tverdovski, la
bourgeoisiè seule avait une patrie. Aujourd'hui, la
patrie de l'ouvrier, c'est son pouvoir, c'est sa dictature. Ainsi ceux qui exigent la Constituante et la
solidarité avec la bourgeoisie trahissent la patrie ouvrière. Le devoir du prolétaire est de détruire la patrie
bourgeoise. »

L'idée dont la gestation obscure se laissait deviner
à la base des événements, l'idée d'un parricide monstrueux, perpétré de sang-froid, finit par revêtir, comme
dans *le Crime et le Châtiment* de Dostoïevski, la forme
d'une justification théorique. Détruire la patrie bourgeoise, ce n'est pas mettre les bourgeois hors de la loi
et même à la porte de leurs appartements ; ce n'est
pas anéantir l'armée pour conférer au prolétaire la
faculté exclusive de manier la baïonnette : c'est chlo-
roformer l'âme d'un peuple, avilir son honneur international, briser son unité politique, bref, tuer la patrie
sans épithète — puisqu'il n'y a pas deux patries...

L'Église était l'âme du peuple russe. Elle l'était
malgré sa déchéance progressive au degré d'une pesante machine bureaucratique, d'une police spirituelle
entre les mains de l'absolutisme. Pendant des siècles
elle avait constitué la seule source de lumière et le
seul véritable lien d'unité nationale. L'histoire de la
grandeur russe est inséparable de l'histoire des vieux
couvents aux murs crénelés et aux coupoles byzantines. Le patriarche doublait le Tsar, et, sans la croix,
l'épée était impuissante. A la couronne des princes
héroïques l'Église ajoutait l'auréole de ses canonisa-
tions.

Sans doute, habitués à piétiner dans les anti-
chambres du Saint-Synode, les prêtres russes n'ont
pas eu tous, au lendemain de la révolution d'octobre,
l'attitude vigoureuse qu'imposait la conscience du
danger. Il y eut des démagogues qui prièrent pour
la paix « sans annexions et contributions ». Il y eut
surtout des faibles, trop heureux, pour légitimer
leur défaillance, de s'embusquer derrière le devoir
de rendre aux maximalistes « ce qui est à César ».
« Toute âme, déclara l'évêque Nestor au moment de
son arrestation, doit obéissance aux détenteurs du
pouvoir ».

Mais, malgré cette veulerie, conséquence d'un long
servage, malgré ses silences et souvent ses défections,
l'Église, par sa nature, par son caractère essentiellement national, restait une protestation vivante alors
même qu'elle était muette contre le débridement
révolutionnaire. Les soldats enlevaient leurs cocardes
rouges à la porte des basiliques. Ils sentaient confusément que ce sanglant symbole d'un paradis matériel
détonnait parmi les sombres visages des saints sous
leurs myriades de cierges. Un duel occulte, un corps-
à-corps spirituel s'engageaient entre l'Église et la rue,
une lutte au plus profond des âmes et dont la Russie
était l'enjeu. En fait, deux religions se trouvaient en
présence : à la théorie du sacrifice s'opposait la doctrine de l'instinct divinisé, enseignements inconciliables qui n'admettaient aucune transaction : il fallait choisir entre l'une ou l'autre. Et, peu à peu, cette
vérité finit par s'imposer aussi bien à l'Église qu'au
maximalisme. En pleine éclipse nationale, restée seule
debout sur tant de ruines, l'Église avait comme une
nouvelle jeunesse : le patriarcat renaissait, l'Église
obtenait son Tsar et devenait, dans un État en déli-

quescence, la patrie douloureuse et militante des âmes. Il convient d'ajouter : de toutes les âmes. Pendant un service célébré par le patriarche à la vieille cathédrale de l'Assomption, les nuages ébauchent au-dessus du Kremlin une immense croix écarlate dans le ciel crépusculaire, et des sanglots déchirants s'élèvent de la foule agenouillée. L'intellectuel pleurait à côté de la femme du peuple : il pleurait le même désastre. Le vide de la patrie perdue poussait jusqu'aux plus tièdes vers les sanctuaires où vivait encore le souvenir de la Russie. Et la persécution commune cimentait davantage cette alliance.

De là un nouveau front : un front ecclésiastique. Dieu est déclaré bourgeois et l'Église contre-révolutionnaire. Tous les moyens sont mis en œuvre pour discréditer, à travers le prêtre, d'ordinaire peu estimé du peuple, la religion elle-même, élément constitutif de l'idée de patrie en Russie. La presse s'étend complaisamment sur de grasses histoires de popes et de moines. On exploite les appétits agraires pour lancer le moujik à la socialisation des couvents. Les décrets s'abattent bientôt, en phalange serrée, contre le clergé : séparation de l'Église et de l'État, confiscation des propriétés ecclésiastiques, condamnation des biens de mainmorte, défense d'enseigner le catéchisme dans les écoles, défense de suspendre des icones dans les salles d'études, inauguration de cours d' « athéisme systématique ». Des scènes sanglantes accompagnent le séquestre du couvent de Saint-Alexandre Nevski : la garde rouge chasse les fidèles de l'église pendant le service religieux, bouscule le métropolite ; un prêtre, Skipetrof, tombe, la mâchoire fracassée par une balle. A l'anathème du patriarche, la *Pravda* répond par d'écumants réquisitoires contre les « capitalistes en soutane ». Les arrestations n'épargneront pas les plus grands dignitaires de l'Église : l'évêque Séraphin de Kostroma, écroué pour un sermon ; celui de Pensa, Ioan, expulsé de son diocèse ; l'évêque Hermogène, âgé de quarante-neuf ans, envoyé creuser des tranchées sur l'un des fronts de la guerre civile.

Aux violences officielles succèdent les brutalités de la foule. Les soldats pillent le couvent de Saint-Nicolas Belogorsky et massacrent des moines. Les trésors de la sacristie patriarcale sont cambriolés. A Toula on tire sur une procession religieuse et à Petrograd sur une procession funéraire. Des prêtres tombent la croix à la main. Le métropolite Vladimir est tué à Kief. Le clergé est traité en « saboteur » bourgeois, jeté dans les wagons à bestiaux (1) par les cheminots et grevé de lourdes contributions par les paysans. Un peuple qui se meurtrissait le front sur les dalles des églises et multipliait les génuflexions, qui s'affamait pendant les carêmes et passait son temps à se signer devant les églises, le peuple en apparence le plus religieux, le plus chrétien de l'Europe (2) se donnait pour chefs une douzaine d'aventuriers israélites et brisait ses icones. Le règne de l'Antéchrist : au lieu de l'Empereur « très croyant » suivant l'épithète sacramentelle des liturgies, la dynastie des Bronstein, des Apfelbaum et des Rosenfeld ; mille ans de christianisme s'évanouissaient sans trace ; une nouvelle Passion, un nouveau Calvaire ; le peuple élu fusillait son Dieu.

---

(1) Le métropolite Platon fit ainsi 856 verstes, tandis que la garde rouge occupait des wagons de première.

(2) L'origine étymologique du mot « paysan », *krestianin*, est « chrétien », *khristianin* (ROSANOF).

Ce peuple aurait-il réellement sombré dans l'athéisme ? Explication par trop scolastique. Le socialisme, le maximalisme, sur le sol russe, ont accusé rapidement les proportions et le caractère d'une immense hérésie religieuse. Le peuple s'est jeté dans la révolution avec toutes ses extases et toutes ses frénésies de sectaire. A passer de l'autocratie à la république léniniste, sa mentalité est restée immuable : psychologie de convulsionnaire byzantin qui ne connaît pas de milieu, de « médiocrité dorée », de pondération classique ; psychologie d'ancien serf étrangère à la conception latine de liberté et de tolérance. La révolution est-elle autre chose que le tsarisme orthodoxe à rebours, le peuple esclave devenu Tsar, devenu Dieu ? Et comme, au christianisme, des natures passives d'Orient ont surtout emprunté le culte de la souffrance, le peuple érigé en potentat se flagelle, le peuple déifié s'expose aux crachats et s'enfonce les pointes de sa couronne d'épines dans les tempes. Le peuple russe se livre aux bourreaux et se proclame le roi de la terre promise. Que l'on parcoure les poésies des Pindares maximalistes, d'Ivanof-Razoumnik et de Beloi : « Un tourbillon enflammé a traversé la Russie, il porte en lui les semences printanières, il se précipite à l'Ouest, il bouleverse le monde... Crucifiée par l'ennemi, la révolution ressuscitera, elle est éternelle et immuable ; elle est l'absolu... »

Le maximalisme russe est une folie religieuse, et de là sa puissance : il sanctifie tous les crimes.

Les décrets suppriment Dieu, les décrets suppriment la patrie...

Le début diplomatique de Trotzky, commissaire du peuple aux Affaires étrangères, a été de forcer les tiroirs du ministère et de livrer à la *Pravda* les pièces secrètes et les télégrammes chiffrés que la criminelle négligence du gouvernement déchu a laissés au « Pont aux Chantres ». Ce reportage sensationnel amorcé, Trotzky, ancien journaliste, et même collaborateur congédié d'une feuille libérale, le *Den*, Trotzky aborda les affaires courantes : dénonciation des alliances, annulations des emprunts, lettres impertinentes à l'ambassadeur d'Angleterre, entrée en relations directes avec les Empires centraux.

Quoi de plus logique? Huit mois de fermentation zimmerwaldienne, huit mois d'efforts pour condamner au silence l'instinct de l'histoire, ne pouvaient donner naissance qu'à la plus brutale, à la plus complète des négations. L'écrasante majorité des socialistes russes n'a jamais su dégager les intérêts permanents de la patrie de leurs expressions politiques accidentelles. Tsérételli n'avait-il pas condamné les traités secrets, les correspondances confidentielles, les procédés de la diplomatie bourgeoise? Skobelef avait parlé de rencontrer même le « diable » — *alias* Scheidemann — à Stockholm, et le Pré-parlement, à la suprême convulsion oratoire de Kérensky, s'était borné à exiger la cessation de la guerre. Que l'on se rapporte à la propagande des grands coupables, des pères spirituels du maximalisme : tout s'explique alors, et tout s'enchaîne : le déballage par Trotzky des fonds de panier diplomatiques, les négociations avec l'ennemi, la campagne en faveur de l'armistice. L'honneur du pays, l'inviolabilité de sa signature : autant de préjugés bourgeois. Il n'y a pas de pays, il n'y a que des classes, et la classe victorieuse ne peut se considérer comme successeur de

la classe ennemie. L'histoire commence le 25 octobre
1917 : c'est l'an I de la révolution mondiale, une bri-
sure nette avec le passé, une rupture de continuité
sans appel. Toujours le même principe de la table
rase : le prolétariat ignore aussi bien les traditions
politiques que les intérêts nationaux : tout est subor-
donné à ce but fondamental : le développement des
conquêtes révolutionnaires. « N'est pas socialiste, déclare textuellement Lénine, celui qui refuse, pour
assurer la victoire sur la bourgeoisie, de souscrire à
la nécessité des pertes territoriales et des défaites.
N'est pas socialiste celui qui ne sait sacrifier la patrie
pour le triomphe de la révolution sociale. » Le défaitisme russe atteint, sous le régime de Lénine, au point
culminant de sa monstrueuse éclosion.

Artisans de coups d'État et agents de propagande,
les ambassadeurs maximalistes n'auront plus pour
mission de représenter la Russie et de veiller à ses
intérêts. L'idée première de Lénine est d'entretenir des
envoyés rouges seulement auprès des démocraties
ouvrières : relations de classe à classe, en dehors des
gouvernements et du protocole, l'ébauche, en pleine
Europe impérialiste, de l'Internationale des communards. Chaque jour la *Pravda* annonce en manchettes
démesurées que l'incendie révolutionnaire avait éclaté
en Allemagne et même dans les Indes : de l'expansion
extérieure de ses doctrines, la politique de Lénine tire
sa base et sa seule justification. La Russie entière est
jetée sur une carte. La révolution mondiale excuse,
cependant, jusqu'aux pires défections à ses propres
principes. Les diplomates de la Russie maximaliste
ont-ils connu une autre Allemagne que celle des con-
quérants, des socialistes officiels et des espions avérés?
Mais Lénine ne s'embarrasse guère de ces contradic-

tions. Il affirme solennellement le droit de conclure un pacte provisoire avec l'Impérialisme allemand si les intérêts de la révolution l'exigent.

Démagogie grossière pour consommation intérieure. Quelques jours seulement avant le coup d'État d'octobre, les représentants du groupe de Liebknecht ont pu se rendre au Danemark pour prévenir, en toute sincérité, les délégués extrémistes russes qu'une révolution en Allemagne était chose impossible ; mais qu'importait cet avertissement à des sectaires? L'expérience a beau être désespérée, on la tente quand même ; on fait une vertu démocratique de la trahison, l'État se glorifie de devenir escroc, une grande puissance s'honore de sa fourberie, la patrie est prostituée en ce qu'elle a de plus pur : son prestige moral ; la Russie se classe elle-même comme une nation pestiférée au ban de la famille internationale. La révolution russe a les mains rouges d'avoir abandonné ses alliés et livré au couteau les petites nations. Jamais crime plus grand n'a été commis au nom de la liberté.

Déchéance à l'extérieur, émiettement à l'intérieur.

Un des premiers décrets de Lénine concède à toutes les nationalités, à toutes les régions, la faculté de disposer de leur sort. Le séparatisme est encouragé : la patrie supprimée, est-il permis d'insister sur le maintien de l'unité du pays? Déjà, sous le gouvernement provisoire, on voit tous les régionalistes turbulents se ranger du côté du maximalisme dont ils escomptent les promesses et les faiblesses, mais, dès le lendemain du coup d'État d'octobre, en Esthonie, en Finlande, en Ukraine, au Caucase, les tendances

séparatistes se heurtent à la propagande révolutionnaire, profondément unificatrice, du pouvoir central.
Le maximalisme reprend d'une main ce qu'il accorde
de l'autre. Il consacre toutes les libertés, mais à la
condition qu'elles soient des libertés maximalistes.
Doctrine internationale, il tend naturellement à catéchiser et à convertir, à *sovétiser* la Russie entière. Il
a tous les caractères d'une religion d'État qu'un pouvoir théocratique impose par la force. Et ce qui contribue au succès de cette expansion, c'est que le maximalisme s'est emparé du cerveau, du foyer intellectuel
de l'organisme russe : de la grande Russie. Des centres
auront beau surgir dans les régions limitrophes, des
patriotes s'user en efforts héroïques dans les villes
lointaines, Petrograd et Moscou continueront, malgré
leur démence, à exercer une irrésistible séduction politique sur les masses. Et cette attirance même de la
folie grand-russienne est une preuve combien l'unité
de la Russie est une nécessité historique.

Mais, principe d'intégration et de nivellement, le
maximalisme porte en lui les germes de discorde, de
tuerie fratricide et de morcellement territorial. Ses
applications sont inséparables de la guerre civile. La
lutte de classes, poursuivie à coups de décrets et de
fusillade en Grande-Russie, devient, dans les régions
limitrophes, une formidable mêlée sanglante. Petrograd mobilisera contre toutes les populations à tendances bourgeoises comme les Tatares, contre les populations privilégiées comme les Cosaques, contre les
petits propriétaires ruraux de Sibérie et d'Ukraine,
hostiles aux socialisations agraires des paysans grands-
russiens qui sont moins des propriétaires que des fer-
miers. Et cette lutte sera d'autant plus implacable
qu'elle se doublera, pour les maximalistes, d'une véri-

table guerre d'annexions, la Grande-Russie privée de
sucre, de charbon et de naphte, menacée par la famine,
lancée à la conquête de la *terre noire* plantureuse du
Sud et des riches charbonnages du bassin du Donetz.
Au point de vue économique, les inextricables péripéties des conflits intérieurs se réduisent à l'offensive
du socialisme affamé contre les greniers bourgeois. Au
point de vue politique, c'est une ruée aussi impérialiste que possible à l'hégémonie, toutes les régions de
la Russie dissociées soulevées par l'âpre ambition de
redevenir la clef de voûte du futur édifice. Kief,
Novotcherkask, même Helsingfors (1) brigueront tour
à tour le grand premier rôle. Une vingtaine de fronts
remplaceront le front véritable devenu silencieux : il
y aura des déclarations de guerre en bonne et due
forme entre gouvernements nés d'hier, des opérations
militaires de grande envergure, des états-majors et
des communiqués ; jamais la Russie n'aura plus combattu qu'au moment de ses fraternisations avec l'Allemagne ; jamais plus de sang n'aura coulé que sous les
auspices de Zimmerwaldt.

On publiera plus tard des volumes pour décrire l'indicible chaos d'un pays en état de guerre avec lui-
même, mais il suffira, ici, de dégager les linéaments
essentiels des événements encore mal connus, souvent
contradictoires et toujours d'une complexité inouïe.
Pendant près de quatre mois, il n'y eut qu'une seule
espérance et qu'une seule illusion : les Cosaques. La
dictature maximaliste paraissait tolérable : n'était-
elle pas un cauchemar provisoire, ne voyait-on pas
déjà à l'horizon s'estomper, dans une forêt de piques,

---

(1) Le général Mannerheim demandera plus tard de marcher à
la tête des « blancs » sur Petrograd.

des silhouettes menaçantes sur des ambliers hirsutes?
La bourgeoisie russe a gaspillé son temps à scruter
l'espace mort, à interroger le lointain vide : elle a été
une seconde sœur Anne, moins heureuse que celle
de Barbe-Bleue. Les Cosaques ne vinrent pas. Ils ne
vinrent pas malgré toutes leurs promesses, malgré les
cris de guerre claironnants, malgré l'immense cliquetis d'armes dont ils remplirent le sud de la Russie.

Écœurés de la dernière équipée de Kerensky, les
régiments cosaques abandonnent Petrograd et se concentrent dans le Don. Le « Don calme », le « Don
serein », comme le veut l'épithète consacrée par la
poésie des légendes, enfle ses vagues et menace de
sortir de son lit. Les congrès cosaques débordent d'éloquence épique. « Lénine nous a déclaré la guerre,
annonce Aguéef, président du congrès de Novotcherkask. L'ennemi est à nos portes. Le dilemme est
très simple : il s'agit, pour les Cosaques, d'être ou de
ne plus être. » A l'unanimité le congrès vote la nécessité d'écraser les maximalistes ; les compromis sont
rejetés : les Cosaques combattront aussi bien l'indépendance de l'Ukraine que le régime de Lénine ; un
gouvernement devra se fonder à Novotcherkask en
étroite communion d'idées avec les comités bourgeois
de Moscou : un seul but paraît admissible : devenir
maîtres de la situation, maîtres de la Russie. N'y a-t-il
pas déjà au Don cinq mille Cosaques aguerris et autant
d'officiers et d'aspirants? La première collision avec
la tourbe maximaliste de Rostof justifie toutes les
espérances : douze mille soldats déploient le drapeau
blanc et déposent les armes, la garde rouge s'enfuit
à l'apparition d'une patrouille cosaque. Et, comme le
vieux Taras Boulba, le héros d'un conte immortel de
Gogol, les Cosaques pouvaient s'écrier : « Il y a encore

de la poudre dans les poches des Cosaques, le sabre cosaque coupe encore... »   •

Le général Kalédine, ataman élu, le chef incontesté du Don, est naturellement porté à la tête de l'épopée qui fermente. Sa compétence est reconnue jusqu'à Tzaritzine, jusqu'à Voronège, d'où des télégrammes affolés demandent des troupes contre la domination maximaliste. Un vaste organisme politique s'ébauche, depuis l'Oural à la mer Noire : « l'Union des peuples des steppes et des peuples montagnards du Caucase, des Cosaques du Don, de Kouban, de Terek, d'Astrakhan, de l'Oural et d'Orenbourg. » La région du Don est proclamée en état de siège. Les régiments d'infanterie sont disloqués. Aux armes s'ajoutent les renforts de la guerre économique : le blé et le charbon, tous les convois à destination de Moscou sont arrêtés, le blocus décidé contre le maximalisme : c'est la guerre. « Le Don, dit le général Kalédine, travaille ainsi pour la Russie. » Le Don, aux yeux de tous les patriotes, devient le noyau de la Russie nouvelle.

Novotcherkask, petite ville paisible, s'improvise, malgré elle, en capitale, en rendez-vous de tous les irréconciliables et de tous les mécontents. Les célébrités de la Douma et celles de l'état-major s'y coudoient chaque jour plus nombreuses : Milioukof, Rodzianko, le général Alexéef arrivé en civil, le général Kornilof évadé de prison. Des centaines d'officiers débarquent habillés en soldats pour prêcher la guerre sainte. De vieux généraux aux poitrines chamarrées encombrent les appartements de Kalédine. Le Don « bougeait », le Don allait foncer au galop de ses sotnias contre la Russie rouge... Suprême et douloureuse déception. Sous le brouhaha des discours et le bruit d'éperons, toujours la même absence d'unité, chez les

Cosaques comme ailleurs, les mêmes hésitations, la même maladie de la volonté, les effets du même poison.

La mobilisation générale laisse entrevoir une scission profonde, les vieux Cosaques encore saturés de traditions, les jeunes gagnés déjà en grand nombre aux idées extrémistes, et presque toujours indécis devant l'appel à l'action. Convoqué en janvier, le *Kroug* (1) cosaque témoigne d'une indéniable décomposition politique : le prolétariat du Don s'abstient d'envoyer des représentants, manifeste une injurieuse méfiance envers Kalédine et demande des Sovets. Ce lamentable spectacle arrache des hurlements de triomphe à la presse de Petrograd et l'offensive maximaliste se déclanche contre le Don. Et, dans l'histoire d'une révolution où les lâchetés et les défaillances ne se comptent pas, rien n'est aussi pitoyable peut-être que la défection des régiments où la Russie avait mis son espérance dernière. A Taganrog, les Cosaques refusent de combattre, à Rostof, ils refusent d'obtempérer aux ordres et abandonnent officiers et aspirants à une tuerie inutile. Les trahisons se succèdent. Le 27e régiment passe aux maximalistes au lieu d'opérer sa jonction avec le détachement victorieux de volontaires sous le commandement de Tchernetzof. Le détachement est battu, Tchernetzof est tué. Incapable de survivre à ses désillusions, Kalédine se suicide (16 février).

L'un après l'autre, les régiments cosaques jurent fidélité au devoir sur les dépouilles de leur chef. Mais c'est trop tard. Les hordes maximalistes font irruption à Rostof et à Novotcherkask, et les vengeances commencent dans une atmosphère de folie. En chaque

---

(1) *Kroug*, cercle en russe, congrès cosaque.

passant, on soupçonne un officier déguisé, et le soupçon suffit : l'exécution est immédiate ; six cents victimes tombent sous les balles ; Nazarof, successeur de Kalédine, est massacré : parmi les otages, des jeunes filles, des enfants de dix' ans sont traînés vers les prisons. A Kief, c'est la même victoire et la même débauche de terreur : quatre jours de bombardement, huit jours de combats dans les rues, la population privée d'eau, d'éclairage, de pain, environ deux mille officiers tués, Kief traitée en ville rebelle, taxée d'une contribution de 47 millions, la Rada en fuite à Jitomir, les aspirations séparatistes impitoyablement réprimées. Le début du mois de février marque le point culminant des succès maximalistes, la sanglante apothéose de la guerre civile.

La Russie entière grince des dents, se déchire, s'entre-dévore. Il ne reste plus qu'à rassembler des épaves, à tenter de limiter l'incendie. Le général Kornilof, à la tête d'un détachement de Cosaques et de' Kalmouks, se replie sur les gouvernements d'Astrakhan et de Stavropol ; le général Alexéef se retranche dans la région de Kouban ; d'autres figures de chefs, destinées peut-être à jouer un rôle dans l'œuvre immense de la reconstitution russe, apparaissent dans l'Oural et en Sibérie : le colonel Doutof, le colonel Semenof. Les derniers débris de raison, les derniers restes de santé se réfugient à la périphérie de l'immense organisme russe, secoué par le délire du meurtre.

Jamais, aux heures de ses ambitions les plus débordantes, le pangermanisme n'a osé entrevoir les résultats obtenus par la révolution maximaliste. Des échelons fratricides encombrent les rails, se cherchent' à travers le réseau des voies ferrées. Non seulement des républiques nouvelles — une poussière d'États indépendants — mais des associations professionnelles, des comités locaux, des Sovets aux noms barbares où se complaît la manie des abréviatifs révolutionnaires, lès *Vikjel*, les *Roumtcherod*, les *Iskossol*, les *Tzentrobalt* (1), se disputent les lambeaux du pouvoir et dépècent une terre ensanglantée. Les légions polonaises s'emparent de Moguilef, des villes entières — Vladicaucase, Grozny — flambent comme des feux de joie ; en Crimée les Tatares chassent les Russes ; des bandes d'inconnus armés parcourent le pays, massacrent et volent ; et les navires de guerre, transformés en corsaires, bombardent les ports et lèvent des rançons.

Dans l'œuvre de destruction, entreprise par les maximalistes, il y a comme une grimace apocalyptique, les soubresauts d'une colère démoniaque. Partout des villes dévastées, des champs stériles, des foyers de vie paralysée, des malheurs que l'Écriture associe à l'apparition des signes étranges dans le ciel, le Sud soulevé contre le Nord, l'Est contre l'Ouest, front contre front, classe contre classe, le pays émietté, harcelé, ramené — dernière analogie avec la Moscovie d'autrefois — à la ténébreuse époque de sa gestation historique, à l'état de proie disputée par l'anarchie, l'ennemi extérieur et les fantômes des Tsars revenants.

(1) Abréviatifs pour désigner l'Union des cheminots, le Sovet du front roumain, de la mer Noire et d'Odessa, celui du front du Nord, e Comité de la flotte Baltique.

CHAPITRE XVII

LA TRAGÉDIE DE LA PAIX

I. — *Fiat pax*

Avec l'inguérissable illusion — qui fait l'essence de
la doctrine maximaliste — de pouvoir escamoter les
réalités par des lois, Lénine décréta la paix intégrale
et immédiate, comme s'il s'agissait de la suspension
d'un journal ou de la confiscation des capitaux privés.

Pour retrouver une foi aussi absolue en la vertu
latente des idées, la réalité tangible des abstractions,
il faudrait revenir au moyen âge et aux scolastiques :
le principe de la paix démocratique posé, les maximalistes envisagent son application comme une question
d'heures et tout au plus de jours. Les franches répugnances des pays de l'Entente, la cauteleuse hypocrisie des Empires centraux sont tenues pour autant
de quantités négligeables. « Nous avons trois ennemis,

déclara l'adjudant Krylenko dans un de ses premiers discours, l'ennemi extérieur qui n'est pas dangereux, la famine que nous saurons dompter, et, enfin, l'ennemi principal, le Grand Quartier des généraux, des bourgeois, des contre-révolutionnaires. »

Le Grand Quartier était dénoncé aux tranchées comme le seul obstacle à la signature de la paix. La *Pravda* accusait les chefs de l'armée d'être aux gages des Bourses de Londres et de Paris. Et la guerre parut définitivement liquidée avec l'assassinat du général Doukhonine à qui, la veille encore, un de ses subordonnés, le général Boldyref, disait : « Toute la Russie honnête est avec vous. » A la meute hurlante de la soldatesque, les maximalistes abandonnèrent comme un os, à défaut de la paix promise, l'ancienne *Stavka* impériale, l'état-major d'Alexéef, de Broussilof, des victoires galiciennes. —

Pratiquement, il n'y avait là qu'une barbarie inutile, qu'un holocauste révolutionnaire sans excuse. En même temps que Lénine décrétait son *fiat pax*, Trotzky, dans un ordre de jour à l'armée, indiquait les moyens d'aboutir à la paix immédiate. Armées, corps, divisions, brigades, régiments, compagnies, toutes les unités de combat, grandes et petites, sans en excepter les soldats isolés, étaient invitées à traiter avec l'ennemi, par-dessus la tête des généraux et des officiers. Par cette forme anarchique imprimée à l'armistice, la révolution, entre les mains des maximalistes, poussait à l'absurde ses principes d'émiettement de la nation et de l'armée. Le dernier coup de massue était asséné à la discipline agonisante. La fraternisation systématique devenait une vertu militaire. « Sur ce point, disait Trotzky dans sa proclamation à l'armée, les camarades soldats peuvent avoir toute confiance en l'expérience personnelle de leur nouveau chef », aveu si cynique en sa crudité que même plusieurs « commissaires du peuple » reprochèrent à Trotzky son manque de tact envers l'adjudant Krylenko, successeur des empereurs et des grands-ducs.

Dans les tranchées, une multitude famélique accueille comme une délivrance tous les manifestes de Smolny. Une armée juge inutile d'intimer au Grand Quartier un ultimatum aux fins de conclure un armistice immédiat. Une autre dépêche sur-le-champ des parlementaires à l'ennemi. Plusieurs divisions, quelques régiments signent des armistices séparés dont la *Pravda* publie les textes comme des modèles d'héroïsme révolutionnaire. Cependant, sur un secteur, sans doute mal informés, les Allemands fusillent à bout portant un groupe de zimmerwaldiens à épaulettes. Ailleurs, l'ennemi exige d'un corps du Turkestan, peu disposé aux simagrées pacifistes, la signature d'un armistice dans les quarante-huit heures, sous menace d'un bombardement par l'artillerie lourde. Mais, un peu partout, la pratique des fraternisations ressuscite ; les Russes, masse amorphe, la langue vite déliée par l'alcool échangé contre du savon, du pain et, trop souvent, contre des armes ; les Allemands, méthodiques et réservés, soigneusement triés pour former des « compagnies d'embrassade » spéciales, qui pénétraient parfois jusqu'aux réserves de l'arrière-ligne. Les chefs ont beau tenter des efforts désespérés pour dénoncer la duperie de ces poignées de main traîtresses, l'ingénieuse organisation de ces baisers de Judas, le fameux ordre de jour du général Kreinbourg à la 218e division sur les buts d'espionnage assignés aux fraternisations. Les soldats répondent par des coups de feu et des arrestations en masse · ils n'épargnent personne, pas même les comités révolutionnaires élus ; les derniers vestiges d'autorité sombrent dans les excès de la folie pacifiste.

Cette folie était savamment entretenue, alimentée avec art, par une campagne de mensonges éhontés. Le Sovet interpréta le consentement de l'Allemagne aux pourparlers, puis la conclusion de l'armistice, enfin les négociations de paix comme des victoires sensationnelles, arrachées par le prolétariat ennemi à l'impérialisme rapace de ses maîtres. Chaque jour, pendant des semaines, la presse maximaliste flatte les ignares des tranchées dans leur naïf orgueil, leur messianisme puéril, d'apporter sa libération à l'univers au bout de leurs crosses levées en l'air.

Mais, bientôt, pour tromper la nervosité de l'armée, il fallut de nouveau se rabattre sur les dérivatifs classiques, les pièges tendus à la cause de la paix par la bourgeoisie russe, la coalition des Cosaques, des capitalistes, des aspirants, des officiers, des grands-ducs, de tous les « ennemis intérieurs ». Comme le décret pacifiste de Lénine restait toujours lettre morte, il fallut maquiller les faits, gazer les réalités, revenir à tous les procédés et à tous les subterfuges de la « diplomatie secrète ». Les comptes rendus des négociations sont publiés avec des retards considérables, souvent écornés, tronqués, escamotés, au point de provoquer les protestations de la délégation maximaliste elle-même, les fanfaronnades verbales des représentants russes soigneusement mises en vedette, tandis que les textes, communiqués simultanément à Berlin, faisaient abstraction de toutes les insolences révolutionnaires. Le peuple, du reste, est impuissant à retenir de ces tractations touffues, de cet imbroglio politique, autre chose que les gestes violents et les attitudes mélodramatiques dont se drapent pittoresquement ses mandataires à Brest-Litovsk : il répète machinalement les prestigieuses formules de la paix démocratique dont la Russie sera la première victime ; il ignore la volte-face exécutée par l'Allemagne, ses rudesses et ses exigences dès l'arrivée de la délégation ukrainienne ; il ne démêle pas, dans l'écheveau de la crise révolutionnaire, la réalisation d'un plan prévu de longue date par l'état-major de Berlin, le morcellement politique de la Russie et son assujettissement économique ; et, d'ailleurs, même si le bandeau lui tombait des yeux, il se consolerait peut-être de voir la Russie rétrograder à l'état de la vieille Moscovie, avec cette phrase de Lénine qu'il appartient à la bourgeoisie seule de se « chamailler » pour des questions de frontières.

A l'exemple de tous les actes maximalistes, les négociations de paix dénoncent la hâte des gens qui ne sont pas sûrs du lendemain. Maslovsky, vice-président de la délégation, congédié depuis, confessa mélancoliquement l'inégalité des forces en présence à Brest-Litovsk, le caractère disparate des plénipotentiaires russes, leur manque de préparation technique, l'absence de vues d'ensemble. Alors que devant chaque négociateur ennemi, avoue un délégué révolutionnaire, s'accumulaient des instructions lithographiées, les Russes n'avaient devant eux que des rames de papier blanc. La paix comme la guerre, comme les réformes intérieures, étaient abandonnées à l'improvisation d'une coalition d'incompétences. Seuls, les colonels Chichkine et Stanislavski, représentants de l'État-Major, reçurent quelques vagues indications de l'Institut Smolny : indications parfaitement favorables aux intérêts de l'Allemagne. La douloureuse tragédie nationale mise à part, les négociations de

Brest-Litovsk ont tenu de l'anecdote et du vaudeville.

Dans son rapport au Sovet, le « camarade » Kamenef a mis en lumière, non sans une visible satisfaction d'amour-propre, que la délégation maximaliste, chargée de négocier l'armistice et la paix, n'était pas une ambassade ordinaire. « Seule la révolution russe, ajoute Kamenef, pouvait dépêcher une délégation pareille. »

Le « camarade » Kamenef avait raison. En dehors de quelques membres de Smolny, la délégation comprenait comme une émanation de la trinité des classes qui gouvernait la Russie : des paysans, des ouvriers, des soldats, puis une inexplicable apparition féminine, Mme Byzenko, connue seulement pour avoir failli jadis assassiner un général, et enfin quelques officiers, décidés à défendre, le cœur gonflé d'amertume, les « intérêts techniques » de l'armée.

En tête de la délégation, figurait un dentiste, M. Joffe, sans aucun titre diplomatique que celui d'être le beau-frère de Trotzky. Inconnus, de même, l'ouvrier Oboukhof, le paysan Stachkof=Romanof, le matelot Olitch, le soldat Beliakof, le sieur Sokolnikof, et le secrétaire de la délégation au nom de trafiquant de tapis persans : Karakhan. Le passé de Maslovsky, comme celui de Kamenef, s'affirmait moins vierge. Des salles de rédaction du *Messager officiel* de l'Empire, dont il était un des collaborateurs attitrés, Maslovsky ne fit qu'un saut, au début de la révolution, pour apparaître jacobin improvisé, à l'aile extrême gauche du parti socialiste-révolutionnaire. Cette métamorphose trop brusque ne trompa personne. Un tribunal d'honneur fut convoqué pour statuer sur le cas du néophyte. Et comme, malgré l'enquête, sa sincérité était restée douteuse, Maslovsky s'isola, fonda avec le concours de Dekonsky — un pro-

vocateur professionnel — le *Znamia Trouda*,] « Étendard du Travail », et finit par s'attirer les sympathies
les plus ardentes du groupe maximaliste.

Du ministère des Affaires étrangères, le maximalisme n'a su retenir qu'un seul fonctionnaire, mis à
l'index par ses camarades, M. Dolino-Dobrovolsky,
employé de deuxième plan, auteur de plusieurs articles
où les coups d'encensoir prodigués à la famille impé
riale côtoyaient l'hystérie et l'extase.

Telle était la délégation qui s'était assise, pour
trancher les plus formidables des problèmes que la
diplomatie eût jamais abordés, en face de plénipotentiaires allemands et autrichiens : ministres, généraux, spécialistes roués. techniciens consommés, tout
l'appareil perfectionné d'un État moderne. Devant
les contrastes qui s'imposaient, Maslovsky n'hésite
pas, dans ses impressions confiées au *Znamia Trouda*,
à manifester son mépris pour la délégation du « vieux
monde », le monde dont la Russie, suivant les strophes
de la *Marseillaise ouvrière*, avait secoué pour toujours
la poussière de ses pieds. Il n'a pas de phrases assez
ronflantes pour décrire la veste démocratique du
délégué ouvrier, racolé, pour faire partie de l'ambassade, au moment où il se dirigeait, le samedi soir, vers
un établissement de bains et qui ne fut que trop heureux de pouvoir changer de linge avant de prendre le
train. Il invoque, symbole saisissant, le paysan
Stachkof, embroussaillé dans les flots de sa crinière
chenue et de sa barbe de patriarche, vêtu d'un ample
touloupe crasseux, vis-à-vis d'un capitaine autrichien,
étranglé dans un col démesurément haut, la poitrine
étoilée de colifichets et les doigts aristocratiques
chargés de bagues. Parmi les masques sémitiques de
la majorité des délégués, cette seule figure typique,

qui rappelât la Russie, se détachait si évocatrice de Tolstoï, que les Allemands demandèrent immédiatement s'il était parent du célèbre écrivain. Cette bonne impression dura jusqu'au dîner pendant lequel le délégué russe fit preuve d'un dédain absolu pour les préceptes de tempérance tolstoïstes.

A l'amabilité guindée, à la correction des gens qui savent vivre, l'ambassade maximaliste oppose le sans-gêne, l'anarchie des manières où doit se refléter l'anar-chie politique. « Suivant nos usages russes, écrit Maslovsky, nous sommes arrivés en retard. » Et la joie d'avoir fait attendre mieux qu'un bourgeois, un prince de sang avec son état-major, compense, chez ces pauvres d'esprit, l'humiliation de toutes les condi-tions imposées d'une voix blanche par des profession-nels du bismarckisme. Une polissonnerie de collégiens, admis à la table des grands, a primé chez la déléga-tion russe toutes les poignantes préoccupations de l'heure. Mme Byzenko, surtout, s'appliquait à terro-riser les « impérialistes » par son intransigeance révo-lutionnaire, ses cheveux en brosse d'étudiante, sa blouse râpée et ses rogues réponses au prince Léopold de Bavière : lorsqu'à minuit, quelques galants lieute-nants proposèrent des sandwichs, elle se récria, indi-gnée, que la journée de huit heures interdisait de déranger les domestiques. Chez Joffe le même orgueil puéril, la même gaminerie dans la satisfaction d'avoir scandalisé des diplomates de carrière et des hommes de guerre chamarrés de croix. Pour annoncer au Sovet que l'Allemagne a consenti à s'abstenir de trans-ferts de troupes, Joffe, dans son télégramme, bégaie d'enthousiasme et traite d'« inexpérimentés » les géné-raux impérialistes. Ici la naïveté du délire frôle une connivence d'agent compromis par un excès de zèle.

Les clauses formelles de l'armistice ne laissaient-elles pas à l'Allemagne toute liberté pour achever les mouvements de troupes déjà commencés?

Mais cette vanité indiscrète s'est vite usée au contact du « vieux monde ». Dès l'arrivée de la délégation dans la zone allemande, il fallut se résigner à une concession qui, à elle seule, était déjà tout un programme, et se laisser brosser, nettoyer, astiquer, par une armée remuante d'ordonnances ennemies. Les délégués russes ont beau afficher leurs sentiments démocratiques : ils n'arrivent même pas à cacher leur admiration pour le morceau de savon et les deux serviettes de toilette qu'ils avaient trouvés dans leur chambre ; au dîner de gala, où Joffe trônait entre le prince Léopold et le général Hoffmann, les camarades se sont épuisés à manier la fourchette avec élégance ; et, d'être traités, sur un pied d'égalité, de *hochwohlgeboren* (1), les « Excellences » socialistes suffoquèrent d'émotion. Seul le prolétariat allemand manquait à la fête. Très petits, très humbles, les tueurs de bourgeois fraternisèrent avec des gens gantés de blanc, casqués et bottés, qui, le soir entre eux, faisaient des gorges chaudes au souvenir des caricatures révolutionnaires, bouffies de vanité et de bêtise.

La Russie râlait parmi des bouffonneries de paillasses. Et, au spectacle de cette déchéance, on comprend le geste d'un des délégués militaires, le général Scalon, et ces lignes suprêmes, griffonnées avant le suicide, sanglante protestation contre le cauchemar de Brest-Litovsk : « Je ne puis vivre davantage. »

(1) Bien nés, de haute naissance.

II. — *Journées de dupes.*

-L'inévitable s'accomplit.

Après les tracasseries policières et les médiocrités de l'exil, il est défendu de s'asseoir impunément, en face des mandataires de deux empereurs, d'un sultan et d'un roi, pour régler le sort de 180 millions d'hommes, sans céder au vertige des grandeurs. Le fait seul d'avoir négocié, d'égal à égal, un armistice honteux avec les représentants de l'impérialisme ennemi, revêt, aux yeux des parvenus de la politique, l'importance d'une victoire qui impose la certitude d'une paix démocratique. Cette paix a beau reculer à mesure que les pourparlers serrent davantage les applications des principes révolutionnaires pour les déformer en faveur de l'Allemagne : le cerveau chaviré d'orgueil, les commissaires du peuple agissent comme si la signature de Trotzky s'étalait déjà, à côté des sceaux armoriés de Kuhlmann et de Czernin ; ils ouvrent le front commercial à l'offensive des commis voyageurs et de tous les stocks de camelote prête à inonder les marchés de la Russie ; ils se donnent l'illusion du règlement des questions de Pologne, de Courlande, d'Esthonie, par l'envoi de cargaisons allemandes à Reval et l'ébauche de communications postales avec Berlin ; ils croient forcer la paix parce qu'en plein Newsky, à Petrograd, des soldats offrent aux passants des crayons, des briquets, des canifs, même des bottines de dames *made in Germany :* c'est la mascarade de la paix, comme ailleurs, dans la vie politique intérieure, c'est la mascarade du socialisme.

La Russie, où Trotzky renouvelle envers les diplomates alliés les turqueries du château à sept tours,
et d'où la légation de Roumanie est expulsée après un
stage dans la forteresse, la Russie devient l'Eldorado
des prisonniers de guerre. Tandis qu'on négocie sur le
front, le pays est envahi pacifiquement par les internés
de l'arrière. Dans les rues d'où les officiers russes ont
disparu, confondus avec les soldats, et où les soldats
eux-mêmes, sans chevrons, sans galons, sans épaulettes, errent comme un troupeau dégradé, les seules
silhouettes vraiment militaires sont celles des prisonniers ennemis. Souvent, devant l'arrogance des lieutenants prussiens, autrichiens, hongrois, en tenue impeccable, et les foules de troupiers gris-vert qui dévalent
à travers les villes, on a l'impression d'un pays occupé.
Des centaines de prisonniers chaque jour traversent
sans effort une frontière où, livrées à leur bon plaisir,
les sentinelles ronflent ou jouent aux cartes avec les
contrebandiers. Mais la grande majorité préfère aux
perspectives du front occidental le pays de bombance
révolutionnaire qui les traite désormais en hôtes de
ses paysans, de ses ouvriers, de ses soldats. Les prisonniers de guerre sont dotés par les Sovets de tous
les droits civils, traités sur les chantiers à l'égal des
travailleurs russes, surveillés pour la forme par des
chefs élus, prisonniers comme eux, conduits à des
meetings spécialement organisés pour les distraire et
abonnés d'office à titre gracieux aux journaux publiés
à leur usage en allemand et en hongrois, le *Fakel* et
le *Völkerfrieden*. Parallèlement à la guerre civile sur
le Don, en Ukraine, dans l'Oural, en Finlande, c'est
une idylle internationale, une anticipation sur l'âge
d'or des fraternisations humaines, les demoiselles de
téléphone remplacées à Nijni-Novgorod par des gre-

nadiers poméraniens et un club d'officiers allemands installé à proximité de Smolny.

Comment refuser sa reconnaissance pour toutes ces cajoleries?

Plus d'une fois on a vu des prisonniers de guerre faire le coup de feu dans les rangs maximalistes contre les Cosaques et les aspirants, entrer dans les commissions électorales comme à Rostof-sur-Don, pour patronner les candidats extrémistes, ou présider des unions professionnelles, comme à Orenbourg ; des soldats allemands ont prêté main-forte pour arrêter Tchernof ; on affirme de bonne source la présence d'un officier autrichien parmi les assassins du général Doukhonine, et Trotzky s'est flatté devant le Sovet d'avoir gagné le concours des prisonniers hongrois pour parachever en Russie la révolution communiste. A chaque pas on se heurte à des officiers allemands autorisés, pour des raisons ténébreuses, à rentrer à Petrograd qu'ils avaient habité avant la guerre et reçus dans l'intimité des commissaires du peuple. Ceux qui s'avisent à les dénoncer sont malmenés et même arrêtés, alors que d'anciennes connaissances en obtiennent d'étranges documents en allemand, des sauf-conduits en prévision de mystérieuses éventualités. Comme aux pires journées de l'ancien régime, les influences occultes et toutes-puissantes du germanisme tissaient à Petrograd leur toile d'araignée.

Bientôt tous vestiges de discrétion disparaissent ; la garde rouge enlève, dans les magasins et dans les hôtels, les avis de la police tsariste : interdiction de parler l'allemand sous peine d'amende... *Ils*, comme on disait dans le peuple, sans spécifier, *ils* pouvaient venir en toute sécurité. Les préparatifs pour la réception étaient achevés : les ambitions de l'armée mortes, les aigles étranglées, les drapeaux flétris, les officiers décimés, le pays décapité de son élite par la terreur.

Ils débarquèrent, enfin, conduits par deux anciens favoris de Tzarskoé-Sélo : le comte de Mirbach, un intime de l'impératrice Alexandra, et l'amiral de Kaiserling, que Petrograd avait connu capitaine, à l'uniforme encore vierge des macabres couleurs de la croix de fer. Sous ce pavillon aristocratique, l'Allemagne charriait la plus douteuse des marchandises : une délégation dont jamais la liste complète n'a été publiée, et où des fonctionnaires huppés voisinaient avec des commerçants expulsés de Russie et le chef du contre-espionnage autrichien : un certain Sloboda. Mais qu'importaient ces détails au Sovet qui n'avait jamais, lui non plus, divulgué les noms authentiques de ses députés ! L'essentiel, c'était d'être reconnu, consacré comme gouvernement légal par des bourgeois impérialistes, aux yeux des ambassades alliées, fournir au peuple une preuve tangible des négociations de paix et d'impressionner les délégations ennemies par l'envergure du pouvoir maximaliste.

Ce programme est scrupuleusement exécuté.

La réception, réglée par le protocole de l'Institut Smolny, n'a pas laissé de rappeler les fastes de la monarchie défunte. Un train spécial est mis à la disposition des délégations, des automobiles de l'ancien garage impérial les transportent au théâtre Michel, au ballet, — dont le comte Mirbach constate la décadence sous le nouveau régime, — aux casernes de la flotte Baltique où le commissaire Dybenko en tenue de matelot, et les officiers sans décorations ni épaulettes offrent un dîner aux « camarades » de Berlin et de Vienne. Comme les appartements préparés sont jugés trop démocratiques par les snobs féodaux,

Trotzky ordonne de jeter à la rue les locataires du Grand Hôtel et de l'Hôtel d'Angleterre, on en interdit l'accès au public, enlève sur le désir de Kaiserling les patrouilles à la porte. Les platitudes, bientôt, ne se comptent plus : dans leur rôle nouveau de maîtres de cérémonie, les dictateurs révolutionnaires multiplient révérences et salamalecs ; Trotzky envoie du champagne aux délégations, donne des ordres au télégraphe pour transmettre sans retard une dépêche de félicitations au Kaiser et dément de sa propre initiative les interviews de l'amiral Kaiserling. Des hôtels occupés par les ambassades germaniques, la langue russe est bannie, les domestiques russes aussi, remplacés par une valetaille allemande improvisée de toutes pièces ; des foules de prisonniers de guerre chaque jour assiègent les appartements du comte de Mirbach dont une garde prussienne assure la sécurité.

Les Allemands, comme par le passé, se sentent chez eux à Petrograd et traitent la Russie en pays conquis.

Commis voyageurs de haute volée, espions qui n'ont plus besoin de fausses barbes et de noms d'emprunt, les Allemands sont venus sur place étudier la solvabilité de leur nouvelle clientèle. Médiocrement impressionnés par les gasconnades maximalistes à Brest-Litovsk, ils n'ont pas craint de s'aventurer en pleine révolution sociale pour confronter la réclame avec la réalité. Des résultats de cette enquête — Kaiserling le cache à peine, — enquête dont les négociations maritimes et commerciales ne sont que le prétexte plausible, dépend en ligne directe l'issue des pourparlers de paix. Aussi, pour donner l'illusion de sa puissance, Trotzky affiche-t-il la dictature du Sovet par un redoublement de terreur contre les bourgeois et des sorties injurieuses contre les Alliés. Impatient de mettre en relief sa force, il se répand en grimaces de croquemitaine, qui ne trompent personne. Dans son emballement, il finit par laisser la *Pravda* morigéner les Allemands eux-mêmes et entonner les fanfares démagogiques pour pronostiquer « la chute de tous les kaisers, rois, roitelets et autres oppresseurs ». Chaque matin, désormais, les délégués ennemis pouvaient lire dans les journaux extrémistes, dont le Sovet leur faisait le service, des phrases retentissantes sur le rôle de la Russie à Brest-Litovsk : « nos prétentions sont invincibles, nous voulons enlever les armes aux généraux allemands qui se moquent du peuple allemand, nous sommes allés à Brest-Litovsk seulement en justiciers... » Outrés de ces procédés, les délégués firent une allusion directe à la nécessité de remettre la cause de la paix entre les mains de la Constituante, le seul organe, après tout, investi du pouvoir légal pour traiter au nom de la Russie entière. Le délire de Smolny dégénère alors en épilepsie : Lénine, Trotzky voient rouge, attisent la guerre civile, remplissent les prisons, mettent au ban de la loi les trois quarts du pays pour réduire les colloqués russo-allemands à un duo avec les maximalistes seuls...

Restait à démontrer, d'une manière péremptoire, que le peuple, absent jusqu'à présent des négociations démocratiques comme d'une tragédie classique du dix-septième siècle, soutenait cette politique de la voix et du geste. Sous le règne des tsars, on n'aurait pas manqué de faire défiler devant une délégation étrangère la garde impériale avec fifres, aigles et tambours. Mais le nouveau régime, à l'exemple de l'ancien, avait ses propres figurants. On mobilisa le prolétariat des usines et des casernes, on sortit les défroques révolutionnaires, tous les accessoires des dé-

monstrations officielles, drapeaux et pancartes rouges,
on y badigeonna seulement des inscriptions de cir-
constance, les mieux faites pour éblouir les plénipotentiaires ennemis : «.Vivent la paix immédiate et la
troisième Internationale, à bas les traîtres de la Rada,
pas de bourgeois à la Constituante », et surtout «-tout
le pouvoir aux Sovets ».

Par une triste journée de décembre, sous un ciel de
plomb, un cortège sans fin de soldats et d'ouvriers
mêlés aux prisonniers de guerre, — symbole de l'Internationale en marche, — processionna aux sons de la
Marseillaise et de la *Veuve joyeuse*, piteux carnaval
de révolutionnaires matés, menés à coups de trique
par une minorité criminelle. Tandis que, le même jour,
on fusillait à Kalouga des manifestants en faveur de
la Constituante, que la guerre de rues. faisait rage
depuis une semaine à Irkoutsk, que le port de Pierre Ier
sautait à Cronstadt et qu'un mystérieux incendie
dévorait l'usine de Goutouef avec un inestimable
matériel d'artillerie, les figurants maximalistes bêlaient
leur enthousiasme pour une paix truquée, marmon-
naient les litanies léninistes, secouaient leurs tor-
chons rouges et grimaçaient autour du cercueil de la
Russie.

Le rêve des pangermanistes se réalisait, écrivait le
Den. Au cœur de la hautaine capitale des Tsars, un
état-major allemand suivait de sa fenêtre, comme
d'une baignoire, un peuple qui avait fait trembler et
Vienne et Berlin, exécuter aujourd'hui, en leur honneur, des arlequinades défaitistes... Et, longuement,
la nuit, au milieu d'une ville terrorisée, et d'un silence
que déchiraient les coups de feu des pillards qui
s'acharnaient sur des caves, le comte de Mirbach
pianota sur l'appareil Hughes, installé dans sa chambre

et relié par fil direct avec Brest-Litovsk et, par Brest-Litovsk, avec Potsdam...

III. — *Epées en carton.*

L'histoire retiendra, au passif des maximalistes, comme une grave erreur de tactique, le séjour à Petrograd des ambassadeurs austro-allemands.

Il n'a pas fallu longtemps à des experts en psychologie russe pour constater qu'à la crête des vagues révolutionnaires, l'Institut Smolny, Lénine, Trotzky, les Sovets n'étaient qu'une écume sans consistance. Sous la frénésie des fantoches extrémistes, il n'était guère difficile de découvrir la déliquescence sociale, l'incohérence chaotique, un écœurement infini, une immense lassitude.

Peu à peu, les Allemands haussent le ton, accélèrent le *crescendo* de leurs exigences. Le comte de Mirbach, à Petrograd, souligne l'impossibilité de toutes relations normales avec un pays décimé par l'anarchie, la décadence de l'industrie, les menaçantes perspectives d'une démobilisation désordonnée. Il ne cache pas son intention de traiter la Russie sous un angle colonial, en débouché qui compenserait la perte éventuelle du Cameroun et de l'Est Africain, par la résurrection de l'ancien traité de commerce de 1904. Parfois, pour atténuer l'énormité de ces prétentions, un sourire protecteur, l'hypocrisie des concours techniques, des offres d'imprimer le papier-monnaie russe à Vienne et d'affecter les officiers spécialistes, prisonniers de guerre, à la réogranisation de l'industrie. Mais le ton général est celui de Brennus : plus la guerre civile embrase la Russie, plus fort s'accentue le *Væ victis* à Brest-Litovsk

et à Petrograd. Au désir d'exercer un contrôle sur les
transports de troupes d'un front à l'autre, les Allemands répondent par des protestations indignées
contre un manque de confiance de la part des vaincus.
A chaque pas, la Russie maximaliste est rappelée à
l'ordre par les *feldwebels* prussiens. Il n'est pas jusqu'à la Turquie — le seul pays vraiment battu par la
Russie — qui ne se pique au jeu pour décocher à son
vainqueur agonisant le coup de pied de l'âne.

Le « vieux monde » à brandebourgs se venge cruelle-
ment de l'humiliation d'avoir négocié avec des aventuriers. A mesure que les pourparlers se dégagent des
généralités, la délégation russe s'aperçoit que la formule de paix démocratique, entre les mains de ses
adversaires, légalise la réalisation d'un monstrueux
programme annexioniste. Pour des illuminés de la
démagogie, un peuple libre de disposer de sa destinée
devait naturellement adhérer à la république fédérative des Sovets ; pas un instant ils ne mettaient en
doute qu'un plébiscite, en Ukraine, en Pologne, dans
les provinces baltiques, partout, même en dehors des
frontières de la Russie, ne réunît, sous les auspices de
Smolny, toute une internationale de démocraties nouvelles. De fait, à l'impérialisme allemand se heurtait
un impérialisme encore inédit, un impérialisme socialiste, fondé sur la foi inébranlable dans l'attirance de
sa doctrine.

A Brest-Litovsk, les plénipotentiaires allemands
s'opposent rigoureusement à l'expansion de l'impérialisme ennemi : la force enlève à l'idée son arme unique :
la propagande. Avec une perfidie consommée, on voit
se préciser comme un cordon sanitaire pour délimiter
le foyer de contagion maximaliste. Tout d'abord, d'un
commun accord, la Pologne est résolument mise hors

des débats, puis, l'une après l'autre, des diètes fantômes, des conseils régionaux encore insoupçonnés, des assemblées populaires, surgissent, génération politique étrangement spontanée, dans les gouvernements baltiques occupés par les troupes allemandes. Il se trouve que, partout, les peuples ont déjà anticipé sur la faculté de régler leur destinée, qu'ils n'ont pas attendu l'autorisation des États pour se prononcer en faveur de l'ordre prussien contre l'anarchie russe. Et, lorsque le maximalisme se rebiffe et proteste contre ce truquage de la souveraineté nationale, c'est un reître allemand, le général Hoffmann, qui, le sabre à la main, se charge de donner une leçon de démocratie aux vétérans de la révolution...

Avec l'arrivée de la délégation ukrainienne, Trotzky, venu lui-même prendre part aux débats, sent le terrain se dérober et son assurance fléchir. Aux yeux amusés de l'ennemi, maximalistes de Petrograd, dévorés par la manie des grandeurs, et petits bourgeois de Kief, empoisonnés de chauvinisme local, se laissent aller à des polémiques indignes qui n'aboutissent qu'à diminuer leur propre autorité. Les contradictions succèdent aux contradictions. Après avoir reconnu la délégation de la Rada, Trotzky en conteste l'authenticité pour lui opposer une ambassade du Sovet de Kharkof, à laquelle Allemands et Autrichiens refusent le droit de représenter la Petite-Russie. Il reproche violemment à l'Ukraine, coupable jadis d'entraver la liquidation de la guerre, de précipiter sans scrupule les négociations et de subordonner tous les problèmes de politique générale à son étroit égoïsme de clocher. Pris à son propre piège, le champion de la paix séparée accuse ses comparses d'entretenir des contacts secrets avec l'ennemi et de poignarder la révolution en traîtres.

De son côté, la délégation ukrainienne louvoie, hésite,
se prononce tantôt pour la fédération, tantôt pour un
divorce complet avec la Russie maximaliste. Petit à
petit, les envoyés de la Rada s'abandonnent au vertige d'obtenir, fût-ce au prix d'une trahison, la reconnaissance de l'indépendance ukrainienne. Leur régionalisme exaspéré ne résiste plus à la tentation, et,
sous prétexte d'une maladie diplomatique de Czernin,
une séance privée, en dehors des maximalistes, fixe
les grandes lignes d'une défaillance historique. Le
12 mars, les délégués ukrainiens apposent leur signature au bas du premier traité de démembrement russe
sur la base des principes de la paix démocratique.
La Russie payait d'un empire les sandwichs de
Mme Byzenko et le caprice d'imposer à Brest-Litovsk
la présence d'un déserteur autrichien, le célèbre
Radek, en qualité de secrétaire particulier de Trotzky.
Zimmerwaldt finit par se cabrer sous l'injure et par
renoncer au principe de la non-résistance au mal : les
maximalistes traînent les pourparlers en longueur, se
révèlent virtuoses en matière de diplomatie orientale.
Trotzky surtout, par sa facilité oratoire, son talent
d'acrobatie verbale, réussit à remporter des succès de
tribune : procédés de Sovet transposés aux négociations officielles. En même temps, d'étranges cris de
guerre, des appels aux armes, retentissent sous les
voûtes de Smolny. Les théoriciens des fraternisations,
les apôtres du défaitisme prêchent la mobilisation
générale, la levée en masse, la guerre sainte ; certains
poussent la tarasconnade jusqu'à menacer d'une offensive révolutionnaire l'univers entier — alliés et ennemis. Trotzky lui-même condescend à parler le langage
des cadets et des ennemis du peuple pour prédire
l'échec des négociations si l'armée demeure capable

d'attaquer seulement les caves. « Il nous faut, suren-
chérit Krylenko, des chevaliers socialistes, des pala-
dins révolutionnaires, et non des lâches qui ne songent
qu'à leur ventre. » De plus en plus prend corps l'idée
d'une armée nouvelle, d'une armée d'élite rouge : un
million de janissaires maximalistes grassement payés,
en mesure de se maintenir non seulement sur le front
intérieur, mais aussi de repousser l'invasion. Le quartier général se subdivise en deux sections : guerre
civile et guerre extérieure. Et la *Pravda* s'applique à
justifier toutes ces fantaisies de charlatans politiques
par des articles sur l'impossibilité d'une offensive allemande de grand style et sur les avantages d'une campagne de guérillas contre la grosse artillerie !

La paix avait beau s'affirmer encore lointaine : systématiquement, avec un froid acharnement de maniaques, la guerre et l'armée étaient sabotées.

Le jour de la signature de l'armistice, Mouravief,
chef de l'État-Major de Petrograd, lançait un ordre
du jour que la campagne était finie et qu'il fallait
procéder à la dislocation des unités. Dès le commencement des pourparlers à Brest-Litovsk, Smolny sus-
pendait l'envoi de tous les renforts et pressait l'achè-
vement des travaux de démobilisation : la débandade
de quinze millions d'hommes armés que, même sous
l'ancien régime, les États-Majors envisageaient avec
terreur. Une à une, les usines qui travaillaient pour la
défense nationale se ferment. Les commandes de munitions sont supprimées. On dissout les Unions des villes
et des Zemstvos — ces précieux auxiliaires de la
Croix-Rouge, — on bouleverse les services spéciaux, les

ingénieurs militaires sont jugés inutiles, les médecins
renvoyés, les officiers des bureaux de renseignements
arrêtés, tandis que les sujets ennemis, inculpés d'espionnage, quittent la Russie en toute sécurité. Sept
classes reçoivent bientôt l'autorisation de rentrer dans
leurs foyers. Le vide des premières lignes, appauvries
encore par les désertions, avec leurs canons abandonnés
sous la neige, impressionne jusqu'aux émigrants qui
retournaient en Russie par Brest-Litovsk. Les tranchées sont oubliées au bénéfice des prétoriens de la
guerre civile, vouées à la famine, condamnées aux
ravages des épidémies. Depuis le 15 décembre, le front
roumain reste sans argent.

L'indiscipline finit par épouvanter les maximalistes
eux-mêmes. A la moindre tentative de consolider une
autorité quelconque, les soldats protestent et vitu-
pèrent au nom de la révolution. Les matelots de la
garde particulière de Krylenko avouent franchement
qu'à leur goût le commandant suprême est encore
trop bourgeois et qu'ils le tiennent pour suspect. Toute
inégalité de traitement, tout semblant de hiérarchie
remuent chez les soldats des instincts de meurtre. On
promet à Krylenko le sort de Doukhonine s'il continue
à s'héberger dans des trains spéciaux. L'anéantissement des cadres porte ses fruits : les nouveaux chefs
sont bafoués, comme les anciens ; au « camarade »
Antonof qui refuse de confirmer une élection, les
soldats font observer avec des éclats de rire que sa
ratification n'est nullement nécessaire. Les cas d'insubordination s'aggravent toujours davantage. Les régiments précisent eux-mêmes la date à laquelle ils ont
l'intention de quitter leurs postes de combat. Le gouvernement est forcé de prolonger les congés et d'am-
nistier les déserteurs. Des unités entières abandonnent

leurs secteurs après avoir partagé fraternellement les caisses. Celles qui restent transforment le front en une Babel où se coudoient les nationalités les plus hétéroclites et les uniformes les plus bariolés, un marché universel, où l'on peut tout acheter, depuis l'alcool, le pain et les cigares, jusqu'aux chevaux soldés à raison de dix roubles par manque de fourrage et aux batteries de six pouces dont l'une a été cédée aux Allemands pour la somme de deux mille roubles... ·

Fiévreusement, le comte de Mirbach pianotait toutes ces bonnes nouvelles sur l'appareil Hughes installé dans sa chambre d'hôtel... La Russie de Lénine rayée des rangs des combattants, le jeu devenait enfantin : profiter de la trahison ukrainienne, quitte à esquisser plus tard, pour écraser l' « hydre révolutionnaire », une promenade militaire jusqu'à Pskov.

Devant cette tragédie de la paix, perdue comme la guerre, le maximalisme fait entendre, enfin, son *mea culpa*. Il avait fallu près de trois mois d'aparté avec Berlin pour amener Trotzky à reconnaître l'évidence : l'inanité des arguments démocratiques devant la voracité territoriale de l'Allemagne. Pour la première fois, avec une brutalité de chirurgien, Trotzky fait connaître au congrès des Soviets les détails du « compte de Shylock, présenté par l'Allemagne, pour les péchés du Tsarisme » ; la Russie refoulée de la mer, la perte des neuf dixièmes des territoires occupés, une contribution déguisée sous forme d'indemnité pour les pri-·

sonniers de guerre, plusieurs milliards de roubles en or. Peut-on signer cette paix désastreuse, sans crier au suicide du pays, à l'abdication des principes révolutionnaires?

Le moment est si grave que le courage manque même à Trotzky de sonner les fanfares d'une guerre sacrée contre l'Impérialisme. Le cyclope révolutionnaire, possédé par le démon de l'orgueil, se rapetisse et se dégonfle. Aux coups de clairon qui promettaient la paix immédiate succède le bégaiement d'un défaitiste qui avoue son échec. « Je ne puis affirmer, conclut Trotzky, que la révolution russe ne sera pas obligée de signer à n'importe quelles conditions une paix malheureuse. Je ne puis m'engager à m'abstenir de signer une paix séparée. La révolution russe ne doit nullement assumer les charges d'une tutelle de l'univers entier. Il y a une limite à l'énergie du peuple révolutionnaire. Nous ne promettons pas de miracle, nous ne promettons pas de paix démocratique... » Et tandis que, d'une voix éteinte, le maximalisme confessait publiquement sa banqueroute frauduleuse, sept cents aliénés entonnaient en son honneur l'*Internationale;* des iconoclastes se trémoussaient, en une ronde infernale, pour célébrer le sacrifice de la Russie au Moloch de Zimmerwaldt...

Cependant, au bord même de l'abime, le maximalisme se ressaisit non par piété nationale, mais par dernier scrupule de sectaire. La paix « crapuleuse », suivant l'expression consacrée dans la presse russe, aussi bien que la guerre, destinée, selon Trotzky, à faire de l'armée une esclave de l'or américain, les deux termes du dilemme répugnent également à la démagogie extrémiste, et les deux, finalement, se trouvent rejetés comme expressions surannées d'une politique bourgeoise. Ce qui parut, tout d'abord, d'une extra-vagance amusante dans la bouche de Lénine devient une réalité internationale inédite. Ni paix ni guerre : rien ; le principe de la table rase appliqué à la politique extérieure comme intérieure ; la négation de toutes les formes existantes où s'était moulée jusqu'à présent la vie diplomatique des États ; l'attente superbe et con-fiante du grand cataclysme révolutionnaire qui seul peut assurer la victoire définitive au prolétariat de Smolny. Les délégations ennemies ont beau quitter en toute hâte le foyer de démence qu'est Petrograd, et l'Allemagne proclamer le renouvellement de l'état de guerre : l'artillerie continue à se rouiller sous la neige et les soldats, dans un braillement de l'*Interna-tionale*, à s'acheminer vers l'arrière et vers la guerre civile. Un développement imprévu de ses doctrines amène le maximalisme à châtier l'Ukraine pour avoir signé la paix séparée et à refaire par le fer et par le feu l'unité morale de la Russie, sacrifiée à l'Allemagne.

Soubresaut momentané, énergie vite éteinte... A peine la Dvina franchie et Dvinsk abattu, Zimmer-waldt montrait de nouveau sa face décomposée par la peur et Smolny à genoux implorait grâce à Hin-denburg. Plus de polissonneries douteuses, plus de morgue socialiste. Composée au petit bonheur, la délé-gation russe se précipite à Brest-Litovsk, consent à reprendre, aussi bourgeoisement que possible, les négo-ciations interrompues, ne demande qu'une chose : la cessation des hostilités. Mais cette déchéance ne suffit pas pour attendrir le vainqueur. L'Allemagne exige son chiffon de papier, chiffon étudié de longue date, préparé minutieusement par des spécialistes en pil-lage international, tout un in-folio de savants con-trats d'esclavage dont seule la signature pourrait

mettre fin à la poursuite de l'offensive. Avec la froide
correction de gens d'affaires en face d'un failli acculé
au suicide, les Allemands offrent d'étudier en détail
l'inventaire des annexions et les variétés des servi-
tudes, pendant que leurs troupes, sans effort, s'emparent de nouveaux gages, occupent des territoires
immenses, menacent la capitale. Le 3 mai, à bout de
résistance, le cerveau égaré, hagarde, la délégation
russe a griffonné, les yeux fermés, des signatures de
vagues inconnus sur un traité qui supprimait la Russie
de la liste des grandes puissances. Les paraphes de
Karakhan et de Sokolnikof consacraient la disparition de l'œuvre de Pierre le Grand, de Catherine II,
d'Alexandre Ier, d'Alexandre II. Et, avant que l'encre
n'ait encore séché sur cet acte de décès, la délégation
jetait à la face des généraux, des ministres, sa douloureuse protestation d'utopistes, broyés dans l'en-
grenage de l'Impérialisme. Simple déclamation, sans
doute, comme le Sovet en avait déjà donné tant
d'exemples, mais qui empruntait aux circonstances un
frisson d'indicible tragique. Matée, écrasée, menottes
aux poings, une révolution perdue par ses bavardages
continuait à brasser ses phrases pathétiques et à remporter des victoires verbales.

IV. — La « paix crapuleuse ».

La capitulation révolutionnaire, soumise au Comité
exécutif, fut approuvée par 116 voix contre 85 avec
26 abstentions. Jamais opposition plus violente ne
s'était encore affirmée au sein d'une assemblée domestiquée contre la dictature léniniste.

Était-ce enfin, au chevet de la Russie mourante,

une tardive flambée de piété patriotique? Chez les orateurs, qui se succèdent à la tribune pour protester contre la paix de Brest-Litovsk, on chercherait en vain le cri d'enfant, parti des entrailles de·l'être, au spectacle d'une mère à l'agonie. Le mot patrie demeure, comme par le passé, frappé d'ostracisme. Même aux heures les plus dramatiques, pas une faiblesse, pas une concession bourgeoise. Si la paix catastrophique finit par impressionner des défaitistes, c'est tout simplement parce que les intérêts de la Russie ,— contingence fortuite — coïncident par hasard avec ceux de la Révolution — l'unique réalité éternelle. Martof, au nom des internationalistes, déplore une paix qui fera du Sovet un vassal de l'Allemagne. Le point grave, pour Kamkof, est surtout l'entente des bourgeois de Berlin avec ceux de l'Ukraine. Le parti de Tchernof fait un pas de plus et se lamente sur le coup mortel que porte le traité au prolétariat fraternel des Empires Centraux. Seul, adversaire lui aussi de la paix, Trotzky se tait, cloué à son lit par une fluxion de poitrine diplomatique.

L'opposition était vaincue d'avance. Elle portait en elle-même, à la base de toutes ses protestations, un vice originel qui rendait illusoires les appels suprêmes à la résistance. Sans doute, pendant deux semaines, avant la ratification du traité, une intense propagande contre la paix a paru raviver un pays mortellement fatigué. Radek, dans un nouveau journal, le *Communiste*, se met en frais de donner des conseils stratégiques. Une fraction maximaliste, sous la direction de Boukharine, se sépare violemment de Lénine. Sur deux cents Sovets, quatre-vingt-deux adressent à Petrograd des motions retentissantes en faveur d'une lutte à outrance. Les socialistes-révolutionnaires partent avec emphase organiser des détachements en province. Chaque matin, sous les signatures de Krylenko, de Podvoiski, de Dzevoltovski, des affiches engagent le peuple à s'armer pour la défense de la révolution en danger. On ouvre des écoles de tir, on enregistre tous les valides capables de porter le fusil, on embrigade les bourgeois, toujours suspects, pour creuser les tranchées, on invite les officiers à reprendre leurs places d'instructeurs dans les rangs, on continue à lancer des malédictions contre les espions et les spéculateurs dont l'exécution sur place est approuvée comme un devoir révolutionnaire. Du jour au lendemain, un parti, qui avait livré la Russie à l'Allemagne, s'avise à mettre en jugement un maximaliste de marque, le commissaire Dybenko, mari de Mme Kolontaï, pour avoir abandonné Narva, et menace du même sort le colonel Mouravief pour sa retraite de Kief. Et beaucoup, devant ce revirement superficiel, annoncent le miracle de la résurrection nationale.

Lénine seul, dans le fracas de cette levée de bouchers, apprécie à sa juste valeur l'effet des phrases belliqueuses et des gestes de fausse épopée. Il en avait déjà triomphé une fois, à un moment autrement difficile, lorsque l'enthousiasme révolutionnaire ne s'affirmait pas encore en opposition irréductible avec le sentiment patriotique. Chez ce manieur d'abstractions sociales, l'intensité de l'idée fixe a laissé intact un don d'observation réaliste, une netteté effroyablement terre à terre dans la vision des choses. A une heure décisive de l'histoire révolutionnaire, Trotzky démissionne : son panache socialiste et son lyrisme biblique ne pouvaient que gêner la vulgarité goguenarde et incisive de Lénine pour doucher l'effervescence artificielle des défaitistes de l'opposition. Du moment où il s'agissait d'un conflit entre zimmerwaldiens, le parti de la guerre était condamné à l'échec. Allait-il délibérément sacrifier pour la gloriole l'élite du prolétariat de Petrograd, dont les baïonnettes garantissaient l'existence aux Sovets? Sous ses romantiques réminiscences de Valmy, la révolution ne risquait-elle pas de faire le jeu de la bourgeoisie terrorisée qui poussait à la guerre pour amener plus vite, sur le Nevsky, le casque à pointe d'un sergent de ville allemand?

Tous ces arguments, Lénine les exploite avec l'assurance que seule donne la logique de l'absurde, poussée à ses conséquences extrêmes. Il n'essaye même pas de dissimuler l'échec subi par la révolution beaucoup moins à cause de la désagrégation de l'armée que de la faiblesse imprévue du prolétariat allemand, mais cet échec, purement apparent d'ailleurs, est largement compensé, au point de vue révolutionnaire, par le maintien de toutes les conquêtes du socialisme russe. Qu'importent, en fin de compte, une diminution de territoire, une diminution de prestige international, en ·comparaison avec la réalisation intégrale du programme des Sovets? Est-il permis de risquer l'aventure, demande Lénine à une opposition qui défaille *in petto* à l'idée des grosses pièces allemandes, pouvons-nous mettre sur une carte les résultats obtenus?

Et de plus en plus, un monstrueux sophisme, aboutissement suprême d'une révolution zimmerwaldienne, se fait jour pour flatter la politique paresseuse, les habitudes invétérées de la non-résistance au mal, la crainte de l'effort, la hantise d'une réaction toujours possible à la faveur d'une reprise des hostilités, toutes les tares d'une psychologie de sectaires qui s'est développée sur un fond d'aboulie populaire et d'épuisement national. La paix, conclue pour le salut de la

révolution, est identifiée à une éclatante victoire sur
les forces impérialistes de l'univers, occupées aujour-
d'hui à s'entre-détruire au profit de la Russie socialiste. C'est pourquoi, même à une étape où le maximalisme pouvait espérer la reconnaissance par les
Alliés, il a tourné le dos aux démocraties et signé, en
l'honneur du Sovet, un traité d'asservissement international. Tout pour le Sovet, devenu le centre, le
dernier refuge de la révolution mondiale. La Russie
a beau s'effondrer sous le lourd martèlement des
bottes allemandes : tant qu'il restait quelque part,
n'importe où, dans la vase des marais, la désolation
des toundras et des neiges, un îlot de terre assez
grand pour abriter l'acropole maximaliste, la révolution était proclamée victorieuse, et l'impérialisme
vaincu. Comme les extrémistes de la droite, ceux de
la gauche ne songeaient qu'au sauvetage du régime.
Ils oubliaient que la monarchie et le Sovet étaient des
incidents sans importance dans le duel à mort entre-
pris par l'Allemagne contre la Russie — la Russie
tout court, indépendamment de son régime, de son
anarchie ou de son trône, une réalité historique dont
la révolution a remplacé le culte par un fétichisme de
jacobins. Leur orgueil hyperesthésié se consolait de la
débâcle à l'idée que le Sovet, le seul véritable danger
pour l'Allemagne bourgeoise, subsistait à l'écrasement
militaire. La Russie, comme la Judée pour les docteurs
de la décadence moïsiaque, se confondait avec son
temple. Et, dans le calvaire du pays, le classique messianisme de la révolution trouvait un prétexte excep-
tionnel pour se draper de phrases magnifiques sur une
nation martyre de la religion de demain. Des mots, des
mots toujours. Sous Kerensky comme sous Lénine, la
révolution s'étranglait dans un délire verbal.

Les bruyants préparatifs militaires ne font même pas illusion à ceux qui les poussent avec une affectation d'énergie. Pendant un an les grandes masses ont été entretenues dans la foi paralysante qu'une utopie révolutionnaire aura raison de la force brutale. Et, lorsque en désespoir de cause, il a fallu quand même recourir aussi à la force pour remplacer l'utopie inopérante, non seulement il n'y avait déjà plus d'armée, ni d'appareil militaire, mais la matière première, l'étoffe dont on fait les soldats, manquait également. Seuls les incorrigibles idéalistes du métier, ceux qui avaient échappé aux balles allemandes et maximalistes, les officiers, déchus, dégradés, accourent, illuminés par la joie de travailler et l'espérance de se battre. Jeunes et vieux, malades et invalides, dans leurs tristes tuniques veuves d'étoiles gagnées par le sang, les officiers encombrent les couloirs de Smolny, acceptent toutes les conditions, ne demandent qu'à servir, qu'à défendre la Russie maximaliste dont ils sont les parias, comme ils ont combattu pour la Russie impériale dont ils avaient été les privilégiés et la Russie de Kerensky dont ils furent les victimes. Des généraux de valeur, Schwarts, Fedorof, Belsky, Nodbek, Nadejny, refoulent leurs rancunes, assument la tâche cyclopéenne de sauver les éléments viables qui se débattent dans le chaos.

Mais que peuvent désormais ces bonnes volontés, suspectes quand même, malgré leur désintéressement? Il n'y a plus d'états-majors, plus d'agents de liaison, plus de service de renseignements. « Les Allemands, comme l'annonçait un communiqué officiel, la veille de la signature de la paix, avancent par petits détachements qu'il ne serait pas difficile de rejeter au prix d'un effort même médiocre. » Mais le pays n'est plus capable de fournir cet effort. Pendant la nuit dramatique du 3 au 4 mars, lorsque Smolny, à coups de tocsin et de sirènes, mobilisa l'arrière-ban des usines, à peine 8 000 ouvriers se présentèrent devant les bureaux de recrutement. Au lieu de 60 000 soldats socialistes, Moscou n'en a réuni que 2 630, le gouvernement de Moscou 350, la ville de Kalouga 700. Le prolétariat révolutionnaire envisage le métier des armes sous un angle de mercenaire, récrimine contre la solde de 3 000 roubles par an, exige, pour s'engager, le versement de quatre mois d'avance. Sur quelque dix mille ouvriers que compte l'usine Treougolnik — l'une des plus débauchées par la propagande maximaliste, — treize seulement s'inscrivent dans les rangs de l'armée rouge. Et la peur panique d'un éveil national hante encore si violemment les chefs extrémistes que cette apathie les rassure en même temps qu'elle les épouvante. Au moment où les Allemands entraient à Pskov, Zinovief déclarait qu'il « fallait lutter, au nom de l'Internationale, contre le chauvinisme naissant de la classe ouvrière ».

Le 15 mars un congrès de Sovets, réuni à Moscou, ratifiait la condamnation à mort de la Russie, ancienne grande puissance. Sous les coupoles bruissantes de cloches, dans le magnifique décor où s'est cristallisée l'apothéose du tsarisme, des moujiks, des ouvriers, des soldats, une dolente foule blafarde, la foule dont, à coups de botte et de fouet, Pierre le Grand avait dégagé la Russie moderne, raya, dans une morne stupeur, deux siècles d'histoire russe.

Pour faire cabrer de nouveau la matière humaine, amorphe et veule, galvanisée artificiellement par un géant, le fouet de génie manquait. Son claquement avait retenti jusqu'à la révolution pour maintenir la

discipline dans un peuple incapable de création politique et forcer des campagnards indifférents, bornés
aux soucis de leurs communes, à rester les instruments
d'une idée impérialiste. Une odieuse intuition a permis
à Lénine de découvrir l'usure, la fatigue, le désen-
chantement de la Russie paysanne, après l'écroulement d'un rêve dont la portée lui avait toujours
échappé, mais dont, parfois, aux heures de gloire,
elle percevait confusément la splendeur seigneuriale.
Russe d'origine, aux yeux bridés de moujik madré,
Lénine seul, parmi les sémites remuants et bavards
de son entourage, a senti très nettement qu'après la
catastrophe où s'était abîmée l'œuvre des Tsars, plus
que jamais la grande politique, les préoccupations territoriales, le prestige extérieur du pays, deviendront,
aux yeux des paysans, une affaire périmée de nobles,
de bourgeois, une occupation pour des messieurs qui
ont des rentes et qui n'ont pas de terre à cultiver,
la minorité balayée par les rafales populaires. Porté,
d'un bond prodigieux, à remplacer un demi-dieu sur
le trône, le peuple inculte et anémié par l'esclavage,
étranger à sa propre histoire où il n'a joué qu'un rôle
de coolie, insensible à la grandeur et à l'unité d'une
patrie qu'il ignorait, le peuple a lamentablement
fléchi sous le poids de la couronne et laissé échapper
le sceptre de ses Empereurs. Dans sa hâte de revenir
à la terne sécurité de ses villages, il essaima au vent
de la défaite l'héritage que lui avait confié la monarchie. Pour s'évader d'une guerre dont il ne connaissait
ni les raisons, ni les buts, l'armée paysanne abandonna sur la route de la débâcle tout ce qui n'était
pas son inventaire de médiocre producteur rural. A
la terre russe le moujik préféra son lopin de glèbe dans
la profondeur provinciale de Tambof, de Pensa, de

Simbirsk. Il préféra à l'Empire son triste végètement de protoplasma social.

Lénine connaissait son auditoire, d'où s'étaient enfuis jusqu'aux derniers intellectuels : les socialistes révolutionnaires. Par sa bouche Zimmerwaldt prit un ton populacier, s'exprima en aphorismes de débardeur. « Nous ne pouvons, affirma le chef maximaliste de sa voix gouailleuse, envisager les choses au point de vue d'un bretteur aristocratique. Nous ne pouvons exiger la continuation de la lutte à un pays de petits propriétaires paysans qui s'est déjà tant sacrifié pour la révolution mondiale. On n'est pas un traître lorsqu'on abandonne des amis attaqués par dix canailles... » Et, pour tempérer le cynisme plébéien de cette morale, Lénine parla d'une paix de Tilsit, d'une trêve indispensable à la révolution en danger et au peuple né d'hier à l'organisation socialiste. Aux yeux des masses incapables d'effort suivi, poussées par leur paresse atavique à espérer toujours l'intervention d'un miracle, il laissa miroiter, dans un lointain indéfini, l'éventualité d'une revanche à prendre, la possibilité de forger la victoire. « Nous devons nous retirer sur nos deuxièmes lignes » : telle est la conclusion, le mot d'ordre, de toute la conférence de Moscou. Le maximalisme empruntait à la stratégie nationale ses théories de la retraite, et prêchait la patience à la manière des généraux de l'ancien régime.

CHAPITRE XVIII

L'INVASION

La nostalgie du gendarme. — L'impérialisme maximaliste. — La guerre secrète et la paix officielle. — Germanisation de la paix démocratique. — L'Esthonie sous la botte allemande. — La Finlande blanche et rouge. — Un fournisseur vassal : l'Ukraine. — Hygiène policière et pillage. — Petrograd en quarantaine.

En pleine splendeur diplomatique et militaire de la Russie, au lendemain de l'écrasement de Napoléon un ambassadeur de France à Saint-Pétersbourg se demandait, dans des lignes prophétiques : « Que deviendrait la Russie sans ses baïonnettes, puisque l'art comme la science, tout ce qui fait l'attrait et la gloire du monde, manque à ce pays, incapable d'habiller et d'armer jusqu'aux soldats grâce auxquels elle existe? »

Or, au moment le plus critique de son histoire, même les baïonnettes manquèrent à la Russie, et, pour assurer l'unité nationale, la civilisation russe restait toujours impuissante à remplacer la force par son rayonnement spirituel. L'attirance d'un régime vraiment démocratique aurait pu, sans doute, rallier à Petrograd les sympathies fléchissantes des provinces limitrophes, où les classes libérales et cultivées devinaient avec terreur la réaction se tapir dans les fourgons de l'étranger. Mais, en échange de l'article d'exportation prussienne par excellence — le *schutzmann* allemand, — que pouvait offrir aux nationalités semi-bourgeoises de l'Esthonie, de la Livonie, de l'Ukraine, la Russie terroriste, affamée et hystérique?

Aux populations impatientes de sortir du cauchemar révolutionnaire, le maximalisme a fini par rendre attrayant le type même du gendarme ; il imposa le regret de la trique et transforma en idéal la police absente. A l'exemple des grandes masses ouvrières et paysannes, médusées par le prolétariat dictateur de Petrograd, les petits bourgeois de Riga, de Reval, de Kief étaient amenés à poursuivre, au détriment de l'intégrité territoriale de la Russie, une étroite politique de classe, une politique à œillères, que ravivait encore l'exaspération des nationalismes régionaux. Pour échapper au maximalisme, tous les moyens parurent légitimes, sans en excepter la trahison. A l'entrée du *schutzmann*, les villes baltiques pavoisèrent ; l'Ukraine fit un pas de plus, de même que la Finlande : elle appela la police allemande comme une délivrance. Guillaume II apparut sous l'auréole d'un chevalier servant de la bourgeoisie, d'un Parsifal de l'ordre public. Et la vraie condamnation du régime de Lénine résidait en cette métamorphose de l'incendiaire de Louvain.

L'évolution maximaliste, où tout était paradoxe, contradiction, défi au bon sens, aboutissait ainsi à une contradiction dernière, à un paradoxe suprême : la mobilisation effective contre Petrograd, et sous la protection de l'Allemagne, des principes de la paix démocratique, le droit des peuples de disposer de leur sort, exercé au premier chef, pour se libérer de la terreur extrémiste, même au risque de tomber dans l'esclavage de l'ennemi. Les haines du maximalisme l'emportaient sur toutes les répugnances, et le châtiment de la révolution russe était de voir l'Allemagne recouvrir, pour les besoins de ses conquêtes, le casque à pointe d'un bonnet phrygien et se réclamer de Lénine pour dépecer à son profit la terre sanglante de la libre république fédérative des Sovets.

Les deux impérialismes, qui s'étaient affrontés devant le tapis vert de Brest-Litovsk, se trouvaient, une fois de plus, malgré la paix, face à face, dans une posture de combat : d'une part, une vorace aspiration de l'hégémonie territoriale ; de l'autre, une aspiration non moins violente à conquérir le « vieux monde », à le réveiller de sa léthargie bourgeoise ; l'Impérialisme de proie et celui de l'Internationale, amenés tous les deux, pour arracher la victoire, à recourir à la force. Tandis que les décrets pleuvaient pour conférer aux provinces limitrophes jusqu'au droit de divorce complet avec la Russie, des convois d'artillerie et de renforts quittaient le front militaire, pour alimenter un front réellement révolutionnaire et, aux yeux de l'Institut Smolny, le seul intéressant. Cette intervention n'avait besoin ni d'explication, ni d'excuse. Motivée par l'appel des grandes masses démocratiques, elle était fortuitement conforme aux principes essentiels d'un programme qui se targuait d'être mondial, et dont un échec, en dehors des frontières russes proprement dites, sur les confins de la Baltique, en Finlande, en Ukraine, risquait de compromettre à tout jamais les forces combattives aussi bien que la puissance d'expansion. Les anomalies de l'histoire et surtout de la révolution lançaient un nihilisme patriotique à la défense, sans le vouloir, de l'unité de la Russie. Le prolétariat internationaliste, au nom de sa propre doctrine, faisait du nationalisme militant. Non seulement il combattait les classes possédantes dont la soif d'une piètre sécurité et la vanité de clocher s'accommodaient du protectorat de l'Allemagne : il luttait, indirectement, — après avoir fraternisé avec l'Allemand dans les tranchées, — contre l'invasion étrangère en Russie.

L'Allemagne s'est très nettement rendu compte du danger pan-russe que présentait une doctrine dont les répercussions remuaient, au cœur du prolétariat industriel et agricole, une admiration débordante pour les révolutionnaires de Petrograd. Le réseau des Sovets menaçait de remplacer le ciment tsariste et de restaurer, sur les ruines de la monarchie, une grande Russie démagogique. Sans l'intervention de l'Allemagne, l'armement collectif du prolétariat, l'impitoyable guerre civile déclarée à la bourgeoisie, n'auraient pas manqué de consolider la naissance de cette formidable république rouge. Mais les baïonnettes maximalistes, contrairement à celles qui avaient assuré la grandeur du tsarisme, n'avaient de valeur que sur le marché intérieur. Victorieuse sur le « front russo-russe », la révolution capitulait piteusement devant les médiocres détachements allemands, composés souvent d'invalides, lancés à la conquête de milliers de kilomètres carrés. Pendant que la garde rouge chassait la Rada de Kief à Jitomir et que les trois quarts de la Finlande communiaient à l'extrémisme de Petrograd, quatre cents Allemands arrivés par voie ferrée, dans un train que conduisait un mécanicien russe, occupaient Polotsk ; une division suffit pour conquérir Odessa et l'entrée des Prussiens à Pskov a tenu de l'opérette.

*
* *

La méthode poursuivie est immuablement partout la même : extirper l'abcès maximaliste à sa racine et soutenir les bourgeoisies locales pour en faire des esclaves de la bourgeoisie allemande. Les moindres velléités d'indépendance, appuyées contre la Russie, sont impitoyablement réprimées dès qu'elles se tournent contre l'Allemagne : les peuples sont libres de disposer de leur sort seulement au profit de Berlin.

Le jour où la garde rouge évacua Reval (10 mars), les partis modérés se hâtèrent d'élire un gouvernement provisoire qui proclama la souveraineté et la neutralité esthonienne. Accueillis avec sympathie, les Allemands devaient néanmoins se trouver devant un fait accompli. Précaution superflue. La première proclamation du général Sekkendorf, nommé commandant de Reval, débutait par une phrase qui ne laissait aucun doute sur le caractère de l'occupation allemande : « La ville est en notre pouvoir. » Le gouvernement provisoire fut dissous. La garnison allemande désarma non seulement les derniers détachements de la garde rouge, mais aussi la garde blanche esthonienne. A la place du régime socialiste, la lourde oppression de l'état de siège : journaux suspendus, réunions interdites, nécessité d'une autorisation spéciale même pour les services religieux, le conseil municipal nommé d'office par le général allemand, les organes de *self-government* abolis, remplacés par des fonctionnaires sous le contrôle des officiers, les anciens maires d'avant la révolution rétablis à leurs postes, et création d'une police militaire omnipotente, à laquelle tous sont soumis.

Lentement les revendications nationales de l'Esthonie se nivellent, sous le rouleau compresseur d'un
germanisme intransigeant. Le général Sekkendorf refuse de recevoir les députés esthoniens, n'entretient
de relations qu'avec des inféodés à l'Allemagne, le
nouveau maire de Reval, Erhardt Degio, qui se répand
en platitudes télégraphiques devant Guillaume II et
en évocations des traditions hanséatiques de la bourgeoisie baltique. A Riga comme à Reval, l'Allemagne
introduit d'urgence les lois scolaires de la Prusse,
fonde des lycées pédagogiques pour former des maîtres
d'école, impose des cours d'allemand obligatoires,
finit par provoquer l'arrivée d'une députation chez
le prince de Bavière pour protester contre la germanisation de l'Université de Dorpat. Au bout de quelque
deux semaines, les traces de la domination séculaire
de Petrograd disparaissent : les cathédrales orthodoxes sont transformées en églises luthériennes, le
port de la cocarde russe est assimilé à un crime, on
ne voit plus de noms russes aux devantures des magasins ; l'Esthonie n'est désormais qu'un prolongement
de l'Allemagne jusqu'à Narva, où Pierre le Grand
avait remporté une de ses premières victoires. Le
maximalisme liquidé à coups de salves, le règne du
sergent de ville commence : les murs s'éclipsent sous
les imprimés officiels, — amendes, menaces, prescriptions, — la sécurité achetée au prix de l'indépendance.

L'exemple de l'Esthonie se retrouve en Finlande,
dans l'Ukraine, comme il se retrouvera en Lithuanie,
dans la Russie blanche, partout où l'Allemagne a
exporté sa police et son ordre.

En bon élève, le prolétariat finlandais s'appliqua
consciencieusement à copier les décrets, les folies, les
extravagances, les tueries, le cauchemar maximaliste

qui dévastait la Russie entière. Comme par enchante-
ment, la Finlande eut ses commissaires, ses Sovets,
ses comités, la même manie de persécution contre-
révolutionnaire, la même impatience à balayer le
régime capitaliste et à improviser, sur les décombres
des banques et les ossements des bourgeois, le royaume
du maximalisme idéal. Dans cette solidarité militante
des socialismes frères, les dernières velléités séparatistes s'évanouissaient. On aurait dit que, sous une
forme imprévue, l'unité du vieil Empire des Tsars se
vengeait du duché infidèle. Tandis que la bourgeoisie
organisait sa garde blanche pour combattre l'épidémie
de l'extrémisme russe et pour consolider l'indépendance finnoise, le gouvernement socialiste, établi à
Helsingfors, se jetait à corps perdu dans les bras de
son frère aîné et modèle, le Sovet de Petrograd, proclamait l'union indissoluble des deux républiques
d'avant-garde et prêtait serment aux grands prêtres
du léninisme. Une fois de plus la Russie semblait sur
le point de reconquérir la Finlande. Les baïonnettes
étaient remplacées par l'anarchie.

Peu à peu, l'armée du général de Mannerheim —
ancien général à la suite de Sa Majesté — se forme au
nord de la Finlande. Contre le maximalisme échevelé,
identifié, par un hasard de l'histoire, avec la domination russe, contre la garde rouge de Lénine comme jadis
contre le gendarme de Bobrikof, se lèvent tous les passionnés de l'indépendance politique et les partisans de
l'ordre social. La guerre civile en Finlande, comme dans
toutes les marches avancées de la Russie, s'annonçait
aussi bien une lutte nationale qu'une lutte de classes.
Mais, pratiquement, en même temps qu'elle combattait
pour la cause de l'ordre social, la garde blanche épou-
sait la cause du pangermanisme militant. Il est dé-

fendu d'accepter, sans s'inféoder aux influences de
Berlin, le secours de milliers de volontaires allemands,
de millions de cartouches, de centaines de mitrailleuses et de pièces de campagne, celles-ci généralement
enlevées aux Russes. La myopie de la bourgeoisie fin-
landaise n'a pas su démêler que tous les intérêts politiques, militaires, commerciaux de 'l'Allemagne, coïn-
cidaient, du moins provisoirement, avec ceux de la
garde blanche, et l'erreur historique du Sénat de Vasa,
erreur analogue à celle des Diètes baltiques et de la
Rada ukrainienne, sera d'avoir été moins finlandais
que bourgeois. Après la signature d'un traité qui alié-
nait la liberté d'action maximaliste en Ukraine comme
en Finlande, l'Allemagne devenait le seul pays en
mesure d'aider, d'une manière efficace et officielle, le
régionalisme bourgeois dans sa lutte de libération
contre la Russie révolutionnaire. Et, hallucinée par le
danger de l'invasion rouge, la Finlande, comme
l'Ukraine, préféra se livrer à l'invasion allemande,.
déclanchée sur l'invitation d'un seul parti politique
·qui courbait l'échine et bégayait de reconnaissance.

Il n'a guère été difficile à des spécialistes en rouerie
internationale de domestiquer les hommes d'État et
les apprentis diplomates de Helsingfors et de Kief :
le fruste Svinhufud et Grouchevski, un médiocre universitaire. Tous ces provinciaux ont signé, les yeux
fermés, d'effarants documents qui sacrifiaient l'indépendance internationale de leurs jeunes patries et
monopolisaient entre les mains de l'Allemagne toutes
les exportations locales. En échange, des fonctionnaires chamarrés faisaient luire aux yeux des pays
dont les rêves, il n'y a pas longtemps encore, s'arrêtaient à l'autonomie intérieure, la promesse, l'un de
remplacer la Russie dans la communauté des États

européens, et l'autre de devenir une grande, sinon la plus grande puissance scandinave. Nées à peine à la liberté, la Finlande et l'Ukraine étaient déjà tout intoxiquées, au contact de Berlin, par le virus impérialiste et réactionnaire. L'Allemagne réussit à merveille dans le rôle démoniaque de tentateur.

La Russie a beau être vaincue, humiliée, sans force : elle n'en continue pas moins à représenter un foyer de démagogie incandescente, cause de rapprochement toujours possible avec le prolétariat baltique, finnois, ukrainien, et de soubresauts contre l'hégémonie de l'Europe Centrale. De là, sous l'influence directe de Berlin, le double mouvement de réaction intérieure et de poussée annexionniste, destiné à dresser entre la Russie et ses provinces perdues une cloison étanche, territoriale et politique.

Les rouges, politiquement, en Finlande, sont mis hors la loi et traités comme des repris de justice. Les sénateurs de Vasa ont fait prévoir que, politiquement du moins, il ne sera pas fait quartier aux émeutiers. Même en cas d'acquittement par la justice militaire, les prisonniers sont menacés d'être privés de leurs droits de citoyens, réduits à l'état de parias électoraux. Environ cent mille gardes rouges sont voués ainsi à la mort politique. Et, pour enlever à ces nouveaux ilotes jusqu'à leurs porte-paroles, le gouvernement finlandais a résolu d'éliminer, en bloc, les députés socialistes de la Diète comme traîtres à la patrie. A travers les polémiques de presse, l'idée d'une restauration monarchique prend corps, pressentie par la dictature dont un parlement tronqué investit le président du Sénat. La guerre civile, en Finlande, risquait d'avoir pour véritable victime la démocratie.

Même phénomène à Kief avec cette différence,

néanmoins, qu'en Ukraine l'inconsistance du gouvernement autochtone, le danger plus immédiat d'une
orientation vers la Russie, les nécessités alimentaires
amènent, chez les Allemands, une brutalité rendue inutile en Finlande par une bourgeoisie élevée dans les
traditions de la culture prussienne.

Comme en Finlande, tout d'abord, c'est une marche
triomphale : au nord, la milice blanche encadrée d'un
corps de chasseurs allemands et appuyée par les canons
de la division navale baltique ; au sud, l'armée la plus
bigarrée du monde, hordes de déserteurs qui ont
trouvé, dans l'uniforme ukrainien, un prétexte à se
libérer du service, Galiciens prisonniers de guerre, conduits par des officiers autrichiens et des rénégats
russes, le tout fouetté par la présence d'une arrière-
garde purement allemande, prête à mitrailler la tourbe
interlope qu'elle poussait à la conquête de Kief. La
capitale occupée, les Allemands abandonnent le chauvinisme de la Rada aux exaltations de la lune de miel
séparatiste : ivres d'orgueil, des politiciens bornés
glissent fatalement sur la pente des bravades envers
les Alliés et la Moscovie maximaliste ; l'Ukraine s'isole
elle-même pour se trouver face à face, vassale, avec
son suzerain.

Sans doute, les autorités allemandes se défendent
d'intervenir dans les affaires intérieures, mais leur
gantelet de fer se devine partout, dans les patrouilles
prussiennes dont les rues sont sillonnées la nuit, le
fonctionnement de la censure, l'humiliant enregistre-
ment des officiers, l'interdiction de porter des armes et
surtout le vent de réaction agraire qui commence à
ouffler à travers le pays, toutes les espérances des
grands-propriétaires ressuscitées avec l'arrivée des
troupes allemandes. Progressivement, l'étau se res-

serre : pendant que le pain commence à manquer à Kief, lés Allemands exigent sans pitié l'application du « traité des céréales » : 4 300 wagons de blé, 1 200 de fruits, 2 000 de viande, 1 000 de lard, les stocks de sucre des 114 fabriques ukrainiennes pour la date du 15 avril ; la délégation diplomatique de l'Ukraine, chargée de négocier avec les maximalistes, est flanquée d'un tuteur allemand, von Rosenberg ; et, enfin, lorsque le pays se trouve irrémédiablement occupé, éclate le coup de clairon d'une proclamation du général von Eichorn : ordre de cultiver les terres, ordre de rendre les armes, le dur langage du reître victorieux appuyé par les verdicts des cours martiales, qui retentit de Helsingfors à Rostof-sur-Don. Devant cet affront, même la Rada, malgré sa débilité et sa déchéance, se voit obligée de protester, de proclamer nulles et non avenues les mesures prescrites par les autorités militaires, mais, comme toutes les diètes, assemblées de bourgeois et de nobles, les Sénats, les ministères, les spectres falots de souveraineté échelonnés sur les frontières de l'ancienne Russie, la Rada était assise sur des baïonnettes, et ces baïonnettes étaient allemandes. Elle s'effondra dès la première apparition d'un lieutenant botté pour céder la place à la dictature : le général Skoropadski — à la suite de l'empereur Nicolas comme Mannerheim — créé hetman en Ukraine au même titre que Svinhuvud souverain maquillé de la Finlande. Dans les pays qui s'abstenaient de leur offrir une couronne à l'exemple de l'Esthonie ou de la Courlande, les Hohenzollern plaçaient leurs commissaires.

Le retard apporté à la signature de la paix, l'imprécision voulue des frontières de l'Ukraine permettent à l'Allemagne de poursuivre, dans la déliquescence russe, une double entreprise d'hygiène policière et de pillage systématique.

Vers le 15 mars, déjà, les communiqués allemands annonçaient des chiffres formidables : 2 620 canons, plus de 5 000 mitrailleuses, 500 automobiles, 11 trains blindés, plus de 2 millions de projectiles, 800 locomotives, 8 000 wagons. Parfois, à la veille de partir, les soldats vendaient aux enchères paquets de fusils et caisses de cartouches, bazardaient les dernières miettes de la puissance russe à des trafiquants paysans, forcés à leur tour, par les Allemands, de tout rendre sous menace de fusillade. Mais la plupart du temps l'ennemi découvrait sur place, abandonné dans l'affolement de la panique, un matériel de guerre qui pourrissait à Pskov, à Minsk, à Dvinsk, où l'ancien régime avait entassé pour deux ans de munitions. Le butin de la garde blanche en Finlande est évalué à plus de 17 milliards : celui des Allemands défiait les statistiques. Dès leur entrée dans une ville, affamés, les Allemands se jetaient sur les dépôts et mettaient à sac les réserves. Partout ils trouvaient des agents avec un inventaire économique soigneusement dressé, des guides pour brigandage grâce auxquels une ville, dans les vingt-quatre heures, était nettoyée de ses matières premières, de ses produits alimentaires, de son outillage industriel. L'armée allemande dévorait tout, suçait tout sur son passage ; six paysans n'avaient plus droit qu'à une vache, et chaque paysan à un stock de cinq pouds de blé. A Pskov, la garnison dévalisa les dépôts municipaux, entassa sur ses camions le fatras le plus hétéroclite où des souliers éculés voisinaient avec des appareils géodésiques. On a vu un soldat s'emparer d'une paire de pantalons rapiécés en qualité de butin de guerre. A Minsk, les autorités allemandes confisquent jusqu'aux vieux sacs. Rien ne parut indigne d'enrichir la patrie allemande, ni les bénéfices usuraires, de sordides opérations sur le change au moyen d'un *ersatz-rouble*, spécialement inventé à cet usage sous la forme d'une nouvelle unité monétaire, l'*ost-geld*, au taux variable suivant les 'fantaisies de la *Kommandantur*, ni le matériel humain, les soldats russes arrêtés en masse, malgré la signature de la paix, pour être dirigés vers les chantiers de l'Allemagne.

Harassée par la terreur, encore toute pantelante d'avoir subi le joug maximaliste, la population accueillit l'ennemi avec une morne indifférence. Au premier moment, dans quelques villes, il y eut comme un mélancolique soupir de soulagement : la crainte de la garde rouge éclipsait la haine de l'Allemand. Mais l'indifférence dominait, l'apathie d'une foule aveulie et flasque, au regard vitreux, au cerveau vide. Ce n'est pas une défaite militaire, c'est une défaite morale qui faisait de la Russie cette masse amorphe et sans âme, où les Allemands s'enfonçaient au pas de course. En face de l'invasion, il n'y avait plus d'armée, il n'y avait même plus de nation : rien qu'une pauvre humanité disparate et éparse, épuisée par les privations et hébétée par le désespoir. Pour préparer la voie à l'Allemagne, le léninisme a rempli l'office d'un gaz asphyxiant qui corrode les énergies et désagrège les volontés. Et réaliser des étapes de 60 kilomètres par jour, au milieu d'un peuple de cataleptiques, ne devait guère constituer un titre de gloire.

A Polotsk, deux sentinelles occupent la gare : une foule énorme regarde passer une escouade pour prendre possession de la ville, puis écoute un colonel invalide, sans bras, discourir en russe sur son intention de rétablir l'ordre. L'occupation de Pskov, qui comptait au moins 500 membres d'organisations démocratiques, ne demande que 200 fantassins. L'évacuation s'accomplit avec une telle précipitation que les trains se suivent, sans intervalles, s'entre-choquent et déraillent. Dans les rues des villes ou sur les routes des campagnes, des hordes de soldats débauchés se laissent désarmer. Parfois s'esquissent des parodies de combats, prétextes à de pompeux communiqués de la *Pravda*, plus rarement des tentatives de résistance sérieuse comme en vue de Narva et de Koursk, ou à Perekop, en Crimée ; mais la plupart du temps l'action est remplacée par des conciliabules : à Pskov, on négocie avec la municipalité sur la nécessité de faire sauter un pont ; à Odessa, la flotte, après des pourparlers avec le Sovet, renonce à bombarder la ville ; à Sébastopol, où les ouvriers et l'État-Major exigent la défense jusqu'au bout, les Allemands entrent sans coup férir comme les Turcs à Batoum, malgré les serments des troupes géorgiennes. Agonisante, la Russie n'avait de force que pour répéter machinalement des échos de tribune : derniers hoquets de la rhétorique révolutionnaire.

A ces réminiscences suprêmes, les Allemands ne tardent pas à imposer silence. Sovets, commissaires, comités sont supprimés. A Gomel, le commandant interdit de célébrer l'anniversaire de la révolution. A Pskov, il suffit d'être dénoncé comme maximaliste pour être jeté en prison et la ville est toute remuée par de sinistres rumeurs d'exécutions sommaires. Dans les rues de Minsk et de Smolensk, les soldats allemands font la chasse aux passants qui disparaissent, évacués en Allemagne. Aux carrefours de Pskov et de Dvinsk, les sergents de ville s'arment de fouets. Et partout, sous peine de mort, les commandants décrètent la fermeture des journaux, des clubs, des unions ; les maximalistes sont traqués comme des bêtes malfaisantes, le terme même de maximaliste devient une injure dans la bouche des soldats, méticuleusement triés, que l'Allemagne employait en Russie.

Néanmoins, arrivé à Narva et à Beloostrof, au nord, dans les environs de Koursk à l'est et dans la région de Kouban au sud, l'ennemi s'arrête, inflige au maximalisme la sanglante insulte de ménager Petrograd et Moscou. Voué à la ruine et à la famine, condamné à la quarantaine internationale, État paria que surveillent des cordons sanitaires mâtinés de garde-chiourmes, la république des Sovets est tenue à bon droit pour une quantité négligeable. Les colons allemands sont même d'urgence invités à quitter le coupé-gorge extrémiste. La Russie est livrée à ses expériences sociales, à ses démences politiques, vassal d'ordre inférieur que l'on confine à l'écart, au fond d'un baraquement de pestiférés, et sous la constante menace d'une camisole de force. Aucun intérêt ne pousse l'Allemagne à poursuivre la lutte contre le maximalisme — qui fera la faiblesse de la Moscovie — au delà des territoires qu'elle a le moyen d'occuper. Trop d'efforts sont encore nécessaires pour discipliner la confuse matière ethnographique tassée autour de la Russie maximaliste, pour lui trouver des expressions géographiques durables et pour en soutirer des bénéfices réguliers.

CHAPITRE XIX

LE CRÉPUSCULE D'UNE CAPITALE

L'enlisement. — Les âmes mortes. — Vers l'âge des cavernes. —
Une ville affamée. — L'organisation de la famine. — La Russie
aux enchères. — Petrograd rouge. — L'Eden des forçats. — Danse
macabre. — La suprême liquidation. — La revanche de Moscou.
— Petrograd commune ouvrière. — La fin du mirage impérial.

On connaît le motif d'hiver affectionné par les
artistes russes, les paysages où se complaît leur tendance au marasme : misérables villages écroulés dans
la neige, vagues silhouettes d'églises qui surnagent
sur l'immensité blanche, chemin vicinal, cabossé d'or-
nières, qui se perd dans l'infini des steppes mortes.
C'est vers ce modèle de terroir, ce classique cliché de la
désolation nationale, que lentement a rétrogradé une
ville, chantée jadis par Pouchkine pour son allure hautaine et les pompes impériales de son architecture.

Le nouveau régime, qui se targue de vaincre le
monde entier par la force seule de l'idée, n'arrive même
pas à triompher de la neige. La garde rouge a beau
user de la baïonnette et de la crosse pour obliger les
bourgeois à déblayer les trottoirs, les amendes ont
beau pleuvoir sur les récalcitrants — les marchands du
Gostiny Dvor condamnés à verser 900 000 roubles à
la caisse de Smolny — la neige s'amoncelle, grossit
toujours, menace d'ensevelir la ville entière sous sa
carapace polaire. La neige « sabote » le socialisme et

pratique à sa manière la contre-révolution. La circulation, dans la capitale maximaliste, de jour en jour
devient aussi difficile que dans les toundras sibériennes. Les tramways éternellement bondés, surchar-
gés de grappes humaines qui s'accrochent aux marche-
pieds, rampent, à peine visibles, entre deux talus de
neige. Les rues, les ponts ne sont qu'une succession
d'effarantes montagnes russes où l'on voit, tour à tour,
surgir et disparaître les rares *izvostchikis*, traînés par
des haridelles étiques. Parfois, en plein Nevsky, le
niveau atteint par la neige permet la fantaisie d'allumer
une cigarette au bec de gaz d'un réverbère. Au moindre
dégel, une marée de boue jaunâtre et visqueuse noie
la ville de sa déliquescence ; de véritables avalanches
glissent des toits, écrasent les passants ; les chevaux
barbotent jusqu'aux genoux dans la vase fondante.
Qu'il regèle de nouveau, les rues s'encroûtent de glace
que l'on brise à grands coups de hache : les plus hardis
s'aventurent à patiner sur les trottoirs, d'autres tâton-
nent et titubent. A chaque pas, les bêtes s'effondrent,
les piétons tombent ; descendre la courbe d'un pont
devient une prouesse, un prodige d'alpinisme.

Les aspects de la rue ne sont-ils pas le plus fidèle
miroir d'un régime politique?

Il y a un an à peine, il se dégageait encore des somp-
tueuses perspectives de Petrograd l'impression d'un
ordre qui avait quelque chose de romain. Le magnifique décor, brossé par les empereurs, dissimulait l'irrémédiable neurasthénie d'un peuple sans résistance
morale et sociale, sa fermentation anarchique, les laideurs que couvait la révolution grondante. Toute cette
lie épaisse, aujourd'hui, reflue à la surface. Sous le ciel
gris sale, on dirait une procession d'âmes mortes. Les
regards éteints, les visages obtus, la courbature des

silhouettes dénoncent une effroyable apathie. Pendant des heures, des journées, des nuits, hommes, femmes, enfants, les bras chargés de paniers vides, stationnent, butés et mornes, devant les boutiques. Parfois, l'épuisement triomphé de ces patiences dolentes : un affamé s'affaisse, agonise dans la neige sous les regards hallucinés d'une foule indifférente. Après les crises d'épilepsie qui ont secoué la capitale, rien n'étonne plus, ni les cercueils entassés par dizaines sur un tombereau, emmenés vers la fosse commune, ni les spéculateurs, promenés à travers les rues sous escorte, avec un écriteau sous le menton : « Je suis un voleur, » ni le crépitement permanent de la fusillade, ni les lynchages quotidiens, le poteau d'exécution remplacé par le rêverbère, ni les comtesses authentiques qui vendent des journaux, ni les généraux qui ramassent du crottin, ni les cadavres de bêtes qui pourrissent sur les trottoirs. La foule de Petrograd est blasée sur le chapitre du cirque : elle ne demande que du pain et qu'un peu de repos. Son anesthésie politique est si complète que, pendant les tragiques journées de l'offensive allemande, lorsque les hululements des sirènes annonçaient la mobilisation de la garde rouge et les aéroplanes ennemis bourdonnaient sur la ville, elle continua, sourde à toutes les convulsions nationales ou révolutionnaires, son éternel piétinement devant les échoppes. Ce *nitchévisme* de cauchemar résista même à la signature d'une paix catastrophique. Pendant qu'on crucifiait la Russie, la foule marchandait toujours ses harengs pourris et son pain innommable. Par son aspect extérieur comme par son âme, la capitale de la révolution militante, le foyer du socialisme mondial, première réalisation de la commune ouvrière, rappelle ces petites villes de Russie, enlisées dans leur coma provincial, que Gorky avait décrites avec tant de mortelle tristesse.

*
* *

Les privations matérielles et l'obsession de la terreur ont émoussé les sensibilités. Il y a déjà longtemps que l'on a renoncé à tous les perfectionnements, même aux commodités les plus élémentaires de la vie moderne : aux automobiles, toutes réquisitionnées pour les besoins de Smolny ; aux téléphones rendus inaccessibles par la majoration des prix ; aux tramways monopolisés au service des soldats ; aux pianos grevés d'impôts fantastiques. D'un jour à l'autre une agglomération de trois millions d'habitants s'attend à rester sans eau et sans lumière. Le charbon manque, le bois est un luxe de millionnaire. Recevoir une lettre de province est un événement. Le libre citoyen de la commune de Trotzky n'aspire qu'à végéter obscurément, heureux lorsqu'il rentre indemne, à la manière de l'homme préhistorique dans sa caverne, plié en deux pour échapper aux coups, avec quelque maigre pitance entre les mains crispées.

La faim prime toutes les préoccupations. Au lieu de 18 000 ponds de blé par jour, en mesure d'assurer un quart de livre de pain par personne, la capitale en reçoit tout au plus 2 000. La province rejette avec mépris le papier-monnaie déprécié, exige des métaux, des étoffes, des chaussures, tout ce qui n'est plus qu'un souvenir ; certaines régions consentent à expédier des wagons de blé contre un chiffre égal de wagons remplis d'otages maximalistes ; d'autres ne reculent pas devant des plaisanteries macabres, l'envoi à Petrograd de trains plombés où, au lieu de pain, on trouve des cadavres entassés — les victimes de la guerre civile. De leur propre aveu, les maximalistes se voient amenés à « organiser la famine », mais, comme toujours, par des méthodes démagogiques : encore des tueries, encore des lynchages. La capitale a beau être saturée de sang et criblée de plomb : le pain continue à manquer, une miche est payée jusqu'à 30 roubles, les pommes de terre 4 roubles et demi la livre, le sucre 50 roubles, les œufs 25 roubles la dizaine ; la mortalité occasionnée par la fièvre typhoïde atteint 60 pour 100 ; dans les hôpitaux, sans nourriture, sans linge, sans médicaments, sans savon, les malades agonisent ; des cas d'étrange paralysie, due à la nutrition insuffisante, ravagent la population : la faim est telle que des professeurs interrompent leurs leçons et les employés leur travail. En plein Nevsky on a vu des gens se précipiter vers un cheval tombé mort d'inanition pour disputer aux chiens un peu de sa viande coriace.

Isolée du monde extérieur, coupée de ses centres nourriciers, sans commerce, sans communications, la capitale est comme tous les faméliques : avant de mourir, elle consomme sa propre graisse. Elle vend de tout à elle-même, elle trafique et elle tripote, elle se leurre par un semblant de vie économique, des trocs stupéfiants, des tractations renouvelées des ghettos.

Pendant des journées entières, le célèbre « marché aux poux » fourmille d'une foule misérable qui se bouscule dans un tohu-bohu de lamentations, de disputes et de jurons. Des officiers dégradés, des fonctionnaires minables, souvent d'anciens dignitaires de la Cour, offrent timidement leurs derniers effets. Mais la capote en bure des soldats domine, et c'est au « marché aux poux », devant des déserteurs qui gesticulent et qui braillent sur le fond lépreux des boutiques, parmi des hardes poisseuses, les exhalaisons putrides, le bric-à-brac sordide des étalages, que l'on éprouve comme une morsure au cœur, la sensation d'une déchéance peut-être irrémédiable.

Pêle-mêle, les soldats apportent, par monceaux, cartouchières, fusils, baïonnettes et même parfois des mitrailleuses démontées dans des sacs, du tabac, du riz, du café, des cartes à jouer que l'on troque contre un veston civil, un sabre d'officier que l'on échange pour un harmonica. Dans les lieux d'aisance, s'abritent les spéculateurs, vendeurs de pain, d'alcool et de farine, tourneurs de roulette, escompteurs de chèques avec bénéfice de 50 pour 100. Dans la neige boueuse des femmes installent des buvettes en plein air, kwass bourbeux, sandwichs moisis, — une tranche de cheval sur de la mie couleur de cirage — et que des ouvriers, des soldats achètent deux roubles pièce. Parfois des cris plus déchirants, une poussée plus violente : un voleur saisi en flagrant délit ou simplement un innocent suspecté, traîné, pantelant, vers la Fontanka où il disparait sous la glace... La foule en liesse applaudit, et ses hurlements de joie se mêlent aux palinodies des invalides, surtout des aveugles qui, d'une voix traînarde et nasillarde, demandent la charité... Et puis de nouveau le trafic reprend, on recommence à vendre des décorations au poids, des épées, des uniformes dorés de chambellan, les suprêmes raclures des fonds de tiroir. Vendue en gros par les négociateurs de Brest-Litovsk, la Russie est bazardée au détail par les camelots du « marché aux poux ».

*
* *

C'est pendant des promenades à travers la capitale révolutionnaire que l'on arrive à comprendre certains

romans de Dostoïevsky : une sarabande démoniaque
d'appétits déchaînés et de haines politiques, de la
rhétorique fumeuse, des figures contractées, des gestes
convulsifs, le tout sur un fond de grisaille et de tristesse désespérément quotidiennes.

Interprété par la plèbe, le marxisme vulgarisé de
Lénine transforme Petrograd, dès la tombée du crépuscule, en coupe-gorge où l'apparition d'un chapeau
melon suffit pour provoquer la fusillade. Des silhouettes
furtives glissent dans l'ombre, à travers les rues désertes, se dévisagent avec des yeux d'épouvante, se
terrent contre les murs pour éviter des groupes armés,
qui passent dans le bruit feutré de grosses bottes sur
la neige. Sous le reflet blafard des réverbères, on voit
s'estomper toujours les mêmes profils camus de moujiks, grimés en communards, les pompons rouges sur
les casquettes, les fusils en bandoulière. Apaches
attisés par l'odeur de la curée sociale, janissaires maximalistes, exécuteurs des hautes œuvres de Smolny,
croisés de la grande guerre contre la bourgeoisie, fraternellement unis, cigarette aux lèvres et l'œil brûlant
de convoitise, ils vont « travailler », « exproprier l'expro-
priateur », suivant la formule de Lénine, et « consolider »
la révolution par l'assassinat.

Saura-t-on jamais évoquer, en toute leur turpitude,
en toute leur horreur, les cauchemars de Petrograd,
dépouiller la révolution de ses phrases et de ses oripeaux phrygiens, la montrer toute nue telle qu'elle
est, maculée de sang, frappée de démence, monstrueuse dans ses débordements? A chaque instant les
porteurs de l'incendie mondial, les avant-gardes du
cataclysme universel, pataugent dans la plus basse
des criminalités. La République fédérative des Sovets
n'est plus qu'un pays de cocagne pour repris de justice.

Les derniers décrets de Lénine sur les confiscations en gros, l'exécution des « saboteurs » sur place, l'extermination des contre-révolutionnaires, les corvées des capitalistes, ont par avance légalisé toutes les folies et toutes les abjections. Petrograd est déjà loin des fantaisies des pickpockets, du détroussement systématique des passants dans les rues, embuscades sur les ponts, des rafles dans les banques. Le pillage, comme l'assassinat, se réclament aujourd'hui des théories gouvernementales et de l'assaut décisif contre la réaction. Sous prétexte de perquisitions, on cambriole les appartements tous les deux jours, on fouille les voyageurs dans les hôtels ; les sommes tant soit peu importantes sont confisquées au profit de l'État. Sous prétexte d'égalité, l'ordre est intimé aux bourgeois locataires de plus de quatre pièces dans le quartier de Wyborg — ce faubourg Saint-Antoine de la révolution russe — de se rendre, sous peine de mort, dans les casernes, les femmes pour laver les planchers, les hommes pour nettoyer les écuries. Encouragées par les décrets, les dénonciations foisonnent : la moitié de la ville suspecte l'autre de conspirer contre les Sovets, de receler de l'or, de spéculer sur les produits de première nécessité. Chaque matin les journaux constatent brièvement les exécutions capitales perpétrées la veille au nom du peuple. Et, si blasée que soit l'opinion sur les flots de sang que boit la neige de Petrograd, elle n'a pu se défendre d'un frisson d'angoisse et de terreur qui s'est dégagé d'un des drames connus : la découverte, dans un terrain vague, de sept cadavres de jeunes gens, officiers et étudiants, dont trois frères d'origine française, fusillés par la garde rouge sur la fausse inculpation de complot monarchiste. Le lendemain, les trois Français devaient partir rejoindre leurs régiments en France...

Dans l'effroyable chaos où le maximalisme a jeté les cerveaux grossiers et les âmes frustes, tous les délires sont possibles, les fantaisies les plus maladives prennent corps. A Pavlovsk, la coquette villégiature du Petrograd mondain, plusieurs ouvriers chinois n'ont-ils pas été torturés et puis mis à mort, d'après tous les raffinements du Céleste Empire, par la garde rouge et le Sovet local, en exécution d'un jugement improvisé par un Chinois?

Rien n'échappe à cette contagion de fièvre chaude. Les démons ont envahi les sanctuaires et renversé les autels. Le peuple finit par assister passif à la spoliation de ses églises. Non seulement il empêcha les prêtres de lancer contre les maximalistes l'anathème prescrit par le patriarche Tifon, mais, plus d'une fois, il s'efforça d'obliger les officiants d'excommunier le patriarche lui-même. Le matérialisme brutal, prêché pendant une année entière, a dissipé chez beaucoup les vagues vapeurs de religiosité qui, trop souvent, remplaçaient en Russie la religion...

Dans les églises se réfugient surtout, à cette heure, des extatiques et des hallucinés, des revenants du moyen âge aux figures émaciées, aux yeux dévorants, la foule que les cathédrales de Moscou ont vue agenouillée pendant les grandes crises historiques : chercheurs de comètes dans le ciel et croyants aux miracles — une minorité aujourd'hui... Les grandes masses passent, indifférentes et parfois même hostiles, à côté des icones et des croix. Un jour de fête ecclésiastique, devant l'église Vosnessensky, d'où, par le portail grand ouvert, venaient des bouffées d'encens et des mélopées liturgiques, les mitrailleuses crépitèrent contre une cave envahie par l'eau, qu'assiégeait une soldatesque frénétique. Les versets sacrés rythmèrent les gémissements des mourants, les siffle-ments des balles et les clameurs avinées des soldats qui barbotaient dans un immonde cloaque de neige sale mêlée à du vin.

*
* *

Comme toujours, dans le vent des catastrophes politiques, la foule est impatiente de vivre, de jouir gloutonnement, avec la hâte des phtisiques minés par leur mal.

Pendant les pires journées de terreur, les théâtres ne cessent pas d'être remplis. Pour entendre Chalia-pine, on risque sa vie à traverser la Néva et les sombres boulevards qui environnent la Maison du Peuple. Jamais marchands d'illusions n'ont eu clientèle plus généreuse et moins exigeante. Depuis les « caba-rets » à la mode installés dans les demeures abandon-nées des grands-ducs, et où une bouteille de cham-pagne est payée 300 roubles, jusqu'aux concerts de musique classique, tout a du succès, tout est couru, pourvu que l'on puisse, pendant une soirée encore, oublier, s'oublier, échapper à la hantise de la famine, des tribunaux révolutionnaires, de la mort qui guette à chaque coin de rue. Les théâtres, cependant, où le public vient maintenant en pelisses, par crainte de les confier au vestiaire, ne laissent pas de paraître d'une lamentable médiocrité après les salles magnifiques d'autrefois : à l'exemple de la Russie entière, ils ont reçu leur baptême démocratique, ils ont leurs sovets où l'ouvreuse et le souffleur ont la même importance que l'étoile ; les talents ont pour mot d'ordre de se niveler et, à la moindre velléité de braver l'égalité révolution-naire, l'esthétisme de Lounatcharsky, ministre des

Beaux-Arts, se concilie fort bien avec des mandats d'amener et des incarcérations de régisseurs récalcitrants.

Mais qu'importe ! On est heureux d'applaudir des opéras sans chœurs, **ceux-ci** étant généralement en grève ; de jouer dans des clubs douteux menacés à chaque instant de descente par la garde rouge, et surtout l'on est heureux de danser, de danser coûte que coûte parmi les ruines et dans le sang, sur les cendres mêmes de la patrie. A côté des masques inquiétants de Raspoutine dont abondent les programmes de cinématographes, des affiches bariolées tapissent les murs pour annoncer des « bals-mascarades », — des « bals-cabarets », — des « bals-fantaisies », des « bals-féeries », avec « bataille de fleurs, serpentins et cotillon ». A peine licenciée, une école d'aspirants est louée pour le bal de la marine. On danse où l'on peut, partout, toutes les classes sociales enfin mêlées par les ritournelles des quadrilles, soldats et filles bourgeoises, étudiants et femmes de chambre, calicots et **hétaïres** du Nevsky. L'habit de coupe impeccable voisine avec d'incroyables jaquettes, des robes en percale, des blouses crottées de soldats. On danse passionnément, avec la folle illusion de s'évader dans la musique, de fuir les réalités, Rien n'est plus impressionnant que ce mélange de la chorégraphie et de la terreur, qui fait du valseur une toupie cataleptique. Parfois, en plein cotillon, des argousins armés font irruption dans la salle, découvrent un contre-révolutionnaire et l'entraînent vers la rue... Des coups de feu ponctuent d'un *stoccato* imprévu les entrechats de l'orchestre, et l'on continue à danser.

L'histoire recommence. C'est ainsi que l'on dansait pendant les journées de la Terreur française au « bal de Calypso » et au « bal des Zéphyrs », le cou des femmes cerclé d'un fil rouge pour rappeler le voisinage de la guillotine.

* * *

Pesamment, par les rues glacées, des camions roulent chaque jour, sans fin, vers la gare Nicolas. Sur la grande place que domine la statue équestre d'Alexandre III, sous les yeux du géant cavalier en bronze qui symbolise si mélancoliquement aujourd'hui la rude majesté d'une puissance défunte, les caisses, les sacs cachetés s'amoncellent. Petrograd déménage, hâtivement, sans élégance, comme un failli frauduleux. Tout ce qui faisait de cette ville le foyer artificiel d'un pays immense, les derniers vestiges de sa splendeur bureaucratique, des dossiers, des paperasses, les archives sont là, ficelées plus mortes que jamais, sous les larmes du ciel d'hiver.

Centralisés à outrance, les institutions, les ministères se dispersent, s'émiettent, ne sont plus qu'un peu de poussière administrative au souffle de l'orage révolutionnaire. Les Affaires étrangères, les Postes et Télégraphes, la Justice se transportent à Moscou ; la Marine à Nijni-Novgorod ; le Commissariat de la Guerre à Samara, quelques sections de l'État-Major déportées en Sibérie, à Omsk et à Tomsk. Avec les dossiers on s'efforce d'évacuer les réserves de métal, l'outillage des grandes usines auxquelles la révolution doit sa naissance. Six cents wagons tous les jours sont affectés aux obsèques de la capitale.

Après deux siècles d'attente humiliée, c'est enfin la revanche de Moscou, le retour de l'histoire russe en enfant prodigue vers le bercail des premiers Tsars et des premiers patriarches. Le maximalisme réalise les

mystiques aspirations des slavophiles, des pires réactionnaires, des vieux croyants, de tous ceux qui
dénonçaient un bouleversement révolutionnaire dans
l'oubli du Kremlin et des coupoles de Basile le Bien-
heureux. Mais comme toujours, dans les paradoxes
de la tourmente russe, il y a du vaudeville à côté du
drame. Les grands dignitaires socialistes, leurs journaux, leurs archives s'installent au petit bonheur dans
les garnis, dans les hôtels, n'importe où : un campe-
ment de tziganes politiques. Des habitants sont expulsés
de leurs maisons, obligés de battre le pavé en nomades,
en réfugiés dans leur propre ville. Et ce n'est là peut-
être qu'un commencement. « Nous signerons n'importe quelle paix, a dit Lénine, nous nous en irons
dans n'importe quel taudis... » Avant Lénine un autre
terroriste de marque, Ivan IV, n'avait-il point déjà
songé à transporter la capitale dans les marais de
Vologda?

Le cycle révolutionnaire s'achemine vers la conclusion logique que contenait en puissance l'orientation
maximaliste : sur les débris fumants de la patrie, la
naissance de la Commune. C'est la dernière étape, le
suprême essai d'organisation tenté par la révolution
dans l'infinie débâcle. A peine descendu du wagon
plombé qui l'avait amené d'Allemagne, Lénine proclama, sous une auréole de drapeaux rouges, que la
Commune était le seul type de structure politique et
sociale réellement démocratique. D'avatar en avatar,
de tristesse en tristesse, la Commune surgit enfin à la
place d'un Empire dont l'horizon mariait les « rivages
finnois à la Tauride ardente (1) », la capitale rapetissée
en phalanstère ouvrier, administrée par des sémites

internationalistes, Zinovief en tête. La ville des fonctionnaires, des ministères, des bureaux, à laquelle toujours les masses populaires reprochaient sa morgue
distante, se retranche plus que jamais du reste de la
nation, s'isole dans ses brumes glaciales et ses palais
dévastés. Défense de quitter Petrograd, défense d'y
entrer. La ville tient à la fois d'une léproserie politique
et d'une citadelle du maximalisme intégral. Ce n'est
plus la fenêtre sur l'Europe ouverte par la grande
épopée de Pierre le Grand, mais une lucarne sur l'hy-
pothétique royaume marxiste de l'avenir.

Le prolétariat qui s'arme bruyamment sous les
ordres de Trotzky est tout pénétré de cette mission
historique. L'usine est désertée. L'enclume se rouille :
de l'outillage industriel évacué ou gaspillé, il ne reste
qu'une servitude économique : l'obligation de payer
des salaires. A l'utopie des ateliers nationaux s'ajoute
une réalité inédite : celle des casernes nationales où
des ouvriers improductifs, entretenus par les contri-
buables, s'improvisent successeurs de l'armée anéantie
pour défendre la « patrie socialiste » et le Petrograd
rouge. La sanglante couleur qui domine dans la capitale, et qui simulait, jadis, la pourpre impériale, a
comme anticipé sur son avenir.

Avec l'évacuation de Petrograd s'achève toute une
période de l'histoire de la Russie, inaugurée par la
violente rupture avec les traditions moscovites. Entre
cette ville élégante, majestueuse et froide, dotée des
derniers raffinements de la civilisation, et le reste du
pays, inculte, grossier, avec sa population misérable,
sa pauvreté, ses laideurs, l'abime n'a jamais cessé
d'exister, infranchissable. Créée par la volonté de fer
d'un révolutionnaire couronné, Petrograd demeura
toujours un caprice de despote, un fief impérial, le

bouquet suprême de l'absolutisme. Il est difficile
d'imaginer ce cadre un peu théâtral, édifié de toutes
pièces sur un marais, abandonné par les figurants qui
peuplaient ses perspectives à colonnades et ses palais
de granit. Tant qu'une nation de va-nu-pieds adorait,
de loin, cette acropole du tsarisme et en respectait le
mystère artificiel, la capitale impériale régna en souveraine. Mais le charme fut rompu. Les petits-fils de
ceux qui, sous les morsures du knout, avaient jeté les
premières bases de Petrograd, sont installés en dictateurs dans la ville élevée sur les ossements de leurs
ancêtres. Avec une âpre volupté, ils piétinent de leurs
bottes deux siècles de mirage impérial.

Triste revanche. L'histoire russe s'est reflétée fidèlement dans l'éclosion rapide de cette ville d'apparat
et de gala, que rien ne rattachait à la Russie paysanne,
sauf la volonté des Tsars, son développement prodigieux, par ordre, malgré un climat atroce, sous la constante menace d'être balayé par les inondations, le gref-
fage inouï d'un cerveau moderne, d'une façade de
grande puissance, à la périphérie d'un énorme tronc
informe et fruste. Seul aujourd'hui ce tronc subsiste
secoué par les spasmes d'une crise de croissance, corps
de géant qui a perdu son âme. Et l'agonie de Petrograd
symbolise cette agonie beaucoup plus grave, beaucoup
plus angoissante. La greffe historique a échoué. Petrograd n'est plus qu'une ville gelée, envahie de nouveau
par ses marécages, une ville dont surtout les prisons,
les cimetières et les maisons de fous sont peuplés, un
coin déjà refroidi de la planète où les derniers survivants s'entre-tuent. Ce n'est plus la capitale : sera-ce
encore Petrograd? Dans un roman consacré aux
décembristes, ancêtres de la grande tourmente d'aujourd'hui, Merechkovsky a décrit la blême pâleur des

nuits blanches où la ville se décolore, s'anémie, s'efface et lentement se meurt. La nuit blanche éternelle guette-t-elle la capitale déchue, condamnée par la malédiction des vieux croyants à l'époque de sa naissance : « Que le vide se fasse à Petrograd ! »

CHAPITRE XX

LA RUSSIE DE BREST-LITOVSK

I. *Une deuxième Serbie :* La politique allemande. — Idéalisme dynas-
tique. — *Delenda est Rossia.* — Le traité de Brest-Litovsk et
les pangermanistes. — Un recul de deux siècles. — La perte des
mers. — Les « Ersatz-États ». — II. *La Russie colonie allemande :*
Le garrot commercial. — La guerre libératrice. — La paralysie
industrielle. — La camelote allemande en échange des matières
premières. — III. *Le bilan d'une capitulation :* Les contributions masquées. — L'Allemand citoyen privilégié. — La prime au
capitalisme ennemi. — Les comptes de Shylock.

I. — *Une deuxième Serbie.*

La politique allemande envers la Russie a été toujours sollicitée par deux orientations, radicalement
opposées. ,

L'une, qui remontait à la Sainte-Alliance, renouvelée
de celle des trois empereurs, s'inspirait des intérêts de
dynasties et de classes : par la collaboration du gendarme russe et prussien, elle assurait la solidarité de
deux trônes et la vitalité de deux régimes policiers ;
malgré l'amitié franco-russe, malgré l'extension de
l'entente cordiale au domaine des relations russo-
anglaises, elle laissait entrevoir, comme toujours possible, le retour au bercail d'une monarchie prodigue,
égarée dans les rangs des démocraties européennes.

Conclusion : il fallait épargner la Russie, même pendant la guerre, et malgré les victoires allemandes ; il fallait l'épargner au nom du droit divin, d'un principe supérieur à toutes les contingences territoriales, au nom d'une abstraction moyenâgeuse.

L'orientation opposée était tout aussi traditionnelle que la première. Parallèlement au souci de conserver les couronnes, l'Allemagne pratique, affamée de terres de colonisation, congestionnée par une population trop dense, n'a jamais cessé d'envisager les réalités dépouillées de tout idéalisme absolutiste. Elle continuait la poussée vers l'Est des chevaliers de l'ordre teutonique, et, pendant les embrassades impériales, les visites de famille à Péterhof et à Potsdam, gardait toujours présent à la mémoire l'impératif catégorique d'Andrassy concernant les Slaves : « Écrasons la tête du serpent. » Le rôle des Yougo-Slaves par rapport à l'Autriche était dévolu à la Russie dans ses relations avec l'Allemagne. La Serbie, comme la Russie, aux yeux des métaphysiciens du pangermanisme, n'était qu'un « fumier d'humanité », condamné d'avance à l'exploitation par des surnations.

Lors de la dernière entrevue du Kaiser avec Nicolas II à Reval, tandis que les monarques et leurs yachts fraternisaient dans l'azur ensoleillé de la Baltique, des trôlées de matelots allemands dévalaient en maîtres à travers les rues, des *feldwebels* persiflaient les moujiks crasseux et filtraient, entre les dents, dans une bouffée de cigare : *Russische Schweine* (1). Il eût été difficile de mieux illustrer les deux théories qui se disputaient la politique orientale de l'Allemagne.

(1) Cochons russes.

*
* *

En 1915 paraissait un ouvrage où la sentimentalité
monarchiste se trouvait implacablement sacrifiée aux
intérêts supérieurs du germanisme militant : *Russland
und wir* (1), de Rorbach, un compact volume de politique positive, bourré de faits et de chiffres, à la cou-
verture agrémentée d'un immense aigle russe, les ailes
historiées, suivant l'armorial, par les écussons de Pologne, de Finlande, de Livonie, d'Esthonie et de tant
d'autres. Ces écussons, essaimés autour du Saint-
Georges moscovite, résumaient tout le programme de
l'écrivain pangermaniste. Rorbach démontrait que
seules ces régions limitrophes, et surtout l'Ukraine
avec les richesses de son sous-sol et de sa glèbe fer-
tile, avaient permis à la Russie de sortir d'une incurable médiocrité pour devenir une grande puissance.
Il insistait sur le formidable développement d'un pays
qui passa depuis 1870 de 80 à 170 millions d'habitants,
et qui, en vingt ans, devait s'augmenter de 50 millions encore — total de la population de l'Autriche-
Hongrie. Et, devant cette menace croissante de la
marée slave aux portes de l'Allemagne, Rorbach aboutissait à l'impérieuse nécessité d'en finir avec le « danger
russe », d'encourager la création d'une Ukraine indépendante, de restaurer la Pologne, d'amputer la **Russie de** la Finlande, **de** la Lithuanie, **des** provinces baltiques ; de priver, en un mot, la Russie de la mer, **du**
charbon et du blé, de la frapper dans ses œuvres **vives**,
d'en faire un État paralytique : l'homme malade **du**
Nord.

(1) La Russie et nous.

Le traité de Brest-Litovsk a réalisé, point par point, ce délire pangermaniste. Il a définitivement consacré la défaite du mysticisme autocratique qui poussait jadis la monarchie allemande à chercher, dans l'absolutisme russe, un contrefort oriental.

La Russie, à cinq heures du soir, le 3 mars, a vraiment reculé de plus de deux siècles. Le crime de quelques inconnus et l'effroyable veulerie de la nation ont réduit un magnifique Empire au triste patrimoine des premiers Romanof. Pas un grand-duc ne voudrait aujourd'hui de cette terre de famine que grattera un peuple démoralisé de va-nu-pieds.

De l'héritage de Pierre le Grand, seul — suprême dérision — Petrograd demeure comme un souvenir douloureux, devenu l'unique port baltique avec Narva, mais obstrué de glace, embouteillé par les batteries de Hangoe et de Reval, rendu inutile par la perte de l'Esthonie, de la Livonie, de la Finlande, épave d'une histoire morte et d'une splendeur éteinte. De l'issue vers la mer, barricadée par l'Allemagne, il ne reste que le cadre grandiose d'architectures désertes. Les pompeuses colonnades de l'Amirauté avec sa flèche d'or, les couleurs de Saint-André, le canot construit par l'impérial menuisier, l' « ancêtre de la flotte russe », conservé comme une relique — autant de curiosités d'antiquaire, du bric-à-brac d'archéologie. Avec le traité de Brest-Litovsk se termine la période maritime de la politique russe, inaugurée par Pierre le Grand, malgré les malédictions des popes et les répugnances terriennes d'un peuple d'agriculteurs. De toutes les créations du tsarisme, la flotte a surtout porté ce caractère artificiel qui s'attache à la transformation hâtive de la Russie en grande puissance moderne, œuvre d'autocrates passionnés pour la splendeur de

leur pays, mais étrangère à la nation, trop inculte, trop
arriérée pour y collaborer autrement que par foi
aveugle ou sous des coups de bâton. Lancée à pleines
voiles, d'une main robuste à la barre, vers la domination de la Baltique, la flotte russe, après deux cents
ans de glorieuses randonnées, a dû s'enfuir, précipitam-
ment, pour échapper à la mainmise allemande, de la
rade de Helsingfors. Cette suprême traversée, après la
trahison du brise-glaces *Volhynetz*, avait quelque
chose de douloureusement symbolique. Pour se frayer
un passage à travers la mer gelée, d'immenses dread-
noughts se jetaient de tout leur poids contre l'amon-
cellement des glaces, à l'assaut de la plaine hostile et
blanche, sur laquelle, la nuit, les projecteurs allumaient des reflets de spectre. Arrivés à Cronstadt,
même les plus anarchistes parmi les matelots éprou-
vèrent l'impression d'un cimetière naval, où se rouil-
lera désormais une escadre inutile. Refoulée dans ses
steppes, dans ses neiges, dans ses marais, la Russie
partagera la mélancolique destinée de tous les Slaves
d'être rejetés de la mer. La Russie de Brest-Litovsk
ne sera qu'une Serbie plus grande.

Comme Belgrade, Petrograd sera exposé aux coups
de main « préventifs », enserré dans l'étau de deux provinces vassales de l'Allemagne : l'Esthonie et la Finlande. Aussi, peut-on dire, sans rien exagérer, que le
traité de Brest-Litovsk a rayé Petrograd de la liste des
capitales. Hâtivement, après une escapade deux fois
séculaire, l'État russe se réinstalle parmi les blancheurs
du Kremlin et les coupoles dorées des antiques cathédrales. Retour dramatique et d'une mélancolie intense.
Quel sera aujourd'hui le royaume de Moscou? Il faut
revenir aux grands cataclysmes historiques, à la chute
des Empires d'Alexandre et d'Auguste, pour trouver

une analogie à l'effondrement de la Russie. Les efforts des premiers grands-ducs et des tsars, depuis Ivañ Kalita jusqu'à Alexandre II, le labeur obstiné de tous les « rassembleurs de la terre russe », suivant la formule des vieux chroniqueurs, les guerres, les traités, qui, d'une étonnante mosaïque de territoires, ont créé une redoutable et glorieuse puissance, la Russie entière, son passé, son avenir, sont sacrifiés sur l'autel de Zimmerwaldt. L'esprit se révolte et le cœur se serre à l'idée que l'acte paraphé à Brest-Litovsk par des aventuriers internationalistes ira rejoindre, dans les archives, les parchemins d'Unkiar-Skélessi, de Fridrickshamm, de Vienne, de San-Stefano, et cet étonnant document, signé en 1760 sous Élizabeth, qui livrait à la Russie, comme dûment conquise par les armes, la Prusse de Frédéric le Grand.

Déjà en automne, dans le chaos du verbiage où sombrait la « conférence démocratique », le dernier des ministres bourgeois des Affaires étrangères, M. Terestchenko, avait le courage de souligner l'inconciliable antinomie entre les résultats obtenus et les buts poursuivis au bout de huit mois de propagande pacifiste. Après la signature de Brest-Litovsk, M. Tchitchérine, le nouveau détenteur du portefeuille de Gortchakof, laisse échapper des aveux non moins mélancoliques. Avec cette lucidité désespérée, qui précède les agonies, il divise en cinq catégories les territoires russes dépecés par l'Allemagne : partout ce ne sont qu'annexions déguisées, rapts maquillés, pillages agrémentés de phraséologie diplomatique. De la liberté des peuples de disposer d'eux-mêmes — proclamée par mille discours au Sovet et inscrite sur tant de drapeaux rouges, — il ne reste, pour la Pologne, la Courlande, la Lithuanie, la majeure partie de la Livonie, toutes les régions définitivement arrachées à la Russie, qu'une allusion, dans un coin de phrase, au concours des habitants pour régler leurs destinées sous les auspices des puissances centrales. Pour Kars, pour Ardahan, pour Batoum, poursuit Tchitchérine, c'est l'application du même esprit de conquête, mal dissimulé sous des formules protocolaires : évacuation des troupes russes, désintéressement de la Russie, organisation de ces terres chrétiennes conformément aux vœux des popu-. lations et surtout des voisins où, en première ligne, figure la Turquie et dont la Russie est absente. Puis vient la fiction de la police allemande installée en Livonie et en Esthonie, pour mieux masquer, sous prétexte d'ordre social, l'infiltration de l'Allemagne jusqu'aux portes de Petrograd. En Ukraine et en Finlande l'hypocrisie est encore plus odieuse et la mascarade de l'annexionnisme plus raffinée : de ténébreuses transactions avec des politiciens véreux permettent à l'invasion d'usurper le nom d'une aide amicale. Enfin, il est des terres otages, des terres occupées, sans que l'Allemagne songe à teinter sa mainmise d'un vernis juridique, Pskov, Narva, Dvinsk, et sans qu'elle daigne préciser la durée de cet esclavage. Depuis l'irruption des Tartares, la Russie n'a pas connu de pareille débâcle.

Là où les armes allemandes ont été impuissantes, les utopies défaitistes ont réalisé, dans toute son ampleur, le programme pangermaniste.

Rorbach est même dépassé (1) : c'est dans une brochure due à la plume d'un officier de l'État-Major allemand, sous le pseudonyme de Sarmaticus, parue

---

(1) Voir les savantes études du baron Nolde, ancien directeur du premier département au ministère des Affaires étrangères, dans la *Retch* de l'époque.

en 1886, qu'il est possible de retrouver les pronostics de la gigantesque exécution à laquelle, dès cette époque, la Russie était condamnée par contumace. « Le colosse russe, écrivait ce prophète impérialiste, doit être réduit à ses frontières naturelles par la perte non seulement de la Pologne, de la Finlande, de l'Ukraine, dès gouvernements baltiques, mais aussi de la Nouvelle-Russie, du Caucase et de l'Arménie russe. » A cette même époque, le *Berliner Tageblatt* prévoyait, en cas de conflagration générale, l'éventualité d'une offensive sur Moscou et sur Odessa.

Ni la signature de la paix, ni sa ratification n'empêchent les troupes austro-allemandes de réaliser, au sud de la Russie, le vieux plan de l'État-Major de Berlin. Tout d'abord, dans les milieux maximalistes, on commence par supposer que l'invasion allemande déferlera jusqu'aux frontières revendiquées par l'Ukraine — neuf gouvernements russes, les plus riches, les plus florissants, Kief, Volhynie, Poltava, Tchernigof (moins quatre districts du Nord), Bessarabie, Kherson, Tauride (moins la Crimée), Ekaterinoslaw, Charkof, — mais bientôt, devant l'avance méthodique de l'ennemi, il devient évident que c'est l'occupation militaire, elle-même, qui fixera les limites de l' « Ukraine intégrale ». Aux protestations de Petrograd, une note de M. de Kuhlmann répond par l'impossibilité de limiter les hostilités aux frontières ethnographiques de la Petite-Russie, tant que les hordes maximalistes constituent une menace permanente d'incursions et de troubles. Pour la première fois dans l'histoire, l'état de guerre continue de fait, alors que l'état de paix existe de droit : les journaux publient des communiqués en même temps qu'ils annoncent l'arrivée de M. de Mirbach, comme ambassadeur à Moscou ; pour

avoir aboli la diplomatie secrète de l'ancien régime, le
maximalisme a créé un type de guerre inédit : la guerre
secrète. Et ce n'est pas en vain qu'au début du traité,
les parties contractantes s'abstinrent, contrairement à
toutes les traditions, d'invoquer la protection divine.

* *
*

A travers l'Ukraine inféodée, ravalée au rang d'un
truchement de l'Allemagne, la pieuvre allemande étend
ses tentacules sur le gouvernement de Koursk, sur la
Nouvelle-Russie et sur son port — le troisième par
son importance de tous les ports russes, — Odessa, la
clef de l'Ukraine et de la mer Noire ; enfin sur la perle
de la Couronne de Russie, de l'orient le plus riche, la
Crimée, avec Sébastopol, où les restes d'une magnifique
escadre essuient l'affront d'être gardés à vue par des
croiseurs turcs délabrés. En l'honneur de la « patrie
allemande », l'Ukraine est transformée en puissance
maritime. En dehors de quelques ports médiocres de
la région du Don et peut-être de Kouban, la côte tout
entière, depuis Odessa, par où l'Allemagne pompera
le blé petit-russien, jusqu'à Marioupol, est condamnée
à devenir l'apanage de ces machines de guerre inven-
tées à Berlin : la république de Kief et, à son défaut,
la république de Crimée. La perte de Batoum achève
l'encerclement maritime et fait de la mer Noire un
lac turco-allemand.

A l'exemple de la flotte baltique, l'escadre de Sébastopol est obligée de s'enfuir, de chercher un refuge
dans la rade de Novorossisk. Et les derniers jours, qui
avaient précédé sa retraite, n'ont cédé en rien par leur
intensité dramatique au corps-à-corps des cuirassés
avec la glace, dans les eaux du Nord. Convaincus que

la flotte est la propriété commune de la république fédérative, les équipages, pour sauver les navires, proclament la plus rigoureuse des neutralités. Le 18 avril ils envoient à Berlin, à Vienne, même à Constantinople et à Sofia, des télégrammes de protestation contre l'apparition des sous-marins allemands à proximité de Sébastopol. Mais ces appels désespérés demeurent sans réponse. L'escadre aux abois et la garnison décident alors la lutte à outrance, et des bataillons maximalistes se portent fiévreusement à la rencontre des Allemands. Dégarnie de troupes révolutionnaires, la ville tombe entre les mains de la Rada locale qui se résigne à sacrifier Sébastopol : c'est le désarroi et la panique. Pressé par les équipages de partir, l'amiral Sabline hésite, négocie, exige l'obéissance absolue ; des matelots détériorent les sous-marins condamnés à l'immobilité par l'absence de naphte ; et la formidable escadre s'ébranle, la nuit, sous le feu de l'ennemi, précédée de son vaisseau amiral qui arbore les couleurs jaune et bleu de l'Ukraine, tandis qu'au mât d'un torpilleur on déchiffre comme un verdict de l'histoire dans les signaux nocturnes : « Honte aux traîtres de la mer Noire. » Au même moment le premier détachement allemand faisait son entrée dans la ville ; et, trois jours plus tard, les aigres stridences des fifres prussiens retentissaient en l'honneur de l'arrivée du *Gœben*.

Le *Gœben* à Sébastopol après le mirage du Bosphore...

Il y a environ un an, conduits par les illuminés et les bavards du premier Sovet, quelques régiments renversaient M. Milioukof coupable d'avoir voulu assurer à la Russie le libre usage des Dardanelles. Leurs vœux à cette heure sont exaucés. Le traité de Brest-Litovsk

n'implique même pas la nécessité de restaurer le
régime des Détroits, en vigueur avant la guerre, et les
négociations avec la Turquie soumettent les navires
russes à toutes les tracasseries de l'arbitraire ottoman.
Zimmerwaldt peut exulter. La Russie a perdu plus
qu'une espérance, plus qu'un rêve historique, symbo-
lisé par ces icones que l'on montrait aux diplomates
étrangers, sous Catherine II, dans des carrosses ou-
vragés à destination de Byzance...

Et toujours, entre la Baltique et la mer Noire, le
parallélisme se poursuit, implacable. Après l'occupation de Riga et de ses bastions — Dago, Oesel et
Mohn, — le rideau s'est levé sur le dernier acte de la
tragédie baltique : le suprême encerclement par la
Finlande. Le drapeau finnois clapote à côté des couleurs allemandes sur la forteresse de Sveaborg, où
l'ancien régime avait enfoui des milliards, sur la citadelle de Vyborg, dont tous les stratèges russes exigeaient l'incorporation au gouvernement de Petrograd, sur le fort Ino, ce dernier et frêle bastion qui
défendait l'accès de la capitale par la mer. Et, pour
étouffer définitivement le colosse agonisant, lui fermer
toutes les issues sur le large vivifiant et libre, des
incursions de garde blanche s'aventurent dans la baie
de Petchenga, d'où l'Allemagne pourrait contrôler les
communications arctiques, et jusqu'à la ligne de
Mourman, misérable bronche de poitrinaire par laquelle
un peu d'air salin pénètre encore en Russie. D'op-
primée, comme l'Ukraine, la Finlande devient l'op-
presseur. Et, pour mieux assouvir leurs rancunes, des
impérialistes finnois ne dissimulent pas, dans la presse,
l'aspiration d'occuper sinon tout Petrograd, du moins
le quartier de Vyborg, sur la rive droite de la Néva,
à deux heures de Beloostrof, où campe la garde

blanche. Les Finnois à Petrograd après l'entrée des Turcs à Sébastopol : dernière station du tragique‵ calvaire gravi par un pays sous le poids de sa croix révolutionnaire...

*
* *

De sinistres imbéciles, les premiers jours de la révolution, se jetèrent sur les aigles, emblèmes éternels de la Russie, et non d'une dynastie provisoire. A coups de marteaux et de haches, ils brisaient les ailes alourdies d'écussons, éparpillaient les armes de Moscou, de Pologne, de Finlande. Écartelées, déplumées, sans couronnes, sans sceptres, les aigles bicéphales gisaient dans la boue. Et toute la Russie, vouée aux coups des iconoclastes révolutionnaires, s'en allait déjà avec ces cadavres héraldiques...

II. — *La Russie colonie allemande.*

Au printemps de l'année 1914, lorsque, sur un mot d'ordre de la Wilhelmstrasse, la presse allemande tout entière se lançait à corps perdu dans une violente campagne contre la Russie, on disait déjà couramment à Petrograd, dans les milieux compétents, que l'Allemagne préférerait plutôt la guerre à l'expiration de son traité de commerce de 1904.

Ces affirmations n'avaient rien d'hyperbolique.

Arraché au gouvernement du Tsar sous la pression d'une guerre malheureuse, le traité de 1904, bien avant Brest-Litovsk, faisait déjà de la Russie un embryon de colonie allemande. Tout son mécanisme, porté aujourd'hui à la perfection, consistait à conférer à l'Allemagne un double privilège : monopole d'expor-

tation des matières premières, monopole d'importa-
tion des produits manufacturés, la Russie abaissée
au rôle de fournisseur et de client également dociles,
forcée d'envoyer ses richesses à l'étranger à bon compte .
et de payer très cher la camelote de son voisin. En
pleine paix, le commis voyageur allemand ébauchait
l'annexion de la Russie, la grugeait et l'isolait ; le
capital allemand pénétrait partout ; l'intermédiaire
allemand accaparait jusqu'aux échanges de la Russie ·
avec l'Angleterre et avec la France. Néanmoins, pro-
tégée par les tarifs douaniers, l'industrie russe réus-
sissait à progresser quand même, malgré tous les
efforts de l'Allemagne pour en paralyser la jeune vitalité.

La guerre a paru pour toujours libérer l'industrie
de son carcan germanique. La liquidation des entreprises ennemies, leur transfert obligatoire entre les
mains des sujets russes, mettaient fin aux influences
allemandes. Au point de vue économique comme au
point de vue international, la guerre promettait d'être
une guerre libératrice. La fermeture des frontières,
l'absence d'un concurrent remuant et perfide, la
mobilisation de l'industrie amenèrent la création de
branches de production nouvelles, en mesure de
répondre aux besoins nationaux sur le marché national.
Un système de tarifs autonomes, mis à l'étude, devait
assurer la permanence des résultats obtenus. Les voies
maritimes du Sud allaient s'ouvrir et remplacer la
clientèle agraire allemande par la clientèle mondiale.
Affranchie d'une tutelle onéreuse, la Russie prenait
enfin conscience de ses richesses, de ses forces productives, de toutes les possibilités d'épanouissement
économique. Le traité de Brest-Litovsk a précipité
la chute de ces rêves et de ces espérances. Amputée·

de ses provinces les plus florissantes, ligotée par des conventions usuraires, la Russie n'est plus qu'une dépendance commerciale de l'Allemagne, l'esclave muette de toutes ses fantaisies douanières. A la place d'un État souverain, s'étale un immense *hinterland* amorphe où des moujiks faméliques épuiseront les réserves de blé, de minerai, de bois, pour échanger leurs pauvres roubles dépréciés contre l'article de Berlin en *ersatz* escamoté.

Pourrait-il en être autrement?

Sur les 19 833 entreprises (1) industrielles que compta la Russie, conformément aux statistiques d'avant la guerre, 7 142 entreprises, soit environ 40 pour 100, se trouvent dans les régions annexées par l'Allemagne et les terres de la Pologne indépendante. Un trait de plume a privé la Russie de 600 000 ouvriers qualifiés et d'un rendement de 1 220 000 000 de roubles sur 4 580 000 000. De toutes les régions de la Russie, les habitants des gouvernements baltiques venaient en première ligne avec une production de 130 roubles par tête. Les ablations de Brest-Litovsk marquent, au passif de la Russie, les pertes suivantes : industrie chimique, 63,2 pour 100 ; papier, 57,8 pour 100 ; fonte et travaux métalliques, 50,5 pour 100 ; lainages, 51,2 pour 100 ; tissus mixtes, 61 pour 100 ; bétail, 41 pour 100 ; substances minérales, 37,7 pour 100 ; bois, 36 pour 100 ; lin, 32,6 pour 100 ; industrie cotonnière, 2,4 pour 100. Dans la hiérarchie,

----

(1) Voir les articles documentés de M. Ziv dans le *Den* et dans la *Retch.*

des districts miniers, la Pologne occupait le troisième
rang pour les minerais et les charbonnages ; le rendement de la Dombrowa atteignait à peu près un quart
de la production charbonnière totale. Et ce sinistre
bilan peut s'aggraver encore dans l'hypothèse d'une
union douanière de l'Allemagne avec l'Ukraine, la
mainmise définitive des industriels westphaliens sur
les usines méridionales et le charbon du Donetz, qui
alimente les quatre cinquièmes de l'industrie russe.
Après la perte du Sud, la métallurgie russe ne conserve
qu'un cinquième de la production de fer, deux tiers
de sa production de cuivre, un tiers de sa production de
zinc. Le pétrole lui-même est menacé par l'avance des
hordes turques vers Bakou et l'effroyable incendie des
chantiers de Grozny, sans compter que les aspirations
ukrainiennes sur la région de Tzaritzine risquent d'entraver le transport du naphte caucasien par la Volga
et que l'occupation de Batoum aliène entre les mains
de l'ennemi le monopole de la navigation maritime.

Ce qui reste de l'outillage industriel, après le démembrement de la Russie — les centres de Petrograd, de
Moscou, de l'Oural, — est vaincu d'avance dans la
lutte contre la concurrence allemande. De tout temps,
pour se développer, l'industrie russe avait besoin
d'une protection continue et persévérante de l'État.
C'était une plante de serre, fragile, artificielle, qui
exigeait des soins infinis, un jardinage délicat, une
sollicitude presque amoureuse. Or, après l'armée, l'industrie fut la première victime du socialisme russe.
Les revendications effrénées de la main-d'œuvre, les
sauvages déformations du marxisme, la paresse consacrée comme une vertu démocratique et la haine
de toute supériorité bourgeoise comme un dogme
révolutionnaire, le sabotage et le vandalisme des

masses aveugles n'ont pas eu beaucoup de peine pour ravager l'appareil industriel. Le contrôle ouvrier introduit par les maximalistes a fini par définitivement dévaster le mélancolique héritage du gouvernement provisoire. Les usines, — nous le verrons plus loin, — transformées en phalanstères autonomes, « disposent de leurs propres destinées », à la manière des peuples suivant les formules de la paix démocratique : elles ne comptent plus ni avec les nécessités du transport, ni avec les besoins de la consommation, ni avec les prix du marché ; monades industrielles où s'élabore l'avenir du socialisme intégral, elles sont en dehors des lois économiques, produisent au petit bonheur, par la force de l'inertie, dans les cas les plus favorables, et vivotent au jour le jour. Mais la plupart du temps les chantiers sont déserts, les machines se rouillent, les affaires s'assoupissent, le fonctionnement de l'entreprise se réduit au payement des salaires sur les dernières miettes des dépôts dans les banques. Et, lorsque ces suprêmes ressources se trouvent épuisées, il ne reste plus qu'à l' « État-providence » d'intervenir pour prendre les chômeurs à sa charge.

Mais que dureront les solutions apportées par le *Deus ex machina* socialiste? Bientôt, en Russie, l'État se verra acculé à l'impasse de tout payer, puisque tout lui appartiendra, et l'industrie russe frappera en vain alors aux portes des banques ruinées sous prétexte de nationalisation. Il y aura peut-être des ouvriers en Russie : il n'y aura plus d'industrie.

*\
* *

Le traité de Brest-Litovsk a détruit jusqu'à son dernier moyen de défense : le protectionnisme doua-

nier. La clause de la nation la plus favorisée (1) sti-
pulée par le traité maximaliste aurait pu présenter
quelque importance pour la Russie exclusivement
dans le cas des tarifs autonomes. L'article premier
de la convention économique russo-allemande (supplément II), d'où ressort la non-remise en vigueur
du traité de 1904, ne doit pas faire à ce sujet la
moindre illusion. L'annexe A à ce supplément reproduit, clause par clause, à l'exception des paragraphes
consacrés au commerce maritime, le contrat ruineux
dont le joug a pesé si lourdement sur la prospérité du
pays. Tous les tarifs de 1904 ressuscitent. Or, ces
tarifs étaient élaborés sur la base de l'étalon or, à une
époque où le rouble, émancipé des fluctuations du
marché de Berlin, s'était stabilisé à un niveau particulièrement favorable. Acquittés au taux misérable
du papier-monnaie d'aujourd'hui, les anciens droits
de douane se trouvent pratiquement diminués de trois
ou quatre fois. Les chiffres ont beau rester les mêmes :
cette identité purement formelle n'est qu'un trompe-
l'œil qui dissimule la menace d'une lamentable faillite.

A l'écroulement de la protection douanière il importe d'ajouter la hausse vertigineuse des salaires et
l'ascension toujours croissante des prix des matières
premières. Minée à l'intérieur, sans défense à la frontière, l'industrie russe, en l'honneur de l'Internationale, est livrée à la merci des banquiers de Berlin, des
ingénieurs d'Essen et des fabricants de Chemnitz.
Déjà avant la guerre, lorsque le rouble russe cotait

---

(1) Pratiquement cette clause est annulée par le consentement de
la Russie à ce que l'Allemagne confère des privilèges spéciaux à
l'Autriche-Hongrie ou à un autre État en union douanière avec l'Allemagne.

2 marks 16 pfennigs, les tarifs de 1904 s'accusaient d'une impuissance manifeste à endiguer l'invasion commerciale ; encore en 1913, 54 pour 100 de toutes les importations russes étaient de provenance allemande. Il est donc naturel que, vaincue et anémiée, la Russie déchoie au rang d'un immense marché de consommation colonial. Cette épithète n'a rien d'exagéré : seule une colonie, un pays enlisé dans une incurable stagnation économique, sans outillage, sans fabriques, pourrait absorber, pêle-mêle, comme la Russie actuelle, tous les stocks de camelote que lui réserve l'Allemagne. Pendant que les canons grondent aux confins de l'Ukraine et que l'Allemagne achève de ruiner l'industrie russe par l'évacuation des chantiers de Nicolaef et des usines de Cherson, ses commis voyageurs, le sourire engageant et le geste obséquieux, placent leurs marchandises aux prix d'avant la guerre et consentent généreusement des crédits de deux ans. Une charrue allemande est vendue couramment 43 roubles, dix fois moins qu'une charrue de fabrication russe. Que peuvent contre ces chiffres les décrets léninistes?

Mais inonder la Russie de produits *made in Germany* n'est qu'une partie du programme de Brest-Litovsk. Toutes les tendances inavouées de l'Allemagne à conquérir l'exclusivité pour drainer les matières premières en échange d'objets manufacturés, le traité russo-allemand les précise et les codifie. Il n'avait pas suffi à l'Allemagne de porter le coup de grâce à l'industrie russe par la restauration des anciens tarifs et de rendre ainsi disponibles d'immenses richesses naturelles. Le contrat impérialiste et capitaliste par excellence, signé à Brest-Litovsk par des zimmerwaldiens, stipule en faveur de l'Allemagne la faculté d'exporter librement aussi bien le bois que le minerai. Et, si l'on songe que, déjà, sous l'empire du traité de 1904, les industriels se plaignaient en Russie de l'inefficacité des tarifs pour protéger les matières premières, on imagine aisément l'orgie·commerciale à laquelle se livrera désormais l'Allemagne grâce à l'effondrement des barrières douanières et à la déchéance du cours du rouble.

Au premier chef les convoitises allemandes visent l'exportation du manganèse, dont la Russie a un monopole de fait, du moins vis-à-vis de l'Allemagne qui ne peut aspirer à bénéficier de la production du Brésil et des Indes. De tout temps, aux ministères des Finances à Petrograd, on attachait à la conservation des réserves de manganèse une importance essentielle comme à l'un des moyens susceptibles, par un commerce savamment dosé, d'attirer l'or étranger. Et de même, depuis de longues années, il était possible de constater les efforts de l'Allemagne pour prendre pied dans les régions des gisements de manganèse, à Nicopol, où, en 1906, surgit tout à coup une société allemande, le *Pirolusite*, puis au Caucase, où, depuis 1905, fonctionne la société allemande de *Gesenkirche*. Cet intérêt s'explique : avant la guerre, l'Allemagne tirait de la Russie 75 pour 100 de ses importations de manganèse, soit 25 180 000 ponds contre 15 090 000 achetés en Russie par l'Angleterre et 3 570 000 par la France. Le traité de Brest-Litovsk a résolu la question, comme tant d'autres, par l'annexion déguisée des gisements russes. Il a ouvert à deux battants une porte jusqu'à présent seulement entre-bâillée par laquelle les richesses métallurgiques de la Russie émigreront vers les forges et les hauts fourneaux pangermanistes.

Après le minerai, le bois.

Réduite, pendant quatre ans, à négocier laborieuse-ment des fournitures de bois scandinave, l'Allemagne, plus que jamais, a besoin d'opérer librement dans les fourrés russes, où, en temps de paix, elle trouvait déjà plus de la moitié du bois qui lui était nécessaire. Mais, comme toujours, ce que l'Allemagne cherchait en Russie, c'était la matière naturelle et fruste, des éléments bruts de production industrielle qu'elle renvoyait, plus tard, sous forme d'objets manufac-turés. Ainsi, sur le total des objets en bois finis importés en Russie, 50 pour 100 n'étaient que du bois national, transformé et ouvragé par les fabriques allemandes. Le monopole d'exportation, institué par Brest-Litovsk, au profit des commerçants allemands, amplifiera ce procédé sur une échelle encore plus vaste, et, à l'exemple de la métallurgie, ruinera de fond en comble l'industrie de bois manufacturé par-ticulièrement florissante en Russie. En même temps qu'à destination de l'Allemagne, la Russie exportait en Angleterre de grandes quantités de bois, pour 66 millions de roubles environ, mais — point capital — les exportations anglaises portaient, dans la pro-portion de 53 pour 100, sur les produits finis. Avec l'application du traité de Brest-Litovsk, il ne restera de ces efforts vers l'autonomie économique qu'un souvenir de statistique défunte. Le moujik russe, aux yeux des aristocraties financières de Berlin et de Vienne, n'est bon que pour des travaux de coolie. Les grands arbres de Perm et de Viatka, dont les *koustars* (1) modelaient tant de fantaisies exquises, prendront le chemin de l'Allemagne, comme le fer de

---

(1) Ouvriers ruraux travaillant le bois.

l'Oural, le charbon du Donetz, le blé de l'Ukraine, tout, tout.

Que reste-t-il à la Russie? La vérité, c'est que précisément le traité de Brest-Litovsk ne lui laisse rien. Son expansion à l'Ouest se brisera contre tout un chapelet d'États-tampons, depuis les glaces arctiques jusqu'à la Crimée, royaumes fantômes, républiques bâtardes, grands-duchés vassaux, pour former, au flanc du géant blessé, sous les auspices de l'Allemagne, un cordon de gendarmes et de douaniers, infranchissable. Le traité de Brest-Litovsk a biffé la Russie du nombre des puissances occidentales. Lui donne-t-il, du moins, la faculté de redevenir une puissance asiatique? Après avoir perdu tout contact avec l'Europe et toute issue sérieuse sur la mer libre, sauf les régions polaires, lui sera-t-il encore permis de réaliser en Orient les destinées modestes de l'antique Moscovie? Implacablement, à l'Est aussi, l'Allemagne victorieuse condamne les portes de sortie, verrouille les fenêtres, aliène les débouchés. Elle obtient l'annulation des articles qui, dans le traité de 1904, réservaient à la Russie des privilèges spéciaux sur les marchés asiatiques. Par la faculté du libre transit et des communications directes avec l'Afghanistan et avec la Perse, elle se substitue à la Russie pour usurper des sphères d'influence économique conquises au prix d'efforts séculaires par les exportateurs russes. La Russie vaincue est vouée au rôle subalterne de canal pour véhiculer la marchandise allemande jusqu'au golfe Persique. Sur les marchés orientaux, où, jusqu'à présent, l'Allemagne se bornait forcément à expédier surtout des colis postaux, les chemins de fer russes déverseront des wagons de bric-à-brac berlinois à l'usage des bazars.

Le traité de Brest-Litovsk n'est pas qu'une condamnation à la mort politique : c'est un assassinat
commercial. Il supprime toute éventualité d'une régé-
nération économique de la Russie. Il réalise un monstrueux programme de ruine systématique, d'étouf-
fement industriel de tout un peuple. Il barre l'avenir
d'une nation, comme s'il s'agissait d'une rue à Berlin :
à l'Est comme à l'Ouest, au Sud comme au Nord, la
Russie voit s'étaler l'écriteau fatidique : *Strengst
verboten* (1).

III. — *Le bilan d'une capitulation.*

En apparence, le traité de Brest-Litovsk semble
avoir respecté la deuxième partie du programme révolutionnaire : le mot contribution a été soigneusement
évité dans le vocabulaire des négociateurs ; il ne figure
nulle part dans le texte signé le 3 mars. Matée et
bafouée en matière de cessions territoriales et de
referendums, la révolution russe peut se targuer, du
moins, d'avoir obtenu gain de cause sur un point de
haute importance : un échec infligé à la voracité du
capitalisme international. Or, en est-il vraiment ainsi?
Les puérilités de la psychologie révolutionnaire, avec
son éternelle tendance à transformer des formules en
fétiches, n'ont pas échappé à l'attention des plénipotentiaires allemands. Avec la courtoisie distante de
médecins en face d'incurables maniaques, ils ont tenu
compte des répugnances verbales de leurs adversaires,
et se sont adaptés à leur jargon zimmerwaldien. Toutes
les annexions, à Brest-Litovsk, ont passé sous le

(1) Rigoureusement interdit (de passer).

pavillon du droit des peuples de disposer librement de leurs destinées. Même procédé pour la question des contributions. Le mot a beau être absent : la chose s'étale, brutalement, à peine masquée par un vernis d'amphigourique verbiage. Jamais, depuis Bismarck, la politique de Berlin n'a mieux puisé ses inspirations à une source aussi classiquement allemande : la cynique ironie et la froide cruauté de Méphistophélès.

Sous prétexté d'indemnité pour l'entretien d'une multitude de prisonniers affamés, l'Allemagne s'est assuré le droit de présenter une note dont le chiffre est laissé de parti pris dans le vague. Pratiquement, sous un nom d'emprunt, — un pseudonyme à la mode maximaliste, — c'est bel et bien une formidable contribution de guerre que la Russie est astreinte à payer au vainqueur. Et comme rien, dans un traité qui par ailleurs affecte une tranchante netteté de couteau, n'est prévu ni pour les délais ni pour les modes de payement, il est logique de supposer qu'à Pskov, à Dvinsk, à Narva, les garnisons allemandes se maintiendront jusqu'au complet amortissement des créances impérialistes.

Ces créances s'augmenteront de trois autres catégories de payements.

Tout d'abord, la Russie est tenue à indemniser les ressortissants allemands pour les dommages qu'ils ont subis à l'occasion des différentes mesures promulguées sous l'ancien régime : liquidation et séquestre des entreprises, suspension de l'action des brevets et des patentes, etc. Par un monstrueux paradoxe juridique, tandis que les préjudices causés à la population dans les régions occupées n'imposent aucune obligation aux Empires Centraux, toutes les pertes éprouvées par les sujets ennemis à l'arrière doivent être réparées sur le compte du Trésor russe ruiné. Et de même que pour les dépenses d'entretien des prisonniers, les dispositions du traité de Brest-Litovsk s'embuent ici d'une imprécision volontaire, assez élastiques pour donner lieu aux plus abusives des interprétations.

Aux dommages causés sous l'ancien régime s'ajouteront les frais des expériences maximalistes, chaque fois qu'elles auront lésé les intérêts des bourgeois germaniques. Toute latitude est accordée au gouvernement révolutionnaire pour saccager ou pour abolir la propriété privée, la socialiser, la municipaliser ou la nationaliser, pourvu que ces fantaisies communistes respectent les droits sacrés du capitalisme allemand. Ainsi, pour qu'une modification du statut foncier soit valable vis-à-vis d'un « impérialiste ennemi », il faut, aux termes du traité de Brest-Litovsk, que la terre soit aliénée en vertu d'un acte législatif au profit de l'État ou des administrations locales. Dans ce cas, et dans ce cas seulement, il est permis de déposséder les propriétaires allemands, à la condition expresse, toutefois, d'une indemnité payable dans le délai d'un mois après l'expropriation de la terre, et cette indemnité constitue déjà un avantage inappréciable sur le propriétaire russe, doublement vaincu, — vaincu par l'Allemagne et par le maximalisme, — à qui tous les partis révolutionnaires refusent le rachat. Les complications, destinées à naître de l'interprétation du traité, aggraveront sensiblement cette situation privilégiée des sujets ennemis dans l'hypothèse d'une réalisation intégrale de la réforme agraire : ne sera-t-il pas possible à l'Allemagne de s'opposer à l'expropriation en faveur des paysans sur la base d'un texte, qui prévoit exclusivement le passage des terres entre les mains de l'État ou des Communes, et d'ergoter, à l'infini, sur la nature

précise de l'acte législatif requis à cet effet, dans un
pays où chaque village tend à élaborer ses lois spéciales et dont le gouvernement central se vante d'identifier le pouvoir législatif avec le pouvoir exécutif?

Des dispositions analogues visent la défense des
intérêts allemands contre les tentatives de socialisation industrielle et commerciale : nécessité d'une loi
en bonne et due forme et versement d'une indemnité
aux co-propriétaires aussi bien qu'aux participants. De
là, consacrée par des égalitaires farouches, cette situation anormale : le maintien, dans la république
marxiste, d'un groupe d'actionnaires privilégiés, de
capitalistes pourvus de tous les droits, une oligarchie
officiellement reconnue par un gouvernement de prolétaires, et cela seulement du fait de sa nationalité
allemande. Dans ces conditions, c'est avec une satisfaction profonde que les banques de Berlin, même les
plus engagées dans les entreprises russes, suivront
l'œuvre de démolition systématique où disparaît une
industrie rivale. Seul, par la grâce de Zimmerwaldt, le
capital allemand doit survivre à cette débâcle.

L'annulation des emprunts, la suspension du payement des dividendes, l'immense gâchis de la nationalisation des banques, toutes les innovations maximalistes dans le domaine du crédit ne ruinent, en
définitive, que le bourgeois russe ou allié : elles laissent
indemnes les fortunes des bourgeois ennemis. Trois
mois après la ratification du traité, l'argent allemand,
les valeurs allemandes doivent être rendus, grossis de
leurs intérêts : libre aux maximalistes d'exécuter la
danse du scalp autour des coffres-forts éventrés et de
barricader les guichets des caisses, les titulaires de
dépôts et les actionnaires allemands continueront à
bénéficier du régime capitaliste et les banques ont pour

consigne de leur adresser, comme par le passé, des renseignements exacts sur l'état de leurs comptes.

- Tous les décrets de Lénine sont impuissants contre un coupon de rente entre les mains d'un Allemand.

Les conséquences financières de cette anomalie, à laquelle aboutit la révolution socialiste, ne manqueront pas de grever lourdement le budget des industries russes. Il paraît même impossible, dans les conditions actuelles de chômage, de hausse des salaires et de déprédation matérielle, que leurs disponibilités liquides permettent aux entreprises de verser aux porteurs de titres allemands l'arriéré de dividendes exigibles depuis le commencement de la guerre, surtout que les dividendes, distribués en 1915 et en 1916, avaient atteint des niveaux absolument exceptionnels. Les prétentions allemandes, du reste, ne s'arrêtent pas aux dividendes : elles portent également sur les préjudices occasionnés aux actionnaires ennemis par les émissions nouvelles dont ils n'ont pu bénéficier. Joints à l'arriéré des dividendes, ces préjudices, évalués sur la base des améliorations de cours réalisées par les titres au moment de l'augmentation des capitaux, pourront s'élever à un chiffre si considérable que d'actionnaires, les porteurs allemands se transformeront aisément en créanciers d'une industrie en faillite.

Au total, selon les approximations oratoires de Tchitcherine, il n'y aurait que pour un demi-milliard de valeurs russes placées en Allemagne. La vérité, telle qu'elle ressort de tous les calculs des spécialistes, est de beaucoup moins modeste. Seules, les obligations de chemins de fer russes cotées sur le marché de Berlin dépassent le chiffre officiel pour atteindre 650 millions de roubles, et les valeurs à dividende ne sont pas inférieures à un demi-milliard. Ce défaut de précision, d'ail-

leurs, ouvrira largement les portes à la fraude en vue
de contourner le traité de Brest-Litovsk, applicable
exclusivement aux valeurs qui se trouvent dans les
portefeuilles allemands au moment de l'échange des
signatures. Les privilèges exorbitants conférés aux porteurs d'une nationalité déterminée ont déjà amené à
Stockholm, à Copenhague, à Amsterdam, des ventes
de gros paquets de titres à l'ennemi, non seulement
par des neutres, mais aussi par des financiers russes
sans scrupules, voués à une éternelle liste noire sur le
marché parisien. Dans un violent discours au Congrès
de Sovets, à Moscou, Kamkof prédit à Lénine que
50 pour 100 des valeurs russes tomberont, par l'effet
d'un traité criminel, dans les mains tenaces de la bourgeoisie allemande.

Savamment, la paix pangermaniste achève de vider
le Trésor. On chercherait en vain parmi les clauses du
traité de Brest-Litovsk ou de ses annexes la plus
légère allusion aux milliards de roubles qui circulent
dans les régions occupées de la Russie et que l'Allemagne a commencé à drainer au cours arbitraire de
2 roubles le mark. De même, le traité passe sous silence
les chemins de fer dont le réseau est surtout développé
en Pologne et dans les gouvernements baltiques, et
dont la cession est ainsi consacrée sans aucune indemnité. Et, parallèlement à ces omissions, tandis que
l'une après l'autre ses sources de revenus sont arrachées à la Russie, tout le poids d'une immense dette
publique est rejeté sur un État diminué de 50 millions
d'habitants et de 150 000 kilomètres carrés. Le texte,
sur ce point, est rigoureusement formel pour nier toute
obligation des régions aliénées envers la Russie nouvelle. Que pouvaient contre ce coup de grâce les négociations maximalistes qui rejetaient en bloc tous les

emprunts? S'il est jamais donné — chose impossible —
au traité de Brest-Litovsk de régler les destinées de
l'Orient, le prolétariat russe payera à la sueur de son
front la criante malhonnêteté d'avoir trahi la signature
de la Russie.

- Après l'anéantissement politique, la ruine commerciale et une faillite financière qui dégraderont bien
vite l'ancien Empire des Tsars au rang de la Turquie.
Où trouver les ressources pour s'acquitter des innombrables indemnités stipulées par le traité de Brest-
Litovsk, de toutes les contributions déguisées, d'une
dette enflée par les dépenses de la guerre, plus de
50 milliards et demi de roubles, sans compter les nécessités de réparer les brèches, de panser les plaies, d'entretenir des millions de misérables éclopés? Il ne faut
pas oublier qu'avec la Pologne, les provinces baltiques
et les autres territoires du Nord-Ouest, la Russie a
perdu des régions où la solvabilité de la population
avait atteint un très haut degré, et dont les recettes,
malgré les affectations militaires considérables, dépas-
saient toujours les dépenses. Financièrement, les
amputations territoriales de la Russie représentent,
sans l'Ukraine, un tiers de ses sociétés par actions,
plus d'un milliard en obligations à long terme (lettres
de gage et obligations foncières), 350 millions en fonds
d'État, 14 pour 100 du total des dépôts dans les caisses
d'épargne et environ 200 millions de dépôts dans les
établissements de crédit locaux. Dans l'hypothèse la
plus favorable — la collaboration économique de
l'Ukraine avec la Russie — on a calculé que, pour faire
face à la situation inaugurée par la paix de Brest-
Litovsk, chaque citoyen devrait payer un impôt de
833 roubles.

Est-ce possible?

Il n'est pas difficile de découvrir le plan de l'Allemagne : acculer la Russie révolutionnaire, étouffée par son papier-monnaie, à l'impossibilité de tenir les engagements usuraires qu'elle a souscrits le couteau sur la gorge et, le moment venu, se tailler dans les lambeaux de la terre russe, comme Shylock en pleine chair sanglante, des concessions, des garanties, des baux, des zones d'influence, tout un Empire colonial.

I. *L'industrie* : Minimum de travail et maximum de salaires. — Marxistes illettrés. — Le contrôle de l'industrie. — Le chômage. — La terreur industrielle. — L'évacuation des usines. — II. *Les finances* : La danse des roubles. — Le budget maximaliste. — Les impôts illusoires. — Le rouble embusqué. — Une production nationale : le papier-monnaie. — La faillite.

I. — *L'Industrie.*

M. Skobelef, premier ministre socialiste du travail, fut très étonné, au lendemain de sa nomination, d'apprendre que le capital social d'une entreprise industrielle ou d'une banque ne figurait pas tout entier en disponibilités liquides au fond d'un coffre-fort. Cette découverte bouleversait tous les projets d'un homme que le Sovet avait délégué dans le gouvernement semibourgeois de Kerensky comme son plus remarquable spécialiste en matière économique. Il eût été si facile, en effet, de faire sauter les serrures et de traiter le capital d'après les clichés agraires en honneur parmi les socialistes russes. Venir, voir et partager : le programme du prolétariat en Russie faisait concurrence au laçonisme des Romains victorieux. Et, si telle était la grossière incompétence du premier Sovet où se concentrait, pourtant, la quintessence de la « démocratie révolutionnaire », il est aisé d'en tirer la désinvolture avec laquelle la dictature maximaliste socialisa l'industrie russe...

* * *

Le maximalisme n'a qu'à moissonner les récoltes semées sous le ministère de Kerensky et Skobelef.

Avec une passion d'illuminé, le prolétariat russe s'était emparé des définitions marxistes pour chercher, dans la vie quotidienne, les catégories réalisées du patron, du bourgeois, du capitaliste. Après le coup d'État de mars, la classe ouvrière manifestait son superbe dédain pour les contingences par sa réclamation, en pleine guerre, de la journée de huit heures. Sur ces huit heures, une bonne moitié se gaspillait dans des exercices de tir et dans la bousculade des meetings, si bien qu'au bout de deux mois de régime révolutionnaire, la production industrielle accusait déjà une baisse de 50 pour 100. La révolution ne consiste-t-elle pas précisément, pour tous ces paysans déracinés, dans un minimum de travail et un maximum de salaires? Lorsqu'on questionnait un soldat désœuvré, un ouvrier oublieux de son enclume, sur les raisons de cette envahissante paresse, invariablement, ils répondaient : « Nous faisons la révolution. » Pouchkine, le grand poète national, avait parlé une fois de la « sainte paresse slave ». Échappée à l'étreinte de fer de l'ancien régime, cette paresse invétérée, sûre de l'impunité, s'étira désormais sans vergogne dans l'usine et à la caserne. Il avait été établi, depuis longtemps, qu'un petit producteur rural, livré à lui-même, ne travaillait jamais plus de cinquante jours par an. La révolution mettait cet idéal à la portée de tous. Et comme, par surplus, elle légalisait la spoliation du patron et du propriétaire foncier, une invincible tendance poussa le prolétariat russe à se laisser entretenir aux dépens de la nation.

Une effroyable hausse de salaires permit aux ouvriers de Petrograd de goûter, pendant quelques mois, les délices d'une Capoue industrielle. Dans une ville de la Volga, un débardeur, sollicité d'exercer son métier, se bornait, pour toute réponse, à exhiber la semelle de sa botte où s'inscrivait le chiffre fantastique de sa paye : 60 roubles par heure. Et tout était à l'avenant. Les ouvriers du Tréougolnik réclamèrent un jour une augmentation rétrospective qui eût exigé la mise aux enchères de l'entreprise entière. Exemple profondément symptomatique. A saigner le « vampire » professionnel, le bourgeois, le prolétariat russe ne remarquait pas qu'il s'attaquait aussi à la source même de ses propres revenus, qu'il stérilisait l'industrie, se condamnait à la famine et au chômage.

A la dictature des travailleurs la révolution n'a légué que des ruines. La désorganisation des transports a isolé les entreprises de tous leurs centres vivifiants et de tous leurs débouchés ; les prétentions ouvrières ont vidé les caisses ; les violences ont éloigné les ingénieurs : plus de matières premières, plus d'argent, plus de compétences techniques, rien qu'une foule turbulente aux convoitises débordantes et chez qui le titre de prolétaire devenait un titre de créance sur la bourgeoisie. Mais que pouvait la bourgeoisie contre le manque de charbon et l'absence de numéraire? Au moment même où le léninisme célébrait à Petrograd sa sanglante lune de miel, les usines Drouchkof, Kadievski, Constantinovka, la Providence Russe cessaient le travail faute de combustible ; l'Union Minière et Sormovo suspendaient leurs payements ; l'une après l'autre, les usines de Moscou se fermaient,

jetaient sur le pavé une foule de chômeurs faméliques,
démoralisés par des salaires trop facilement gagnés.
Et, dans le domaine économique, comme ailleurs,
l'individualisation à outrance qu'amenait une révolution à base d'égoïsme brisait, entre les différentes
branches de production, tout lien de solidarité : les
usines se transformèrent en fiefs industriels, hermétiquement fermés les uns aux autres ; l'ouvrier cacha
ses stocks de fer, de houille et ses réserves d'argent
comme le paysan enfouit son blé sous la terre. Une
psychologie immuablement rurale cuirassait le prolétaire russe contre toutes les invites à l'altruisme
démocratique et le poussait à tirer de l'industrie ses
derniers sucs avec la même rapacité, insoucieuse du
lendemain, que le moujik du *mir* mettait à épuiser
son lopin de glèbe.

* *
*

Tel était, sous le masque de pseudo-marxiste, l'ouvrier auquel un décret de Lénine accordait pompeu-
sement le contrôle de la production nationale.

Ce contrôle s'exerce dans tous les domaines : industrie, entreprises rurales, banques, commerce, coopératives ; rien ne lui échappe, sauf peut-être le travail à
domicile, ni les ventes, ni les achats, ni les dépôts.
Le décret de Lénine cristallise les tendances plus
timides de ses prédécesseurs, assigne aux directeurs
des usines le rôle antérieur du gouvernement provisoire, surveillés par leur Sovet respectif, et même
remplacés au besoin par des ouvriers élus. Ces Sovets
industriels, à l'exemple du grand Sovet central — le
prototype métaphysique de la perfection administrative, — disposent effectivement d'un véritable pouvoir dictatorial : ils déterminent le minimum de pro-

duction et le prix de revient, revisent les comptes, examinent la correspondance. A l'heure infiniment grave où l'industrie russe, qui doit tout son développement à la sollicitude de l'État et au protectionnisme douanier, se trouve exposée à la plus redoutable des concurrences et privée de ses .commandes de guerre, en pleine période de démobilisation industrielle dont les spécialistes n'avaient jamais cessé de pronostiquer les éventualités ruineuses, les usines russes sont abandonnées sans guide à l'anarchie économique.

Dès ses premières applications, le décret léniniste s'affirme comme le coup de grâce porté à l'outillage national. La majorité ouvrière, devenue maitresse absolue d'une usine, impose au premier chef à ses élus l'égalisation immédiate des salaires, le manœuvre traité sur le même pied que l'ingénieur, et si l'ingénieur, par patriotisme ou par nécessité, s'incline généralement devant les fantaisies les plus arbitraires, les ouvriers spécialistes ne manquent pas de dénigrer violemment un nivellement de leur compétence. De là, au sein même du prolétariat, des antagonismes véhéments, des luttes intestines, dont le travail subit nécessairement le contre-coup. L'histoire du contrôle ouvrier se ramasse tout entière dans la fable — qui n'est pas d'origine russe — de la poule aux œufs d'or. Les ministres, comme les graisseurs de machines, caressaient la prestigieuse espérance qu'il suffirait, pour enrichir le prolétariat, de l'installer dans les fauteuils d'un cabinet directorial et de lui passer les clefs des tiroirs. Les uns comme les autres, par ignorance ou par mépris pour des conventions bourgeoises, ont tenu pour nuls les avertissements des « capitalistes » qu'une usine, prise en elle-même, détachée de ses appuis financiers à la suite de la nationalisation des banques, sans commandes à la suite de l'éclipse du client, sans matières premières à la suite du chaos des voies ferrées, n'est en définitive qu'un amas de briques improductives et de ferraille stérile. Et c'est seulement sur cette ferraille et sur ces briques que le contrôle ouvrier fut en mesure de s'exercer d'une manière efficace. Après cinq jours de régime léniniste, l'usine métallurgique de Petrograd, abandonnée par le haut personnel, est acculée à la fermeture. Les fournisseurs exigent des garanties de payement, mais les caisses sont vides, il n'y a plus d'argent, plus de crédit. A l'usine d'électricité c'est la même débâcle. La fabrique d'obus, incapable de passer à une autre branche de production, liquide ses affaires. Les usines Holmstrom et Tuneld se ferment. Le même sort est réservé aux usines Molot et Chouvalof. Et, dans certains centres industriels de l'Oural, profondément déçus par l'inanité économique de leur contrôle, les ouvriers demandent à grands cris le retour des administrateurs bourgeois.

Mais, comme toujours, le maximalisme s'acharne à violenter les faits. Au nom d'une doctrine déjà condamnée par l'expérience il déclare la guerre aux réalités industrielles. Sous le jeu des lois économiques, il découvre les intrigues de l'ennemi, le sabotage du capitaliste aux abois, qui s'applique à immuniser ses richesses contre les offensives du prolétariat. La terreur industrielle se déploie parallèlement à la terreur bancaire, à la terreur agricole, à la terreur politique, à la terreur sans épithète, enfin, où la dictature d'une minorité rouge est tenue à chercher ses procédés de gouvernement. Au moindre écart des règlements sur le contrôle ouvrier les usines sont confisquées. L'État maximaliste s'annexe les usines Simsky, Bogoslovsky, Syssertsky, Russo-Baltique, Serguinsko-Oufaleysky, Verch-Issetzky, les ateliers de la Société des Wagons-Lits : il devient un État propriétaire, un État industriel et, pour opérer la transmission des pouvoirs, il suffit d'une compagnie de soldats lettons qui pénètrent dans les bureaux, expulsent les administrateurs délégués et obligent, sous menace de mort, le personnel à signer la promesse, de travailler loyalement au service du gouvernement des « ouvriers et des paysans les plus pauvres ». On arrête le directeur de la Kolomna, on arrête le directeur de la Russo-Belge. Les casemates de la forteresse Pierre-et-Paul deviennent de plus en plus le rendez-vous de la société financière. On aurait pu ouvrir la Bourse dans le préau d'une prison... Les hauts fourneaux n'en continuent pas moins à chômer. Les arrestations n'avancent guère l'économie politique.

*
* *

« Nous ne voulons nullement, disait à Brest-Litovsk le conseiller privé von Krigge, interrompre les expériences communistes d'une des hautes parties contractantes... » Ces expériences n'ont-elles pas réalisé le but poursuivi par l'Allemagne depuis 1905 : la ruine d'une industrie destinée, tôt ou tard, à refouler les produits allemands du plus vaste des marchés?

L'évacuation de Petrograd, décidée du jour au lendemain, sans plans, sans préparation, sonna le glas funèbre d'une région industrielle, berceau de la révolution russe. Les usines Parvianen et Vieux Lesuer fermèrent définitivement leurs ateliers. La main-d'œuvre abandonna l'usine Ericson après avoir exigé une avance de six semaines. A l'usine Rosenkrantz, de quatre mille, le nombre d'ouvriers tomba brusquement à neuf cents. Dans l'usine Aivaz l'ordre précipité de tout détruire, communiqué par le Sovet sous l'impression d'une avance allemande, fut religieusement exécuté par le personnel avant la réception d'un contre-ordre, arrivé en retard. A toutes leurs demandes les ouvriers n'obtenaient qu'une seule réponse, dans la panique qui soufflait à travers l'Institut Smolny : « Allez où vous voulez, emportez ce que vous voulez... » Des masses houleuses chargeaient les wagons pêle-mêle de leurs hardes et de l'outillage de leur usine, s'enfuyaient n'importe où, loin du Petrograd rouge. Installées hâtivement au petit bonheur, les usines de la capitale sont toutes menacées par la famine ; leurs réserves de charbon ne dépassent jamais quelque six semaines ; lentement, elles s'enfoncent dans la léthargie de leur exil provincial. L'usine Phénix, évacuée à Rybinsk, parvient tout au plus à livrer une trentaine de wagons avec un déficit de 250 000 roubles par mois...

Et avec l'outillage émietté et gaspillé, le prolétariat, lui aussi, se disperse à travers l'immensité de la Russie. Les uns retournent vers leurs chaumières abandonnées pour les séductions de la ville ; d'autres piétinent devant la Bourse du Travail. A la place des promesses démagogiques, le néant. Le contrôle ouvrier n'a été qu'un leurre. Le décret sur l'assurance est resté lettre morte. Et, au lieu des 365 000 ouvriers qui défilaient à Petrograd sous leurs bannières écarlates, 140 000 faméliques (1) qui font tourner à vide leurs machines rouillées...

---

(1) Statistiques au 15 mai 1918.

II. — *Les finances.*

Au milieu du mois de mai le « camarade » Gou-kovsky, commissaire du peuple aux finances, montait à la tribune pour prédire une certitude acquise depuis le mois d'octobre : l'inéluctable faillite de la Russie révolutionnaire. Après Trotzky en matière militaire et Tchitcherine en matière diplomatique, le maxima-lisme faisait son acte de repentir financier. Aux bra-vades méprisantes succédait un déshabillage sans pudeur de toutes les tares du régime. Et cette fran-chise, au lieu de diminuer le prestige du gouverne-ment, arrachait des applaudissements aux délégués de l'incompétence populaire.

Point par point, le « camarade » Goukovski renou-velait les regrets, les plaintes, les réquisitoires des ministres bourgeois du gouvernement provisoire. Il dénonçait le monstrueux développement des appétits, la bacchanale de lucre qui poussait un télégraphiste à exiger un traitement de 10 000 roubles pour six heures de travail et un aiguilleur 5 000 à la condi-tion d'être relevé toutes les quatre heures. De 11 500 roubles sous l'ancien régime, les frais d'ex-ploitation d'une verste de voie ferrée s'élevèrent au chiffre de 120 000 roubles par an. En six mois les dépenses ont atteint la somme de 24 milliards et demi, sans compter les traitements des commissaires du peuple, du Conseil économique, du Comité central exécutif, de tous les Sovets, collèges, parlotes, qui ont greffé sur le budget de l'État une opulente végétation parasite. Les pronostics pour l'avenir sont encore plus pessimistes. Le budget des chemins de fer à lui

seul est évalué à 10 milliards et celui des voies fluviales
à un milliard et demi. Au total, les dépenses de la
République des Sovets, diminuées de l'Ukraine, de la
Lithuanie, des provinces baltiques de la Petite-Russie
et de la Russie-Blanche, de la Crimée et du Caucase,
s'acheminent, pour l'année 1918, vers le chiffre fantastique de 100 milliards de roubles, somme supérieure aux dépenses de trois ans et demi de guerre et
à toute la dette publique de la Russie.

Est-il humainement possible de combler ce gouffre
ou de retenir à son bord la fortune du pays?

Modestement, le maximalisme avoue des recettes
problématiques de 3 milliards de roubles : 1 677 000 000
de moins qu'en 1917. Les sources fiscales sont taries.
L'impôt, depuis la révolution d'octobre, est devenu
un simple épouvantail contre la bourgeoisie, prétexte
à déclamations au Sovet et dans la *Pravda*, mais lettre
morte dans ses tentatives de réalisation pratique.
L'impôt sur le revenu, annoncé à grand renfort de
réclame, finit par rester une menace dans le vide. A
chaque instant on l'amende, on l'aggrave, on le per-
fectionne, on promet aux faubourgs une machine de
guerre en mesure d'assurer pour toujours la dictature
du prolétariat. Mais les maximalistes n'out-ils pas au
préalable supprimé les revenus eux-mêmes? Il n'y
a plus de dividendes, ni de rentes, ni d'intérêts, les
titres frappés de stérilité, les coupons devenus des
feuilles mortes. Reste alors l'offensive contre le capital
lui-même, la mise à sac des dépôts dans les banques,
la dévastation des coffres-forts. Une pitoyable ignorance entretient l'illusion que les caves des établissements de crédit regorgent de richesses. Mais à peine
l'inventaire ébauché, cette espérance s'effondre à
l'exemple de toutes les autres. Le projet de grever

d'une taxe progressive les billets de banque s'évanouit au lendemain de sa naissance, comme incapable d'atteindre exclusivement la bourgeoisie. La fuite éperdue du rouble vers les bas de laine villageois impose le respect des dépôts. Et l'impôt sur les objets en or a surtout pour conséquence le chômage des ouvriers bijoutiers.

Traqué comme le pain, le rouble déserte le marché et boycotte les caisses de l'État. Les maximalistes ont beau épuiser leur imagination fiscale : l'impôt sur le luxe s'écroule parce qu'il n'y a plus de luxe ; le monopole des annonces reste improductif parce qu'il n'y a plus d'annonces et les taxes sur les billets de première et deuxième classes demeurent inefficaces parce que la bourgeoisie voyage dans les wagons à bestiaux. En désespoir de cause, les Sovets sont amenés à inventer un impôt personnel, payable par les bourgeois du fait qu'ils ne sont ni ouvriers, ni soldats, ni paysans ; à l'ancienne classe possédante ils appliquent à rebours des conceptions de moyen âge pour en faire une classe de manants taillable sans pitié. Proscrites dans la vie internationale, les contributions sont mises à la mode dans la vie intérieure, et, le couteau sur la gorge, les marchands, les banquiers, versent en quelques mois environ 400 millions de roubles, dans les caisses extrémistes. Pour apaiser les impatiences du prolétariat, l'Institut Smolny encourage ces confiscations brutales, expédients démagogiques qui ne profitent même pas à l'État : pratiquement, par la bouche de Goukovsky, le maximalisme confesse que la richesse prêtée à la bourgeoisie est une déception et qu'il faut chercher l'argent ailleurs que dans le butin de la guerre civile.

Les emprunts sont interdits. Le commerce exté-

rieur chôme. Et, d'ailleurs, même dans l'hypothèse
où les commissaires du peuple auraient respecté les
engagements antérieurs, quel est l'État philanthro-
pique qui consentirait à placer ses épargnes dans un
pays où les réserves d'or sont tombées entre les mains
des aventuriers, où la Banque d'émission, dirigée par
un ex-contrebandier, Fürstenberg, s'abstient de publier les bilans, où l'on imprime le papier-monnaie à
tour de bras, où l'élaboration et l'exécution du budget,
soustraites à tout contrôle législatif, retardent sur
l'administration fiscale de la Perse? Quels peuvent
être aussi les échanges internationaux d'une puissance dont le gouvernement reste en état de guerre
avec la bourgeoisie de l'univers entier, confisque ses
marchandises au nom de la souveraineté économique
du prolétariat et se décide à monopoliser toutes les
opérations du commerce extérieur, sans omettre que
le traité de Brest-Litovsk a rivé un boulet de forçat
à la balance commerciale de la Russie?

Cependant, l'argent manque. Il manque au point de
provoquer quotidiennement la liquidation des usines
et la menace de grèves sur les voies ferrées. Des coins
les plus reculés du pays les télégrammes affluent :
sovets, banques, administrations diverses, tous n'ont
qu'un cri : de l'argent. C'est que le régime capitaliste,
battu en brèche, foulé aux pieds, pouvait résister
victorieusement à toutes les offensives tant que l'argent conservait sa puissance. Incapable d'aller jusqu'au bout de sa doctrine et d'attribuer une valeur
économique absolue au travail seul, le parti des réalisations intégrales devenait l'esclave des valeurs con-
ventionnelles. Impuissant à créer des richesses, il se
voyait obligé d'en multiplier les signes apparents, les
succédanés factices : au lieu du travail — idéal socia-

liste — il se rabattait sur le papier-monnaie, résultat des mauvaises gestions bourgeoises.

Bientôt, de toutes les administrations de l'État, la seule qui fonctionne régulièrement est l'Hôtel des Monnaies, avec ses énormes machines d'imprimerie d'où échappe un flot ininterrompu de chiffons multi-colores. La circulation fiduciaire, estimée avant la guerre à 1 600 millions et environ à 18 milliards au moment de la révolution d'octobre, a fait, au bout de sept mois d'administration maximaliste, un bond pro-digieux pour atteindre le chiffre de 40 milliards. Les machines de l'Hôtel des Monnaies ne connaissent ni la journée de huit heures, ni le repos dominical, ni le droit de grève : infatigablement, elles inondent le pays au risque de l'étouffer sous une avalanche de papier ; 140 millions de coupures s'éparpillent, pimpantes et fraîches, des presses grondantes, 4 milliards par mois, 48 milliards par an, alors qu'en temps normal 2 mil-liards et demi suffisaient pour répondre aux besoins de la circulation. Mais plus les machines travaillent, plus le numéraire fait défaut : comme une éponge, le pays absorbe des milliards et refuse de les rendre ; des régions entières impriment leur papier-monnaie particulier ; bien des villes suivent cet exemple, et, harassés par les demandes de la province, les maxima-listes se résignent à donner cours légal aux titres de cent roubles de l'emprunt de la liberté. Surtout ce sont les petites coupures qui manquent, les presses extrémistes employées de préférence à fabriquer les billets de 1 000 et de 250 roubles, lancés sous le régime de Kerensky, et dont la confection est plus rapide et moins coûteuse. Les billets de 5, de 10, de 25 et de 100 roubles deviennent peu à peu une rareté, les cou-pures de 500 tendent également à disparaître aussi vite, de sorte que bientôt, en pleine victoire révolutionnaire, l'argent fiduciaire de l'ancien régime fait prime : irrésistiblement, le peuple recherche les billets chatoyants où les emblèmes de la vieille Russie s'entrelacent autour des portraits d'empereurs, billets sériés, numérotés, signés et contresignés, plutôt que les bouts de papier fabriqués en gros et sans contrôle, émissions de faux monnayeurs politiques. Un billet de 100 roubles est coté volontiers avec une majoration de 25 pour 100 ; un billet de 500 est payé 550 : le rouble devient l'objet d'un marché, d'une spéculation, et dans les cafés de Petrograd, on voit des groupes mystérieux remuer des chiffres en sourdine, escompter des chèques au rabais et verser jusqu'à 150 roubles papier pour une pièce de 10 roubles en or.

La fuite du rouble s'explique. La fermeture des banques, leur paralysie ensuite, la possibilité de retirer sur un compte seulement 300 roubles par mois, chiffre porté plus tard à 1 000 roubles, imposent la nécessité de traiter toutes les affaires au comptant. Les transferts de ville en ville exigent l'exploit héroïque et le miracle de passer indemnes par les wagons bourrés de soldats et de gardes rouges. C'est ainsi, néanmoins, qu'au péril de la vie, quelque activité commerciale est entretenue en Russie. Un télégramme est remplacé souvent par des semaines de voyage à raison de 50 kilomètres par jour sans un morceau de pain aux buffets des gares, à travers les fusillades et les violences de la guerre civile.

Mais il suffit que le rouble pénètre au village pour s'y embusquer au plus profond des izbas, y dormir du lourd sommeil hivernal des paysans sur leur poêle. Que peut offrir la ville en échange des roubles dépréciés dont les campagnes sont enflées? En même temps que les importations et l'industrie, le rouble chôme, épuisé par la folle sarabande des milliards. Il fait grève parce que, dans un pays où il n'y a plus rien, il ne représente rien, lui non plus. Dès le début de 1918, il est impossible de préciser des prix exacts en Russie : comme tout manque, les prix les plus échevelés paraissent acceptables ; le rouble, garanti au maximum par 3-4 copecks d'or, est impuissant désormais à servir de mesure ; sa capacité d'achat s'est abaissée environ au prix de sa fabrication, et l'on pourrait, presque avec avantage, le remplacer par l'ancienne monnaie de cuir historiée en honneur chez les Slaves primitifs.

Obligé de déposer son bilan et de solliciter un concordat, Lénine tente, pour la dernière fois, de bousculer ses créditeurs par un projet de dévaluation dirigée seulement contre les grands capitaux, c'est-à-dire contre les capitaux bourgeois. La démagogie, même au bord de l'abime, continue à s'user dans un duel contre un fantôme et se détourne des réalités. Le maximalisme a cru pouvoir s'affranchir des lois élémentaires et défier les résultats des expériences antérieures. Au bout de quelques mois d'hystérie économique et politique, un des plus riches pays du monde a rétrogradé à l'état d'une humanité barbare, mourant de faim sur ses terres dévastées et réduite, parmi les débris de son outillage industriel, à troquer des objets de première nécessité dans l'impuissance de se servir de la monnaie courante. Le maximalisme a démonétisé la Russie entière : son honneur, son prestige, sa signature ; est-il étonnant, dès lors, qu'il ait démonétisé aussi le rouble ?

CHAPITRE XXII
LA RÉVOLUTION AFFAMÉE

I. — *La Curée agraire.*

A peine installé à l'Institut Smolny, Lénine lançait
son encyclique agraire : confiscation des terres au
profit des travailleurs, partage intégral et immédiat.
Une dizaine de lignes, griffonnées en hâte sur un coin
de table, dans l'agitation et le vacarme des lendemains
de guerre civile, tranchaient un des problèmes les plus
complexes et les plus ardus de la Russie. Une question
sur laquelle avaient pâli des générations entières
d'hommes d'État et d'économistes était enlevée d'assaut comme le palais d'Hiver. Lénine remplaçait
l'Assemblée Constituante.

**

De fait, pour le problème agraire comme pour le
reste de son programme, Lénine avait tout simplement le courage de substituer des affirmations vio-

lentes aux demi-mesures des ministres socialistes, ses
prédécesseurs. Le gouvernement provisoire avait beau
se défendre d'anticiper sur les prérogatives de la Constituante : pratiquement le passage aux affaires de
Tchernof — le *ministre moujik*, comme il aimait à se
désigner lui-même, — avait été marqué par l'abolition
de la propriété privée. La libre disposition des biens
fonciers était interdite : à chaque instant les comités
agricoles locaux avaient la facilité de séquestrer les
terres pour en confier l'exploitation à d'autres sans
aucune indemnité ; l'institution d'un monopole sur le
blé conférait à l'État un droit dictatorial de réquisition à des prix déterminés. Sans doute, les comités
locaux ne fonctionnaient pas partout encore et le monopole, à cause d'une administration médiocre, était loin
d'être effectif : une institution aussi profondément
enracinée que celle de la propriété privée ne pouvait
disparaître sans opposer une certaine résistance. Mais
le principe était ébranlé à sa base : pour en sauver les
apparences, les circulaires ministérielles s'essayaient
aux périphrases amphigouriques auxquelles personne
ne se méprenait. « Ainsi, écrivait Tchernof, les comités
sont autorisés à s'emparer des terres en vue de leur
meilleure utilisation et sans abolition des formes de la
propriété légale. » Mais, en même temps, Tchernof
déclarait qu'il « sera donné satisfaction intégrale à
tous les besoins agraires » et promettait généreusement
la terre « à la simple condition de garantir l'accroissement de ses forces productives » : autant de formules
malléables et creuses, où le paysan ne cherchait qu'une
chose : la légalisation du pillage. Les termes pompeux
de « socialisation », de « nationalisation, de « municipalisation », dont débordaient les tribunes des théoriciens,
n'avaient de sens pour les campagnes que s'ils signi-

fiaient le *partage noir*, locution villageoise pour exprimer la répartition du fonds terrien entre tous. Quelques mois de propagande avaient enflé à un tel point les appétits agraires que les proclamations du gouvernement et du Sovet sur l'indivisibilité des terres de haute culture ont fini par paraître des mesures contre-révolutionnaires.

. La vérité, c'est qu'il était difficile de porter atteinte au principe de la propriété privée sans inviter les masses au brigandage. La vérité, c'est qu'il était impossible de faire sa part au maximalisme. L'œuvre de Tchernof a préparé l'avènement de Lénine : sur ce défaitiste de marque, halluciné par la troisième Internationale, sur ce doctrinaire étroit, sur cet orateur tortueux, pèsera la lourde responsabilité historique d'avoir systématiquement sacrifié les réalités russes aux préceptes théoriques de sa métaphysique socialiste. .

* *
*

Dans une saynète de salon, jouée jadis avant la guerre dans les châteaux, et qui faisait frissonner agréablement les belles invitées, deux vers sinistres évoquaient le spectre des jacqueries : *Les paysans accourent, ils apportent des haches.*

La politique de Tchernof a fait de ce spectre une réalité sanglante et quotidienne. Déjà bien avant la révolution d'octobre, il était possible de dresser un long et dramatique martyrologe de propriétaires torturés, de campagnes dévastées, de jardins fruitiers réduits à néant. Pour ces expéditions, les paysans mobilisaient des bourgs entiers, souvent de mille à quinze cents personnes, hommes, femmes, enfants, qui s'abattaient avec des hurlements de fauves sur les seigneu-

ries chantées par Tourguenef : un vandalisme abject
se déchaînait de pair avec les instincts de pillage ; le
problème agraire n'avait pas cessé, en Russie, d'entrevoir une solution dans les incendies où périssaient
des chefs-d'œuvre d'art, des écuries de luxe et des
pièces de magnifique bétail. Parfois, les paysans se
bornent simplement à l'application avant la lettre des
réformes du partage des terres : ils dépècent prairies,
jardins, forêts ; mais, la plupart du temps, ce communisme s'attaque à la fortune du *barine*, sous tous ses
aspects : le bois est volé s'il n'est pas payé, sur l'avis
des administrations locales, un prix dix fois inférieur
aux cotations courantes du marché ; les fabriques de
sucre et de briques sont confisquées, et, dans les propriétés où se trouvent quelques dépôts d'alcool, ce sont
des orgies qui s'achèvent dans la folie et dans le sang.

Pour enrayer cette épidémie de violences, rien que
des proclamations émollientes et des appels à l'ordre
par la persuasion, toutes les autorités sabotées dans les
campagnes, la police rurale supprimée en même temps
que le régime impérial. Dans les cas, d'ailleurs très
rares, où la force publique arrive sur les lieux, les soldats sont accueillis à coups de pierres et de fusils. Souvent le partage du butin provoque des échauffourées,
des rixes mortelles. La majorité des conflits se résout
par la force. On signale des villages entre lesquels la
fusillade a crépité pendant des journées entières. A la
mise à sac des grandes propriétés succède le pillage
réciproque. Bourgs, villages, hameaux tendent à devenir des unités autonomes qui vident leurs querelles
les armes à la main. Ils ne font, du reste, que réaliser
en petit l'irrésistible mouvement des districts et des
gouvernements vers le particularisme économique.
L'exemple de l'Ukraine se répercute à l'infini dans la

vie régionale et locale de la Russie : l'absence d'un pouvoir central efficace donne toute latitude à l'anarchie cellulaire de l'immense organisme russe.

Telles étaient déjà, à la veille du coup d'État maximaliste, les conséquences des méthodes appliquées au vieux problème de la terre par des sociologues intoxiqués de théories et dénués du moindre apprentissage gouvernemental. Dans un suprême effort pour éclipser le radicalisme des solutions léninistes, le Conseil de la République avait exigé la remise de toutes les terres aux comités locaux. Mais, dans cette course à l'extrémisme et à la démagogie, qu'il s'agisse de guerre, de diplomatie ou de réforme agraire, il était naturel que Lénine sortît triomphateur. Le décret maximaliste passe un grand coup d'éponge sur les droits acquis, sur les hypothèques et les charges fiscales, ne s'embarrasse d'aucune difficulté, supprime le mot « rachat » de son vocabulaire et, dans sa hâte de simplifier, de schématiser la réalité, il brutalise la légalité et escamote les obstacles. Ce qui accroît précisément le prestige de Lénine aux yeux des masses, c'est qu'il écarte résolument les modalités, les termes, les détails de la procédure juridique. Tout au plus, après avoir proclamé que la terre sans exception revient aux travailleurs, daigne-t-il préciser la portion congrue de chaque tenure : *dix déciatines* (1). Dans la pension de famille qu'il avait habitée à Genève ou ailleurs, Lénine a dû se livrer probablement plus d'une fois au calcul élémentaire, base de toute sa méthode, qui consiste à diviser la superficie de la terre arable de la Russie par le nombre approximatif des ouvriers agricoles, sans se douter qu'un prodige de l'histoire allait lui permettre

---

(1) Une déciatine = 1,092 hectare.

de réaliser les élucubrations parues dans les gazettes d'émigrés. Face à face avec la Russie paysanne, il n'a pas hésité, fidèle à sa logique de maniaque, à pousser à ses extrêmes limites l'expérience tentée par Tchernof.

* * *

Quels seront les résultats de cette fantaisie législative?

D'après les savants calculs de M. Alexandrof, la confiscation des domaines de l'État, de l'Église, des villes et des propriétaires fonciers (sans en excepter les paysans qui possèdent au moins 100 déciatines) peut donner lieu à la constitution d'un fonds de 49 160 000 déciatines, soit d'un demi à trois quarts de déciatine par paysan. Les énormes espaces de la Russie s'affirment ainsi impuissants à satisfaire les aspirations terriennes des villages. Après la plus vaste opération agraire, un bouleversement de fond en comble de tous les droits sur le sol, la faim de la terre resterait aussi intense que par le passé.

D'ailleurs, même réduit à ces misérables proportions, le partage intégral se heurte à des résistances imprévues pour les maximalistes. Les disponibilités terriennes ne se trouvent pas, en effet, réparties dans les différents gouvernements russes en proportion avec les besoins agraires : elles sont même en raison inverse du nombre des paysans à lotir, de sorte que, pour assurer le partage, il sera nécessaire de décréter des émigrations forcées, d'éparpiller la population rurale après avoir pulvérisé ses terres. Le gouvernement le plus socialiste du monde, dans une entreprise de cette nature, est obligé d'avance à établir des inégalités de traitement, à porter atteinte à la liberté individuelle

et à s'attirer de violentes récriminations. Sur quelle
base, en vertu de quel considérant sera-t-il possible
d'arracher un paysan à sa commune natale et de lui
refuser un lotissement sur place?

Le sentiment égalitaire des paysans russes a même
de tout temps répugné à la division arithmétique des
terres et, au cours des partages périodiques des biens
communaux, il fallait décomposer la surface totale à
l'indéfini pour tenir compte des qualités du sol. La
répartition idéale, promise par les maximalistes, est
incompatible aussi bien avec les nécessités de l'émi-
gration qu'avec la création de lots d'un seul tenant et,
par suite, avec une exploitation agricole rationnelle.
La réforme de Lénine menace de rejeter l'économie
rurale du pays à l'époque où les enclaves faisaient de
chaque propriété paysanne une poussière de lopins
disséminés. Elle marque un recul barbare sur les lois
bourgeoises de Stolypine.

Quels seront, du reste, les futurs bénéficiaires de cet
eldorado agraire? Le gouvernement maximaliste se
bonne pour toute réponse à se proclamer l'interprète
des soldats, des ouvriers et des paysans les plus
pauvres : c'est dire que le partage n'atteindra pas seulement les éternels ennemis, les classiques usurpateurs
de la terre — la couronne, les couvents et les nobles, —
mais aussi tous les détenteurs d'une parcelle de sol supérieure à celle de la majorité du prolétariat agricole.

Ainsi, un tiers au moins de la population rurale se
trouve visé par le décret maximaliste. Dans toute une
série de gouvernements comme Viatka, Vologda,
Perm, etc., la grande propriété se concentre de préférence entre les mains paysannes. Tant qu'il restait
encore des seigneuries à dévaliser, cette bourgeoisie
campagnarde était à l'abri de la grande offensive

agraire à laquelle, du reste, elle avait coopéré avec la même rapacité féroce que les déshérités du village. Riches ou pauvres, les paysans se liguent contre le propriétaire foncier provisoirement le plus riche. Bientôt le seigneur est jugulé, transformé en serf sous le contrôle de manants forcenés : ses biens sont enregistrés, inventoriés, surveillés ; défense de tuer une poule, défense d'abattre un arbre sans l'autorisation du Sovet villageois. Au cours de l'année 1917, les jacqueries dévastèrent 430 propriétés dans le gouvernement de Riazan ; 260 dans le gouvernement de Toula, dont 180 complètement ; les deux tiers du nombre total des grandes propriétés du gouvernement de Simbirsk, où périrent les manoirs historiques de Derjavine et de Karamsine. Les dégâts occasionnés par les désordres agraires jusqu'au 1er janvier 1918 s'élèvent, conformément aux données d'une statistique approximative, environ à un milliard et demi de roubles. Depuis, dans la folie collective de pillage qui secoue les campagnes russes, ce chiffre a dû être vite dépassé, doublé et probablement triplé. La Russie des châteaux et des fiefs agraires, la vieille Russie plantureuse et seigneuriale, n'est aujourd'hui qu'un immense terrain vague dont un peuple de moujiks rouges se dispute les lambeaux.

Des coins les plus divers de la province les rares nouvelles qui parviennent à Petrograd sonnent le glas de la Russie agricole : « Tout a été pillé, écrit-on de Tambof, de Simbirsk, de Pensa et d'ailleurs, du fond des paysages aux vastes perspectives où le roman russe a cherché ses héros et ses décors, tout, les maisons, les fabriques, les fermes, même les jardins sont mutilés. Il n'y a que de la plaine... » Et ce mot « plaine » résume mieux qu'un volume la Russie de-

venue exclusivement paysanne, sevrée de tout ce qui
était sa fleur, son élite et sa richesse, une terre nue
labourée par des hommes retombés dans la préhistoire.

Alors commence la dernière étape de la guerre civile
allumée par les programmes agraires de Tchernof et
de Lénine. Elle commence avec la période de semailles,
au printemps, lorsque les villages ont déjà assimilé
le butin des châteaux et des fermes. Au moment de
consacrer, par le travail champêtre, la répartition des
terres volées, les campagnes constatent que, pour
avoir supprimé le propriétaire terrien, le pillage laisse
subsister, au sein même des grandes masses rurales,
des inégalités choquantes, un prolétariat qui n'a pas
assez profité du brigandage collectif pour équilibrer
l'aisance des paysans enrichis encore avant la révolution. Grossi par les chômeurs des villes, souvent absolument dépourvus de terres, le prolétariat rural exige
l'application immédiate de la prestigieuse formule :
« Toute la terre à tout le peuple. » La terre, du reste,
ne suffit plus dans les conditions actuelles du marché
industriel, où l'outillage le plus rudimentaire revient
à 15 000 roubles au moins. Les paysans mal nantis
entendent aujourd'hui par « partage noir » une répartition nouvelle et complète de toutes les catégories
de la propriété. Mais, tandis que la bourgeoisie des
villes, inorganisée et lâche, a cédé sans combat ses
positions de classe possédante, les petits propriétaires
des campagnes répondent à coups de feu aux assauts
de l'extrémisme rural. Heureux d'applaudir à la ruine
des propriétaires fonciers et d'en partager les dépouilles, ils résisteront avec désespoir à toutes les
tentatives — qu'elles viennent d'en haut, par voie de
décrets, ou d'en bas, par voie de violences, — de les

traiter sur le même pied que les châtelains et les nobles. Cette bourgeoisie paysanne, assez nombreuse pour combattre et même pour vaincre le prolétariat agraire, constitue peut-être l'unique élément capable à la longue d'imposer en Russie le respect de la propriété et la nécessité de l'ordre. Elle seule peut contrecarrer l'irrésistible tendance du prolétariat russe à égaliser la misère dans l'impuissance de niveler les richesses. Elle seule peut empêcher le pays de réaliser, sous un régime socialiste, le rêve caressé à l'époque d'Alexandre Ier, par un garde-chiourme sentimental, le général Araktchéef : la Russie, divisée en camps de concentration agraires où chaque moujik, attelé à une parcelle de terre strictement délimitée, pousserait sa charrue sans ambition vers un horizon sans espérance...

C'est que l'idée fixe léniniste s'oppose jusqu'à cette aspiration indéracinable chez tout travailleur de la terre de développer son lopin de sol ; elle paralyse le progrès, condamne la classe paysanne à une éternelle médiocrité, lui barre les routes de l'avenir par un règlement qui immobilise, une fois pour toutes, les volontés agissantes et les forces productives. La richesse du pays était en fonction directe de l'extension des réformes foncières dans l'esprit des lois de 1906 qui encourageaient les paysans, libérés du joug collectiviste du *Mir*, vers la moyenne et vers la grande propriété. L'immense terre russe, essaimée à tous les vents, transformée en nébuleuse agraire, l'exportation des blés, assurée surtout par les moyens et par les grands propriétaires, deviendra assez insignifiante pour servir de preuve palpable aux diplomates de Smolny que la Russie nouvelle n'a pas besoin des Dardanelles.

II. — *Le blé contre-révolutionnaire.*

Pendant trop longtemps l'Europe s'était accoutumée à envisager la Russie sous l'angle d'un grenier inépuisable, alimenté par la blonde floraison de l'humus noir des steppes méridionales. Tout ce qui pouvait démentir ce cliché à l'image des manuels était de parti pris relégué dans l'ombre : l'épuisement de la terre par une culture de brigandage, les famines périodiques des lointaines provinces, la nutrition insuffisante du paysan grâce à laquelle le blé russe faisait le tour du monde. Le jour où, pour la première fois, après des siècles de disette, le moujik put manger à sa faim, assez cossu pour dédaigner les offres du marché, le pays se trouva à la veille d'une catastrophe alimentaire. La guerre enrichit le village, affama la capitale, transforma le cri de famine en un cri de révolte. Et ce qu'avant tout le peuple demanda à la révolution victorieuse, ce fut du pain.

Mais la révolution, pas plus que l'ancien régime, n'était de taille à dompter des réalités économiques. Sans doute, pendant la première griserie de la lune de miel démocratique, des paysans, assez rarement d'ailleurs, apportèrent spontanément leur offrande de blé à l'État ; il y eut de beaux discours sur la solidarité du front et de l'arrière, des périodes redondantes, des télégrammes, des adresses, et ce fut tout. Le pain n'en continuait pas moins à se terrer dans la silencieuse profondeur des villages.

Quelque deux mois après le coup d'État de mars, Chingaref, alors ministre de l'Agriculture, fait entendre déjà un appel de détresse, pendant à l'appel désespéré de Goutchkof en face des symptômes de la débâcle militaire. Le gouvernement se décide aux mesures héroïques : il décrète le monopole du blé, établit des prix fermes ; ses agents font la chasse aux céréales ; le pain est assimilé au déserteur que l'on ramène le poing au collet vers le front ou vers les dépôts des villes. Mais plus il est traqué, plus le pain s'éclipse des élévateurs et des marchés. Devant l'imbroglio politique de Petrograd le paysan est repris par son incurable méfiance : il pressent confusément une immense faillite, un désastre dont les proportions dépassent son entendement et dont les menaces l'obligent, plus que jamais, à devenir un tube digestif égoïste, indifférent aux deuils publics et privés, surtout publics, qui passent de l'autre côté de sa palissade. Le gouvernement provisoire, avant la révolution d'octobre, a beau doubler les taux de ses prix fermes : le paysan n'a que faire du triste papier-monnaie inchangeable contre des marchandises ; le blé seul devient une valeur économique absolue ; et lorsque, commerçants, spéculateurs, agents de l'État, se présentent au village, les mains chargées de liasses de billets de banque, ils se heurtent à un *non possumus* intransigeant, agrémenté d'un vœu encore inédit dans les campagnes russes : « Que ton argent t'étouffe ! »

Le pain, du reste, se raréfie toujours davantage dans les campagnes, occupées beaucoup plus à lutter pour la terre qu'à la cultiver ; le gain facile des pillages détourne les paresses invétérées du travail productif ; et d'immenses réserves périssent dans les rouges rafales des jacqueries. Aussi, quand le maximalisme, d'un

brusque coup d'épaule, fait chavirer le gouvernement
de Kerensky, se retrouve-t-il en face de la même
irrémédiable impossibilité matérielle de réaliser le
premier point de son programme : « Du pain. » Dès
qu'il s'agit de blé, les Sovets sont impuissants, les
Comités agraires sont boycottés. Au lieu du moujik
à l'eau de rose, entrevu par les romans russes, surgit
un être dont on a de tout temps maquillé la psychologie, et chez qui le sentiment du devoir civique était
remplacé par la crainte du garde champêtre et le
patriotisme par le culte familial à fleur de peau d'un
Tsar doré sur tranche comme une icone. A tous les
appels fondés sur la solidarité socialiste, le moujik
répond par le grognement d'un dogue couché sur un
os. Il préfère affecter l'excédent de son blé à la fabrication de l'alcool plutôt que d'approvisionner le front.
Il reste sourd aux télégrammes désespérés de ses
frères et de ses fils dans les tranchées. Déjà, au mois
de novembre, les envois de blé vers le front baissent
de 80 pour 100 pour ne plus se relever. Les soldats
sont réduits à épuiser les réserves de biscuits, puis à
marauder dans les environs pour ne pas mourir de
faim. Souvent, des bandes de paysans arrêtent les
convois destinés à l'armée, éventrent les wagons, se
partagent le blé, la paille, tout ce qu'elles trouvent.

Le monstrueux égoïsme communal, base de toute
l'organisation sociale de la Russie, transforme les
unités rurales, à l'exemple des usines, en autant de
monades alimentaires sans aucun contact réciproque.
Régions, gouvernements, districts, bourgades, hameaux,
toutes les cellules de l'organisme russe se barricadent

les unes contre les autres et refusent de s'approvisionner mutuellement. Les gouvernements d'Orel et de Voronège, où les disponibilités de blé sont considérables, interdisent toute exportation vers la région de Moscou. Tandis qu'à Kalouga la population mâche de la paille pulvérisée, à Koursk les prix demeurent relativement à un niveau raisonnable. Des gens affamés descendent le long de la Volga et de la Kama vers le grenier classique de la Russie pour acheter de l'orge et des pommes de terre. Il en arrive surtout du gouvernement de Riazan où les enfants meurent d'inanition. Il en arrive aussi du Donetz dont les ouvriers murmurent. Mais tous ces faméliques trouvent les portes verrouillées, une population méfiante ou hostile qui, parfois, pour refouler l'invasion des bouches inutiles, fait appel aux baïonnettes des garnisons locales. Dans ces conditions, un convoi de vivres exige un véritable luxe de précautions militaires. Les barges comme les wagons sont impitoyablement pillés. Les entrailles tordues par la faim, des foules guettent partout embusquées, prêtes à toutes les violences pour un morceau de pain. A défaut de mitrailleuses, on transporte le blé avec les ruses d'un contrebandier qui passe des dentelles. Au Turkestan les mères vendent leurs enfants, les vieillards sont supprimés comme bouches inutiles. Et partout d'effroyables lynchages châtient le recel et le vol : dans un village du gouvernement de Perm, la foule écartela un coupable, coupa la tête à l'un de ses complices, jeta du haut d'un toit un autre sur des fourches et mit feu aux cheveux d'une femme après lui avoir fracassé le crâne.

Pour expliquer la famine, le gouvernement de Lénine continue sa gesticulation contre la bourgeoisie, la plus affamée pourtant de toutes les catégories sociales. Nommé dictateur alimentaire au lendemain de sa démission comme diplomate, Trotzky épuise son tempérament · de polémiste à dénoncer de formidables stocks de vivres chez les saboteurs de la révolution. Mais . cette diversion démagogique, ·· impuissante à fournir le pain qui manque, · provoque une barbare recrudescence de crimes inutiles. Une foule hurlante de cinq mille ouvriers bombarde les dépôts de vivres de l'usine Kron. La gare Nicolas est attaquée, la nuit, par des bandes armées. Pour mobiliser les ventres creux, tous les bruits sont bons, les nouvelles les plus fantaisistes trouvent créance. Appliquées par une plèbe affamée, les méthodes alimentaires de Trotzky se traduisent par le pillage et par l'assassinat. Mais ni les perquisitions à domicile, ni le dosage perfectionné des rations ne peuvent remplacer un argent démoné- tisé, dont la capacité d'achat a baissé de cent fois, le fonctionnement régulier des transports, le travail des banques où les lettres de voitures sont bloquées, et surtout l'apaisement et l'unité du pays, déchiré par des haines intestines, Petrograd en état de guerre ouverte avec les régions productrices comme l'Ukraine et Kouban, séparé de la Sibérie par des émeutes locales, boycotté par les villages comme un client véreux, un fabricant en gros de roubles stériles. Dans l'espace · d'une demi-année l'industrie russe .n'a fourni à la campagne que pour 88 millions de marchandises, environ 2 centimètres de percale par personne...

Comme au couchant du tsarisme, c'est la sourde irritation des foules déçues par les boulangeries sans pāin, des scènes tragiques devant les guichets de distribution des cartes, toute une pauvre humanité jaune, ridée, rachitique. qui mendie quelques grammes supplémentaires, des femmes secouées par les sanglots et des hommes épuisés par le suprême effort pour refouler leurs larmes. Petrograd agonise... De plus en plus souvent, on vòit des gens brusquement s'abattre dans les rues pour ne plus se relever, pour mourir de faim, comme dans un désert. Devant les gares, une douloureuse cohue se bouscule : la foule attend les *mechetchniki*, terme intraduisible, dérivé du mot « sac », *mechok*, et dont le jargon révolutionnaire a depuis longtemps affublé les contrebandiers des richesses villageoises. Des scènes délirantes accueillent la sortie de ces spéculateurs de bas étage. Mille mains se tendent vers eux, suppliantes ou remplies de papier-monnaie poisseux : des femmes s'agenouillent, on piétine des enfants. Et, parfois, brutalement, la garde rouge disperse la foule et s'empare du pain de contrebande. Les coups de feu scandent un farouche concert de malédictions, le sang se mêle à la farine répandue. Des voyageurs privés de leurs maigres provisions se jettent sous les roues d'un train en marche. Le moyen âge ressuscite ses épouvantes dans le cadre le plus moderne qui soit, parmi les lampes à arc, les sémaphores et les locomotives soufflantes.

On se bat pour le pain. C'est qu'on se bat pour ne pas mourir. Les savants ont calculé que la ration ordinaire d'un habitant de Petrograd ne lui assure qu'un dixième des calories indispensables. Le reste doit être acquis en cachette, chez les *mechetchniki*, éternellement poursuivis par la police maximaliste : opération toujours risquée ét, lorsqu'elle réussit, extrêmement coûteuse. Une calorie de **pain** revient quatre cents fois plus cher qu'avant la guerre ; une calorie de pommes de terre trois cents fois ; le lait cinq cents fois ; le beurre deux cent cinquante-cinq fois. Où trouver tout cet argent ?

Peu à peu le cri de douleur des entrailles vides accuse une tonalité politique, devient une clameur de révolte contre un régime aussi incapable qu'un gouvernement de fonctionnaires et de bourgeois. Dans les quartiers de Narva et de Vyborg, la dictature alimentaire est obligée de plier devant la foule, de gratter les fonds de sacs et les recoins des hangars pour distribuer encore quelques poignées de blé. Les punitions décrétées pour le recel sont abaissées, dans les villes, de dix ans de réclusion à trois mois : sinon, avoue l'exposé des motifs, des « queues » encore inédites se formeraient devant les prisons dans l'attente de purger les condamnations. Dans les usines, un mouvement très net se dessine au mois de mai en faveur des réélections du Sovet. A Yaroslavl, à Sormovo, à Tambof, à Pensa, à Orel, à Briansk, la majorité ouvrière se manifeste hostile aux députés maximalistes. A Moscou seule une intense agglomération de la garde rouge soutient encore le prestige gouvernemental. Même les usines de Petrograd, berceaux de la révolution russe, hésitent et fléchissent.

De plus en plus souvent, les nouvelles de province annoncent le recours aux actes de désespoir. Dans les gouvernements de Tver, dix mille malheureux mettent en pièces le commissaire d'approvisionnement et s'opposent par la force aux réquisitions. La faim aiguillonne toutes les haines qui écumaient contre la police impériale pour les lancer à l'assaut de la garde rouge. A Zvenigorod, les détachements extrémistes sont accueillis à coups de pierres, les casernes de la garde rouge sont dévastées, le commissaire du gouvernement battu et noyé dans un étang. A Louga, la garde rouge est désarmée, ses mitrailleuses jetées dans le fleuve ; à Sestroretzk, les ouvriers giflent les délégués du Soviet local ; dans le gouvernement de Viatka, la population refuse de reconnaître le monopole des céréales ; à Oufa, le blé est troqué seulement contre des marchandises ; et presque partout l'autorité est réduite à étouffer la famine dans le sang et à distribuer du plomb à la place du pain.

Devant cette débâcle, les maximalistes se décident à un nouveau geste démagogique : tout pour l'ouvrier, le seul intéressant et le seul dangereux, la population divisée en quatre catégories alimentaires, rationnée suivant l'intensité du travail fourni. Désormais, il sera attribué à l'ouvrier le maximum, une demi-livre de pain par jour ; un quart de livre à l'employé ; un huitième aux professions libérales ; et un seizième à la bourgeoisie, tout simplement, comme déclare Zinovief, président de la Commune de Petrograd, pour ne pas lui faire oublier l'odeur du pain. Et c'est ainsi que le portier de l'hôpital Nicolas a pu voir échouer à la grille une des célébrités scientifiques de la Russie, le vieux professeur Gezekhus, âgé de soixante-douze ans, aux jambes enflées par la faim. C'est ainsi que Répine, le grand artiste, est mort d'anémie. C'est ainsi que Léon Tolstoï, propriétaire foncier et écrivain, aurait été classé comme citoyen de la quatrième catégorie, celle des bourgeois, au même titre que les directeurs de cinématographes et les tenanciers de lieux de plaisirs, pour recevoir des mains de l'État-Providence 25 grammes de pain couleur d'encre mêlé à de la paille pourrie.

***

Toujours le même cauchemar du seizième siècle dans un pays d'avant-garde socialiste. « Il n'y avait plus de pain dans les villes, écrit un vieux chroniqueur sur la fin du règne de Boris Godounof, les gelées avaient anéanti les récoltes. L'argent perdit sa valeur. Les hommes broutaient l'herbe comme les bêtes, mangeaient la paille et la mousse. On trouvait du fumier dans les bouches des morts. Les pères quittaient leurs enfants, les maris abandonnaient leurs femmes. On ne dédaignait pas la chair de l'homme. Sur les marchés des vendeurs offraient des pâtés avec de la farce douteuse et les voyageurs craignaient de s'arrêter dans les auberges. »

Le pain est l'unique richesse, le seul objet de tous les soucis, le seul mobile de toutes les actions. Le citoyen de l'Arcadie communiste est réduit à l'exercice de l'animalité primitive. Et le Sovet de Krasnoyarsk n'a fait qu'anticiper sur les développements logiques du maximalisme par l'abolition de l'argent et la monopolisation du pain au profit des travailleurs manuels seuls, l'envoi des impotents à l'hôpital et des récalcitrants au bagne. Le régime de Lénine a ravalé l'idéal russe à la digestion, et son impuissance à le réaliser accélère toujours davantage la déchéance du maximalisme.

Cette évolution de la famine pousse une fois de plus et peut-être pour la dernière fois le gouvernement maximaliste à chercher une panacée dans l'éternel dérivatif : la guerre civile. En un discours mélodramatique, Lénine rappelle la prédiction d'un cadet, Riabouchinsky, que la « main osseuse de la famine étranglera la révolution ». Il stigmatise le chômage de la récolte — pourtant simple effet du chômage de l'usine — et contre le village, comme jadis contre la bourgeoisie des villes, il décrète la croisade des céréales.

Avant d'entreprendre les hostilités, ainsi qu'il sied, un ultimatum. Les paysans, possesseurs ne fût-ce que d'un seul poud de blé superflu, sont déclarés ennemis du peuple, comme en leur temps les cadets, les Cosaques, les aspirants, les généraux. Leurs stocks seront confisqués, les dénonciateurs récompensés, les coupables chassés de leurs communes et condamnés à des peines infamantes. Et comme, d'avance les maximalistes mesurent toute la vanité de ces menaces oratoires, des détachements ouvriers armés jusqu'aux dents devront soulever les déshérités des campagnes et, baïonnette au canon, amener le pain prisonnier dans les villes. A l'exemple de l'Allemagne réactionnaire, la Moscovie maximaliste — affamées toutes les deux — déclare la guerre au paysan russe pour lui extorquer, à la pointe des baïonnettes, un peu de blé ensanglanté. La Révolution française a connu ces expéditions dont les campagnes sont sorties victorieuses. Que peuvent les détachements de la garde rouge qui s'aventurent dans les guêpiers des villages révolutionnaires familiarisés, depuis plus d'une année, avec la guerre des guérillas ? La démoralisation a peuplé les villages de troupiers armés, équipés, pourvus de stocks souvent considérables de munitions. Chaque bourgade eut bientôt des troupes locales : la jeunesse s'exerça au tir, manœuvra dans les champs, sous les ordres des aînés qui avaient refusé de se battre. Revenus chez eux, les antimilitaristes affectaient des gestes héroïques et mettaient en pratique l'armement collectif du prolétariat. Le nom de certaines localités acquit même

une redoutable renommée par la science militaire **ou**
l'ardeur belliqueuse des habitants (1).

Un nouveau front après tant d'autres : le front paysan. De Tver, de Viatka, de Saratof, de Simbirsk, les
télégrammes annoncent chaque jour des morts et
des blessés. Le paysan enfouit ses stocks, entasse des
cadavres à la porte de ses greniers. Et même dans
l'hypothèse de sa défaite, la faim n'en continuera pas
moins à ravager, inéluctable et invincible, un pays qui
a perdu 33 pour 100 de sa surface ensemencée la plus
productive et où, désormais, une récolte moyenne
n'est en mesure de fournir que 25 pouds par an et
par personne au lieu de 45. Prodiguées dans le sillon
d'une terre diminuée par Brest-Litovsk, les balles
maximalistes ne sauront faire lever les moissons dorées
du paradis perdu.

(1) La volost Mejibovski est connue pour disposer de plusieurs
batteries admirablement tenues ; le district Severinovski possède six
compagnies de mitrailleuses ; dans la volost Trochanetzky, un régiment d'infanterie et deux escadrons de cavalerie sont prêts à surgir
au premier coup de tocsin. La révolution a transformé les paysans
russes en cow-boys féroces, capables de tenter des opérations même
de grande envergure. En mai, la ville de Kostroma faillit être prise
d'assaut par plusieurs milliers de moujiks.

CHAPITRE XXIII

LE BILAN DE LA RÉVOLUTION

Les théorèmes de l'exil. — Une révolution livresque. — Abstractions sociales réalisées. — I.' « Intelligence » suspecte. — La déchéance du soldat révolutionnaire : camelot ou parasite social. — La classe élue · l'ouvrier. — La contagion capitaliste. — L'autre danger : la bourgeoisie paysanne. — La fin de la fête révolutionnaire. — Rapprochement avec les intellectuels. — L'opportunisme maximaliste. — Ci-devant et parvenus.

Toutes les fois que la menace maximaliste se précisait au sein du premier Sovet, quelque vieil émigrant, blanchi sous le harnais, à la crinière embroussaillée et à la barbe de prophète, montait à la tribune pour prédire, d'une voix angoissée, la « fin de la révolution ».

Procédé de polémique et intuition profonde. Le vrai, le grand danger du maximalisme, aux yeux d'une assemblée de doctrinaires, ne consistait ni dans la débâcle militaire, ni dans la déchéance nationale, ni même dans l'asservissement économique. Il résidait essentiellement dans l'inéluctable faillite qui guettait l'idéal révolutionnaire poussé à ses conséquences dernières. Pratiquement, les maximalistes en puissance, les énergumènes à l'état potentiel, qu'étaient et que sont toujours les socialistes russes, se bornaient à reprocher au léninisme sa hâte frémissante de brûler les étapes. La controverse ne portait pas sur le fond même des théories, mais sur une simple divergence de méthodes. Tandis que les leaders minimalistes préfé-

raient, comme Moïse, s'arrêter au seuil de la Judée
marxiste, Lénine, Trotzky, tous les rudes conducteurs
de la plèbe, entraînaient bruyamment la nation à
travers les précipices et envahissaient la terre promise
comme une horde de Huns. Dans l'inquiétude des con-
templatifs devant cette ruée barbare, une âpre envie
d'impuissants se mêlait à la crainte pour les conquêtes
fragiles de la révolution. Le maximalisme, après tout,
était peut-être de taille à soulever l'ouragan international du prolétariat en armes et à rompre sans transition avec la bourgeoisie. Mais, d'autre part, en cas
d'échec, le krach du parti révolutionnaire par excellence devait naturellement compromettre la révolution elle-même aussi bien que tous les partis, affiliés
de loin ou de près, directement ou indirectement, à
leur aile gauche maximaliste. Et, chez les demi-con-
vaincus ou les sensitifs du socialisme, particulièrement
nombreux en Russie, pointait encore une appréhension, non moins grave : celle de voir les tentatives de
réalisations intégrales frapper à mort l'utopie qui les
faisait vivre ou espérer.

« Il faudrait, disait Bismarck, aider un pays à faire
un essai complet d'expérience socialiste pour en enlever
le désir aux autres. » L'Allemagne a fidèlement suivi
le conseil politique que contenait cette boutade :
prison pour les minoritaires du Reichstag et chèques
pour la propagande maximaliste en Russie. Grâce à
la complicité d'un Empire de hobereaux et de bourgeois, le rêve, poursuivi depuis Blanqui jusqu'à Marx,
devenait, enfin, une réalité vivante : un cabinet socialiste homogène pouvait commencer la révolution
sociale.

En bons élèves, les révolutionnaires russes ont
apporté dans leurs valises des clichés politiques, des

formules stéréotypées, tout un fatras livresque tiré
des brochures clandestines, des conférences sociolo-
giques et des interminables discussions entre émigrés,
au fond de quelque louche garni, dans l'éternelle
fumée des idées et des cigarettes. La fumée, Tourguenef en avait tiré jusqu'au titre d'un roman où
des déracinés se grisent de verbiage et de pseudo-
science. Des générations entières de révolutionnaires
se sont développées dans la trouble atmosphère et
l'étroit décor des parlotes d'exil. Pas une bouffée
d'air frais, pas une leçon d'expérience ne venaient les
distraire d'un contact permanent avec les sectaires et
d'une jonglerie stérile avec des abstractions sociales.
Parmi les médiocrités et la gêne s'enflaient des jalou-
sies mortelles, les ratés couvaient leurs haines, anti-
cipaient sur les représailles, affichaient leur manie de
frondeurs. Le champ clos des cénacles, des partis, des
clubs ésotériques permettait la culture des plus mons-
trueuses ambitions. On spéculait sur les réalités
absentes, on construisait l'avenir sans connaître le
présent, on disséquait la Russie lointaine et mysté-
rieuse et l'on réglait ses destinées avec la tranchante
précision de tous les primaires.

La révolution russe, en fin de compte, n'a été qu'une
folle tentative d'appliquer à un milieu réfractaire les
théories élaborées par des doctrinaires ignorants de la
vie.

Pendant trop longtemps, des simples d'esprit se sont
nourris d'Engels, de Marx et de Bakounine dans des
taudis qui voisinaient avec les grands palaces du
Léman, flamboyants de luxe neuf et bruissants de
musiques tziganes. Pendant trop longtemps, des étudiants râpés ont réduit les complexités de la lutte
sociale à l'antinomie de leur misère et des splendeurs

bourgeoises, épanouies sur des fonds de carte postale. A toutes les convoitises refoulées, à toutes les ambitions aigries, la révolution russe a permis d'exercer d'implacables représailles. Durant la période dite bourgeoise de la grande tourmente, l'offensive générale contre les classes aisées se bornait à viser seulement leur défaite. Mais le débordement maximaliste balaya, avec fracas toutes les illusions de faire sa part au socialisme. La défaite, même l'asservissement de la bourgeoisie, ne suffit plus : les ministres de la plèbe demandent des têtes ; toute leur politique, depuis la crise d'octobre, a pour objet l'exécution capitale des classes possédantes. Plus de tables d'hôtes, de tziganes, d'hôtels, de wagons-lits. La Russie entière obligée de mâcher un pain de famine et de voyager en troisième.

Pour réaliser cet idéal, les maximalistes rêvaient d'assauts contre les banques et de corps-à-corps épiques autour des coffres-forts. Ils entrevoyaient la bourgeoisie russe à travers les idéologies et les déclamations du socialisme théorique, comme une citadelle presque inexpugnable de « vampires et de buveurs de sang ». Aussi toute la grandiloquence dépensée en l'honneur des difficultés de la lutte est-elle impuissante à dissimuler la surprise d'avoir remporté une victoire facile. De fait, le socialisme, en Russie, s'est attaqué à une classe à peu près inexistante. Sur mille habitants, il est possible tout au plus de trouver une cinquantaine qui ne vivent pas du travail manuel. De tout temps, la Russie a manqué de classe moyenne ; elle n'a jamais eu de Tiers-État susceptible de se mesurer avec la noblesse ; ses marchands côtoyaient de près les milieux populaires ; ses financiers se perdaient dans l'immense déferlement de sans-culottes et de va-nu-pieds. La bourgeoisie, dans le sens marxiste de ce terme, constituait une minorité si infime, encore si embryonnaire, que, pour justifier la guerre sociale, le maximalisme s'est vu acculé à la nécessité d'en créer une, de toutes pièces, et de jeter, sous le nom de bourgeoisie, en pâture aux bêtes, tout ce qui surnageait des bas-fonds d'un pays encrassé dans l'ignorance : officiers, avocats, ingénieurs, fonctionnaires, le dolent prolétariat des professions libérales. Pour être taxé d'ennemi du peuple, il suffit, jusqu'à présent encore, de porter du linge et de ne pas exhiber des mains calleuses.

La conséquence la plus grave, au point de vue révolutionnaire, de cette aberration démagogique, n'est pas seulement d'anéantir le cerveau de la nation et de priver la révolution du concours des spécialistes : c'est d'abattre l'unique élément, pourtant si faible, d'opposition énergique et permanente à la réaction ; de décimer les classes intellectuelles à qui la Russie est redevable de toutes les réformes libérales, de supprimer les vrais partisans, éclairés et convaincus, du revirement politique. Contre ces éternels suspects, le maximalisme renouvelle, mais dans des proportions incomparablement plus vastes, les persécutions, les tracasseries, les injustices de l'ancien régime. Smolny continue les traditions de l'*Okhrana*. La révolution se dévore elle-même. Elle aliène les sympathies de ses meilleurs appuis pour les aiguiller, en désespoir de cause, vers des aventures scabreuses et vers des coups d'État. Elle prépare d'avance, au service du maître à venir, les cadres qui remplaceront les rhéteurs incapables, les commissaires, les comités, les sovets.

A l'exemple des Tsars autocrates, le socialisme russe cherche son assiette dans les grandes masses ténébreuses ; soldats, ouvriers, paysans les plus pauvres ;

il se détourne des éléments vraiment révolutionnaires pour sanctionner les appétits des « esclaves révoltés ».

* * *

Les soldats d'abord. Une des innovations de la révolution russe a été d'improviser, à la place de l'armée, une catégorie sociale encore inédite, une subdivision du prolétariat. Due à l'alliance des baïonnettes et des ventres creux, la révolution, il est vrai, était forcément obligée d'admettre aux Sovets les vainqueurs de la rue. Mais, cette concession accordée, la grande erreur des socialistes russes fut de croire à la métamorphose du soldat en croisé zimmerwaldien. Leur idéalisme obtus se refusait à comprendre que, sous les cocardes rouges dont s'ornait la blouse khaki, se dissimulait toujours le même moujik, rapace et madré, devenu zimmerwaldien et socialiste seulement parce qu'il ne voulait plus se battre. Avec la dévotion qu'il mettait jadis à chanter la prière pour le Tsar, lorsque Nicolas II passait sur le front des troupes, le soldat a bêlé depuis l'*Internationale* et secoué, par ordre, des drapeaux écarlates. Une amélioration de l'ordinaire, après les revues, rehaussait le prestige de l'hymne et la démobilisation — celui de l'Internationale. Là où les idéologues s'acharnaient à découvrir les échos de leurs congrès, s'embusquait l'instinct le plus bas de la bête humaine : la lâcheté.

Il a fallu la fuite éperdue des divisions russes devant les motocyclistes allemands à Dvinsk, à Narva, à Pskov, pour dessiller les yeux aux maximalistes. D'une armée qui avait trahi la Patrie, il était tout au moins présomptueux d'espérer le salut de la « patrie socialiste ». Les soldats avaient refusé de mourir pour la défense des réalités : était-il logique d'en exiger des sacrifices en l'honneur d'une abstraction? Toute la magie de l'éloquence d'un Kerensky s'était déjà brisée contre l'impuissance de l'armée à déduire un devoir pratique de la phraséologie révolutionnaire. Les efforts maximalistes pour activer les enrôlements dans l'armée rouge demeuraient également stériles. Affamés de terre et de paix, les soldats restaient indifférents aux menaces de l'invasion et au clinquant de rhétorique belliqueuse. La révolution fournissait elle-même la preuve mélancolique qu'elle n'avait réussi à gagner le cœur des soldats que par l'exploitation de la fatigue des tranchées. Elle se manifestait incapable d'inspirer l'héroïsme et d'imposer des sacrifices. Et, par ce manque de force et de beauté morale, elle s'avouait inférieure à l'ancien régime. « C'en est fait de la révolution et de la Russie, disait Tsérételli, si l'armée démocratique est moins apte à combattre que les troupes tsaristes. »

Au sans-culotte de Valmy, la Russie a opposé, de déchéance en déchéance, le soldat transformé en camelot ou en parasite social. Pour découvrir le vrai caractère de la révolution russe, le don de l'intuition politique n'était pas nécessaire. Il suffisait de flâner un quart d'heure à travers les rues de Petrograd ou ailleurs pour avoir, partout, l'impression d'une république militaire, d'une oligarchie de la soldatesque en rupture de ban, entretenue par des ilotes civils. Plus de règlements, d'autorités, de hiérarchie, de corvées : le régime du bon plaisir. Même les meetings ont fini par lasser. Affalés sur les trottoirs ou dans les cours des casernes, débraillés, aveulis, les maîtres de la Russie libre renouvelaient, aux frais de l'État, leur paresse hivernale sur le poêle de l'izba. Des heures, des jour-

nées, des mois s'écoulaient à déclamer des lieux com
muns extrémistes et à tripoter des cartes poisseuses.
Des millions d'hommes robustes, musclés, ont inter-
prêté le socialisme comme une sieste permanente.

. D'autres, sous la raison sociale révolutionnaire, ont
réalisé un type non moins nouveau de trafiquant en
uniforme. La moitié de l'armée russe n'a vu, dans la
grande crise historique, qu'une occasion exceptionnelle de s'enrichir. Le métier de marchand ambulant
qui traîne sa pacotille de village en village, son existence indépendante et lucrative, poétisée par plus
d'une chanson populaire, ont de tout temps exercé
sur la psychologie paysanne un attrait irrésistible. Et,
d'un jour à l'autre, c'est toute une multitude, tout un
peuple de bricoleurs et de camelots, hantés par le
goût de l'aventure et du gain facile, que le front
désœuvré essaima éperdument sur les routes de la
Russie.

L'armée socialiste se lança à corps perdu dans une
spéculation échevelée. Elle vendit les marchandises
les plus hétéroclites, les plus incroyables, depuis les
canons sur le front jusqu'au tabac dans les rues, mais
surtout du pain, de la farine, de la viande, l'approvisionnement de la Russie, du moins de la Russie
bourgeoise, assuré par un flot ininterrompu de déserteurs, de permissionnaires, de démobilisés. Une foule
affairée de soldats, chargés de victuailles à une heure
d'universelle disette, monopolisa les voies ferrées,
envahit les trains, s'installa jusque sur les toits des
wagons, transforma les quais des gares et les salles
d'attente en un bazar perpétuel. Bientôt, pour assurer
la liaison économique entre les républiques autonomes de la Russie, il n'y eut plus que ce seul intermédiaire : le soldat. Jamais, dans un pays où l'uniforme

était un fétiche, la capote militaire et la casquette verte n'avaient conféré de plus grands privilèges. Le soldat passait indemne parmi les canonnades de la guerre civile, il circulait gratuitement, avec sa marchandise ; terrorisait les chefs de gares ; exigeait, l'arme au poing, des trains spéciaux ; la baïonnette lui servait de passe-partout, l'appuyait dans ses marchandages et lui procurait des bénéfices usuraires. Impuissante à imposer un effort, incapable d'impératifs catégoriques, la révolution se manifestait tout aussi stérile lorsqu'il s'agissait de brider les instincts. Dans le vide moral laissé par l'effondrement de la discipline et de l'idéal tsariste, des siècles de misère et de servitude ont poussé à la surface un formidable appétit de lucre, une âpre convoitise de miséreux qui n'ont jamais mangé à leur faim. Le troupier zimmerwaldien se rua à la curée avec toutes les férocités reprochées aux capitalistes. Il négocia des bûches recouvertes d'une mince croûte de farine noire à la place du pain, il proposa de vendre la flotte de guerre, il rançonna des Arméniens pour les sauver des Turcs, il emmena de l'Asie Mineure des troupeaux de Circassiennes qu'il bazarda, sur les marchés de Crimée, à 25 roubles pièce. Le socialisme russe, appliqué par l' « armée la plus démocratique du monde », aboutissait à la traite des blanches.

***

« Le mouvement révolutionnaire en Russie, écrivait il y a environ dix ans Plekhanof, vaincra comme mouvement de la classe ouvrière ou ne vaincra pas du tout. »
Dès 1905 les partis socialistes, qui étayaient leurs espérances jusque-là sur les tumultes des villages,

s'attachent à ce pronostic et en font le principe directeur de toute leur politique. Le premier embryon de
sovet date de cette époque. Tandis qu'entre les mains
paysannes la révolution dégénère en jacquerie et que
l'armée reste hostile, les faubourgs industriels et les
cheminots ébauchent une préface sanglante à la crise
de 1917. Mais, réduites à leurs propres forces, les usines
sont vaincues et la première explosion socialiste avorte
piteusement sur un fond d'incendies agraires dans les
campagnes et d'échafauds dans les villes.

Le concours de l'armée, douze ans plus tard, permet
de réaliser, au profit des ouvriers, une révolution
accomplie avant tout par les soldats. Dans l'esprit
des doctrinaires rigides qui conduisaient les usines,
le revirement politique n'avait qu'un but : réparer
les injustices du capital. L'univers entier se ramassait
à leurs yeux dans le duel entre salariés et patrons. Cet
antagonisme, disparu à la suite de la victoire du prolétariat, l'âge d'or, tout naturellement allait s'épa-
nouir sur la terre et verser aux affamés les richesses
de ses cornes d'abondance : les belligérants vien-
draient déposer leurs armes aux pieds de l'Internationale, les peuples se tendraient la main, le mal s'éva-
nouirait avec le capital. La brusque irruption de
l'armée dans un système, qui tenait l'usine pour un
microcosme, n'a pas manqué, au premier abord, de
dérouter les leaders ouvriers. Le prolétariat dut con-
céder des sièges gagnés par les baïonnettes, improviser,
de toutes pièces, des réformes démocratiques pour
récompenser le zèle révolutionnaire des troupes. Mais
ces réformes, en même temps, devaient aboutir à
démilitariser l'armée, à l'empêcher, pour toujours, de
redevenir un instrument de répression et de réaction.
Le soldat avait beau fraterniser avec l'ouvrier, brailler

des hymnes révolutionnaires et promener des tor-
chons rouges : du seul fait qu'il était soldat, il demeurait frappé de suspicion. De là, bien que l'armée
entière se proclamât socialiste, cette tendance si carac:
téristique du Sovet à former, dès le début, une garde
rouge recrutée exclusivement dans les usines, et plus
tard, sous le régime maximaliste, le remplacement
des troupes régulières par des *condottieri* révolutionnaires. L'ouvrier était consacré comme l'artisan, le
porte-parole et le dictateur de la Russie nouvelle.
Une irrésistible évolution poussait le Sovet à éliminer
peu à peu les éléments militaires et à tolérer, seulement
par nécessité, les éléments paysans. La révolution
russe, c'était l'ouvrier.

Et ici s'affirme la deuxième erreur fondamentale
d'une révolution importée en Russie sans souci des
conditions nationales : contre une classe à peu près
inexistante — la bourgeoisie — la révolution a dressé,
en posture de combat, une autre classe fantôme —
le prolétariat ouvrier. Les deux termes de l'antinomie
révolutionnaire n'ont été, en définitive, que deux
abstractions réalisées.

D'après les statistiques d'avant la guerre, le nombre
d'ouvriers ne dépassait pas le total de 3 millions ; la
mobilisation de l'industrie a tout au plus doublé ce
chiffre, en sorte qu'en remplacement d'une aristocratie de fonctionnaires, la révolution s'est simplement bornée à transférer le pouvoir entre les mains
d'une minorité nouvelle — l'aristocratie des fabriques
et des usines. La masse prédominante de cette minorité n'avait, d'ailleurs, rien de commun avec le prolétariat, ni avec le socialisme. La guerre a peuplé les
ateliers d'éléments de hasard : petits commerçants,
paysans d'hier, toutes les nuances de déclassés en

quête de travail, hôtes passagers des usines, indifférents à l'avenir de l'industrie aussi bien qu'à celui
d'une corporation où les circonstances les ont égarés,
impatients à tirer le maximum de leurs salaires pour
retourner chez eux, dans une arrière-boutique ou
l'izba d'un village.

Socialistes seulement lorsqu'il s'agit de répartition, capables de partager jusqu'aux boulons d'une
machine et aux briques d'un immeuble, tous ces révolutionnaires improvisés se montrent d'impitoyables
bourgeois quand il s'agit de production et surtout
de consommation. Ainsi, la croisade contre le capital
est menée par des capitalistes en formation, un type
spécial à la Russie de petits bourgeois anarchistes qui,
dans le formidable cataclysme national, ne cherchent
qu'à satisfaire leurs appétits. De but, le socialisme
devient un moyen de parvenir, comme jadis le loyalisme tsariste. Et dès lors, à la condition de flatter les
convoitises, les catéchismes les plus effarants trouvent
des adeptes dans cette masse amorphe, portée par
une sorte de prédisposition atavique, à envisager
les relations économiques comme une escroquerie
licite (1). Interprété par les banlieues de Petrograd,
le socialisme perd toute sa valeur doctrinaire : aspiration à l'harmonie économique, au progrès, à la répartition du bonheur : sous l'étiquette révolutionnaire,
les foules déclassées ruinent de leurs propres mains
une industrie encore à l'état d'enfance et détruisent
jusqu'aux germes de vie ouvrière organisée, comme
les unions professionnelles. Un an de vandalisme
politique aboutit à transformer les champions de la

(1) Les proverbes populaires russes en témoignent : « On ne vend
pas sans tromper. » — « On n'est pas voleur quand on n'est pas
attrapé. »

rénovation mondiale en pique-assiettes de la nation.

Le vrai prolétariat des usines sort de la crise révolutionnaire profondément démoralisé par le gaspillage industriel et les gains faciles, décimé par l'évacuation des entreprises ou leur fermeture, dispersé par tous les vents de l'ouragan maximaliste, poussière sociale sans unité, vouée au chômage et à la famine. La révolution, qui promettait à l'ouvrier d'en faire un dieu, s'affirme incapable de lui assurer le morcean de pain qu'il tenait de l'ancien régime. Elle abolit le capitalisme au moment où la Russie entière est entraînée vers les pires débordements par l'explosion spontanée des instincts capitalistes. Après la bombance, la ruine. Au lieu du grand *mir* industriel dont rêvaient les paysans travestis en ouvriers — le *farniente* rémunéré par des salaires de ministres, — la tristesse des guichets verrouillés et le marasme des coffres vides. Et voici que les jours de paye, devant les banques fermées, la nostalgie du régime bourgeois recommence à hanter les dictateurs. Le prolétariat, sous la première morsure de la faim, prend conscience de la tragique identité de la débâcle bourgeoise et de la sienne. Confusément il sent que seule la restauration du capitalisme est en mesure de ressusciter l'industrie stagnante et de sauver la classe ouvrière. Toute la logique révolutionnaire est renversée, les anciennes antinomies balayées, les vieux cris de guerre périmés. Le socialisme russe est frappé à mort par ses propres enfants. Au risque de voir s'épuiser ses sources nourricières, la classe ouvrière sera obligée de redemander ses maîtres d'autrefois, de courber plus que jamais l'échine, d'oublier la journée de huit heures et de peiner pour des salaires dérisoires. Le salut de l'industrie et des travailleurs, sacrifié à

Brest-Litovsk, imposera ce renoncement mélancolique à tous les mirages de la révolution.

La prédiction de Plekhanof se réalise : la révolution
n'a pas vaincu comme mouvement de la classe
ouvrière, elle ne vaincra plus.

* *
*

Dans les campagnes, c'est la même faillite, le même
écroulement des théories socialistes en contact avec
les réalités russes.

Le « partage noir », institué par Lénine sous le
masque pompeux de socialisation agraire, a pour effet
véritable une individualisation à outrance. Les anciennes habitudes communales, que les enseignements
révolutionnaires remuent dans l'épaisseur des psychologies villageoises, le moujik les applique avec
conscience, mais seulement à la propriété d'autrui,
et au premier chef à la propriété du *barine*, du bourgeois agricole. Et ce pillage systématique — nous
l'avons vu — ne s'arrête nullement à la terre : les
« nids de seigneurs » ont été dévastés, les fermes modèles, les jardins, le cheptel, tout a sombré dans les
jacqueries. Jamais le paysan n'a été plus repu, plus
riche, plus âprement attaché à conserver sa richesse.
Jamais il ne s'est rapproché plus près du type bourgeois que Stolypine s'était efforcé de dégager du
chaos et de l'indivision du *mir*. Le vol, chez le communiste agraire, a fini par développer ce sentiment
de propriété où les ministres du Tsar cherchaient une
assise électorale pour une Douma conservatrice. Il
n'est pas de régime qui puisse, aujourd'hui, arracher
aux mains tenaces du paysan le produit de ses
rapines. Gavé, couché sur son butin, le moujik don-

nera son appui à n'importe quel gouvernement pourvu qu'il légalise les résultats du pillage et lui assure la possession de la terre usurpée. Or, quel est le gouvernement raisonnable en mesure de braver une écrasante majorité de petits propriétaires dont dépend, en dernière instance, le jeu de tous les rouages de l'État?

Lancée à corps perdu dans sa croisade contre une bourgeoisie fantomale, mais conforme aux définitions théoriques, la révolution n'a pas pressenti la formation, à la faveur de ses décrets, d'une bourgeoisie réelle, originale, essentiellement russe, inconnue des dissertations et des idéologies, d'une bourgeoisie singulièrement plus dangereuse pour l'avenir révolutionnaire à cause de son ignorance et de son matérialisme intransigeant, intéressée seulement à son bien-être, fermée à toutes les préoccupations qui dépassent la satisfaction quotidienne des instincts élémentaires. Après avoir tiré de la révolution ce qu'elle contenait d'avantages pratiques, le paysan rumine ses spoliations avec une indifférence absolue envers le développement ultérieur des événements. Ses exigences politiques s'arrêtent à la nécessité de l'ordre et des articles de consommation courante en échange de son blé. La révolution, avec le partage des terres, est définitivement close pour au moins 75 pour 100 de la population russe, et le règne de la réaction commence. C'est à la tyrannie du petit bourgeois agraire qu'aboutit la plus grande tentative socialiste de l'histoire et que se trouve sacrifié le prolétariat révolutionnaire...

*
* *

Lénine, parmi les premiers, dénonce, vers la fin d'avril, la réaction des capitalistes en herbe et rappelle qu'en dehors de la dictature du prolétariat, il n'y a pas de salut. Il n'oubliait qu'une chose : c'est que la révolution russe, ferment de dissociation et de désagrégation par excellence, a pulvérisé jusqu'au prolétariat d'où elle tirait ses forces vives. Avec la signature de la paix, le socialisme des tranchées perdait sa principale raison d'être. Le Sovet de Petrograd supprimait sa section militaire. Démobilisée, l'armée évacuait la scène politique pour se fondre, enrichie par le pillage ou le trafic, dans les vastes masses paysannes. Des trois catégories révolutionnaires, il ne restait plus que l'ouvrier sans industrie, paria social irrésistiblement attiré par les campagnes, et le village, bouffi de spoliations, tremblant pour le fruit de ses vols, le village qui marquait le pas et qui n'était pas socialiste. La terre éternelle triomphait des contingences. Et cette victoire de la réaction agraire était l'aboutissement naturel du marxisme asiatique professé en Russie, par quelque cent millions de moujiks illettrés qui saluaient dans le socialisme un moyen d'exproprier le voisin plus riche. Le métier des armes supprimé et l'industrie agonisante, seul le paysan réalisait son idéal révolutionnaire, et cet idéal tuait la révolution.

Pratiquement, quand ils le voudront, les paysans domineront dans les Sovets une minorité d'ouvriers démoralisés, l'armée inexistante et la bourgeoisie privée de droits politiques. La possession de la terre leur fournira ce cens électoral qui manquera toujours à la classe ouvrière, condamnée à l'oisiveté ou dispersée par la catastrophe économique. Ainsi, ironique anomalie dans une république soumise à la dictature du prolétariat, le gouvernement se voit amené à confesser implicitement son impuissance à définir le prolétaire et la nécessité de revenir, en matière de vote, aux plus critiquables des clichés bourgeois. De fait, le suffrage universel ne pouvait s'exercer que dans les campagnes.

Pour atténuer ce danger, les maximalistes créent un nouveau collège électoral, doté de privilèges exceptionnels : la garde rouge, où cent vingt-cinq électeurs ont droit à un député au Sovet, alors que huit fois plus d'ouvriers sont également représentés par un seul délégué ; le loyalisme des janissaires prime tout. Même absente, la garde rouge vote par des mandataires spéciaux. Les maximalistes, dit-on, mobilisent les « âmes mortes ». Ils mobilisent même des « camarades » exotiques, des bataillons de coolies chinois après les régiments lettons. De toutes pièces ils créent des électeurs payables au mois.

Mais si vaste qu'elle soit, cette clientèle laisse entière la menace d'une campagne « embourgeoisée », et de plus en plus se fait jour la nécessité révolutionnaire de renouer — ne fût-ce que par la force — le lien rompu entre les deux catégories sociales essentielles : le village nourricier et la ville ouvrière. La guerre du pain ne vise pas que le saboteur alimentaire, le *koulak* (1) : elle a pour objet de détruire les réserves embusquées des classes possédantes, de grouper les prolétaires ruraux, leur donner des états-majors — des comités de misère paysanne, — de socialiser la terre à la manière des usines et des banques. Après avoir encouragé le morcellement à l'indéfini, le Sovet prêche l'organisation des « communes ouvrières rurales ». Toutes les épithètes réservées, il y a quelques mois, aux capitalistes et aux patrons, pleuvent sur le village. Le

(1) Le paysan enrichi.

moùjik.tant soit peu loti est déclaré contre-révolutionnaire. Après sept mois de règne, les maximalistes
sont obligés de reconnaître qu'ils ignoraient la Russie
et qu'il fallait parfaire l'éducation socialiste du village. A tous les détachements qui partent pour les
campagnes, il est expressément recommandé d'ajouter
aux cartouches des brochures de propagande.

* * *

De plus en plus, d'ailleurs, les exigences de l'administration courante se chargent de prouver l'impossibilité de gouverner avec des baïonnettes et avec des
phrases. Comme un ressort vital s'est brisé chez les
maximalistes après la signature du traité de Brest-
Litovsk. Lénine parle d'un « Tilsit socialiste », variante
révolutionnaire du célèbre mot de Gortchakof : « La
Russie se récueille ». A défaut de la Russie, le maximalisme tentait de se recueillir parmi les ruines et
dans le sàng. Les incorrigibles bavards — Lounatcharsky, Volodarsky, Zinovief — continuaient sans
doute à développer des périodes, mais d'un ton plus
bas et d'une voix en sourdine, comme dans une
chambre de malade. On évite le panache, les cheve-
lures en coups de vent, la fanfaronnade, les procédés
de meetings. Les Allemands qui campent à 30 kilomètres de Petrograd, la détresse économique, la famine
imposent la modestie et le terre à terre des préoccupations quotidiennes. C'est la fin de la fête révolutionnaire, l'heure d'éteindre les lampions et de plier
les drapeaux rouges. Et, dans la plupart des discours
prononcés par les leaders, se renouvellent les jérémiades et les lamentations de Kerensky : les maximalistes reprochent, accusent, maudissent ; ils flé-

trissent la triste absence de tout idéalisme, l'esprit de routine bureaucratique chez les serviteurs des Sovets, la fuite honteuse de l'armée, les « inutiles » tueries d'officiers. Le second printemps révolutionnaire marque l'automne de la révolution.

Trotzky lui-même échappe à la « démangeaison de la phrase » que Lénine si souvent lui avait reprochée. Ce poète du chambardement universel, qui mettait tout son âpre tempérament à vanter les splendeurs de la démolition, s'est comme dégonflé de son romantisme : il n'emploie plus que les mots de tous les jours, et ce style déteint est au diapason des ternes vérités que lui dicte, au lendemain du carnaval, un réalisme fait de résignation. « Il faut, camarades, retrousser les manches, et travailler sans lever la tête comme des manœuvres, travailler et travailler. » Cette phrase qui, enfin, n'en est plus une, Trotzky la prononce le jour anniversaire de l'arrivée de Lénine à Petrograd. Au bout d'un an, la révolution russe ne trouvait, pour remplacer l'« audace » prêchée par la Révolution française, que le mélancolique conseil d'oublier les espérances, de renoncer aux rêves, et de reprendre la vie quotidienne au milieu des champs en friche et des usines démantelées. Sans transition, les grands lyriques du maximalisme baissaient le rideau sur les mirages qu'ils avaient remués, et laissaient retomber leur public encore tout vibrant d'avoir entrevu l'âge d'or, parmi les laideurs et les tristesses d'un pays déshonoré, diminué, saccagé. La journée de huit heures et de six heures dans les usines, le principe électif dans l'armée et dans la marine, le dédain des spécialistes et des techniciens, les ordres soumis aux polémiques des chambrées, tous les articles de l'ancienne foi maximaliste sont impitoyablement rétractés. « Assez de mots, s'écrie Trotzky au sujet de la marine, il faut revenir à une discipline inexorable, il faut travailler », et il traite d'imbécile le commissaire Dybenko qui, fidèle aux traditions du parti, lui demande de préciser la délimitation des attributions techniques et des ingérences politiques.

Après avoir fait table rase de la civilisation, les maximalistes recommencent l'histoire. Au prix de sanglantes épreuves et de tragiques tâtonnements, ils découvrent qu'il est des vérités économiques, sociales, administratives, indépendantes de la nature des régimes. A chaque pas, ils ont des surprises d'hommes préhistoriques. Ils inventent l'armée, l'industrie, même les banques, et partout la discipline, l'indispensable autorité des chefs. Peu à peu on voit disparaître, dans les différents services publics, comités, conseils, organisations démocratiques, les collectivités où s'est émietté le pouvoir. Tous les commissaires élus par les cheminots sont renvoyés, remplacés par des fonctionnaires pourvus d'attributions à peu près dictatoriales. A l'éparpillement de l'autorité succède une centralisation à outrance. On condamne comme naïve la foi aveugle dans l'enthousiasme révolutionnaire, ce levier qui devait soulever le monde. Les appels aux spécialistes se multiplient. Les plus brusques retours en arrière amènent de nouveau les avant-gardes révolutionnaires vers la Canossa bourgeoise. Pour sauver l'industrie, on lance le projet d'un trust qui n'a rien de socialiste, et le projet d'un emprunt de trois milliards pour équilibrer le budget. L'une après l'autre, le maximalisme liquide ses fantaisies les plus originales. Le commissaire aux finances est allé jusqu'à confesser à la tribune du Sovet que l'annulation des emprunts n'a pas été une innovation extrêmement heureuse. Et, après une séance à la Banque de l'État, les dirigeants maximalistes décidèrent toute une série de mesures qui réduisent à néant le décret.de nationalisation du crédit : inviolabilité des comptes courants, nécessité de verser les intérêts, rétablissement des chèques, conservation par les établissements privés de leur indépendance respective, activité de la Banque de l'État réduite aux fonctions d'émission.

Le maximalisme capitulait ; il déposait les armes non aux pieds de la bourgeoisie avilie par la peur, mais devant d'impérieuses réalités contre lesquelles ses utopies se sont lamentablement usées. Il a fallu une expérience qui avait supprimé la Russie du nombre des grandes puissances et même des puissances civilisées, pour démontrer l'impossibilité d'introduire le socialisme par décrets dans le pays le plus arriéré de l'Europe, de suppléer par la force au fonctionnement de la machine gouvernementale et par la tyrannie des masses ignorantes, à l'absence de techniciens éclairés. Restait le dernier pas, le seul logique, mais le plus difficile à oser parmi les frénésies d'une plèbe en guerre contre toutes les supériorités : pour trancher des problèmes pratiques, négocier une coalition d'affaires avec les survivants de l' « Intelligence », les arracher, tant qu'il n'était pas encore trop tard, à l'abêtissement du travail manuel et des privations physiques, sauver la substance grise de la nation.

Sous les auspices du parti socialiste-populiste, des pourparlers s'ébauchent à Moscou et Lounatcharsky, dans un discours, laisse entendre que la Russie est au seuil d'une orientation nouvelle. Les événements, au premier abord, paraissent lui donner raison. Le gouvernement convie les professeurs cadets de l'université de Moscou, — Manouilof, Boulgakof, Novgo-

rodzef, — à prendre part aux travaux des réformes
agraires. Il ouvre largement les portes de l'armée socialiste aux officiers dont il avait arraché l'épaulette et
qu'il avait condamnés à la famine. Mais il suffisait à
Lounatcharsky d'accentuer son lyrisme à l'occasion de
ce baiser Lamourette pour être démenti, le lendemain,
de la manière la plus cinglante par la *Pravda*. L'officier n'était toléré, dans les bataillons prolétaires, qu'à
titre de mal indispensable. A chaque instant, les chefs
maximalistes se croyaient obligés de s'excuser de leur
faiblesse, de promettre le contrôle le plus sévère, tout
officier pourvu, comme « anges gardiens », de deux
spadassins rouges pour veiller à son orthodoxie politique. Par un dernier scrupule, le maximalisme se
défendait de consacrer l'égalité des classes et de porter
atteinte à la suprématie du prolétariat. Le bourgeois
anémié, muselé, ruiné, pouvait aspirer, dans la libre
république des Sovets, tout au plus à remplir le rôle
de serf intellectuel. Et lorsqu'un journaliste, en mal
de copie, interviewa l'adjudant Krylenko sur l'éventualité d'une entente avec les anciennes classes privilégiées, le « généralissime », pour toute réponse, éclata
de rire. L' « Intelligence », par son autorité morale, faisait trembler les maximalistes comme les Tsars. Et,
dans cette crainte, se révélait le krach irrémédiable
d'une révolution qui n'avait amené, entre les classes,
qu'une transmutation de propriété et non de force
sociale : la création d'une petite bourgeoisie de parvenus révolutionnaires, d'une grisaille humaine, étri-
quée et médiocre, incapable de s'élever au-dessus des
soucis matériels de la vie courante.

Pour désigner cette psychologie inférieure, la langue
russe a un mot intraduisible, où la notion de bourgeois,
étrangère à la Russie, est associée à la notion plus

générale d'habitant : *obyvatel*, terme d'une puissance
d'évocation réfractaire à l'analyse. L'*obyvatel*, c'est le
produit direct d'un infini marasme national, le triste
citoyen d'un pays essoufflé, où la débâcle a tué pour
longtemps la faculté d'idéalisme. Déjà, sous l'ancien
régime, on aurait pu suivre cet enlisement progressif
de la plante humaine privée de grand air et de libre
soleil, la lente formation du nihilisme bourgeois à la
place du nihilisme politique. L'orage révolutionnaire a
violemment remué un instant l'argile sans âme où
l'autocratie trouvait un de ses meilleurs appuis : l'indifférence. L'*obyvatel* se mit à gesticuler, à espérer, à
discuter, à vivre. Il fut de tous les comités et de toutes
les parlotes. Il se reconnut la vocation de la politique
et l'apostolat de la réorganisation. Et, de cette floraison *in extremis*, à l'exemple de toutes les grandes
convulsions en Russie, se dégage la lamentable impression de quelque chose d'inachevé, d'un élan à court de
souffle, d'une impuissance fatale à réaliser sa destinée.
Une fois de plus, la banqueroute révolutionnaire jetait
sur le pays un linceul de silence et de mortelle apathie.
Dans l'écroulement de tous les rêves, et sous le fouet
des implacables nécessités matérielles, elle ne laissait
la parole qu'aux ventres tenaillés qui clamaient leur
famine et qu'aux nerfs à nu qui exigeaient un minimum
de sécurité. La révolution a mis un an pour parcourir
le cycle achevé par le tsarisme au bout de plusieurs
siècles : elle a éteint les étoiles qu'elle avait allumées
et réduit le citoyen né d'hier à l'état de pâte amorphe
et sans résistance ; « pour éliminer l'opposition, affirmait la presse socialiste, il suffit désormais aux maximalistes de fournir du pain et une bonne police », bref
de copier servilement les procédés de l'autocratie.

Ce n'est qu'au prix de cette abdication que le régime

révolutionnaire peut aspirer à prolonger sa durée.
Pour vivre, il est obligé, en première ligne, de répondre
aux besoins essentiellement bourgeois des énormes
masses d'indifférents : les réactionnaires de demain. Il
n'a plus besoin de réaliser ses programmes primitifs
ni d'achever ses expériences sociales : il lui suffira,
pour subsister encore quelque temps, de masquer sa
faillite par des apparences de vie organisée. Quels que
soient les bains de sang où Lénine précipitera la Russie,
le maximalisme est atteint, la révolution en décadence, et le règne de l'*obyvatel*, le pire de tous les
règnes, sépare seul encore la Russie des secousses
anarchistes ou de la botte réactionnaire.

Mais il n'y a pas que l'*obyvatel* à Petrograd ; la ville
n'est pas seulement remplie d'ombres tragiques et
d'agonies ambulantes, de « ci-devant » qui vendent
dans les rues du savon et des journaux, de comtesses
authentiques devenues servantes dans les cafés et de
princes à la place des cochers de fiacre. Petrograd
a de nouveau ses ayants-droit au bonheur, ses classes
privilégiées : comme sous l'ancien régime, pendant les
semaines de disette et de hausse fiévreuse à la Bourse,
à la veille de l'explosion révolutionnaire, c'est la
misère en bas et le luxe en haut ; et, tandis que l'élite
russe se meurt, une effroyable tourbe, portée à la surface par la dictature des bas-fonds, règle des additions
de dix mille roubles pour un souper. Les fameuses
« Kerensky » — grandes coupures émises au déclin
du gouvernement provisoire — papillonnent ainsi que
des confetti dans le vent des mêmes czardas où se
berçait la décadence du Petrograd impérial.

Un bestial appétit de vivre, de singer les élégances
abattues, de transformer, à son profit, l'existence en
une fête perpétuelle, détourne les classes victorieuses

de la débâcle nationale. Par les nuits d'été, lorsque la ville s'étiole dans une lumière de sépulcre, on dirait vraiment que le spectre d'une patrie assassinée rôde à travers les rues vides. Si le non-être des philosophes avait une couleur, il aurait cette blêmeur mortuaire et mystique sans un rayon et sans une ombre, où s'enfonce l'ex-capitale d'un ci-devant Empire. Comme un souffle d'agonisant émane du décor tsariste déteint et flétri, des masses délicatement ocrées du Sénat aboli, de la flèche d'or d'une Amirauté sans flotte, des façades aveugles des palais inhabités. Et, fantôme lui-même sur son coursier de bronze, Pierre le Grand semble donner l'absoute à un immense cimetière...

Une vie inquiétante s'agite cependant dans la blafarde transparence des nuits de Petrograd. A l'heure où la mode voulait qu'après le souper on poussât jusqu'à la Pointe pour admirer une mer crépusculaire se confondre avec un ciel laiteux, des automobiles militaires, chargées de matelots en bonne fortune, passent en trombe à travers les rues nocturnes. Une rangée de fenêtres violemment éclairées, sur le quai, met une note brutale dans la vaporeuse monotonie des vieilles pierres endormies : c'est l'hôtel de la comtesse Stenbock-Fermor utilisé pour le premier club communiste, où l'entrée, en dehors des cotisations, coûte 60 roubles par jour, et où des monceaux de papier-monnaie traînent sur les tables de jeu. Encore une rangée de papillotantes clartés : c'est le *Standart*, le ci-devant yacht de l'ex-Empereur, transformé en bal flottant à l'usage des matelots. Au frontispice altier des casernes impériales on discerne aussi un flamboiement de lampions versicolores, les gloires anciennes prostituées par des enseignes de beuglant. Et, jusque dans le grand salon blanc et or de l'hôtel Pobedonostzef, le dernier

théoricien de l'absolutisme russe, les bas-fonds se tré-
moussent : ce ne sont plus les bals de la Terreur, mais
des contorsions d'apaches après un mauvais coup.

Que l'on examine l'homme du jour, le matelot de
Cronstadt, dont l'escadre divisée en autant de républiques indépendantes qu'elle compte de cuirassés, se
rouille dans l'embouchure de la Néva : sous d'opulentes
crinières frisées au petit fer, — revanche sur les têtes
tondues par les règlements d'antan, — les visages
sont relevés par des fards, les sourcils soulignés de
noir ; la poitrine nue dans l'entre-bâillement de la
blouse étale des tatouages et souvent des pendentifs,
des bagues sans nombre rutilent sur les doigts noueux,
les pantalons — élégance suprême — désignés sous le
nom de dirigeables, s'évasent comme des jupes sous la
taille sanglée par une ceinture laquée. C'est le maître,
le Montmorency de Cronstadt, le Condé de la Mitrailleuse. Il a déjà le sentiment très net de sa supériorité
sociale, la conscience de ses privilèges d'ennobli révolutionnaire. Une caricature russe, omise par la censure,
évoquait un garde rouge en veine de confidences à une
guenon illuminée de bonheur : « Machenka, nous pouvons vivre maintenant de nos rentes : nous sommes de
vrais prolétaires. » Dix-sept mois de propagande socialiste, maximaliste, anarchiste aboutirent à remplacer
le Yacht-Club des grands-ducs par le club communiste
et l'officier cotillonnant de la garde par un matelot
bichonné comme un mouton et maquillé comme une
fille.

C'est au prolétaire repu que les « ci-devant » offrent
dans les rues non seulement leur chocolat escamoté et
leurs galettes de famine, mais aussi les tableaux, les
bijoux, les meubles anciens amoureusement collec-
tionnés dans la somptueuse profondeur des vieux

hôtels. Les dépôts tenus par les princesses ne connaissent pas de meilleure clientèle. Le même geste, la même largesse hautaine, le même gaspillage que chez ces grands seigneurs de roman, qui allumaient leurs cigares avec des billets de banque. La révolution n'aurait-elle consisté qu'en un chassé-croisé de classes sous ses sermons égalitaires?

Pendant les premiers quatorze mois révolutionnaires, disent les statistiques, les vols, à Petrograd seulement, ont atteint la somme de 17 milliards de roubles. Au lendemain du coup d'État, dix-huit lampadaires en bronze, qui dataient de Pierre le Grand, disparaissaient du quai Toutchkof. Puis vint le tour des chefs-d'œuvre de l'Ermitage, des collections du prince Youssoupoff et du comte Chouvalof, des dépôts de la Croix-Rouge dévalisés de 38 millions en l'espace de deux mois, du palais d'Hiver, de la forteresse Pierre-et-Paul où le pillage se chiffre aujourd'hui à 180 millions de roubles. On a volé les statues en argent des Tsars et des Tsarines qui ornaient le Sénat, l'énorme lingot d'or du département des apanages, d'une valeur de 30 millions, des marchandises en dépôt dans les gares estimées à un demi-milliard. Les banques ont versé près d'un milliard sur de faux chèques depuis la chute de l'ancien régime et les fuites de l'Hôtel des Monnaies défient toute approximation.

En toute sécurité, sous le pavillon révolutionnaire, la plus brutale des ploutocraties s'est développée au bénéfice des galériens.

CHAPITRE XXIV

CONCLUSION

La métaphysique paysanne du maximalisme. — Le crime de la
révolution russe. — Le rôle de l'Allemagne. — Extrémistes du
socialisme et de la réaction. — Les illusions bourgeoises. — L'er•
reur allemande en Russie. — La mission des Alliés. — D'où peut
venir le salut.

Lorsqu'en octobre, au régime neurasthénique de
Kerensky succéda le délire révolutionnaire de Lénine,
il n'y eut qu'une voix dans la presse mondiale pour
affirmer que le maximalisme était un accès de fièvre
chaude, d'autant plus rapide qu'il secouait le pays
avec plus de violence.

Toutes les promesses démagogiques n'arrivaient pas
à expliquer l'avènement et surtout le maintien au
pouvoir d'un parti de démolisseurs épileptiques. Entre
temps, le maximalisme s'installait en maître, impro•
visait des cadres, appliquait ses programmes, gouver•
nait. La Russie entière ne fut bientôt qu'un désert
industriel et agricole, un coupe-gorge où la camarilla
extrémiste s'égosillait à pronostiquer l'âge d'or. On
déclare la guerre à la civilisation, on persécute les
universités elles-mêmes comme un luxe de science
bourgeoise. Depuis près d'un an, les éditeurs ont dû
suspendre l'impression des livres d'école. Et, cependant, rien ne put détacher encore la Russie de sa foi,

pas même le vasselage du pays livré à l'Allemagne sous le pavillon de la « paix démocratique ».

Les mirages de l'Internationale et l'apostolat extrémiste avaient-ils réellement capté le cœur de tous les simples?

- Dans la trouble attirance exercée par le léninisme, le peuple n'a cherché aucune satisfaction sentimentale, aucune réponse à des inquiétudes intellectuelles. Il s'est jeté à corps perdu à l'appel d'un parti qui a divinisé les appétits de l'humanité primitive, les a libérés de l'étau des administrations et des menaces du Code pénal, qui a réhabilité la brute mal endormie au fond des psychologies rurales pour la lancer, au galop, à travers les propriétés des nobles, les usines des patrons, les banques des capitalistes. La popularité et la durée du maximalisme s'expliquent tout simplement par l'étroite adaptation de sa métaphysique sociale à la mentalité paysanne. L'écrasante majorité de la nation russe vit en marge du développement de l'État et des progrès de la civilisation. On se rappelle une phrase déjà citée au cours de ce volume, une de ces phrases révélatrices qui éclairent soudainement la ténébreuse psychologie des masses : « Que nous importe Riga, disaient les soldats après les brûlantes philippiques de Kerensky, lorsque nous sommes les uns de Vologda, et les autres de Tambof. » Tout le secret des succès maximalistes est dans cette question où sonne le glas funèbre de la Russie, ex-grande puissance. Le régime de Lénine répond mieux qu'aucun autre aux aspirations du moujik de Vologda ou d'ailleurs, incapable de dépasser l'enclos de sa terre pour prendre conscience de toute la terre russe. Ce moujik n'a besoin ni des Dardanelles, ni des provinces baltiques, ni de la Crimée, ni de l'armée, ni de la flotte, ni même

d'une industrie perfectionnée. Il est indifférent à
l'exploitation du bassin du Donetz, puisqu'il n'emploie
presque pas de charbon, aussi bien qu'au rendement
du naphte de Bakou, puisqu'un bout de chandelle suffit pour éclairer ses veilles. Du haut en bas de la Russie
maximaliste s'accuse une tendance générale à la ré-
gression historique, au recul vers la nature fruste et
nue, la barbarie sans artifice. Lounatcharsky, ministre
de l'Instruction publique, s'est élevé avec virulence
contre l'enseignement de l'algèbre et du droit. Rien
de plus naturel. Le moujik de Vologda se passe admirablement des pandectes et du binôme de Newton. Il
n'a besoin en définitive que de terre et de pain. Tout
son maximalisme est en fonction de ses appétits.
Repues, loties dans les campagnes, grassement payées
dans les villes, les grandes masses agricoles et ouvrières
accepteront Brest-Litovsk, la dissolution de la Constituante, les sanglantes orgies de Petrograd, la spoliation des églises, la spoliation de la patrie : ils accepteront tout, et les maximalistes, de plus en plus,
témoignent de cette vérité lorsqu'ils affirment, par la
bouche de Zinovief, que l' « hydre alimentaire est
plus dangereuse que celle de la contre-révolution ».

Voici la clientèle maximaliste — le peuple souverain — en plein palais d'Hiver où fonctionne un cinéma
monstre. Pendant les entr'actes, les spectateurs mas-
tiquent leurs grains de tournesol ou crachent la fumée
devant les toiles des bataillistes : les lettrés épellent
les inscriptions entre les frisures des cadres : « Prise
de Kars », « Prise d'Ardahan », « Prise de Narva »,
« Reddition de Chamyl », « Souvorof sur les Alpes »,
la « Victoire de Poltava »... Toute la révolution russe
est là, ses causes lointaines et ses conséquences dernières, dans cette foule ignare et gouailleuse qui passe,

entre deux séances de cinéma, indifférente, à côté de l'histoire de sa propre grandeur, tandis que, dans la salle voisine — celle de Saint-Georges — un phonographe nasille à tour de rôle des airs de danse et l'*Internationale*...

« La patrie, disait Mme Kolontaï aux applaudissements des soldats et des ouvriers, la patrie existe-t-elle seulement? » La révolution russe n'a pas seulement posé cette question : elle lui a donné une réponse négative. Dès le début — nous l'avons vu — elle a été défaitiste, internationaliste, zimmerwaldienne. Dès le début, elle a sacrifié à la bête humaine l'idéal patriotique. Toute son histoire n'est qu'une suite de négations nationales toujours plus accentuées, un suicide progressif, une monstrueuse offrande. Sous des étiquettes différentes, dès le début, la révolution russe n'a été au fond qu'une révolution maximaliste. Le maximalisme seul a mis en relief des volontés énergiques ; seul il a su recruter des hommes. Seul, au milieu de l'impuissance générale, il a osé agir. La révolution russe, avant tout, c'est le maximalisme — ce livre le prouve suffisamment, — c'est la destruction méthodique, l'exécution capitale de la patrie.

La patrie russe est morte : ressuscitera-t-elle de nouveau? Au pied de la croix, le peuple s'en est partagé les dépouilles : la terre, les palais, les œuvres d'art ; une odieuse saturnale sur une tombe : dans le sang et dans la honte, le peuple digère son héritage ; la raison humaine ne saurait résister à l'horreur d'un pareil forfait. Et de là la folie, la rouge folie de la révolution russe, folie d'assassin, folie de Caïn : stupeur chez les masses, rictus d'aliéné chez la minorité dirigeante, stupeur qui finit par devenir de l'hébétement, rictus qui se développe en rire satanique. Malgré tous ses efforts, la révolution n'arrive pas à rétrouver l'équilibre, le repos moral nécessaire au travail productif. L' « accalmie » préconisée après le traité de Brest-Litovsk a été une simple trêve dans sa démence. Les réalités les plus familières, les certitudes morales, les traditions de l'histoire, la Russie entière, tout — on le dirait — se reflète dans la concavité de quelque monstrueux miroir. On imagine l'épouvante d'un homme qui, à la place de son visage, découvrirait un fantôme grimaçant dans la glace. Ainsi, l'*Intelligence* russe ne reconnaît plus sa propre patrie. Il lui est impossible de s'accoutumer à l'idée que la frontière commence à Pskov, à Narva, à Dvinsk, qu'il faut des visas pour aller en Ukraine et en Finlande, que la Crimée est une colonie allemande, le Caucase méridional une colonie turque. La Russie a signé la paix : elle continue la guerre. La Russie a proclamé les droits des peuples : elle n'en tremble pas moins à chaque geste d'un consul d'Allemagne, et sa politique extérieure se résume dans de fastidieuses et platoniques protestations. Tout est à rebours dans le paradis rouge du maximalisme. Le bon sens lui aussi est proclamé hors la loi, la logique est proscrite comme contre-révolutionnaire. Et, si le bon sens se révolte, il est traîné au poteau d'exécution, la logique est incarcérée en qualité d'otage. Toute opposition est écrasée sous les balles. Il ne suffit plus au prolétariat d'être la classe dominante : il veut rester désormais la classe unique, la Russie entière badigeonnée de rouge ; les plus infimes divergences sociales, les plus légères supériorités, tout ce qui n'est pas maximaliste noyé dans ce rouge, noyé dans le sang (1).

---

(1) C'est la théorie même de la « Terreur Rouge », proclamée postérieurement à la période qu'embrasse ce livre.

Seule, l'Allemagne a pu encourager un pareil régime et traiter d'égal à égal avec des criminels.

***

Quel a été, en effet, le programme de l'Allemagne à Brest-Litovsk?

Réduire la Russie à l'état d'un fournisseur colonial de matières premières et de blé, d'un pays de moujiks sans industrie, d'une clientèle isolée du monde extérieur, condamnée à l'absorption de la camelote allemande. Et, pour mener à bonne fin cet assassinat national, il fallait, avant tout, paralyser la conscience russe, frapper la Russie d'une amnésie historique, s'attaquer à son cerveau, annihiler son élite pour la remplacer, comme à l'époque d'Anne et d'Élizabeth, par des techniciens de Poméranie. C'est pourquoi l'Allemagne subventionne et protège la mise en pratique de la dictature du prolétariat. Elle applaudit à la terreur qui fait place nette à l'ingénieur, au marchand, au banquier de Berlin. Fusillés au nom d'une abstraction marxiste, l'officier et le bourgeois russes meurent pour la gloire de la plus grande Allemagne. Le maximaliste n'est en définitive qu'un bourreau aux gages d'un ennemi sans scrupules. Une délirante idéologie sert de prétexte pour supprimer, dans un intérêt positif, tous les gêneurs, tous ceux qui perpétuent l'idée russe, l'unité russe, la civilisation russe, tous ceux qui surnagent à la terne et flasque immensité paysanne, qui ont d'autres ambitions que celle de mâcher, à la faveur d'une paix honteuse, le pain de l'esclavage. Pour défendre sa politique extérieure, à bout d'arguments, Lénine s'écria un jour : « Du reste, la grande Russie n'est plus une grande puissance. » Ce

cynique jeu de mots disait tout. L'Allemagne ne demandait pas autre chose qu'une complète abnégation
en politique extérieure. A la place de' la révolution
sociale, n'est-ce pas la patrie allemande qui en profi-
tait directement? Lénine — défaitiste russe et patriote
allemand : la solidarité entre l'Allemagne des hobereaux et la Moscovie maximaliste n'a pas besoin de
meilleure explication. Sans souci du lendemain, les
extrémistes de l'absolutisme et ceux de la révolution
ont fait litière de la Russie.

Toute l'erreur allemande est là. L'Allemagne, qui
de tout temps se flattait de connaître ses voisins et
de savoir exploiter sa science, s'est trompée lourdement, grossièrement, comme si la Russie, sillonnée
par ses espions et peuplée de colonies allemandes,
était quelque *terra incognita* pour le grand État-Major
et la **Wilhelmstrasse.**

Qu'on se rappelle un passé encore si proche.

Au début de la guerre une caricature russe représentait la trinité allemande par excellence : le maître
d'école lunetté et hirsute, le *feldwebel* moustachu et
féroce, le commis voyageur pommadé et la bouche en
cœur, avec cette légende : « Dieu, ce que nous en avons
assez ! » Mais la légende, malheureusement, exagérait.
La Russie n'avait pas encore appris à haïr. Malgré la
guerre, malgré les barbaries allemandes, elle demeurait
attachée, par mille impondérables psychologiques, à
ses fournisseurs attitrés de grammaire latine, du pas de
l'oie et de cosmétiques. La Russie arriérée et inculte,
élevée dans l'admiration de Kant, de l'article de
Berlin et de la *schlague,* continuait à rester une hallucinée de la *Kultur.* L'Empire des Tsars était tout
pénétré, intoxiqué jusqu'à la moelle des os, par le
virus du germanisme. C'est à l'Allemagne qu'il avait

emprunté, en bloc, son armature politique, sa discipline de façade, sa hiérarchie civile, ses charges de cour. C'est d'Allemagne que venaient les princesses d'exportation pour consolider les alliances dynastiques, les lectrices titrées et les garçons d'écurie qu'un caprice d'autocrate dotait de couronnes et de blasons. L'Allemagne fournissait tout, la camelote de bazar, la métaphysique, le Gotha, et plus tard le socialisme et même le maximalisme. Pendant deux siècles elle s'est employée à la germanisation systématique d'une population amorphe, qui commençait à peine son histoire nationale. Que l'on feuillette les almanachs nobiliaires et les annuaires administratifs de l'ancien régime : toujours les mêmes noms reviennent, aux pesantes sonorités tudesques ; entre les chancelleries de Petrograd et celles de Berlin les cousinages s'entre-croisaient, la diplomatie russe n'a jamais été qu'un majorat au service de quelques descendants de l'ordre teutonique. Et, pour permettre à la Russie de vaincre, il eût fallu combattre avec une égale et implacable énergie, sur le front contre les gaz asphyxiants et, à l'arrière, contre les infiltrations du féodalisme allemand et de la *sozialdemokratie* allemande, plus pernicieux et plus traîtres que les gaz asphyxiants.

Aux deux pôles extrêmes de la politique russe, les « cent-rouges » comme les « cent-noirs » se rattachent à l'Allemagne, ceux-ci inféodés à l'Allemagne de Karl Marx, ceux-là à l'Allemagne du droit divin et des lieutenants bottés. Par un cumul qui a précipité la débâcle de la Russie, l'Allemagne, en pleine guerre, paraissait seule en mesure de sauver l'absolutisme et de réaliser l'Internationale, et de là, à droite comme à gauche, sous les bannières tsaristes, comme sous les drapeaux rouges, cette crainte de la victoire et cette

ténébreuse poursuite de compromis, le défaitisme de
Sturmer et de Lénine, les colloques de Protopopof et
les parlotes des socialistes dans l'éternel décor pacifiste de Stockholm.

Aussi, pendant que les maximalistes capitulaient
à Brest-Litovsk, voyait-on se rallumer toutes les espérances des incurables germanisants. Jamais, disait-on
à Petrograd, entre ci-devant hantés par les souvenirs
des amitiés russo-allemandes, l'empereur Guillaume,
le champion des trônes, le croisé des classes posse-
dantes, ne sacrifiera la Russie bourgeoise et nobiliaire
pour composer avec des aventuriers du socialisme.
Pendant longtemps la nouvelle circula, de bouche en
bouche, entre chambellans déchus et banquiers ruinés,
qu'avant d'entamer les négociations de paix, le général
Hoffmann exigea de la délégation maximaliste qu'elle
écoutât debout l'ordre télégraphié par son « souverain
et gracieux maître » de libérer sur-le-champ la famille
impériale russe. Ce n'est pas sans raison que la *Pravda*
de l'époque reprochait violemment à certains milieux
aristocratiques et bourgeois d'attendre l'arrivée du
schutzmann allemand comme une délivrance. Décimée,
affamée, piétinée par le maximalisme, la Russie de
l'ancien régime était prête à toutes les trahisons pour
échapper au cauchemar révolutionnaire. Elle aurait
volontiers abdiqué son indépendance économique et
internationale en échange d'un fantôme d'empire,
d'une régence vassale, d'une police bien faite et de
rues bien tenues. Elle avait la nostalgie de l'ordre
allemand et de la trique allemande. Elle conservait
toute sa foi dans le mysticisme monarchiste des
Hohenzollern et transformait en dogme l'efficacité des
parrainages et des alliances de cour.

En Allemagne quelques connaisseurs plus avisés de

la Russie n'ont pas manqué d'avoir une intuition exacte de cet état d'âme, et du profit qu'il était permis d'en tirer. Plus d'une fois, la tentative a été faite d'aiguiller la politique allemande vers la restauration d'une monarchie liée à la Prusse pour au moins cinquante ans par sa reconnaissance et sa faiblesse. Et le vrai danger, au point de vue russe comme au point de vue allié, était précisément là, dans une Russie sauvée et d'autant mieux conquise par l'Allemagne. Mais le grand État-Major resta sourd à tous les avertissements, il tapa du poing sur les tables, remua son grand sabre, rejeta de l'éperon les calculs des diplomates et traita la Russie en colonie annexée. A l'exemple des maximalistes, le parti militaire allemand poursuivit des réalisations immédiates et intégrales. Halluciné par l'épouvantail pangermaniste du danger russe, tremblant à l'idée d'une renaissance de la Russie, il fonça sur un pays démoralisé, mortellement fatigué, incapable de résistance, tailla comme un boucher en pleine chair vive de la nation, fit la guerre bêtement, brutalement, rafla le blé, les machines, le bétail, tout, avec le plus parfait des mépris pour les contradictions politiques — rouge à Moscou et blanc en Ukraine. La grande erreur, aussi bien des partis révolutionnaires que de la bourgeoisie russe, a été de prêter à l'Allemagne des préférences absolues, le respect des principes, un attachement à des idées quelconques. En Russie l'Allemagne s'obstina à rester superbement hégélienne, en marge des contingences de la logique humaine ; elle envisagea la vérité sous un angle strictement géographique : culture du microbe extrémiste à l'est de la ligne de démarcation militaire ; immunisation des territoires situés à l'ouest. L'Allemagne se plut à identifier les contraires en une synthèse supérieure : celle de l'intérêt allemand et de l'hégémonie allemande.

La déception fut atroce.

Froidement, postés à quelques kilomètres seulement de Petrograd, à Terioki, à Pskov, les Allemands ont laissé la révolution poursuivre l'anéantissement méthodique de la bourgeoisie. Les lieutenants de la Garde restent indifférents au spectacle de leurs cousines russes qui vendent des journaux dans les rues. L'Allemagne monarchiste n'a pas un geste de protestation contre l'assassinat du Tsar ; l'Allemagne universitaire demeure muette devant les massacres des intellectuels, anciens élèves de Heidelberg et de Bonn ; l'Allemagne aristocratique est l'alliée de la canaille ! Le comte de Mirbach, un ancien habitué des salons de Petrograd, s'est appliqué avec conscience à remplir son rôle d'ambassadeur accrédité près la plèbe et raya de son souvenir les adresses des vieux hôtels somptueux où, jadis, les diplomates allemands briguaient l'honneur de cotillonner. A Berlin c'est la même consécration du régime rouge. Pendant le service funèbre à la mémoire de Mirbach, le protocole place M. Joffe, beau-frère de Trotzky, à la droite du représentant chamarré de l'empereur Guillaume. Tous ceux qui s'accrochaient au passé voient leurs rêves s'effondrer lourdement au contact avec une Allemagne réaliste et cynique à souhait. Le général Eichorn lui-même n'était-il pas, lui aussi, un favori de la cour de Russie, chargé d'accompagner d'ordinaire la famille du Tsar dans ses déplacements à travers l'Allemagne ? La révolution russe a reculé la date de la débâcle allemande ; un gouvernement socialiste a failli assurer l'impunité au crime d'une puissance de proie : « L'Allemagne, disait Rakovsky, est directement intéressée à conserver le régime des Sovets, le seul capable de garantir une paix durable. » Jamais l'histoire n'a encore enregistré de pacte plus diabolique : les vraies démocraties trahies par la révolution, alliée de l'impérialisme, complice de la tyrannie.

Or, si profondes que soient ses racines, le maximalisme est seulement la crise culminante de la maladie révolutionnaire. Était-il raisonnable de fonder toute une politique sur la continuation du délire, sur la persistance de la fièvre? Le maximalisme passera, mais il restera toujours acquis que l'Allemagne a contribué à sa naissance et à son développement. La preuve est faite aujourd'hui d'une manière définitive que l'intérêt de l'Allemagne a toujours consisté, sous l'Empire comme pendant la révolution, à hébéter, à duper, à dégrader la Russie. Dans son impatience de liquider le danger russe, l'Allemagne s'est irréparablement aliéné jusqu'aux classes les plus portées à la résignation. Et lorsque, battue à l'Ouest et usée en Orient, l'Allemagne voudra renier ses solidarités maximalistes, ce sera trop tard. La crise révolutionnaire aura eu du moins le mérite de révéler le bachi-bouzouck sous le masque d'une *Kultur* pastichée et de libérer, pour toujours, le peuple russe de son obsession allemande.

Des fanatiques auront beau pousser contre les troupes alliées, dans le Mourman ou ailleurs, des hordes grisées de propagande : la Russie ne peut attendre son salut que des grandes démocraties mondiales, ennemies du maximalisme sous toutes ses formes : le maximalisme noir de Berlin, le maximalisme rouge de Petrograd. Seules, des aspirations à l'hégémonie brutale devaient favoriser le morcellement de la Russie, sa déchéance économique, sa défection morale, le maintien au pouvoir de sectaires exaspérés, la guerre fratricide imposée à l'instar d'une religion d'État, la culture officielle d'un monstrueux bacille dans un pays soigneusement bloqué, privé de médecine, d'air, de pain et de lumière, abandonné froidement aux progrès de son mal. Par opposition à ce méphistophélisme bismarckien, tout le programme à suivre en Russie se formule de lui-même : rétablissement de l'unité russe artificiellement brisée, renaissance des forces productives du pays, création d'une forme de gouvernement nationale sans préoccupations de classes sociales ou de partis politiques, pas plus de minimalisme que de maximalisme, de cadets que d'octobristes, de droite que de gauche, la Russie renationalisée, redevenue elle-même. Une nouvelle révolution est à faire, une nouvelle réforme à réaliser, une fenêtre autrement vaste à percer sur l'Occident que celle de Pierre le Grand, bornée aux horizons du germanisme matériel. Au risque de succomber à sa démence rouge, la Russie a besoin de cette fenêtre sur l'Occident véritable, les grandes civilisations latines et anglo-saxonnes, berceaux du droit, berceaux de la liberté. Pour se guérir à jamais de son extrémisme moscovite, c'est à l'Europe démocratique et constitutionnelle que la Russie devra demander les idées de pondération, de tolérance, de respect pour la loi, les idées classiques dont sa formation byzantine a toujours été sevrée. Le messianisme russe ne saurait survivre au cauchemar maximaliste. C'est à l'Occident seul qu'il appartient de sauver la Russie. Il n'y a pas de place en Europe pour l'absolutisme, ni pour le socialisme oriental. La civilisation exige la guerre sans quartier à l'hystérie de Byzance, à sa dépravation sanglante et à ses faux prophètes.

Ce n'est qu'à ce prix qu'il sera permis d'arracher le peuple russe à son hypnose extrémiste et à la tyrannie des baïonnettes lettones et chinoises. Livrée à elle-même, moralement dissociée et physiquement anémiée, la Russie jusqu'à présent s'est manifestée capable seulement·de soubresauts spasmodiques, d'attentats isolés, de révoltes sans lendemain. Les grands partis politiques. sont décimés ou discrédités, la plupart des chefs révolutionnaires compromis ; par-ci par-là, dans des villes perdues, des conférences s'ébauchent, des comités, même des gouvernements se forment, on publie des programmes que personne ne lit, on lance des appels qui s'égarent au milieu de l'indifférence générale. L'unique mouvement sérieux contre le régime maximaliste n'est-il pas dû à des étrangers, au corps de Tchéco-Slovaques recruté parmi les anciens prisonniers de guerre?

Un silence de tombe enveloppe un peuple aux magnifiques réserves de vitalité ; l'*Intelligence* russe — celle qui a donné Pouchkine, Tourguenef, Dostoïevsky, Tolstoï — se meurt, elle est presque morte, vaincue beaucoup moins par sa déchéance politique et ses privations matérielles que par une atroce tragédie morale. Ces Russes qui ont travaillé, combattu, consacré toute leur vie à un *credo* national, ces Russes sentent peser sur eux le stigmate éternel d'une trahison unique dans le monde. Submergée par des millions de moujiks insconscients, l'*Intelligence* russe s'accuse de devenir le paria de l'Europe, et le spectre de Judas hante ses cauchemars. Balayer les rues, après avoir gagné le Saint-Georges, n'est rien en comparaison avec ces soufflets de l'histoire. Le rouge monte aux visages émaciés et pâlis par la faim des officiers sans galons, des professeurs sans chaires, des députés sans

parlement, des ministres sans portefeuilles. Des souvenirs ressuscitent ; la lune de miel franco-russe, les
escadres sœurs dans l'azur de Cronstadt et de Toulon,
la fraternité d'armes, l'épopée de la Prusse orientale,
la conquête des Carpathes, l'ineffaçable rôle joué par
la Russie — la vraie — pendant la guerre des peuples.
Dans les derniers journaux bourgeois (1), avant leur
suspension complète, cet effroyable drame d'une élite
jugulée s'est traduit par des cris d'une inoubliable
douleur. Pour expier les péchés d'une nation disparate, ignorante et fruste, l'*Intelligence* russe n'a pas
craint de gravir le calvaire d'une confession publique,
de se meurtrir la poitrine d'un *mea culpa* où s'étran-
glaient les sanglots d'une souffrance encore inconnue
des peuples et des hommes. Et, dans cet infini abattement, pendant que les divisions allemandes, libérées
par Brest-Litovsk, se ruaient sur Montdidier, éclatait
un acte de foi, une espérance vivace, un élan irrésistible vers la France immortelle : la prière du larron
sur la Croix.

**
* **

Parmi les drapeaux victorieux de l'Entente, seules,
aujourd'hui, les couleurs de la Russie manquent :
elles manquent parce qu'il n'y a plus de couleurs
russes, qu'elles sont remplacées par un chiffon sanglant, qui est en marge de la famille des nations civilisées. La révolution a mis le pays hors la loi et au
ban de l'humanité ; elle en a fait un État ilote, le
vassal socialiste de l'Allemagne féodale. Or, l'Allemagne abattue, Smolny n'a plus d'alliés ; son unique
appui, le Grand Quartier de Ludendorf, s'est effondré ;

---

(1) Le *Den*, la *Petrogradskaïa Gazeta*, les *Novia Vedomosti*.

le maximalisme oriental reste seul en face des démocraties d'Occident : toutes les possibilités s'offrent à cette heure pour mener à bonne fin le duel de l'Europe contre Lénine. L'armistice permet, enfin, de dégager la « question russe » des théories et des hypothèses ; il permet d'apporter un concours pratique, une aide efficace aux bonnes volontés nationales ; il permet de reconstruire, au profit de l'humanité, ce que l'Allemagne a détruit au profit de son hégémonie. Les expériences du passé sont assez concluantes pour imposer le choix des méthodes à suivre : traiter la Russie en malade, atteinte d'une psychose politique qui a lancé le corps de la nation contre son cerveau, trop faible pour résister seul au déchaînement de la bestialité grondante ; sauver ce qui reste encore de la substance grise en Russie, au risque de vouer définitivement un État, indispensable à l'équilibre du monde, à la démence de Huns socialistes, de Scythes zimmerwaldiens, et, comme la période des palliatifs est close depuis longtemps, recourir aux moyens radicaux : le coup de bistouri en pleine gangrène. Qu'une fois pour toutes, lorsqu'il s'agit de Russie, on rejette les clichés parlementaires, les formules occidentales, le souci des partis, des coalitions, des constituantes, l'utopie — la plus dangereuse entre toutes, — qu'un peuple d'illettrés en délire soit en mesure de « disposer de son sort » : on n'abandonne pas un malade aux impulsions de sa fièvre. Avant de songer à la monarchie ou à la république, il faut mettre fin à l'autocratie de la racaille : il faut dé l'ordre et du pain, les bienfaits élémentaires de la civilisation bourgeoise à la place du marxisme de troglodytes.

Une dictature militaire doublée d'un cabinet d'affaires : telle est la seule solution provisoire, l'étape indispensable pour apaiser l'hystérie politique et pour rendre possible l'application des méthodes constitutionnelles.

Cette solution s'impose d'urgence. Chaque jour, chaque heure de retard jette dans les bras du maximalisme des officiers, des ingénieurs, des fonctionnaires, réduits à capituler devant les Sovets par le désespoir et par la famine. Avec une savante **perfidie,** des virtuoses du chantage politique exploitent les lenteurs des Alliés ; les défaitistes professionnels invoquent des considérations patriotiques ; les internationalistes exaspèrent les xénophobies populaires. L'armée rouge a déjà ses cadres ; des intellectuels amaigris mendient du travail chez les commissaires du peuple. Ce suicide moral et national est-il dans l'intérêt de l'Entente ? Aujourd'hui encore il est permis d'arracher sans peine à leur hypnose rouge des millions de catéchumènes convertis au bolchevisme sous la menace des baïonnettes, **par** les affres des entrailles vides, **l'effroyable** isolement d'un pays où les contre-poisons manquent à la propagande extrémiste, où l'État décrète la vérité par ukases. Demain, ce sera peut-être trop tard. Aujourd'hui il suffira d'une simple aide — en hommes, en munitions, en produits alimentaires — au général Denikine, dans le Sud, à l'amiral Koltchak en Sibérie, aux organisations d'officiers en Finlande ; demain il faudra peut-être occuper la Russie entière — entreprise singulièrement risquée — pour avoir à sa charge un pays dévasté de fond en comble par des expériences sociales, un désert peuplé de déments faméliques, où, sur les ruines de l'épargne française, l'Allemagne de l'avenir se prépare des compensations à sa défaite. Par ses origines, par son développement, par ses espérances, le maximalisme reste rivé à l'Allemagne jadis impériale et maintenant révolutionnaire, et combattre à cette heure le maximalisme, c'est simplement continuer la guerre jusqu'à ses conséquences logiques, pousser la victoire à ses résultats suprêmes. La lutte contre le maximalisme est une croisade européenne et avant tout française.

Sans doute, les journaux maximalistes se répandent en appels désespérés aux « camarades étrangers ». Le gouvernement des Sovets a besoin d'avocats et, chose stupéfiante, il en trouve : il découvre, parmi certains groupements socialistes, des théoriciens à œillères pour défendre le crime. Suprêmes plaidoyers à la barre de l'Internationale ! Rien ne saurait compromettre davantage le socialisme que ces apologies de complaisance. Il se peut qu'à distance la Russie révolutionnaire bénéficie du recul pour revêtir une couleur d'illusion ; presque toutes les délégations étrangères, houspillées par les Sovets, dissimulaient soigneusement leur dégoût de la terre promise socialiste, et, dès le passage de la frontière, communiquaient à la presse des interviews dithyrambiques ; le rouge, en l'honneur de l'Internationale, a toujours déteint en rose. Mais l'heure n'est guère aux aberrations d'optique, au daltonisme politique. Ériger la Russie en Eldorado socialiste, c'est exploiter l'ignorance pour idéaliser le plus barbare des absolutismes, sous son étiquette violemment révolutionnaire. C'est faire la preuve que, poussé à ses conséquences extrêmes, le marxisme dégénère en un tsarisme de cauchemar auprès duquel le règne de Nicolas Ier — le créateur de la 3e section — impressionne par ses allures libérales. Arlequinades de bureaucrates rouges, folies sanglantes de policiers révolutionnaires : est-ce là le socialisme, est-ce là l'avenir?

Ici les quarantaines sont insuffisantes ; les cordons

sanitaires sont inefficaces. On a beau affirmer qu'il est des maladies qui ne s'acclimatent pas : le choléra asiatique, le socialisme asiatique. Le microbe triomphe facilement des anémiés et des vaincus. Et, dans la culture artificielle du bacille, les leaders maximalistes sont d'accord pour préconiser l'unique moyen de prolonger leur règne. De tout temps, les révolutionnaires russes excellaient en matière de propagande. Leurs imprimeries clandestines défiaient les efforts de la police. La contrebande politique déroutait les douaniers et les gendarmes. Or, par un fantastique contresens de l'histoire, les proscrits d'hier sont les maîtres de la Russie : au lieu d'un multiplicateur dans un garni d'étudiants, le Kremlin et le pouvoir coercitif, toutes les imprimeries de la Russie, les infatigables presses de l'Hôtel des Monnaies, la possibilité de confectionner autant de milliards que l'exigent les besoins de l'action directe, bref la totalité des ressources du pays affectées au but démoniaque d'en faire le centre d'une pestilence démagogique, le foyer d'une infection mondiale. Jamais paradoxe plus monstrueux ne s'est réalisé : un gouvernement exportateur et fabricant en gros de virus social. Est-ce tolérable?

Pour rendre possible la Société des nations, il ne suffit pas d'avoir abattu l'Allemagne médiévale : il faut sauver la Russie, malgré elle, de son dernier et le plus effroyable des despotes : le moujik rouge.

Octobre 1918.

FIN

TABLE

TABLE   489

TABLE 491

TABLE   493

CHAPITRE XXIV

CONCLUSION

PARIS

TYPOGRAPHIE PLON-NOURRIT ET Cie

8, rue Garancière, 6e

116975